Methoden der Analyse von
Face-to-Face-Situationen

Peter Winkler (Hrsg.)

Methoden der Analyse von Face-to-Face-Situationen

J. B. Metzlersche Verlagsbuchhandlung
Stuttgart

CIP-Kurztitelaufnahme der Deutschen Bibliothek

Methoden der Analyse von Face-to-Face-Situationen /
Peter Winkler (Hrsg.). – Stuttgart: Metzler, 1981.
  ISBN 3-476-00451-1
NE: Winkler, Peter [Hrsg.]

Gefördert von der Stiftung Volkswagenwerk

ISBN 3 476 00451

© 1981 J. B. Metzlersche Verlagsbuchhandlung
und Carl Ernst Poeschel Verlag GmbH in Stuttgart
Druck: Gulde-Druck GmbH, Tübingen
Printed in Germany

Inhaltsverzeichnis

Vorbemerkung 1

Teil I:

Phonetische Analysen 7

P. Winkler:
Anwendungen phonetischer Methoden für die Analyse von Face-to-Face-Situationen 9

H. Richter:
Über die Vorläufigkeit phonetischer Notationen. 47

H. G. Tillmann:
Über den Gegenstand der phonetischen Transkription 56

Th. H. Simon:
Computersystem zur automatischen Langzeitauswertung von Sprachsignalen, dargestellt an zwei Untersuchungen mit defektivem Material 63

Teil II:

Handlungstheoretische, konversationsanalytische und textwissenschaftliche Analysen 81

U. Kalbermatten, M. v. Cranach:
Hierarchisch aufgebaute Beobachtungssysteme zur Handlungsanalyse . . . 83

J. Bergmann:
Frage und Frageparaphrase: Aspekte der redezug-internen und sequentiellen Organisation eines Äußerungsformats 128

P. Gross:
Ist die Sozialwissenschaft eine Textwissenschaft? 143

J. E. Müller:
Face-to-Face-Situationen und narrativer Text – Balzac: »La Bourse« 168

Teil III:

Nonverbale Analysen. 201

S. Frey, H.-P. Hirsbrunner, J. Pool, W. Daw:
Das Berner System zur Untersuchung nonverbaler Interaktion: I. Die Erhebung des Rohdatenprotokolls. 203

H.-P. Hirsbrunner, A. Florin, S. Frey:
Das Berner System zur Untersuchung nonverbaler Interaktion: II. Die Auswertung von Zeitreihen visuell-auditiver Information. 237

U. Jorns:
Kopfbewegungen in der dyadischen Interaktion: Eine Explorationsstudie. 269
H. G. Walbott:
Subjektive und objektive Aspekte gestischen Verhaltens: Pilotuntersuchungen an psychiatrischen Patienten. 285
K. Ehlich, J. Rehbein:
Zur Notierung nonverbaler Kommunikation für diskursanalytische Zwecke (Erweiterte halbinterpretative Arbeitstranskription HIAT 2) 302
H. Wagner, J. H. Ellgring, A. Clarke:
Analyse des Blickverhaltens in sozialen Situationen 330

Namenregister. 344
Sachregister. 349

Vorbemerkung

Als sich im April 1979 verschiedene Arbeitsgruppen, die sich mit der Analyse von Kommunikationsprozessen befassen, zu einer Arbeitstagung in Konstanz trafen, sollte die bisherige Arbeit am Projekt »Analyse unmittelbarer Kommunikation und Interaktion als Zugang zum Problem der Entstehung sozialwissenschaftlicher Daten« (finanziert von der Fritz-Thyssen-Stiftung; Leitung: Prof. Th. Luckmann/Dr. P. Gross) Fachkollegen zur Diskussion vorgestellt werden. Außerdem war beabsichtigt, aus einem Kreis von Psychologen, Phonetikern, Soziologen und Textwissenschaftlern aus der Bundesrepublik Deutschland und der Schweiz eine Gesprächsrunde zu organisieren, die über den Rahmen einer Tagung hinaus zur interdisziplinären Zusammenarbeit verschiedener Arbeitsrichtungen anregen sollte. Nicht zuletzt sollten über den Vergleich von verschiedenen Analyseansätzen auch die methodologischen Probleme der Untersuchung von face-to-face-Situationen reflektiert werden.

Der vorliegende Band ist jedoch kein Tagungsbericht. Die Beiträge sind für die Publikation von den Autoren so überarbeitet worden, daß sie allgemein interessierende Darstellungen von Methoden und Analyse-Systemen beinhalten. Auch die Diskussionsbeiträge während der Tagung sind nach eigenem Ermessen von den Autoren in die Schriftfassung eingearbeitet worden. Das Ziel des vorliegenden Bandes ist es, eine integrierende Analysemethodik zu fördern. Daher enthält er Methoden und Anwendungsbeispiele verschiedener Fachdisziplinen; zugleich werden unterschiedliche methodologische Positionen demonstriert, von denen aus die Analyse von unmittelbaren kommunikativen Situationen versucht werden kann. Der sozialwissenschaftliche Aspekt wird dabei besonders betont, so daß vor allem psychologische, phonetische, handlungstheoretische, konversationsanalytische und textwissenschaftliche Ansätze und weniger sprachwissenschaftliche oder linguistische Methoden präsentiert werden.

Läßt man definitorische Klassifikationen und Übersetzungsversuche des Terminus »face-to-face-Situation« beiseite und fragt nach den wesentlichen, empirischen Bestimmungsstücken dieser spezifischen – jedoch nicht spezialisierten – Form menschlicher Kontaktaufnahme, so konzentriert sich die faktische Diskrimination auf Merkmale der Partizipation und der Präsenz der Mittel.

Partizipation ist eine qualitative Eigenschaft der Involviertheit von Kommunikationspartnern: Sie umfaßt außer der Möglichkeit zur Partizipierung überhaupt die interaktionale Verschränkung von Rezeption und Produktion ohne Rücksicht auf den Grad von Parität oder Ausnutzung der potentiellen Wechselseitigkeit; die Zentrierung der Kommunikationsmotivation und des Inhaltes des kommunikativen Interesses auf die personenspezifischen Belange ohne Ausschluß aller anderen Mit- und Nebenbeweggründe; die Qualität des Interaktionsstiles ohne Rücksicht auf graduelle Abstufungen (d. h., ob die Durchführung der Interaktion Wechselseitigkeit und Personenzentrierung zuläßt oder verhindert). Gegenstände und Inhalte der Kommunikation, Grad an Echtheit von Motivation und Grad an Willkürlichkeit von Anlaß und Durchführung, Formungen und Wahl der Mittel sind keine essentiellen Differenzierungen; sie können changieren ohne den Rahmen einer face-to-face-Situation zu verletzen. Präjudizierende Definitionen können ad infinitum und nach Belieben Elemente gerade dieser Ausschließungen betonen (»frei formuliertes, spontanes Sprechen aus nicht gestellten, natürlichen Kommunikationssituationen« oder ähnlich). Durch die getroffene Exklusion ist die Kategorie »Personenzentrierung, personenspezifische Belange« zugleich als frei von einer Bezugnahme auf den Inhalt oder Gegenstand festgelegt.

Präsenz ist die Möglichkeit der Komplexität der kommunikativen Mittel ohne Rücksicht auf die tatsächliche Vollständigkeit oder den Grad der Ausnutzung. Die komplette Präsenz der physikalischen Mittel muß fortwährend als Reservoir zur Verfügung stehen. Die pragmatische Unterscheidung nach derzeit technisch vermittelbaren Sinnesmodalitäten (»Medialität«) hat zwar zu wissenschaftlichen Definitionen (wie »unmittelbare« oder »mittelbare« Kommunikation) geführt und ist forschungstechnologisch entscheidend (z. B. Arbeitsteilung und Zuordnung zu Fachgebieten), betrifft jedoch eigentlich die Technologie der physikalischen Transformationen. Idealtypisch und prinzipiell vorstellbar wäre eine vollständige Umformung, Zwischenspeicherung, Transportierung und Reproduktion aller Sinnesmodalitäten anstelle der selektiven und teilweise reduzierenden Signalvermittlung durch technische Medien (z. B. Verlust der dritten Dimension). In diesem Idealtyp wäre kein fundamentaler Unterschied zur face-to-face-Situation feststellbar. Das Argument einer technisch-physikalischen Vermittlung der Kommunikation ist weder im Idealfall noch im gegenwärtig technisch möglichen Usus als Unterscheidung präzise genug (siehe die Trennung von technisch vermittelter = indirekter und technisch nicht vermittelter = direkter Kommunikation), da in jedem Fall Signale physikalisch vermittelt werden und per se »natürlich« sind.

Soziologische Einwände oder Problematisierungen einer durch »Apparate« medialisierte Kommunikation betreffen daher nicht die Eigenschaft des Typus der Kommunikation, sondern das gesellschaftliche und individuelle Arrangieren, Zurechtkommen, Reflektieren und Manipulieren mit »natürlicher« Physik und »apparativer« Physik. Selektionen durch die technischen Medien (Hören, Sehen, Hören und Sehen) sind – da sie nicht die Möglichkeit der kompletten Präsenz bieten – de facto nicht zur face-to-face-Kommunikation gehörig.

Mit den Bestimmungsstücken ist formal-klassifikatorisch der Inhalt der Klasse (Interaktion, Personenzentrierung, Komplexität der Mittel) und der qualitative Modus der Klassenrealisation (Stil der Interaktion; Stil der Medialisierung) aus den konkreten Eigenschaften von face-to-face-Situationen abstrahierbar. Partizipation und Präsenz der Mittel hängen (als Bestimmungs-Qualitäten) unmittelbar zusammen; ist nur ein Teil der beiden Merkmale unzulänglich im Beobachtungsmaterial vertreten, ist der Gesamttyp der face-to-face-Kommunikation nicht erreicht. Die qualitative Eigenschaft von Partizipation und Präsenz wird von deren Realisationsmodi bedingt: Ist z. B. der Medialisierungsstil selektiv (jedoch nur in der Bereitstellung von Möglichkeiten, nicht in der tatsächlichen Ausführung), ist keine Komplexität und damit nicht der Typ der face-to-face-Kommunikation erreicht.

Die Methoden der Analyse von face-to-face-Situationen müssen aus unterschiedlichen Fachdisziplinen stammen und werden, da sie schwerlich aus der puren Interaktionsforschung allein entwickelt werden können, unter einer gemeinsamen Zielstellung eine vergleichbare methodologische Grundlegung finden müssen. Die fachtheoretische Position und die Anwendung der Methoden zu verschiedenen anderen Zwecken als der Analyse von face-to-face-Situationen zeigen ihre Spuren, die weder verwischt werden sollen noch können. Am Gegenstand der Kommunikation sind zahlreiche Aspekte akzentuierbar, und die Methoden der Analyse sind noch zahlreicher. Einen informativen Überblick über die Entwicklung der Interaktionsforschung gibt *Kendon (Kendon, Harris, Key* 1975), der zugleich die Methodenentwicklung in den letzten Jahren verdeutlicht.

Die relative Kompatibilität der Methoden läßt sich anhand der klassischen methodologischen Prinzipien prüfen:

a) deskribierende Methoden: Sammlung des Faktischen, in Isolation oder in sequentieller bzw. struktureller Verbindung;

b) interpretierende Methoden: Bedeutungs- und Zuschreibungs-Erhebungen;

c) klassifizierende Methoden: Abstraktion der Funktionalität, Bedeutung oder Inventarisierung;

d) redundanzvermindernde Methoden: Akzentuierung, Selektion, Komprimation, Faktorisierung;

e) segmentierende Methoden: Abstrahierung von Klassen aus der Verlaufsstruktur oder hierarchischen Struktur;

f) ordnende Methoden: serielle, sequentielle, logische oder klassifikatorische Ordnungen;

g) fokussierende Methoden: Elementarisierung, Parameterprüfung;

h) transformierende Methoden: Umwandlungen von Sinnesmodalitäten;

i) produkt- oder produktionsbezogene Methoden.

Weitere Verbindungsmöglichkeiten der Methoden werden durch den Gegenstand, durch allgemeine Prinzipien des Zusammenhanges (wie generalisierte, grundlegende oder abstrahierte gemeinsame Parameter von nonverbalen und vokalen Signalen) oder von theoretischen Modellierungen vorgegeben. Diese sind im konkreten Fall zu prüfen. Das allgemein-methodologische Problem der Verträglichkeit sog. »subjektiver« und »objektiver« Verfahren wird von den Fachdisziplinen im zunehmenden Maße aufgearbeitet; die inzwischen erarbeiteten Positionen sind ermutigend und lassen sich nutzbringend für die Interdisziplinarität bei Analysen von face-to-face-Situationen anwenden.

Der erste Teil dieses Bandes stellt phonetische Analysen und ihren Beitrag zur Untersuchung von face-to-face-Situationen in den Vordergrund. Nach einem Überblick über angewandte Methoden der Phonetik und der Erläuterung eines computerunterstützten Transkriptionsverfahrens *(P. Winkler)* werden Probleme der Notation und Transkription phonetischer Parameter diskutiert *(H. Richter; H. G. Tillmann)*. Ein Computerprogramm zur Auswertung von phonetischen, insbesondere stimmlichen Variablen wird im nächsten Abschnitt demonstriert *(Th. H. Simon)*. Der zweite Teil, der handlungstheoretische, konversationsanalytische und textwissenschaftliche Methoden dokumentiert, beginnt mit der Darlegung handlungsanalytischer Verfahren *(U. Kalbermatten, M. v. Cranach)*. Konversationsanalytische Ansätze werden im folgenden Abschnitt präsentiert *(J. Bergmann)*, an den sich die Diskussion der Bedeutung textwissenschaftlicher Verfahren in der Sozialwissenschaft anschließt *(P. Gross)*. Die Leistungsfähigkeit und Nützlichkeit textwissenschaftlicher Verfahren wird abschließend verdeutlicht *(J. E. Müller)*. Im dritten Teil, der den Analysen von Mimik und Gestik gewidmet ist, wird zunächst in zwei zusammengehörigen Abschnitten das »Berner System zur Untersuchung von nonverbaler Interaktion« theoretisch und praktisch umfassend dargestellt *(S. Frey, H. P. Hirsbrunner, J. Pool, W. Daw; H. P. Hirsbrunner, A. Florin, S. Frey)*. In einer Pilotstudie wird dieses System angewendet und forschungstechnisch dargestellt *(U. Jorns)*. Subjektive und objektive Aspekte des gestischen Verhaltens werden in der nachfolgenden Studie untersucht *(H. G. Wallbott)*, die in Zusammenarbeit mit *Ekman* und *Friesen* entstanden ist. Die Transkription des nonverbalen Verhaltens im Rahmen des Notationsverfahrens »Halbinterpretative Arbeitstranskriptionen« (HIAT 2) wird im anschließenden Beitrag dargestellt *(K. Ehlich, J. Rehbein)*; dieser Abschnitt ist die Komplettierung des HIAT 2 durch Notationsverfahren zur nonverbalen Kommunikation. Die Analyse des Blickverhaltens unter methodischem Aspekt schließt dieses Kapitel und den Sammelband ab *(H. Wagner, J. H. Ellgring, A. Clarke)*. Der interdisziplinäre Ansatz, wie er im vorliegenden Band dargestellt wird, entspricht dem modernen Wissenschaftsverständnis und den sachlichen Notwendigkeiten von Analysen der Kommunikation in ihrer alltäglichen und unmittelbaren Verwirklichung. Eine integrierende wissenschaftliche Beschreibung dialogischer Kommunikationssituationen ist nicht nur eine Verknüpfung mehrerer einzelwissenschaftlicher Analysen, sondern auch eine Verbindung unterschiedlicher materieller und psychischer Eigenschaften und Datentypen; sie stützt sich sowohl auf meßtheoretisch begründete Deskriptionen und Analysen wie auf symbolhafte oder verbale »Kodierungen«, fachwissenschaftliche Beschreibungen und Attributionen aus dem Alltagsverständnis von Rezipienten. Dieses anspruchsvolle Ziel wird erst nach detaillierten Einzelanalysen erreichbar sein, die konzentriert an einer gemeinsamen Datenbasis mit einer Vielzahl von Methoden durchgeführt werden. Für eine ökonomische Durchführung der zahlreichen Datenerhebungen und -auswertungen ist mehr und mehr eine computerunterstützte oder vollautomatische Forschungstechnologie nötig, auf die auch in diesem Band besonders verwiesen wird. Die Abstimmung der

Methoden aus den Einzelbereichen und die methodologische Reflexion über den Forschungsvorgang und über den Prozeß der Datenentstehung in den Kommunikations- und Sozialwissenschaften sind gerade bei hochentwickelten Forschungsmethoden notwendiger Bestandteil der wissenschaftlichen Methodenlehre und der forschungspraktischen Integrationsversuche.

Wir möchten den Teilnehmern der Arbeitstagung und den Autoren herzlich für ihre Mitarbeit und die Anregungen danken und die bereits begonnene Zusammenarbeit mit den einzelnen Institutionen, deren Vertreter mit ihren Beiträgen am Entstehen dieses Bandes wesentlichen Anteil hatten, auch in den nachfolgenden Arbeitsphasen des Projektes fortsetzen und vertiefen. Der Stiftung Volkswagenwerk, die uns durch großzügige finanzielle Unterstützung die Durchführung der Tagung und die Publikation der Beiträge ermöglicht hat, danken wir ebenfalls herzlich. Für die verlegerische Betreuung danken wir dem Metzler-Poeschel-Verlag Stuttgart, insbesondere Herrn Dr. Lutz als verantwortlichem Lektor. Ohne die Zusammenarbeit des Projekt-Teams *(Th. Luckmann, J. Bergmann, P. Gross, U. Jorns, P. Winkler)* wären die Tagung und die Publikation nicht zustande gekommen. Die Mitarbeiter danken der Fritz-Thyssen-Stiftung für die Finanzierung des Projektes, in dessen Rahmen die Konstanzer Beiträge entstanden sind.

Konstanz, im Juli 1979   *Peter Winkler*

Literatur

Condon, J. C.: Interpersonal Communication, New York, London 1977.
Hirsch, P. M., *Miller*, P. V., *Kline*, F. G. (Eds.): Strategies for Communication Research, Beverly Hills, London 1977.
Kendon, A., *Harris*, R. M., *Key*, M. R. (Eds.): Organization of Behavior in Face-to-Face Interaction, The Hague, Paris 1975.
Key, M. R.: Paralanguage and Kinesics, Metuchen 1975.
Key, M. R.: Nonverbal Communication, Metuchen 1977.
Knapp, M. L.: Nonverbal Communication in Human Interaction, New York etc. 1972.
Laver, J., *Hutcheson*, S. (Eds.): Communication in Face to Face Interaction, Harmondsworth 1972.
Leathers, D. G.: Nonverbal Communication Systems, Boston, London, Sydney, Toronto 1976.
Meggle, G. (Hrsg.): Handlung, Kommunikation, Bedeutung, Frankfurt am Main 1979.
Mortensen, C. D. (Ed.): Basic Readings in Communication Theory, New York, Evanston, San Francisco, London 1973.
Rossiter, Ch. M., *Pearce*, W. B.: Communicating Personally, Indianapolis, New York 1975.
Siegman, A. W., *Feldstein*, S. (Eds.): Nonverbal Behavior and Communication, New York, Toronto, London, Sydney 1978.
Siegman, A. W., *Feldstein*, S. (Eds.): Of Speech and Time, New York, Toronto, London, Sydney 1979.
Smith, A. G. (Ed.): Communication and Culture, New York, Chicago, San Francisco, Toronto, London 1966.

Tubbs, S. L., *Carter*, R. M. (Eds.): Shared Experiences in Human Communication, Rochelle Park 1978.
Wilmot, W. W.: Dyadic Communication: A Transactional Perspective, Reading etc. 1975.

Teil I:
Phonetische Analysen

P. Winkler
Universität Konstanz

Anwendungen phonetischer Methoden für die Analyse von Face-to-Face-Situationen

0. Anliegen der Arbeit

In face-to-face-Situationen konstituieren sich Konversationen in Form eines personenzentrierten komplexen Kommunikationssystems, dessen Untersuchung eine interdisziplinäre Aufgabe ist. Der vorliegende Abschnitt geht der Frage nach, welche phonetischen Analyseverfahren zur Interaktionsanalyse eingesetzt werden können. Nach einigen Hinweisen auf die generelle Verwendungsmöglichkeit werden einige Anwendungsbeispiele referiert. Die Grundlagen der phonetischen Methoden werden nicht dargestellt (vgl. dazu einführende Literatur). Im zweiten Teil wird die Anwendung eines computerunterstützten Segmentations- und Transkriptionsverfahrens erläutert.

1. Phonetische Analysen von Face-to-Face-Situationen

Die alltägliche – aber auch die wissenschaftliche – Interpretation von Gesprächen berücksichtigt vorrangig die inhaltliche Ebene von Dialogen. Der semantische Anteil einer Konversation (sog. »kognitive Information«) ist jedoch nicht der einzige kommunikative Sinn für die Gesprächsführung, er ist auch nicht die einzige Ressource der Gesprächsdynamik. Jeder Sprecher präsentiert seine Persönlichkeit und habituelle Identität durch sprachliche und nichtsprachliche Mittel. Der Gesprächspartner kann ihn »erkennen«, auf ihn Bezug nehmen oder sich abheben. Das kann eine vorrangige Bedeutung, wenn nicht sogar die auslösende Motivation für die Aufnahme von face-to-face-Gesprächen haben. Die (meist dyadische) Konversation ist ein Miteinander-Agieren unter Benutzung von mehr Mitteln als den linguistisch-lexikalischen Elementen. Die Art und Weise, wie Konversationen aufgebaut, interaktional durchgeführt, geändert oder abgebrochen werden, stellt beispielsweise eine eigene Informationsebene dar. *Laver (Laver, Hutcheson* 1972) bezeichnet sie als »interaction-management information«. Die gebräuchliche Terminologie bezieht sich abgrenzend immer auf die linguistische Ebene (paralinguistisch, extralinguistisch) oder sie unterscheidet verbale und nichtverbale Kommunikationsmittel. Gemäß einer derzeit gebräuchlichen Einteilung differenziert *Laver* verbale/nichtverbale und vokale/nichtvokale Ebenen. Vokale Information wird durch linguistische, paralinguistische und extralinguistische Mittel ausgedrückt, während nichtvokale Informationen durch Mimik oder Gestik vermittelt wird. Definitionsgemäß tangieren die

Forschungen zur face-to-face-Kommunikation nicht jede mögliche Kombination (z. B. nicht die verbale/nichtvokale Ebene, d. i. Schriftsprache). Das bedeutet jedoch nicht, daß Analysematerialien von diesem Status nicht herangezogen werden dürften. Transformationen von face-to-face-Situationen in Schrifttexte sind oft der Datenkorpus, weil sie entweder zur Analyse hergestellt werden (phonetische und konversationsanalytische Transkripte) oder als gegebenes Material den Zugang erst ermöglichen (textwissenschaftliche Analysen z. B.).

Phonetische Analysen sind Analysen der vokalen Information, wobei unter gewisser Zurücksetzung der linguistischen Belange die Eigenschaften der sprecherischen Realisation (Sprechweise und Stimmgebung) untersucht werden. Unter Umgehung der Dichotomie verbal/nichtverbal ist die vokale Information zu großen Teilen auch als nichtsprachlich zu bezeichnen (z. B. Stimmklang). Der Gegenstand der phonetischen Analysen bei face-to-face-Situationen ist vielleicht besser als die »paraphonetischen Eigenschaften der gesprochenen Sprache« zu umschreiben. Das sind sowohl die Sprechbewegungen beim Aussprechen von Lauten *(Laver:* vokale und linguistische Information) und deren akustischen Produkte, die Realisierung von Suprasegmenten wie Intonation, Pausen, Akzente, Rhythmus *(Laver:* vokale und nichtverbale Information) und die nicht willkürlich veränderbaren, vom Interaktionsprozeß wenig beeinflußten und durch den Sprechbewegungsablauf nur wenig modifizierten physiologischen Eigenschaften wie Timbre der Stimme, habituelle sprechmotorische Tendenzen *(Laver:* vokale und extralinguistische Information). Die paraphonetischen Merkmalsbündel sind in den paralinguistischen enthalten, sie machen jedoch nicht das Gesamt der nichtlinguistischen Elemente aus, da zu ihnen auch die nichtvokalen und nichtverbalen Eigenschaften gehören. Paraphonetische Features umfassen sowohl die indexikalen Informationen in Form der extralinguistischen (biologisch-physiologischen) und der paralinguistischen (psychischen, sozialen) Eigenschaften des Sprechers als auch die Informationen des Interaktions-Managements (die im wesentlichen von paralinguistischen Merkmalen und nur zum Teil von linguistischen abhängen). Phonetisch-paraphonetische Analysen sind aufgrund der interaktional bedingten Veränderungen der sprechsprachlichen Formung für die Untersuchungen der face-to-face-Interaktionen notwendig. Sie können jedoch nur in der Beziehung zu anderen Disziplinen sinnvoll durchgeführt werden und erklären für sich allein genommen nicht den kommunikationspsychologischen Zusammenhang von Interaktionen. *Pétursson* (1978) bezeichnet die Kommunikationsforschung als ein Grenzgebiet der Phonetik und betrachtet paraphonetische Phänomene nur als »marginale Einheiten« der phonetischen Forschung. Die Begrenzung auf rein linguistische Aufgaben ist in der modernen Phonetik seit längerem nicht mehr anzutreffen; Phonetik als »speech science« untersucht alle vokalen Ereignisse, seien sie durch Sprachzeichen-Systeme, Persönlichkeitseigenschaften, soziale Variablen oder interaktionale Verwendungen von Lautsprache determiniert.

Phonetische Methoden sind zu folgenden Untersuchungszielen verwendbar:

a) Genese des Schallproduktes unter sprechphysiologischen, persönlichkeitspsychologischen, sozialen und situativen Aspekten;
b) perzeptive und apperzeptive Verarbeitung des Schalles durch Hörer, die ihrerseits im psychologischen oder soziologischen Sinne signifiziert sein können;
c) akustische Signalstruktur als Medium der kommunikativen Beziehungen.

Das spezielle *interaktive* Moment stellt die Phonetik nicht vor grundsätzlich neuartige Probleme. Es kann z. B. im Vergleich von Sprechprodukten erfaßt werden, weil der Hörer in Dialogsituationen auch zum Sprecher wird. Das interaktionale Management kann sich beispielsweise in der Angleichung von Formstufen der Artikulation, in der Anpassung von Lautheit oder der Änderung der Melodie-Variationsbreite realisieren. Die Zusammenhänge zwischen Sprechen und nichtverbalen Verhaltensweisen oder die Abhängigkeit des sprecherischen Produktes von der nichtverbalen Reaktion des Hörers bereiten dagegen mehr forschungsmethodische Probleme. Nichtverbale vokale Ereignisse und nichtverbale nichtvokale Phänomene haben unterschiedliche Zeitverläufe und -extensionen. Deskriptive Markierungen der Gleich- oder Ungleichzeitigkeit erklären deshalb nicht die funktionale Interdependenz. Möglicherweise kann ihre Erklärung in psychophysiologischen und motorischen Basisparametern liegen. Z. Zt. ist noch ungeklärt, ob und wie sich nichtverbale Analysesysteme mit phonetischen Analysen funktional verknüpfen lassen. Das System von *Ekman* könnte beispielsweise mit analphabetischen Transkriptionen gekoppelt werden, da sich beide Kodierungssysteme auf den genetischen Aspekt beziehen. Nichtfunktionale Kodierungen des nichtverbalen Produktes eignen sich für eine Kombination mit alphabetischen Lauttranskriptionen und Aufzeichnungen der suprasegmentellen Eigenschaften. Phonetische Messungen können dann mit nichtverbalen Analysedaten integriert werden, wenn für Mimik und Gestik ebenfalls Meßwerte vorliegen.

Mit der Weiterentwicklung der integrierenden Analysemethodik könnten Methoden der artikulatorischen Phonetik auch für die Analyse von Interaktionen interessant werden. Beim jetzigen Entwicklungsstand fallen sie notwendigerweise weg (physiologische Messungen, fiberoptische Aufnahmen, Röntgenfilme usw.). Die für die Messung der Sprechbewegungen erforderlichen Apparaturen würden störend in den Interaktionsprozeß eingreifen. Ein Fortschritt in der Datenerhebung kann von der Entwicklung berührungsfreier Verfahren (z. B. mit Lasertechnik) erwartet werden, die für den Agierenden nicht fühl- oder sichtbar sind. Konzediert man eine extrem »künstliche« Untersuchungssituation, dann ist bereits heute eine Analyse von physiologischen Parametern und des Schallproduktes gleichzeitig möglich; durch computerisierte Verfahren sogar in Echtzeit und für mehrere Sprecher simultan. Bei entsprechend hoher Rechnerkapazität ließen sich zusätzlich noch psychophonetische Methoden einbringen (wie etwa Messungen psychologischer und psychophysiologischer Variablen des Hörers).

Die besondere Aufgabe für die Phonetik bei der Analyse von face-to-face-Situationen besteht darin, die paraphonetischen und interaktionalen Aspekte von Schallproduktion und -rezeption zu untersuchen, weniger die sprachzeichenbedingte Realisation von Phonemen und Intonemen. Damit ist keine andere Analysemethodik verbunden, sondern eine andere Zielsetzung (und eine dementsprechende Auswertungsprozedur). Die phonetischen Parameter sollen nicht nur aufgelistet und beschrieben werden, sondern auf ihre kommunikative Funktion und Bedeutung im alltäglichen Kommunikationsprozeß hin geprüft werden.*

Messung und Interpretation werden nicht gegeneinander ausgespielt: Beide methodologischen Verfahrensweisen gehören im modernen Wissenschaftsverständnis zusammen, keine der Methoden »überprüft« die andere oder ist »objektiver«. Sie sollen in einer sinnvollen Auswahl die *physikalischen Ereignisse* beschreiben (Visualisierung, Messung, Berechnung) und in der nichtadditiven Kombination die *phänomenalen Prozesse des Wissenschaftlers* (Deskriptionen, Transkriptionen, Interpretationen) und des *kommunizierenden Subjekts* (Sprecher und Hörer; verbale und nichtverbale Produkte, Attributionen, Wirkungen, Sinnkonstitutionen) erklären. Die phonetischen Disziplinen weisen eine unterschiedlich expansive Methodenentwicklung auf: Die originären phonetischen Methoden (Artikulationsphonetik, Signalphonetik, in der auditiven Phonetik vor allem Transkription) sind am weitesten entwickelt. Adaptierte Methoden (bsd. zur Psychophonetik) sind in Abhängigkeit vom Entwicklungsstand der Herkunftswissenschaft ausgebaut (mit einer normalen, durch die Adaption bedingten Verzögerung). Ein gewisser Mangel an Methoden ist im Bereich der Wirkungs- und Relevanzforschung spürbar, der im Wesentlichen dadurch zustandegekommen ist, daß sich die Phonetik relativ spät der kommunikativen Bedeutung sprecherischer Parameter zugewandt hat. Neuere Arbeiten zu perzeptiven Qualitäten, Attributionen und zum Zusammenhang von physikalischen Größen und Relevanz lassen eine beschleunigte Aufarbeitung psychologischer und sozialwissenschaftlicher Methoden erkennen.

Phonetische Analysen bei face-to-face-Situationen mögen dem Sozialwissenschaftler als zu detailliert und spezialisiert erscheinen. Gemessen an anderen kommunikationswissenschaftlichen Verfahren sind phonetische Analysen auf einer Mikroebene angesiedelt. Für einen Diskursanalytiker sind bereits »Halbsekunden-Phänomene« wie Räuspern, Brummen usw. auf einer »Mikroebene« repräsentiert. In der Phonetik werden Sequenzen bis in Details von Millisekundendauer aufgelöst. Unter dem Begriff »Mikroebene« ist ein *Mikrozeitbereich*

---

* In diesem Sinn ist die phonetische Untersuchung der dyadischen Kommunikation von der linguistischen Aufgabenstellung zu unterscheiden. Die Anwendung phonetischer Methoden auf andere als ausschließlich sprachenzeichengebundene Ebenen stellt auch die phonetische Forschung vor neue Definitionen ihres Aufgabengebietes: Sie hebt sich von der alten Phonetik als einer Wissenschaft »of How-to-Pronounce« dadurch ab, daß sie auf rein phonetischer Basis Sprechprozesse untersucht, nicht jedoch phonemische oder phonologische Strukturen. Zugleich prüft sie die *Bedeutung*, die mit Schall verbunden ist, sowohl unter psychologischem, soziologischem als auch linguistischen Aspekt.

zu verstehen; das Problem einer Elementarisierung von Parametern ist damit nicht berührt (es ist ein allgemeines, methodologisches Problem und nicht spezifisch »phonetisch«). Minimale Schalländerungen konstituieren die gesprochene Sprache, sie sind durch die physikalische Natur des Schalles bedingt, und sie sind nicht nur für den Phonetiker, sondern auch in der Kommunikation relevant. Paraphonetische Informationen können noch die Zeitebene von Phonemrealisationen »unterbieten«, z. B. in Bruchteilen von Lauten – Art und Weise des Aufbaus von Lautspektren. Auch der Rezipient erkennt Veränderungen im Mikrozeitbereich (Änderungen von weniger als 1/20 Sekunde Dauer), und sie können zu Veränderungen der Bedeutung und Sinnkonstitution führen. Die Intonationsanalysen von *Lieberman, Michaels* (1962) haben gezeigt, daß bei einer Glättung der Intonationskontur in Zeitabschnitten von 40 msec der emotionale Gehalt einer gefilterten Äußerung besser erkannt wurde als bei einer größeren Glättungszeitstrecke (etwa von 100 msec). Wie groß der jeweilige Mikrozeitbereich sein muß bzw. welcher Art die Veränderungen des Schalles sind, die zur Veränderung der Bedeutung führen können, ist vor der Feinanalyse nicht a priori bestimmbar. Ebensowenig lassen sich bestimmten Parametern eineindeutige kommunikative Effekte zuordnen. Grundsätzlich kann bei der Analyse einer face-to-face-Situation jede phonetische Variable in unterschiedlichen Zeitextensionen kommunikativ bedeutsam werden. Ob eine Relevanz vermutet werden kann oder nicht, ist aus den Reaktionen des Interaktionspartners oder von Beobachtern/Hörern der Sequenz sowie der fachlichen wie alltäglichen Kompetenz zu erschließen. Bestimmte artikulatorisch-akustische Gestaltungen legen dem Rezipienten eine Konstitution von Sinn und Bedeutung nahe, ohne daß dieser Vorgang allein durch die Schallgestalt zwingend vorstrukturiert werden kann. Die spezifische Ausprägung führt zur Bedeutungskonstitution; und in der Projektion der phonetischen Vorgänge auf die phänomenal-rezeptiven Prozesse (und umgekehrt) liegt die Möglichkeit, forschungstechnisch besser die Wirkung und Relevanz sprecherischer Realisationen zu eruieren.

2. Phonetische Methoden und Anwendungsbereiche

In der traditionellen Einteilung der phonetischen Arbeitsgebiete werden die zugehörigen Methoden ebenfalls in die entsprechenden drei bzw. vier Methodenarten eingeteilt. Die Methoden sind als
a) erzeugungsorientiert,
b) produktorientiert oder
c) rezeptionsorientiert
zu klassifizieren.*

---

* Ausführliche Darstellungen der phonetischen Methoden sind zu finden in Kaiser (1957), Malmberg (1974), Singh (1975), Malmberg (1976).

Die *artikulatorische* Phonetik untersucht die Lautbildungs- und Phonationsprozesse; ihre Methoden sind sprecherorientiert und beziehen sich auf den genetischen Aspekt gesprochener Sprache. Sie setzen voraus, daß am Sprecher selbst Meßprozeduren vorgenommen werden können.

Beispiele für Methoden:

a) Atmungsvorgänge: Spirometrie, Atemvolumenmessung, Pneumatografie, elektromyografische Messungen, Film- und Röntgenfilmaufnahmen.

b) Phonationsvorgänge: Kehlkopfspiegelung (Laryngoskopie) und Stroboskopie, Filmaufnahmen (auch Röntgenfilm, Hochgeschwindigkeitsaufnahmen), elektromyografische Messungen, Tomografie, Glottografie, Pneumotachografie, fiberoptische Untersuchungen; in moderner Version fast alle Verfahren computerunterstützt.

c) Artikulationsvorgänge: Labiografie, Palatografie (stationär und dynamisch), Velarografie, elektromyografische Messungen, Filmaufnahmen (auch Röntgenfilm und Hochgeschwindigkeitsaufnahmen), in moderner Version fast alle Verfahren computerunterstützt. Die Möglichkeiten von Simulationen der Sprechbewegungsabläufe sind für die Analyse von face-to-face-Situationen nur mittelbar wichtig.

Die *akustische* Phonetik (Signalphonetik) untersucht das Schallprodukt. Ihre Methoden sind physikalisch-mathematisch fundiert und primär produktorientiert. Sie setzen Fixierungen des Sprachmaterials voraus (auch bei Echtzeit-Verarbeitung ist eine kurzzeitige Speicherung des Signals erforderlich, da die Daten mehrfach abgetastet werden müssen oder für Rechenoperationen zum mehrmaligen Zugriff bereitliegen müssen). Einige Analog-Geräte erlauben Echtzeitanalysen ohne Speicherungen, wobei das Ergebnis – die Kurve oder Zahlenreihe – fixiert werden muß). Mit der Fixierung sind die akustischen Methoden nicht an Ort und Zeitpunkt der Schallproduktion gebunden. Ein weiterer Vorteil besteht darin, daß sie Rückschlüsse auf die Sprechbewegungsabläufe gestatten, weil es gesetzmäßige Zusammenhänge zwischen artikulatorisch-phonatorischen Abläufen und der Art des Schallproduktes gibt.

Beispiele für Methoden:

Pegelschreibung, Tonhöhenschreibung, Oszillografie, Suchtonanalyse, Spektrografie (Fourier-Analyse und Sonagrafie), Filter-Verfahren (bis hin zur Visible-Speech-Technik). Digitale Verfahren: digitales Filtern, Extraktion von Parametern wie Lautstärke oder Grundfrequenz, Fourier-Analyse, inverses Filtern, lineare Prädiktion.

Die *auditive* Phonetik befaßt sich mit der (phänomenalen) Verarbeitung von Schallereignissen. Ihre Methoden – vor der Entwicklung der Signalphonetik waren sie die einzig möglichen Verfahren zur Analyse des Schalles – können am unmittelbaren Ereignis wie an Fixierungen eingesetzt werden. Sie sind primär produktorientiert und analysieren den Schall mit Hilfe menschlicher Wahrnehmungs- und Erkennensleistungen, können jedoch ebenfalls einen Rückschluß auf die Sprechbewegungsabläufe ermöglichen. Sie stellen Kodierungen des Schalles auf der Basis kognitiver Klassifikations- und Abstraktionsprozesse dar.

Sie setzen als wissenschaftliche Methode Training im selektiven, funktionellen und motorisch unterstützten Hören sowie in der Signiertechnik voraus.

Beispiele für Methoden:
Segmentation des Schallflusses nach linguistischen Einheiten, Methode des funktionellen Hörens, Transkriptionen von Lauten, Suprasegmenten und paraphonetischen Einheiten, fachwissenschaftliche Beschreibungen der Vorgänge bei der Spracherzeugung, des auditiven Eindrucks und der funktionalen Klassen von Schallereignissen, auch der kommunikativen Relevanz.

Die *rezeptive* Phonetik bearbeitet das Gebiet der Perzeption und Apperzeption von gesprochener Sprache. Ihre Methoden sind rezipientenorientiert und verbinden Methoden der anderen drei Bereiche mit denen von Psychologie, Phänomenologie und Sozialwissenschaft. Ihre Anwendungsmöglichkeiten erstrecken sich von der Untersuchung der reinen Lautwahrnehmung (speech perception) bis zur Erforschung von Effektivität, Anmutung, Wirkung, Attribution und Sinnkonstitution im Bezug zur sprecherischen Realisation.

Beispiele für Methoden:
Hier sind alle sog. psychophonetischen Methoden anzuführen, in denen das zu untersuchende Schallmaterial mit den drei anderen Methodenarten analysiert und beschrieben wird, das Material Hörern vorgeführt wird, die Experimente nach dem Standard der experimentellen Psychologie (z. B. Designs und Auswertung) aufgebaut sind und die somit phonetische Methoden mit psychologischen kombinieren. Sie werden angewendet zur Untersuchung der Persönlichkeit des Sprechers/Hörers, der Abhängigkeit von Sprechprodukt oder der Rezeption von Persönlichkeits- bzw. Sozialvariablen usw. Aus der Vielfalt der Methoden seien herausgegriffen: Verständlichkeitsmessungen, Hörtests, Identifikations- und Erkennungstests, paraphonetisch-psychologische Wirkungs-, Attributions- und Identifikationsversuche; psychophysiologische Messungen an Sprecher und Hörer; nichtlexikalisierende Methoden (wie shadowing/mimicking, Reproduktionsversuche); Messung einzelner Variablen des Hörers (Reaktions-Zeit und andere Operationalisierungen). Zur Isolierung von Schallparametern für die Hörversuche werden häufig Destruktionsmethoden eingesetzt: Inhaltsverdeckung durch Rauschen, Cocktail-Party-Effekt, Zerstörung des Zeitverlaufes (sog. »Bandschnittverfahren«); Extraktion von Parametern wie Intonationsfiltrierung; Manipulationen der Schall- und Zeitstruktur wie Zeitpaßverfahren, Änderungen des Melodieverlaufes, des Stimmklanges, der Geschwindigkeit (Time-Compression) usw. Eine große Rolle spielen in psychophonetischen Experimenten synthetische Klänge und synthetische Sprache, die sich in den Einzelvariablen gezielt kontrollieren lassen. Weiterhin sind Methoden zu nennen, die die Perzeption und Rezeption des Hörers manipulieren: Veränderung der normalen auditiven Rückkopplung (Lee-Effekt), Konfusions-Tests, Einbettung in andere Hörsituationen und gezielte experimentelle Manipulation des Rezipienten durch Instruktion, Design und Versuchsleiter-Verhalten.

Die phonetischen Methoden können auch dadurch charakterisiert werden, daß sie entweder *registrieren* (visualisieren) oder *messen* (analysieren). Zur ersten Gruppe gehören alle transformierenden Methoden, die das akustische Ereignis durch elektro- oder chemotechnische Prozesse aufschreiben (mechanische Schreibmethoden wie die einst sehr verbreitete Kymografie sind technisch überholt) und deren Darstellungen ausgemessen oder impressionistisch interpretiert werden können. Solche Kurvenaufzeichnungen oder dreidimensionalen Darstellungen sind Oszillogramme, Sonagramme, Tonhöhen- oder Pegelregistrierungen. Zur zweiten Gruppe gehören einige moderne Analog-Geräte (z. B. Frequenzzähler, die die Frequenz numerisch anzeigen) und digitale Verfahren. Durch die Analog-Digital-Konvertierung wird der Schall durch Zahlen-Relationen repräsentiert, so daß Analysen durch mathematische Prozeduren durchgeführt werden können und der Schall ebenfalls visualisiert bzw. registriert werden kann. Die in der Psychologie bekannte Gruppe der *Auswertungsmethoden* wie deskriptive, prüfende und analytische Statistik ist in jedem Fall auf phonetische Daten anwendbar (z. B. auch für Transkriptionen, wenn sie statistisch dargestellt oder verrechnet werden sollen).

Bei face-to-face-Interaktions-Analysen ist es besonders wichtig, verschiedene phonetische Methoden zu kombinieren; vor allem dann, wenn auch der rezeptive Aspekt berücksichtigt werden soll. Ausgehend von einer phonetischen Deskription des Materials (Methoden der Signal- und Ohrenphonetik; zur Ökonomisierung der Analysen des häufig umfangreichen Materials vorwiegend digital oder mit Computerunterstützung) sollten Verfahren der Psychophonetik herangezogen werden. Diese dienen der integrierten Auswertung phonetischer und psychologischer Variablen; sie gestatten eine experimentelle Überprüfung der angenommenen Relevanz von Gesprächspassagen und eine Isolation bzw. Kontrolle von phonetischen Parametern. Wie bereits angedeutet, ist die Verwendung von Verfahren der Artikulationsphonetik und der Psychophysiologie von der Entwicklung neuer Technologien abhängig. Das bei der Kombination verschiedener Verfahren auftretende Problem der Kompatibilität unterschiedlicher Datentypen (Messungen, Kodierungen, Skalierungen, Interpretationen) ist als allgemeines Problem recht ausführlich in der Psychophysik und der psychologischen Meßtheorie behandelt worden. Aufgrund der bekannten Diskussionen zu diesem Thema ist es einleuchtend, daß auch bei der Kombinierung phonetischer Methoden mit sozialwissenschaftlichen Verfahren keine verbindlichen Vorschläge gemacht werden können; die Auswahlkriterien für Methodenzusammenstellungen werden von der methodologischen Position des Forschers bestimmt.

Die folgenden Anwendungsbeispiele sind aus dem sozialwissenschaftlichen und kommunikationspsychologischen Bereich entnommen. Sie sollen weder repräsentativ für die phonetische Forschung sein noch können alle Methoden mit Beispielen belegt werden. Aus den Ergebnissen der Arbeiten kann nicht auf die Leistungsfähigkeit der phonetischen Methoden geschlossen werden. Bei der Auswahl wurde Wert darauf gelegt, weniger bekannte oder neuere Arbeiten aufzunehmen.

2.1 Sammelreferate

Soziophonetische Anwendungen: *Labov* (1970)
Zusammenhang von Persönlichkeit und Stimme: *Brown et al.* (1975)
Medienspezifik: *Williams* (1976)

2.2 Hörversuche und spezielle phonetische Methoden
(s. Tabelle 1)

Fehlermöglichkeiten bei der Anwendung phonetischer Methoden:
a) Formale Übertragung phonetischer Begriffe, Variablen und entsprechende Methoden auf kommunikationspsychologische Variablen ohne Berücksichtigung der spezifischen phonetischen Bedeutung und des Tatbestandes, den Geräte meßbar machen.
b) Aufnahme von phonetischen Variablen in die Untersuchung wegen der leichten Verfügbarkeit über die Apparaturen (z. B. Intonationsschreibung) oder der unkomplizierten Meßbarkeit von Parametern (z. B. automatische Pausenbestimmungs-Geräte).
c) Inhaltliche Interpretation von Methoden-Artefakte (z. B. *Lass et al.* 1978; Erkennung der Rassenzugehörigkeit hängt von der globalen Zeitstruktur der Äußerung ab; nachgewiesen mit den Methoden der Zeitkompression und Bandumkehrung).
d) Unökonomische Verwendung (z. B. *Motley* 1974: Sonagramme zur Bestimmung der Äußerungsdauer).

Phonetische Methoden sind in der Kommunikationsforschung noch nicht in ihrem Leistungsspektrum ausgeschöpft. Psychophysiologische Methoden, nichtlexikalisierende Methoden (Shadowing, Reproduktionen) und Vergleiche von Sprechprodukten der Interaktionspartner sollten stärker berücksichtigt werden.

3. Der Stellenwert phonetischer Deskriptionen und Transkriptionen

Phonetische Beschreibungen und Transkriptionen dienen drei Zielen:
a) der Beschreibung von Phonemrealisationen durch Niederschrift des auditiven Eindrucks,
b) der Beschreibung der Sprechbewegungsabläufe durch auditive Erschließung der Artikulations- und Phonationsvorgänge mit kinästhetisch-motorischer Kontrolle und
c) der Beschreibung von Relevanz und Wirkung sprecherischer Mittel.

Für das unter a) genannte Ziel gibt es alphabetische Transkriptionssysteme (IPA, IPA[G] von *Richter*) und phonetisch-linguistische Fachtermini; für b) analphabetische Notationen (Sweet, Sievers, Passy, Jespersen) und phonetisch-physiologische Fachtermini und für c) lediglich fachlich interpretierbare globale

Tab. 1: Hörversuche und spezielle phonetische Methoden

Methode	Autor	Ziel der Untersuchung	Ergebnis
Multiple-Choice-Fragen	Rossiter (1972)	Geschlechtsunterschiede und Hörerverhalten	keine Unterschiede Sprecher/Hörer
Ähnlichkeits-Tests	Faust-Adams (1975)	Kurzzeitgedächtnis für Intonation	Intonation wird selten bewußt beachtet, daher nicht experimentell operationalisierbar
Identifikations-Versuche	Bluhme (1971)	Intonationsvariation und Emotionserkennung	gute Emotionserkennung außerhalb des Inhaltes möglich
	Fenster,Goldstein (1971)	Emotionserkennung durch Kinder vs. Erwachsene	altersspezifische Unterschiede in der Emotionserkennung
	Waver,Anderson (1973)	Zusammenhang Stimme und Persönlichkeit	kein eindeutiger Zusammenhang
	Zuckerman et al. (1975)	Zusammenhang Gesichtsausdruck und tone-of-voice	u.a.: Emotionserkennung durch Hören in bestimmten Situationen besser als durch Sehen
	Lass et al. (1978)	Schätzen von Gewicht und Größe des Sprechers aus Sprechweise	gute Schätzung möglich, unabhängig von Geschlecht Sprecher/Hörer
Bewertungs- und Einschätz-versuche	Applbaum, Anatol (1972)	Einfluß kommunikativer Situation auf Einschätzung durch Hörer	in gleicher Situation führen verschiedene Kommunikationstypen zu unterschiedlicher Einschätzung
	Clark (1974)	Reihenfolge von Argumenten im Testmaterial und Bewertung	Bewertungen sind nicht abhängig von der Reihenfolge der Argumente
	Reardon,Amatea (1973)	Geschlechtsunterschiede Sprecher/Hörer in Einschätzungen	signifikante Unterschiede in der Beziehung Sprecher/Hörer/Emotionsausdruck
	Adams (1973)	Einflüsse der Art des Feedbacks der Hörer auf den Sprecher	Rückkopplung, die Sprecher für Verbesserung der Kommunikation benötigen, ist ausreichend im auditiven Kanal enthalten; optischer Kanal nur entbehrlicher Zusatz

1. Fortsetzung Tab. 1

Skalierungen	Hart, Brown (1974)	Zusammenhang Inhalt und sprecherische Realisierung	auch bei inhaltsleeren Äußerungen Emotionserkennung möglich
	Savitsky, Sim (1974)	Erkennung emotionalen Status aus Gesichtsausdruck und tone-of-voice	keine eindeutige Beziehung feststellbar
	Green, Cliff (1975)	Zusammenhang Gesichtsausdruck und tone-of-voice	kein eindeutiger Zusammenhang feststellbar
	Walker (1977)	Nonverbale und verbale Elemente für Einschätzung der confidence	nonverbale Informationen werden mehr beachtet als verbale
Methode der common-sense-Erhebungen	Bienvienu, Stewart (1976)	Konstruktion eines Fragebogens zur Selbsteinschätzung von Muster, Stil und Charakteristika des kommunikativen Verhaltens	nur zwei Fragen berücksichtigen paraphonetische Elemente
	Christie (1974)	Unterschiede face-to-face-Kommunikation und medial vermittelte Kommunikation	kein Trend der Ergebnisse
	Kramer (1977)	im Alltagsbewußtsein sedimentierte Stereotype über männliches/weibliches Sprechverhalten	paraphonetische Merkmale (wie tiefe Stimme, lautes Sprechen usw.) werden geschlechtsspezifisch zugeordnet
Messung von Hörervariablen	Lavrakas, Maier (1979)	Erkennung von Lügen durch Hörer	überzufällige, jedoch niedrige Lügenerkennung möglich (54,5%)
face-to-face-Situationen als Meßinstrument	Archer, Akert (1977)	Konstruktion eines Meßinstrumentes für Interpretationen von face-to-face-Situationen	nichtverbale und verbale Informationen gemeinsam ermöglichen erst einer verbesserte Interpretation
Deskriptionen, global	Bourhis et al. (1975)	Hörerreaktionen auf Formstufen der Artikulation	Formstufenänderungen werden erkannt und führen zur Änderung der Einstellung gegenüber Sprechen
	Leathers (1979)	Multikanal-Analyse	Dominanz der nonverbalen Information, double-bin-Theorie nicht zutreffend

2. Fortsetzung Tab. 1

Deskriptionen, differenziert	Chevrie-Muller et al. (1978)	Zusammenhang psychiatrischer Auffälligkeiten und Sprechweise	einige psychiatrische Syndrome sind in Sprechweise kodiert und von Hörern erkennbar
Deskriptionen durch Experten	Pellow et al. (1971)	Unterschied linguistischer und phonetischer Interpretation	deutliches Abweichen phonetischer und linguistischer Interpretation
	Addington (1971)	Zuordnung von Glaubwürdigkeit zu Variationen der Sprechweise in Abhängigkeit von Geschlecht des Hörers	keine Geschlechtsunterschiede; signifikante Unterschiede in der Parameter-Variation/ Zuordnung der Glaubwürdigkeit
Manipulation durch Experimentator-Verhalten	Ball (1975)	Konversationsverhalten und gefüllte Pausen	gefüllte Pausen können, müssen aber nicht Zeichen für Turn-Taking sein
	Butterfield (1977)	Beobachtung nonverbalen Verhaltens in Interviews und Geschlechtsspezifik	Änderungen gefüllter/leerer Pausen unter Stress; Zusammenhang von Geschlecht der Beurteilers/des Akteurs vorhanden
Psychoakustische Hörversuche	Bismarck (1974)	Beurteilung von Klängen	vier orthogonale Faktoren zur Beschreibung von Klangeigenschaften
	Debus (1978)	Emotiver Gehalt von Schall und Lärmbelastung	experimentelle Variation von Schall in Laborversuchen wenig Aussagekraft für Wirkungsaspekt von Schall
Globale Variation des Stimulus	Bochner, Bochner (1973)	Sozialstruktur und Reaktion auf Dialekte	gewisser Zusammenhang von Sozialstatus und Reaktion auf Dialekt
Shadowing	Rosenberg, Lambert (1974)	Sprachperzeption in der Beziehungsstruktur von Sätzen	Zusammenhang des Satzes wichtig für Sprachperzeption
	Speaks, Trooien (1974)	Verständlichkeitsuntersuchung	Shadowing beeinflußt negativ die Verständlichkeit
Psychophysiologische Methoden	Fletcher (1973)	Diskussion der Anwendung von GSR-Messung in der Kommunikationsforschung	GSR-Messung scheint gute Operationalisierung des Rezipientenverhaltens zu sein

3. Fortsetzung Tab. 1

Phonetische und paraphonetische Transkription	Duncan, Rosenthal (1968)	Paraphonetische Einflüsse bei der Durchführung von psychologischen Experimenten	Einfluß vorhanden
Bandschnittverfahren	McDowall (1974)	Akzenterkennung durch untrainierte Hörer	gute Akzenterkennung, bei Segmenten noch verbessert
	Baskett, Freedle (1974)	Erkennung von Lügen in Abhängigkeit von der Schnelligkeit einer Antwort	Lüge wird eher attribuiert, wenn Antwort zu schnell oder zu langsam
Zeitkompression	Rossiter (1971)	Entwicklung Hörtest auf Basis der Geschwindigkeitsänderung	Verständlichkeit bleibt bis zu 275 Wörtern/Minute bei Time-Compression ohne Frequenzänderung erhalten
	Beasly et al. (1972)	Verständlichkeit und Beurteilung manipulierter Sprache	drei Faktoren zur Beurteilung technisch aufbereiteter Sprache
Inhaltsverdeckung (Bandumkehrung)	Fletcher (1976)	Erkennung von Nasalität	untrainierte Hörer können Nasalität reliable beurteilen; Bandumkehrung keine geeignete Methode
	Lass et al. (1978)	Erkennung Rassenzugehörigkeit und Geschlecht	Geschlechtserkennung bei drei inhaltsverdeckenden Methoden gleich gut; Rassenzugehörigkeit schlechter erkennbar
Inhaltsverdeckung (Rauschüberlagerung)	Dooling (1974)	Rhythmus-Syntax-Beziehung	Rhythmus ist für Wahrnehmung wichtiger als Syntax
Inhaltsverdeckung (Filterung)	Bugental (1974)	Beziehung nonverbal/verbal	kein Trend erkennbar
	Ross et al. (1973)	Emotionsidentifikation	Emotionserkennung durch Informationen im unteren Frequenzbereich möglich
	Zahn (1973)	Beziehung verbal/vokal	double-bind-Theorie nicht bestätigt
	McClusky et al. (1975)	Kultur- und entwicklungsspezifische Einflüsse auf Emotionserkennung	leichter soziokultureller und entwicklungstypischer Einfluß feststellbar
	Pearce, Conklin (1971)	Glaubwürdigkeit des Sprechers in Abhängigkeit vom Sprechstil	dynamischer Sprechstil führt zu größerem Überredungseffekt

4. Fortsetzung Tab. 1

Schalldestruktion	Agrawal, Lin (1975)	Verständlichkeitsuntersuchung	Unterdrückung des F_1 und F_2 führt zu Verständlichkeitsverlust
Extraktion mehrerer phonetischer Parameter	Williams, Stevens (1972)	Akustische Korrelate der Emotion	vorläufige Parameterbestimmung (Grundfrequenz, Spektralverlauf, Periodizität des glottalen Impulses, Artikulationsgenauigkeit)
	Doherty, Hollien (1978)	Bestimmung eines Sets akustischer Parameter, die gegen Störungen des Sprechers und des Kanals resistent sind	Sprechererkennung in ungestörter Kommunikation vor allem durch Langzeitspektren, Grundfrequenz und Zeitparameter; diese Variablen identifizieren den Sprecher bei gestörten Aufnahmen nicht
Pausenmessung	Welkowitz, Kuc (1973)	Einschätzung psychischer Variablen des Sprechers in Abhängigkeit von Pausen und Sprecherwechsel	Temporale Gestaltung führt zur Einschätzung "Wärme" und Erkennung der Konversationsstruktur
	Williams (1978)	Unterschiede zwischen face-to-face-Situationen und medial vermittelter Kommunikation	mit den Parametern Pause und Sprechlänge sind Medien nicht zu unterscheiden
Lautheitsmessung	Welkowitz et al. (1972)	Interaktionale Anpassung der Sprecher in face-to-face-Situationen	Intensität ist einerseits ein sprecherstabiler, andererseits ein modifizierbarer Faktor, der Aussagen über interaktionale Beziehungen liefern kann

5. Fortsetzung Tab. 1

Grundfrequenzanalyse			
–Laryngealfrequenz	Chalaron (1972)	Ausdruckshaltigkeit prosodischer Merkmale	Erkennung des exklamativen Charakters von Äußerungen möglich
–Filterung	Zahn (1975)	Integration verbal/vokal	kein double-bind; Filtermethode erwies sich als weniger reliabel als in Literatur angegeben
–Laryngografie	Fónagy (1978)	Prüfung der Methode bei Untersuchung prosodischer Merkmale bei Emotionsausdruck	gute Anwendungsmöglichkeiten; Grenze der Methode: keine weitere Parameterisolierung möglich
–Cepstrumanalyse	Streeter et al. (1977)	Lügenerkennung auf Basis von pitch-änderungen	ungefilterte Sprache: keine Lügenerkennung möglich; bei gefilterter Äußerung Korrelation von Wahrhaftigkeitseinschätzung und Grundtonänderung
Oszillografie	Beattle (1978)	Konversationsverhalten und Sprecherwechsel	keine einheitlichen Gesetzmäßigkeiten des Turn-Taking und Pausenverhaltens erkennbar
Spektrografie (Sonagrafie)	Hazen (1973)	Wert von Sonagrammen für die Sprecheridentifikation	Sonagramme haben begrenzten Wert für Sprecheridentifikation durch Interpretation der Sonagramme
	Motley (1974)	Messung von Falschaussagen	Falschaussagen (Ein-Wort-Äußerung) haben zeitliche Verzögerungen
Synthetisierungen	Smith et al. (1975)	Zusammenhang Persönlichkeit und Sprechweise	Eindruck der Kompetenz des Sprechers ändert sich mit der Speech-Rate; Eindruck von Benevolenz folgt umgekehrter U-Funktion
	Gandour (1978)	Perzeptionsdimensionen von Tönen	Durchschnittstonhöhe.Endpunkt, extremer Endpunkt und Länge des Tones bestimmen den Eindruck

Umschreibungen oder common-sense-Deutungen ohne direkten Bezug zur Fachtermini. Analysen von face-to-face-Situationen benötigen alphabetische Transkritpionen zur Kennzeichnung der paraphonetischen Abweichungen. Suprasegmentale Eigenschaften müssen im größeren Umfang berücksichtigt werden als bei phonematischen Transkriptionen. Wenn die spezifische Art und Weise der Hervorbringung betont werden soll – etwa im Zusammenhang mit nichtverbalen Kodierungen –, so empfiehlt sich eine analphabetische Notation. Mit ihr kann z. B. zweidimensional die Zungenbewegung notiert werden (Lage der Zunge oben-unten und Ort der Bewegung vorn-hinten). Beschreibungen der Relevanz und Wirkung sollten immer mit einer der beiden Transkriptionsarten gekoppelt sein, um die Besonderheiten der sprecherischen Realisation auf die Wirkung beziehen zu können. In dieser Anwendung wird der spezifische Charakter von Notationen genutzt: Sie sind Fixierungen des *Eindrucks*, jedoch keine objektiven Schall- oder Motorikmessungen. Diese Eigenschaft wurde in früheren linguistischen Arbeiten übersehen und als »Mangel an Objektivität« kritisiert. Allerdings wird mit der Notation nicht der Eindruck des Interaktionspartners fixiert, sondern der des trainierten und theoretisch vorbelasteten Hörers. Die Kombination von fachlichen Deskriptionen, Transkriptionen mit naiven Beurteilungen kann annäherungsweise die vortheoretische Deutung (Alltagsrelevanz) in die Beschreibung einführen. Sie stellt den Versuch dar, über extrakommunikative naive Beurteilungen auf die Rezeptionsprozesse des Kommunikators zu schließen. Sie kann nur eine Approximation sein, weil die Alltagsdeutungen nur in mehrfach transformierter Form zugänglich sind: Es handelt sich um bewußtgemachte, versprachlichte, naive Interpretationen oder Attributionen, die aus einer Hörsituation entspringen, in der der Proband den Gesprächsausschnitt wie eine Rundfunksendung beurteilt. Mit common-sense-Urteilen können fachliche Beschreibungen nicht außenvalidiert werden: Sie beziehen sich auf unterschiedliche Ebenen, deren Relationen nicht genau bekannt sind. Eine statistische Verrechnung von Fachdeskription und naiver Interpretation läßt häufig die Beziehungsstruktur außer Acht. *Addington* (1971) versuchte, fachliche Beschreibungen von Realisationsvarianten als Vorgabe für Sprecher zu verwenden, die Testsätze produzieren sollten. Die Sprecher mußten anhand eines sprecherzieherischen Lehrbuches erst lernen, wie die fachlichen Termini in sprecherische Variationen umzusetzen seien (Fußnote S. 243); d. h. was sie akustisch und artikulatorisch »bedeuten«.

Es wird von einer phonetischen Deskription gefordert, daß sie immer im gleichen Bedeutungssinn aufgefaßt wird. Bei auditiven Attributen scheint die sprachliche Konvention ungenau zu sein, sowohl im Alltag als auch in der Fachsprache. Es werden vor allem impressionistische Bezeichnungen mit höherem oder geringerem Bezug zu akustischen bzw. physiologischen Parametern verwendet. Der Wert impressionistisch-auditiver Beschreibungen für phonetische Zwecke wird von einigen Autoren bestritten (vgl. *Ladefoged* 1960, S. 387), und er scheint tatsächlich gering zu sein, weil die Beschreibungen meist nicht am akustischen Signal validiert worden sind. *Hammarberg et al.* (1979) zeigten, daß normale und gestörte Stimmen durch fachliche Beschreibungen nicht ausreichend gut zu unterscheiden sind. Die Fachbeschreibungen (phoniatrische Klassifikationen von Dysfunktionen und adjektivische Experten-Ratings) wurden faktoranalysiert; die drei ermittelten Faktoren haben jedoch eine Entsprechung in den akustischen Parametern (Langzeitspektren, Distribution der Grundfrequenz und F_o-Perturbationen), unabhängig vom Störungsgrad der Stimme. Der auditive Eindruck ist selbstverständlich interindividuell unterschiedlich, so daß eine abweichende Signifizierung bei mehreren Beurteilern zu erwarten ist. In Validitätsstudien zur (Laut-)Transkription ist des öfteren nachgewiesen worden, wie stark Höreindrücke auch bei trainierten Hörern differieren können (vgl. *Richter* 1964, 1966). *Ladefoged* (1960, S. 224 f.) ließ Transkribenten aus London und Edinburgh die gleichen Vokale transkribieren. Es ergaben sich signifikante Unterschiede in der Notierung des Öffnungsgrades und der Zungenlage: Transkribenten aus Edinburgh hörten gegenüber den Londoner Transkribenten den gleichen Vokal als geschlossener und zentraler. Für solche Unterschiede werden im Wesentlichen drei Gründe verantwortlich gemacht: der Ideolekt des Sprechers (Joos), die Erfahrung des Transkribenten und der Dialekt des Transkribenten (Delattre). *Ollers, Eilers* (1975) konnten nachweisen, daß auch die phonetische und linguistische »Erwartbarkeit« (expectation) von Lauten die Güte der Notation beeinflußt: Beispielsweise wurden Laute notiert, die zwar erwartbar waren, jedoch akustisch nicht vorhanden gewesen sind. Unterschiede in paraphonetischen Transkriptionen scheinen noch gravierender zu sein (vgl. *Duncan, Rosenthal* 1968; Berechnung der Reliabilität durch Kappa-Koeffizient und Binominaltest). Die Bestimmung der perzeptualen Dimensionen des Schalles ist für die Verarbeitung von naiven Interpretationen unumgänglich. Hörversuche zur Stützung der Analyse erfordern vom Experimentator, die Beurteilungen psychologisch zu interpretieren, in Perzeptionsdimensionen zu isolieren und den gemessenen Parametern zuzuordnen. Der Versuch von *Catford* (1964), Phonationstypen zu beschreiben, geht daher von den wenigen bekannten und meßbaren Faktoren aus und verbindet diese mit dem auditiv-kinästhetischen Eindruck eines trainierten Hörers. Die Belege wurden durch drei Methoden erhoben: Laryngoskopie, Messung des Luftströmungsverhaltens und – mit begrenzter Interpretierbarkeit – Spektrogramme. Ein »Hauch« (breath) ist demzufolge auf vier Ebenen zu beschreiben:

a) Laryngoskopische Beobachtung: Glottis weit geöffnet, 60–95 % des gesamten Glottis-Spielraumes offen;

b) Luftströmungsverhalten: über 25 cl/sec bis maximal 890 cl/sec, gewichtete kritische Geschwindigkeit über 240 cm/sec;

c) Spektrum: Geräuschcharakter ab 500 Hz aufwärts mit gewisser Energiekonzentration in formantähnlichen Bändern;

d) auditiver Effekt: »beruhigendes« Geräusch mit Eindruck einer »dünnen« Stimme, ähnlich dem Flüstern, Atem hörbar.

Eine behauchte Stimme (breathy voice) ist eine Kombination aus Hauchen und Phonation; es finden sich Anteile der vollen Stimmfunktion und des eben beschriebenen Hauchens; auditiv eine Mixtur aus Stimme und Atmen wie beim Sprechen eines Vokals mit /h/. Eine umfassende Darstellung der Deskription und Messung von Stimmqualitäten ist in *Laver* (1980) zu finden.

Die impressionistischen Beschreibungen von Laien können vom Probanden selbst nicht auf physikalische/physiologische Parameter bezogen werden. Es hat wenig Zweck, Probanden bewußt auf ihre Begründungen zu lenken, weil sie dem Hörer nicht präsent sein können. Man würde nur eine Art »Meinungsbefragung« erhalten, also eine Liste von Begründungen, von denen die Probanden meinen, daß sie zutreffen. Vom Experten ist nicht eindeutig festzustellen, worauf sich der Bezugsrahmen solcher Statements gründet. Die Äußerungen sind global-psychologisierend (eine »beruhigende Stimme«) und orientieren sich häufig an Visualisierungen. Sie bestehen in Bezeichnungen wie hoch, tief, stufenförmig, oval usw., wobei der Proband oft »Kurven« in die Luft malt (eine Art »common-sense-Oszillogramm«). Der phänomenalen Umsetzung auditiver Eindrücke in optische Vorstellungen nachzugehen wäre lohnenswert, weil auch phonetische Fachbegriffe optische Dimensionen beinhalten. Man führte diese Tatsache häufig auf die Gestaltpsychologie zurück, die das Begriffsrepertoire aus optischen Untersuchungen entwickelt hatte. Diese Begründung scheint nicht auszureichen, weil auch naive Formulierungen den Schall visualisieren und die Metaphern der Phonetik auch Analogien aus anderen Sinnessphären benutzen (optisch: runde Stimme; Tastsinn: samtige Stimme, Sensomotorik: kitzelnde Stimme). Die Zuschreibungen sind – das zeigt die Arbeit von *Kramer* (1977) – Konglomerate aus verschiedenen psychischen und phänomenalen Bereichen. Zudem kann oft nicht entschieden werden, ob sich die Urteile auf den Sprecher, den Interaktionsprozeß oder auf den Hörer beziehen. *Voiers* (1974) wählte den Ausweg, zwischen »Effekten der Interaktion von Sprecher/Hörer« und »Effekten des Wechsels oder der Variation in der Reaktion« zu unterscheiden, die sich beide nicht trennscharf sondern. Die Probleme treten sowohl bei frei erhobenen als auch bei vorgegebenen Einschätzungen auf. *Voiers* (1974) konnte keine Verbesserung der naiven Beurteilungen feststellen, wenn keine Kategorien vorgegeben sind. Die von den Probanden frei ergänzten Skalen enthielten keinen anderen als die vorgegebenen Faktoren (clarity, roughness, and magnitude or animation). Ob freie oder vorgegebene Kategorien erhoben werden, ist keine Entscheidung der Optimierung, sondern der methodologischen Auffassung. In beiden Fällen wird mit unterschiedlichen Auflösungsgraden der Begriffe zu rechnen sein (schrill vs. spitz, kompakt vs. fest) und die Bündelung der Adjektive ist häufig nicht voraussagbar (vgl. *Voiers* 1974, vierter Faktor, in den Skalen wie farbvoll-farblos, laut-leise, fallend-steigend eingingen).

Man muß mindestens zwei verschiedene Klassen von Hörerreaktionen unterscheiden, die auf unterschiedlichen Ebenen des Alltagswissens basieren. Zur ersten Kategorie sind alle Beurteilungen zu rechnen, die den subjektiven Eindruck, die subjektive Bewertung, Reaktion und emotionale Wertigkeit des betreffenden Stimulus enthalten. Zu ihnen gehören ebenfalls die Zuschreibungen (Attributionen), die der common-sense-Deutung von Relevanz und kommunikativer Funktion entsprechen. Sie sind das Ergebnis von gemeinsam wirkenden Faktoren aus der Alltagserfahrung, dem Konstitutionsprozeß im Rezeptionsvorgang und den naiven Theorien über die Kommunikation und besonders über die phonetischen Mittel. Es gehören zu ihnen auch die naiven Beschreibungen der physikalischen Ebene. Diese Kategorie setzt Fähigkeiten zur Reflexion und Lexikalisierung beim Rezipienten voraus. Skalierte Befragungen (wie Profile, Likert-Skalen usw.) sind unterstützende Maßnahmen, die einen semantischen Raum und dessen lexikalische Entsprechung als Vorstrukturierung des Reaktionsfeldes der Probanden einsetzen. Alle statistischen Auswertungen ordnen die Attributionen und prüfen, ob die untersuchte Population ebenso reagiert hat wie die angezielte Gesamtheit. Die statistischen Auswertungen haben häufig zu einem Mißverständnis geführt: Die überzufällige Tendenz im Attributions-Set wurde als Nachweis der Funktionalität des Stimulus im Kommunikationsgeschehen gewertet. Der statistische Mehrheitsbeschluß kann jedoch nicht als Beweis für die Funktionalität von phonetischen Parametern verwendet werden. Die Hörerurteile sind dem Wesen nach Zuschreibungen, die speziell in Hörsituationen gewonnen worden sind, in denen der Hörer sich nicht als Teilnehmer einer Kommunikation fühlt. Die Auflistung und Verrechnung der Hörerurteile hat keinen Sinn für die fachwissenschaftliche Beschreibung oder Interpretation der phonetischen Parameter, sondern für die common-sense-Zuschreibung von Bedeutung und Sinn zu einem extrakommunikativen Stimulus. Das bedeutet, daß weder Außenvalidierungen phonetischer Theorien noch Transformationen des Fachwissens in Alltagswissen und umgekehrt in *generalisierender* Art durchgeführt werden können. Vor allem ist der Schritt von der Interpretationsebene (Sprecher hört sich beruhigend an) zur Explikation des Sprecherverhaltens (Sprecher will beruhigen) nicht möglich. Diese Kategorie von Hörerreaktionen ist sinnvoll für die Untersuchung der Wirkung, des Effektes und aller Elemente des subjektiven Reaktionsgefüges, die naiven Vorstellungen über das Wesen und die Mittel der Kommunikation eingeschlossen. Ein oft angeführtes Argument ist, daß die wissenschaftliche Beweisführung gerade mit der »natürlichen Kompetenz« der Hörer durchgeführt wird. Der Zwang zur Intersubjektivität ließ den Forscher übersehen, daß er mit Hörerurteilen nur prüft, ob seine Theorien ebenfalls dem common-sense entstammen oder ob seine Versuchspersonen gute Repräsentanten des Alltagsverstehens sind. Daß die alltägliche Kommunikation störungsfrei funktioniert und jeder Teilnehmer ihrer mächtig ist bedeutet nicht, daß der Kommunizierende darüber Auskunft geben kann oder treffende Erklärungen dafür besitzt.

Die zweite Gruppe der Reaktionen umfaßt alle Variablen, die mittels nichtlexikalisierender (teilweise aber auch sprachlicher) Methoden geprüft werden. Dazu zählen Verfahren des shadowing, der Reproduktionen, Imitationen und Reaktionen auf experimentelle Stimuli oder experimentell gesteuerte Kommunikationssituationen, in denen der Proband involviert ist. Sie setzen die kommunikative Fähigkeit des Probanden ein, ohne kognitive Reflexionen vorzuschalten und naive Deutungen zu provozieren. Sie sind in der Mehrzahl Methoden, die vom Probanden wiederum eine phonetische Realisation verlangen (was den phonetischen Auswertungsprozeß erleichtert), jedoch können sie auch schriftsprachlich angelegt sein (wie z. B. Verständlichkeitsmessungen, in denen der Proband die gehörten Worte aufzuschreiben hat). Diese Methoden scheinen eher geeignet zu sein, die kommunikative Funktion experimentell darzulegen. In face-to-face-Situationen ist die Reaktion des Partners bereits dokumentiert (phonetisch und nonverbal), so daß der Phonetiker intrakommunikativ erzeugte Hörerreaktionen zur Verfügung hat.

In einem Transkript können beide Klassen von Reaktionen aufgenommen werden: Die erste Gruppe als Häufigkeitstabelle der Zuschreibungen, die zweite Gruppe als phonetisches Notat. Insgesamt enthält ein komplexes Transkript folgende Zeilen: Orthografische, segmentelle und suprasegmentelle Notation, fachliche Deskription und common-sense-Zuschreibungen.

Beispiel: Ein Gesprächsausschnitt des Konstanzer Materials (TAKE D, Beginn) wurde von vier Experten transkribiert. Die Passagen wurden in Hörversuchen (normalhalliger Raum, REVOX A 700 mit Abhörboxen) von 56 Probanden in freien Interviews interpretiert. Die Aussagen wurden auf Band mitgeschnitten und mit Auswertungslisten, die ein Raterteam entwickelt hat, aufgelistet.
Die Hörvarianten wurden ohne Wertung in das Transkript aufgenommen. Eine Berechnung der Intercoder-Realiabilitäten wird aus methodologischen Gründen nicht vorgenommen: Notate sind Widerspiegelungen subjektiver Auditionen und kein objektives Meßinstrument (abgesehen von der zu geringen Zahl der Transkribenten). Die common-sense-Zuschreibungen sind nicht als psychologische Fachbegriffe zu verstehen; sie zeigen deutlich ihren »folk-character« und zugleich die große Spannweite, die common-sense-Beurteilungen aufweisen. Sie sind keine Außenvalidierungen wissenschaftlicher Hypothesen über die Funktionalität der Äußerung und sie zeigen andererseits die unterschiedliche Wirkung ein- und desselben Stimulus auf die Probanden.
(s. Tab. 2)

4. *Computerunterstützte Segmentation und Transkription*

Phonetische Analysen von face-to-face-Gesprächen sind keine phonematischen Analysen. Dennoch muß das Sprachmaterial in linguistische Segmente eingeteilt werden, weil sich dadurch erst Aussprachevarianten abheben lassen. Die Transkription nach Lautklassen enthält zugleich eine Segmentierung, nämlich die auditive Aufgliederung des kontinuierlichen Schallflusses in funktionalphonematische Diskretklassen. Schall könnte auch nach physikalischen Eigenschaften gegliedert werden (wie Änderungen der Formantstruktur, Wechsel der Amplitudenausschläge), jedoch stimmen diese nicht mit funktionalen Einheiten überein. An Oszillogrammen oder Spektrogrammen ist oft nicht der Übergang von einer linguistischen Einheit zur anderen zu erkennen, obwohl auditiv verschiedene Phoneme wahrgenommen werden können. Im Spektrogramm sichtbare »Phonette« (Truby, vgl. *Pilch* 1964, S. 83 ff.) sind nicht identisch mit den gehörten Phonemklassen. Wird eine Phonemverbindung in der Mitte zerschnitten, so hören sich beide Einzelteile wie die gesamte Verbindung an. Diese

Tab. 2: Transkription Take D, Beginn

Orthographisch	Und warum hast du dich hierfür gemeldet, was hat dich so / daran / intressiert?				Ach so,	(n)aja, d' das war ganz spontan,	
Zeit	0,0	0,75	1,6	2,0	2,3	2,8	4,0
Phonetisch							
Transkr. 1	[ɑndˈvaʁɔmasgə	dɪçhiˈɐfyɐ gəˈmɛldəg	vashag	ˈiçɡo	ʔɪntʀɛsiˈɐs]	ˈ?ajã	gᵗsvɑˈgantsʃpɔnˈtɑˑn
Transkr. 2	[vaːʀɔmastu	dɪçɛfyɐ gəmɛldət	vaşət dɪçso		ɪntʀɛsiːɐs]		
Transkr. 3	[vɑɔmastʰɔ	dɪçhiɛfyə gɛmɛldɛt	va+shɑt iç	ˈʔaxɡo	dɑʀⱽɪn ɪntʀɛsiɛtⱽ		
Transkr. 6	[ɑntvaʀɔmhɑ+sdu dɪçhiɐfyə gəmɛldɛtʰ		vashag dɪç		dara+n ɪntᵉʀesiɐtʰ]		
Länge/Kürze							
Transkr. 1						=	
Transkr. 2	–	–				– –	
Transkr. 3	>>>>>> >	>>	> >>>		>>> >>>	>> –	
Transkr. 6	>>>		>>		>>>	–	
Tempo							
Transkr. 1	mittel bis schnell	> | <			∧	–	
Transkr. 2	schnell	∧			∨		
Transkr. 3	schnell	mittel			schnell mittel		
Transkr. 6	schnell	>mittel < schnell >				mittel	
Pausen							
Transkr. 1			╱ ╱				
Transkr. 2			╱ ╱				
Transkr. 3			╱ ╱				
Transkr. 6	/						

Orthographisch	Und warum hast du dich hierfür gemeldet, was hat dich so / daran / intressiert? Ach so, (m) aja, d' das war ganz spontan,
Zeit	0,0 0.75 1,6 2,0 2,3 2,8 4,0
Grundton	
Transkr. 1	
Transkr. 2	
Transkr. 3	
Transkr. 6	
Lautstärke	
Transkr. 1	leise < >
Transkr. 2	mittel
Transkr. 3	leise, geringe Verstärkung an den markierten Stellen < >
Transkr. 6	vorwiegend mittellaut > < << >>
Deskriptionen	
Atmung	
Transkr. 1	unauffällig
Transkr. 2	unauffällig
Transkr. 3	nicht hörbar, unbehaucht, macht keine Atempause zwischen beiden Sätzen
Transkr. 6	unauffällig
Artikulation	
Transkr. 1	mittelgute Artikulation, Tonus schwach, "kraftlos", zurückgenommen, Explosionen "zart" (soft spoken)
Transkr. 2	ungeduldig
Transkr. 3	leicht verwaschen, aber nicht unpräzise
Transkr. 6	normal scharf
Suprasegmentals	
Transkr. 1	sehr verbunden, nicht gehastet, jedoch relativ schnell, kaum temporale, dynamische oder melodische Variationen; Melodie jedoch etwas "singend"
Transkr. 2	raffend
Transkr. 3	Melodie: monoton, bei "gemeldet" und "intressiert" entsteht jeweils eine etwas unterkühlte Fragemelodik. Tempo: etwas raffend, schnell

Transkr. 6	bei steigender Melodie nimmt Lautstärke zu, Tempo ab. Satzbau! Fragesatz, in dem Stimme hoch geht. Im zweiten. Teil inhaltsbedingt: Hauptbetonung liegt auf "interessiert"
Stimmklang	
Transkr. 1	weich, mitteldunkel, durch Kopfklang etwas aufgehellt, Register auffällig (über normaler Sprechstimmlage); ohne metallischen Kern, etwas kraftlos (soft), ohne größere Spannungen, nur durch Tempo kommt Eindruck des Bewegten; Kammerton, privater Ton,Vorwiegen des Vokalismus, etwas singend.
Transkr. 2	scharf
Transkr. 3	etwas dunkel, dünn, monoton, unterkühlt
Transkr. 6	warm (Persönlichkeit!), hellt gegen Ende beider Fragen auf (Inhalt, Sprechabsicht): bekundet damit Persönlichkeit, Inhalt, Situation
Ursachen	
Transkr. 1	Sprechsituation, da ich annehmen muß, daß es ein Ausschnitt aus dem gesamten Gespräch ist. Nachdem ich erfahren habe, daß dieser Satz der Beginn ist, wird zugeordnet: Persönlichkeitsausdruck
Transkr. 2	Inhalt des Gesprochenen: Die Monotonie und Unterkühltheit der Stimme hängt vielleicht mit einer gewissen Skepsis zusammen, die seiner Frage zugrundeliegt. Monotonie, raffendes Tempo usw. könnten auch auf Routine zurückzuführen sein, mit der der Sprecher seine Frage stellt.
Transkr. 3	Sprechsituation: Ein Gespräch, bei dem der der eine den anderen testet, prüft, seine Motivation in Frage stellt. Persönlichkeit des Sprechers: vorsichtig, kühl, demonstriert Überlegenheit und Übersicht, wirkt intellektuell. Dialektale Einflüsse sind kaum zu bemerken. Er spricht nahezu akzentfrei, das unterstreicht das intellektuelle "Image".
Transkr. 6	Persönlichkeit, Inhalt, Situation.
Sprechausdruck und Gesamtsituation	
Transkr. 1	ungeduldig, ein bißchen "grätig", erwartet eine schnelle und präzise Antwort, ist dennoch kontrolliert, so daß der Partnerbezug nicht von vornherein abgebrochen wird.
Transkr. 2	
Transkr. 3	Reserviertheit und Routine, mit der der Sprecher seine Frage stellt, läßt vermuten, daß es ihm weniger um Kennenlernen des Partners geht. Er erwartet vielmehr Informationen, durch die sich die Person für irgendetwas qualifiziert oder disqualifiziert. Der Sprecher scheint in der Lage, dies zu entscheiden. Obwohl Du-Anrede kein privates Gespräch. Kann Einstellungsgespräch oder Interview sein. Letzteres gäbe Sprecher anderen Akzent: Partner abhängig von ihm!
	auffällig: "Dichte", "Gedrängtheit der Aussage (also keine Verzögerung in Form von Längung einzelner Laute, Gedankenpausen etc.), da die Person ernsthaftes Interesse am Ausgang der Frage hat.
Transkr. 6	Daß die Person eine ernstgemeinte Frage stellt, Interesse an den Motiven ihrer Gesprächspartnerin hat, zeigt sich auch in der Tatsache, daß sie zwei inhaltlich gleichartige Fragen stellt: Umformulierung zum Zwecke der Unmißverständlichkeit.

| Zusammengefaßte naive Beurteilung N = 56 (Zahl in Klammern = Häufigkeit) | Gesprächsführung: unpassend für Gesprächseröffnung (2),wartet nicht auf Antwort (4). Funktion im Gespräch: Versuchsleiter (5), Interviewer (2),Berater (2), nur für Versuchszwecke aufgenommen (Test-Sprecher) (2). Partnerbezug: verschiedene, ungleichwertige Position; Sprecher ist überlegen, beherrscht Partnerin, höheres Semester, zwingt sie zur Rechtfertigung (13), Partner kennen sich (3), Partner kennen sich nicht (1). Artikulation: gut (1),kein Dialekt,Schriftdeutsch,Hochdeutsch (2),norddeutsch (2). Stimme: dunkel bis dumpf (5), volltönend (2),unaufdringlich (1), warm (2),weich (1),traurig (1), heiser (1),laut (1), angenehm, sympathisch (6), unangenehm, unsympathisch (5). Situation und kommunikative Funktion: echte, interessierte Frage (13), unechte, unbeteiligte, routinehafte, automatische Frage, kein Interesse (14),mit Hintergrundwissen ("er weiß schon, was herauskommen soll") (4),herablassend, jovial,abwertend, ablehnend (5), unnatürlich, hinterlistig, ekelhaft (5),Vorwurf (8), mit Anteilnahme, freundlich,beteiligt (7),drängend, fordernd, direkt, gezielt (6), sanft, beruhigend (4), neutrale, sachliche Informationsfrage (6), unsicher, nicht souverän, verlegen fragend (3), gestochen ausgedrückt, geschwollen (1), modisch auf Gefühle eingehend (2), geht nur von sich aus (1), cool, understatement,leger, ruhig (7), emotional und einschmeichelnd (1), Versuch des Anbändelns (6). Persönlichkeit und Sozialstatus: Student (6), aufgesetzte, modisch-kultivierte Spontaneität (5), intellektuell (2), höhere Schulbildung (1),linksintellektuell, Sozi-Typ (2), wohlerzogen (1), überheblich (2), selbstsicher (1), kann auch fürsorgend sein (1). Äußeres: jung (9), schlank (2), mittelgroß (1), langhaarig (3), Jeans-Träger (1). Begründungen: "Betonung" (7), lachender und ironischer Tonfall (3),überzogen betont (2), Stimme singend, schwankend (2),"typische Universitäts-Sprache (2),"m" bei gemeldet gedehnt (3),Klangfarbe der Stimme (2), bewußt auf sympathisch gemachte, gedrückte und bewußt tiefe Stimme (3), tief-monoton (2), schneller Redefluß, keine Pausen (3), Akzent am Schluß (1), Kontrast der Stimmführung zum Inhalt (1). Vorstellungen zum nonverbalen Verhalten: freundliches Gesicht (1),will schöner aussehen (1), leicht ironisches Grinsen (1), sitzt ohne zu agieren (1). |

Tatsache ist durch das Prinzip der Koartikulation in artikulatorischer und akustischer Hinsicht zu erklären. »Die Phonemisierung ist eine Deutung und läßt als solche verschiedene Möglichkeiten offen.« *(Malmberg 1976, S. 55).* Phonematische Segmente sind erlernte auditive Einheiten, die bedeutungsunterscheidend, jedoch nicht bedeutungstragend sind. Segmentierung ist eine phonematische Interpretation des Sprachschalles, die von der Struktur einer bestimmten Sprache ausgeht. Akustisch, artikulatorisch oder auditiv ähnliche Elemente können in verschiedenen Sprachen verschieden segmentiert werden *(Pilch 1964, S. 91).* Eine Klasse hörbar gleicher Segmente wird als Phonem gekennzeichnet.

Suprasegmentale Eigenschaften werden analog der Phonem-Segmentierung auditiv aus dem Schall herausgelöst. *Fay* (1966) referiert einige theoretische Auffassungen über den Vorgang des Segmentierens durch Transkribenten. In der Phonetik wurden verschiedene Versuche gemacht, die Segmentierungs- und Transkriptionsarbeit apparativ zu unterstützen. Im Prinzip arbeiten die Segmentatoren, die unterschiedliche technische Lösungen aufweisen können, mit der Wiederholung des auf eine Bandschleife aufgespielten Materials, das durch eine Art »Fenster« in Ausschnitten beliebig oft und beliebig »gleitend« (d. h. in oder gegen Bandlaufrichtung verschoben) abgehört werden kann. Die akustischen Verzerrungen an den Fensterflanken sind bei modernen Geräten minimalisiert worden. Mit der Verbreitung der Digitaltechnik und den Forschungen zur automatischen Spracherkennung wurden sehr viele Möglichkeiten zur automatischen Segmentierung des Sprachsignals ausprobiert. *Haton* (1974) berichtet von einem Segmentierungsprogramm, das den Sprachschall in Frequenzzonen einteilt (100–700 Hz, 700–1800 Hz, 1800–7000 Hz) und damit eine Vorklassifizierung in phonem-ähnliche Segmente vollzieht. Es unterscheidet zwischen Transienten und steady-Teilen. Das Programm kann Vokalsegmente, Frikative, Plosive und Nasale erkennen. Diphtonge werden nicht erkannt, Plosive werden in zwei Segmenten dargestellt (Implosionsphase und Explosionsphase). Diese einfache Frequenzsegmentierung reicht noch nicht zur eindeutigen Erkennung von Segmenten aus, weil das Programm Phoneme einfügen, löschen oder verwechseln könnte. Deshalb hatte *Haton* eine lexikalische Vergleichsprozedur eingefügt, mit der einige Fehler ausgeschaltet werden. *De Mori* (1976) baute den Segmentierungsalgorithmus auf Spektraldaten und suprasegmentale Eigenschaften (Amplitude, Pitch) auf. *Gresser, Mercier* (1975) schlagen eine stufenweise Segmentation vor: Zunächst wird das Sprachmaterial nach Silben segmentiert, weil die Silbe als gesamter Artikulationsentwurf geplant und realisiert wird. Die Silbe wird durch den vokalischen Silbenkern identifiziert (Energiemaximum, Pitch, Dauer und Spektrum). Die vorsegmentierten Silben werden im zweiten Schritt in Phoneme aufgegliedert (V-C-Unterscheidung). Der vokalische Teil (V) hat eine niedrigere spektrale Änderung im Umfeld des Silbenkernes aufzuweisen, der konsonantische Teil (C) ein Maximum der spektralen Variation. Dieses System arbeitet nicht genau und die Autoren schlußfolgern, daß nichtspektrale Daten für die Silbensegmentierung am wichtigsten seien. *Baker* (1974) entwarf ein Programm, das den Zeitverlauf (Nulldurchgänge) zur Segmentierung benutzt. Dieses Programm wurde mit vier anderen Segmentierungsprogrammen am gleichen Material ausprobiert; es war leistungsfähiger bei kurzen Transientenverläufen, jedoch nicht absolut fehlerfrei. Die Schwierigkeiten bei der automatischen Segmentierung legen es nahe, eine automatische Worterkennung ohne Segmentierung durchzuführen. *Calavrytinos, Schroeder* (1976) benutzten den Fourier-Koeffizienten (zweidimensional), um eine Worterkennung unabhängig von Tempo, Grundfrequenz und präzisen Lage der Formanten durchzuführen.

Die Zuordnung von Transkriptionssymbolen zu den automatisch ermittelten Segmenten ist nicht ohne weiteres möglich. Die Segmentation beruht auf akustischen Daten, während Transkriptionszeichen linguistische Einheiten beinhalten. *Glave, Lancé* (1977) berichten über das DAWID-System, daß es feiner segmentiert als klassifiziert. Das Symbolinventar, das den Segmenten zugeordnet wird, ist signalphonetisch begründet und weicht daher etwas von der normalen Transkription ab. Es ist jedoch möglich, die zugeordneten Symbole sowohl linguistisch-phonetisch (Repräsentation von Allophon-Klassen) als auch signalphonetisch zu interpretieren (akustische Segmente). Gewisse Schwierigkeiten bei der automatischen Segmentierung sind noch zu überwinden (z. B. ungenaue Erkennung von stimmlosen Plosiven und stimmhaften Frikativen am Wortanfang).

Maschinell sind Artefakte (Störgeräusch) oder koartikulatorisch bedingte Verschleifungen im Sprachmaterial nicht zu identifizieren. Für eine phonetische Feintranskription ist die automatische Segmentierung nicht sicher genug und sie bezieht sich nur auf die physikalische Struktur. Mit Hinblick auf die Aufgabe der Transkription bei face-to-face-Analysen (Relevanzkennzeichnung) ist eine automatische Segmentierung und Transkription nicht unbedingt erforderlich, weil die interpretative Leistung im Transkript dokumentiert werden soll. Aus diesem Grund bietet sich an, die Leistungsfähigkeit des Computers für eine Unterstützung der ohrenphonetischen Segmentierung und Transkription zu nutzen. Der Rechner soll wie die herkömmlichen Segmentatoren das Sprachmaterial zur mehrfachen Wiedergabe der gewünschten Passage bereithalten und variable Verschiebungen des Ausschnittes ermöglichen. Er soll – besser als die Analoggeräte – technische Verzerrungen des Sprachmaterials vermeiden, größere Zugriffsmengen bereitstellen, Markierungen automatisch zum Sprachschall zuordnen, Transkriptionssymbole gemäß den Segmenten einordnen und bei jeder weiteren Prozedur (Parameterextraktion) exakt verorten, die Transkriptionen auch gesondert abrufbereit halten, eine benutzerfreundliche Dialogform gestatten und den Schall zum optischen und auditiven Verarbeiten anbieten können.

Ein solches Programm wurde von den Mitarbeitern des Instituts für Phonetik und sprachliche Kommunikation der Universität München entwickelt. Zur jetzigen Form des Programms führten folgende Vorüberlegungen:

a) Auf eine automatische Vorsegmentierung wurde zunächst verzichtet. Sie würde eine Arbeitserleichterung für den Transkribenten darstellen, jedoch kann sie nur eine Groborientierung sein, die ihrerseits ebenso gut durch die optische Vororientierung am visualisierten Schall durch den Transkribenten geleistet werden kann.

b) Als Form der Visualisierung wurde das Oszillogramm für die Daten im Arbeitsspeicher, der Schallpegel (doppelt gleichgerichtet und logarithmisch dargestellt) für die Daten im High Memory gewählt. Auf dem Bildschirm erscheint der Dateninhalt des gesamten High Memory, aus dem das Oszillogramm einen Ausschnitt darstellt. Die jeweilige zeitliche Lokalisation des Ausschnittes und die festgelegten Grenzen werden im Schallpegel-Verlauf auch optisch markiert. Beide Kurvenverläufe optisch und durch die akustischen Outputs identifizieren zu lernen ist relativ leicht, auch wenn in den Lehrbüchern nicht entsprechende Techniken beschrieben werden. Schwierigkeiten treten z. B. in solchen Fällen auf, in denen Nasale mit stimmhaften Frikativen (teilweise auch lenis realisierten Verschlußlauten) kombiniert sind. Um die engere Umgebung der Segmentgrenzen besser identifizieren zu können, wird auf dem Display in Form einer Vergrößerung des Signals (»Lupe«) der Ausschnitt um die bearbeitete Grenze herum dargestellt (der selbstverständlich wie das Oszillogramm fortlaufend veränderlich ist).

c) Um die Segmentgrenze genau an einen Nulldurchgang plazieren zu können, wird automatisch der von der Grenze auf der Zeitachse nächstliegende Schnittpunkt (rechts im Oszillogramm) aufgesucht und dort die Segmentierung festgelegt.

d) Die Möglichkeiten zum Abhören der segmentierten Teile müssen so beschaffen sein, daß nicht nur das Segment oder der visualisierte Ausschnitt aus dem Arbeitsspeicher gehört werden kann, sondern auch der größere Kontext. Nur so können Lautübergänge und Segmentgrenzen auditiv besser in phonetischen Zusammenhängen identifiziert werden.

e) Die gesetzten Segmentgrenzen müssen zur Feineinstellung für den Transkribenten sichtbar mit der Datenfolge verbunden sein. Das kann durch eine Anzeige der Datennummer von Anfang- und Endgrenze und der Zeitspanne zwischen beiden geschehen. Die Genauigkeit beträgt dabei 1/20 000 Sekunde.

f) Die Eingabe der Transkriptionszeichen muß während des Segmentierens und nachträglich (d. h. nach erfolgter Bearbeitung) korrigierbar sein.

g) Bei Unterbrechung der Segmentierungsarbeit sollte der Rechner Segment- und Transkriptionsmarkierungen fest abgespeichert haben und bei Neubeginn automatisch bis zur letzten segmentierten Teilstrecke vorfahren und für eine Eingabe geöffnet sein. Das geschieht mit Hilfe eines gesonderten Transkriptions-Files, der die Daten aufnimmt und bei jeder weiteren Prozedur (Neubeginn, Plotten der Werte) vom Rechner automatisch mit den Daten gekoppelt wird.

h) Die Kommunikation mit dem Benutzer sollte über den Display bzw. der Schreibmaschine erfolgen, nicht über zeitraubende Druckprozeduren.

4.1. Leistungen des Segmentations- und Transkriptionsprogrammes

Zur Verfügung steht eine PDP-11/50-Rechenanlage mit Zusatzeinrichtungen. Vor der Herstellung der Digitalkopie vom Analogband kann über ein Einpegel-Programm die Amplitude des in den Rechner eingespeisten Signals per Oszilloskop geprüft werden, um etwaige peak-clippings zu vermeiden. Die Daten werden in *gepackter* Form auf das Magnet-Tape abgelegt.

Zur Verarbeitung werden die Daten in die Zwischen- und Arbeitsspeicher eingelesen und können sofort abgehört werden. Das Neueinlesen der Daten (in pro- und regressiver Richtung) erfolgt automatisch, wenn ein Speicher abgearbeitet ist. Die auf dem Display visualisierten Daten (Schallpegel, Oszillogramm, vergrößerter Ausschnitt, Datennummer, Zeitspanne und Transkriptionszeichen) können entweder mit light-pen oder durch Steuerbefehle von der Teletype aus bearbeitet werden (Festlegen von End- und Anfangsgrenzen, Verschieben der Schalldaten, Abhören von Segment oder Segmentumgebung, Eingabe der Transkriptionszeichen). Der Transkribent kann das Material sowohl hören als auch sehen, kann beliebig variieren, das Segment im Verbund mit der vorhergehenden oder nachfolgenden Passage, isoliert oder die Passage ohne das Segment anhören, die Transkriptionszeichen eingeben und löschen, korrigieren und auditiv überprüfen und fest abspeichern lassen. Wird beim Segmentieren eine bereits festgelegte Segmentgrenze unterschritten, fordert der Rechner automatisch zur Festlegung einer neuen Grenze auf. Ein Vorteil besteht darin, daß Anfang- und Endgrenze jeweils neu gesetzt werden, d. h. der Rechner nimmt nicht die Endgrenze des Segmentes automatisch als Anfangsgrenze. So können ein Laut und das zugehörige Wort als zwei verschiedene Segmente markiert werden. Beim fortlaufenden phonematischen Segmentieren erlaubt eine Routine, die Endgrenze als Anfangsgrenze des neuen Lautes zu definieren. Zusätzlich besteht immer die Kontrolle durch die Nummer der Date, an der sich die beiden Grenzen befinden und derjenigen Date, an der im Moment der Markierungsstrich steht und der vom Transkribenten weitergeführt werden muß. Geschnitten wird das Signal (mittels eigener Routine) immer am Nulldurchgang. Die Transkriptionszeichen werden auf dem Display dann dargestellt, wenn der Transkribent in den Transkriptions-Mode geht (jeweils die letzten abgespeicherten Symbole). Das Unterbrechen und Neueinsetzen der Segmentierungsarbeit wird automatisch vollzogen (Abspeichern, Schließen bzw. Öffnen des Files und die automatische Suchprozedur bis zur letzten bearbeiteten Passage). Der Transkriptions-File kann gesondert gelesen, korrigiert und kopiert werden, so daß weitere Verarbeitungen (z. B. Phonemstatistik) möglich sind.

Ein gesondertes Markierungsprogramm erlaubt das Einfügen von Marken an beliebiger Stelle, zu denen jeweils Kommentare hinzugefügt werden können (Zahlen, Texte, Datenkolonnen usw.). Nach Vorgabe des zu suchenden Kommentarinhaltes stellt der Rechner alle gleichartig markierten Passagen zusammen (z. B. ist es dadurch möglich, maschinell alle Teile des Magnetbandes zusammenzufügen und abzuhören, die als intonatorisch interessante Sequenzen gekennzeichnet wurden).

4.2. Erfahrungen mit der computerunterstützten Transkription

Die Arbeitsweise des Transkribenten bei maschineller Unterstützung, insbesondere die Segmentation, ist verschiedentlich zum Untersuchungsgegenstand gemacht worden (z. B. Fischer-Jørgensen, Haggard). In der simultanen Darbietung von Schall und Kurvenbild im beschriebenen Segmentationsprogramm liegt eine gewisse Veränderung der Transkriptionsarbeit begründet. Zunächst orientiert sich der Phonetiker am Oszillogramm. Ist visuell ein Segment erkannt worden und die Grenzmarkierung gesetzt worden, folgt die auditive Identifizierung. Der zu transkribierende Laut wird isoliert und im Verbund mit dem gesamten Kontext angehört, die Segmentierung überprüft und variiert. Die letzte Entscheidung bleibt dem Hören vorbehalten. Aus der Erfahrung des Lesens von Oszillogrammen ist das idealtypische Muster des Lautes bereits erkennbar, so daß wenig Korrekturen der Segmentabgrenzung vorgenommen werden müssen. In der Kurvendarstellung werden vor allem schnelle und detaillierte Abfolgen geprüft, wie Übergänge von Lautkombinationen, die beim Hören verwischt würden. Die Auflösungsfähigkeit des Auges an feststehenden Bildern ist relativ groß. Auditiv wird besonders das Zeitverhalten, Aufbaudynamik und Gesamtgestalt beachtet. Die Vorteile beider Sinnesmodalitäten werden im simultanen Transkriptionsprozeß ergänzend genutzt. Weitere Vorteile sind:
— Alternativ-Transkriptionen können zum gleichen Laut bis maximal fünf Symbole aufgenommen werden;
— Alternativ-Transkriptions-Files können (durch einfaches Umbenennen) angelegt werden; die gleiche Passage muß dann von Anfang an neu segmentiert werden; der Vergleich der Varianten in den verschiedenen Transkriptionen ist durch ein einfaches Statistik-Programm möglich;
— eine gesonderte Kennzeichnung von Lautübergängen ist möglich, die im auditiven Verfahren nicht so präzis anzugeben sind;
— optische Vergrößerung des Oszillogramms (»Lupe«), Datennummer-Anzeige und eine »komfortable« Kommunikation über den Bildschirm erlauben ein sicheres und schnelles Segmentieren;
— Deformationen des Schalles treten an den Segmentgrenzen nicht auf, auditiv erscheint das abrupte Einsetzen des Schalles als click; dieser Effekt ist durch Abhören des Kontextes zu vermeiden.

Artifiziell wird der Höreindruck insofern verändert, als a) sehr kurze Segmente nicht mehr den Eindruck eines Lautes bilden und b) ein häufiges Repetieren des Segmentes (wozu der Transkribent vor allem in den Fällen greift, wenn der Laut nicht eindeutig zu identifizieren ist) keine Verbesserung des Hörens ergibt. Diese Artefakte sind auch beim herkömmlichen Transkribieren möglich. Zur geschulten Abhörtechnik gehört jedoch, daß der Transkribent gelernt hat, solche perzeptiven Effekte »auszugleichen«. Beim mehrfachen Abhören einer Passage wird bekanntlich nicht eine Art »Mittelwert« gehört, sondern durch Interferenzphänomene, Sättigung und Übersättigung, auch Ermüdung und durch Kontrasteffekte ändert sich der Höreindruck wesentlich. Wie beim üblichen Transkribieren ist Abhilfe nur durch Unterbrechung der Transkriptionsarbeit möglich. Da sich der Transkribent zusätzlich optisch orientieren kann, ist eine Kompensation der auditiven Effekte möglich. Ein anderes Problem besteht darin, daß man das zu hören glaubt, was man optisch identifiziert hat. Mehrfache Transkription zu verschiedenen Zeitpunkten und durch verschiedene Transkribenten wird auch bei der computerunterstützten Transkription nicht zu umgehen sein. Ein kurzer Vergleich von zwei Transkriptionen, die sowohl mit dem Transkriptionsprogramm als auch in herkömmlicher Weise angefertigt worden sind, kann eine gewisse Verbesserung der Transkriptionsarbeit zeigen und zu systematischen Studien anregen.

Zwei Passagen wurden am Rechner transkribiert (Transkribent 1), die anderen Transkribenten haben auf herkömmliche Art ohne Zusatzeinrichtungen (außer Repitiertaste des Tonbandgerätes) gearbeitet. Die aufgetretenen Abhörvarianten zwischen computerunterstützter und normaler Transkription bewegen sich im normalen Streuungsbereich. Bemerkenswert ist jedoch im Beispiel 1, daß ein ganzes Wort anders gehört wird. Im Oszillogramm ist an dieser Stelle weder der Kurvenform noch der zeitlichen Ausdehnung nach die Lautfolge [daran] zu identifizieren, so daß Transkribent 1 [zoˑ] zu hören und sehen glaubte.

Beispiel 1:
Computerunterstützte Transkription:

Transkr. 1 [ond ˈvaʁomasɡədɩçhiˑɒfyˑŋɡəˈmɛldəɡ vashaɡɩ́çzoˑʔɩntʁəsiˑɒs]

Normale Transkription:

Transkr. 2 [vaːromastudɩçjəfyŋɡemɛldət vasatdɩçsoɩntrəsiːəɒs]
Transkr. 3 [vɑɷmastʰodɩçhɪəfyəɡemældɛt va+shatɩçdɑʁᵛɑnɩntʀɛsɪətᵛ]
Transkr. 6 [ontva+romha+sdudɩçhɩəfyəɡemɛldɛtʰ vashaɡdɩçdara+nɩntᵊrɛsɪɑtʰ]

Beispiel 2:
Computerunterstützte Transkription:

Transkr. 1 [h̃ː vasˈhɛtnzədɛnˈʔantsuˑbiːtŋ hːəhəhə̂ːː]

Normale Transkription:

Transkr. 2 [vasɛtñsɪdenaːntsubiːtə̃ həhəh ɥː]
Transkr. 3 [vashed̯ʔnsədenaɑntsobɩ̯tᵛʔn] Lachen
Transkr. 5 [ʬ-asˈhæt̠nzɪʔd-ɛnə̱ˑæn̠t̠s+obɩɩˑt̠n] Lachen
Transkr. 6 [vɑshɛtnsɪɩd̠enɑ+nt̠s̪bɪɩtn] Lachen

Das Hauptziel des Programmes ist nicht die Transkription, sondern die Segmentierung und die Zuordnung der Symbole zu den errechneten Parametern und

Kurvendarstellungen. Jeder Plotterausdruck des segmentierten Materials ist maschinell mit der phonetischen Umschrift unterlegt, und zwar entsprechend der eingetragenen Segmentgrenzen. Die Vorteile durch bereits digital gespeicherten Transkriptionssymbole liegen auch darin, daß Auswertungsprozeduren (Phonemstatistik, Variantenauflistung) problemlos sind.

5. Zusammenfassung

Phonetische Methoden werden zu vielen Analysen gesprochener Sprache eingesetzt. Ihre Leistungsbreite ist noch nicht ausgeschöpft. Kommunikationspsychologische Fragestellungen sollten noch präziser formuliert werden, wenn eine phonetische Analyse durchgeführt werden soll. Mikrostrukturen der gesprochenen Sprache werden in den ersten Analyseschritten der face-to-face-Situations-Untersuchung noch nicht so wichtig erscheinen, doch wird mit dem Fortschreiten der Analyse die Feinstruktur stärker ins Blickfeld des Wissenschaftlers treten. Beispielsweise kann sich ein konversationsanalytisches Transkript als zu ungenau erweisen, wenn der genaue Zeitpunkt der Sprecherwechsel bekannt sein muß. Dann ist die exakte Bestimmung des Speech-Pause-Verhaltens notwendig. Phonetische Methoden können diese Feinanalyse leisten, wobei einige Anforderungen zu berücksichtigen sind:

a) technisch hochwertige Aufnahmen,

b) Verknüpfung der richtigen Daten (Kodierungen mit Transkriptionen, nicht Messungen),

c) Anpassung der Daten an die vom Schall vorgegebene Mikro-Zeitebene,

d) bei Verrechnung von Daten mit akustischen Parametern möglichst Intervall-Skalenniveau.

Digitale phonetische Methoden werden bevorzugt einzusetzen sein, weil sie ein ökonomisches Arbeiten erlauben und analogen Methoden überlegen sind.

Literatur

Adams, W. C.: The effect of various channels of feedback on the communication of information, in: Speech Monographs 40, 1973, 147–150.
Addington, D. W.: The effect of vocal variations on ratings of source credibility, in: Speech Monographs 38, 1971, 242–247.
Agrawal, A., *Lin,* C. W.: Effect of Voiced Speech Parameters on the Intelligibility of PB Words, in: The Journal of the Acoustical Society of America 57, 1975, 217–222.
Ali, L. H., *Daniloff,* R. G.: The perception of coarticulated emphaticness, in: Phonetica 29, 1974, 225–231.
Allen, D. E., *Guy,* R. F.: Conversation Analysis, Paris 1978.
Allen, E. L.: Perceptual and acoustic analyses of selected voice and resonance qualities, in: Dissertation Abstracts International 34 (7-A), 1974, 4455.
Allen, G. D.: Speech rhythm: its relation to performance universals and articulatory timing, in: Journal of Phonetics 3, 1975, 75–86.

Allport, G. W., *Cantril*, H.: Judging personality from voice, in: The Journal of Social Psychology V, 1934, 37–55.
Applbaum, R. F., *Anatol*, K. W. E.: The factor structure of source credibility as a function of the speaking situation, in: Speech Monographs 39, 1972, 216–222.
Aronovitch, Ch. D.: The voice of personality: Stereotyped judgements and their relation to voice quality, Phil. Diss. Columbia University 1972.
Archer, D., *Akert*, R. M.: Word and Everything Else: Verbal and Nonverbal Cues in Social Interpretation, in: Journal of Personality and Social Psychology 35, 1977, 443–449.
Baker, J. M.: Time-Domain Analysis and Segmentation of Connected Speech, in: Speech Communication Seminar Stockholm, 1974, 369–383.
Ball, P.: Listeners' responses to tilled pauses in relation to floor apportionment, in: British Journal of Social and Clinical Psychology 14, 1975, 423–424.
Baskett, G. D., *Freedle*, R. O.: Aspects of language pragmatics and the social perception of lying, in: Journal of Psycholinguistics Research 3, 117–131.
Beasley, D. A., *Zemlin*, W. R., *Silverman*, F. H.: Listeners' judgement of sex, intelligibility, and preference for frequency-shifted speech, in: Perceptual and Motor Skills 34, 1972, 782.
Beattie, G. W.: Floor apportionment and gaze in conversational dyads, in: British Journal of Social and Clinical Psychology 17, 1978, 7–15.
Benjamin, G. R.: Social Distinctions in Non-Verbal Behavior, in: Semiotica 14, 1975, 52–60.
Bever, T. G., *Hurtig*, R. R.: Detection of a Nonlinguistic Stimulus is Poorest at the End of a Clause, in: Journal of Psycholinguistic Research 4, 1975, 1–7.
Bienvenu, M. J., *Stewart*, D. W.: Dimensions of interpersonal communication, in: The Journal of Psychology 93, 1976, 105–111.
Bismarck, G. v.: Timbre of steady sounds: A factorial investigation of its verbal attributes, in: Acustica 30, 1974, 146–159.
Black, J. W., *Moore*, W. E.: Speech. Code, Meaning, and Communication, Westport, Connecticut o. J.
Blakar, R., *Rommetveit*, R.: Utterances in vacuo and in contexts: An experimental and theoretical exploration of some interrelationship between what is heard and what is seen or imagined, in: International Journal of Psycholinguistics 4, 1975, 5–32.
Bluhme, T.: L'identification de différentes attitudes émotionnelles par l'intonation, in: Travaux de l'Institut de Phonétique de Strasbourg 3, 1971, 248–260.
Bochner, A. P.: Task and instrumentation variables as factors jeopardizing the validity of published group communication research 1970–1971, in: Speech Monographs 41, 1974, 169–178.
Bochner, B., *Bochner*, A. P.: The effects of social status and social dialect on listener responses, in: Central States Speech Journal 24, 1973, 75–82.
Boston, D. W.: Synthetic facial communication, in: British Journal of Audiology 7, 1973, 95–101.
Bourbis, R. Y., *Giles*, H., *Lambert*, W. E.: Social consequences of accomodating one's style of speech: A cross-national investigation, in: International Journal of Sociology of Language 6, 1975, 55–71.
Bradac, J. J., *Konsky*, W. C., *Elliot*, N. D.: Verbal Behavior of Interviews: The Effects of Several Situation Variables on Verbal Productivity, Disfluency, and Lexical Diversity, in: Journal of Communication Disorders 9, 1976, 211–225.
Brenner, S.-O., *Hjelmquist*, E.: The production and understanding of utterances in dyadic communication, in: Scandinavian Journal of Psychology 19, 1978, 121–131.
Brosnahan, L. F., *Malmberg*, B.: Introduction to Phonetics, Cambridge, London, New York, Melbourne 1970.
Brown, B., *Strong*, W. J., *Rencher*, A. C.: Acoustic determinants of perceptions of personality from speech, in: Linguistics 166, 1975, 11–32.
Bugental, D. E., *Kaswan*, J. W., *Love*, L. R.: Perception of Contradictory Meanings

Conveyed by Verbal and Nonverbal Channels, in: Journal of Personality and Social Psychology 16, 1970, 647–655.
Bugental, D. E.: Interpretations of naturally occuring discrepancies between words and intonation: Modes of inconsistency resolution, in: Journal of Personality and Social Psychology 30, 1974, 125–133.
Butterfield, G.: Analysis of Interaction in Observation of Nonverbal Behavior, in: Perceptual and Motor Skills 45, 1977, 235–238.
Calavrytinos, P., Schroeder, M. R.: Sprecherunabhängige Worterkennung ohne Segmentierung, in: Acustica 36, 1976, 184–191.
Catford, J. C.: Phonation Types: The Classification of Some Laryngeal Components of Speech Production, in: *Abercrombie, D., Fry, D. B., MacCarthy, P. A. D., Scott, N. C., Trim, J. L. M.* (Eds.): In Honour of Daniel Jones, o. O. 1964, 26–37.
Chalaron, M.-L.: Contribution à l'étude des faits prosodiques dans les énoncés à caractére exclamatif, in: Bulletin de l'Institut de Phonétique de Grenoble 1, 1972, 77–91.
Chevrie-Muller, C., Seguier, N., Spira, A., Dordian, M.: Recognition of Psychiatric Disorders from Voice Quality, in: Language and Speech 21, 1978, 87–111.
Christie, B.: Perceived Usefulness of Person-Person Telecommunications Media as a Function of the Intended Application, in: European Journal of Social Psychology 4, 1974, 366–368.
Clark, A. J.: An exploratory study of order effect in persuasive communication, in: The Southern Speech Communication Journal 39, 1974, 322–332.
Condon, J. C.: Interpersonal Communication, New York, London 1977.
Costanzo, F. S., Markel, N. N., Costanzo, P. R.: Voice Quality Profile and Perceived Emotion, in: Journal of Counseling Psychology 16, 1969, 267–270.
Coutts, L. M. Ledden, M.: Nonverbal Compensatory Reactions to Changes in Interpersonal Proximity, in: The Journal of Social Psychology 102, 1977, 283–290.
Crystal, D.: Paralinguistics, in: *Sebeok, Th. A.* (Ed.): Current Trends in Linguistics, 12, 1974, Paris 1974, 265–295.
Davitz, J. R., Davitz, L. J.: The Communication of Feelings by Content-Free Speech, in: Journal of Communication 9, 1959, 6–13.
Davitz, J. R., Davitz, L. J.: Nonverbal Vocal Communication of Feeling, in: Journal of Communication 11, 1961, 81–86.
Davitz, J. R.: The Communication of Emotional Meaning, New York, San Francisco, Toronto, London 1967.
Debus, G.: Über Wirkungen akustischer Reize mit unterschiedlicher emotionaler Valenz, Meisenheim 1978.
Dell, D. M., Lacrosse, M. B.: Audiovisual versus Quasi-Counseling Analogues: A Comparative Study, in: Perceptual and Motor Skills 46, 1978, 595–602.
De Mori, R.: Experiments in the Automatic Segmentation of Continuous Speech, in: Acustica 34, 1976, 158–166.
Dew, D., Jensen, P. J.: Phonetic Processing, Columbus 1977.
Dieth, E.: Vademekun der Phonetik, Bern 1950.
Dittmann, A. T., Wynne, L. C.: Linguistic techniques and the analysis of emotionality in interviews, in: Journal of Abnormal and Social Psychology 63, 1961, 201.
Dittmann, A. T., Llewellyn, L. G.: Body Movement and Speech Rhythm in Social Psychology 11, 1969, 98–106.
Doherty, E. Th., Hollien, H.: Multiple-factor speaker identification of normal and distorted speech, in: Journal of Phonetics 6, 1978, 1–8.
Dooling, D. J.: Rhythm and syntax in sentence perception, in: Journal of Verbal Learning and Verbal Behavior 13, 1974, 255–264.
Duncan, S., Rosenthal, R.: Vocal Emphasis in Experimenters' Instruction Reading as Unintended Determinant of Subjects' Responses, in: Language and Speech 11, 1968, 20–26.
Duncan, S., Fiske, D.: Face-to-Face-Interaction, Hillsdale 1977.

Ehlich, K., *Switalla,* B.: Transkriptionssysteme – Eine exemplarische Übersicht, in: studium linguistik 2, 1976, 78–105.
Fairbanks, G., *Hoaglin,* L. W.: An Experimental Study of the Durational Characteristics of the Voice during the Expression of Emotions, in: Speech Monographs 8, 1941, 85–90.
Faust-Adams, A. S.: Short-term memory for intonation, in: Perceptual and Motor Skills 40, 1975, 435–438.
Fay, W. H.: Temporal Sequence in the Perception of Speech, London 1966.
Fenster, C. A., *Goldstein,* A. M.- The emotional world of children vis a vis the emotional world of adults: An examination of vocal communication, in: The Journal of Communication 21, 1971, 353–362.
Ferguson, N.: Simultaneous speech, interruptions and dominance, in: British Journal of Social and Clinical Psychology 16, 1977, 295–302.
Fischer-Jørgensen, E.: What can the new techniques of acoustic phonetics contribute to linguistics? in: Proceedings of the VIII. International Congress of Linguistics, Oslo 1958, 433–478.
Fletcher, J. E.: Old time GSR and a new approach to the analysis of public communication, in: The Quarterly Journal of Speech 59, 52–60.
Fletcher, S. G.: »Nasalance« vs. Listener Judgements of Nasality, in: The Cleft Palate Journal 13, 1976, 31–44.
Fónagy, I.: A New Method of Investigating the Perception of Prosodic Features, in: Language and Speech 21, 1978, 34–49.
Fry, D. B.: Linguistic theory and experimental research, in: Transactions of the Philological Society, 1960, 13–39.
Gandour, J. T.: Perceived Dimensions of 13 Tones: A Multidimensional Scaling Investigation, in: Phonetica 35, 1978, 169–179.
Giles, H.: Communication effectiveness as a function of accented speech, in: Speech Monographs 40, 1973a, 330–331.
Giles, H.: Accent mobility: A model and some data, in: Anthropological Linguistics 15, 1973b, 87–105.
Giles, H., *Powesland,* P.: Speech Style and Social Evaluation, London, New York, San Francisco 1975.
Giles, H., *Baker,* S., *Fielding,* G.: Communication length as a behavioral index of accent prejudice, in: International Journal of the Sociology of Language 6, 1975, 73–81.
Glave, R. D., *Lancé,* D.: Segmentation und phonetische Klassifikation mit dem DAWID-System, in: Phonetica 34, 1977, 405–422.
Görlitz, D., *Meyer,* W.-U., *Weiner,* B. (Hrsg.): Bielefelder Symposium über Attribution, o.O., o.J.
Green, R. S., *Cliff,* N.: Multidimensional comparisons of structures of vocally and facially expressed emotion, in: Perception and Psychophysics 17, 1975, 429–438.
Gresser, J.-Y., *Mercier,* G.: Automatic Segmentation of Speech into Syllabic and Phonemic Units: Application to French Words and Utterances, in: *Fant,* G., *Tatham,* M. A. A. (Eds.): Auditory Analysis and Perception of Speech, London, New York, San Francisco 1975, 359–382.
Haase, R. F., *Tepper,* D. T.: Nonverbal components of emphatic communication, in: Journal of Counseling Psychology 19, 1972, 417–424.
Hammarberg, B., *Fritzell,* B., *Gauffin,* J., *Sundberg,* J., *Wedin,* L.: Perceptual and Acoustic Analysis of Vocal Dysfunction, in: Proceedings 9. International Congress of Phonetic Sciences, 1979, 419.
Harms, L. S.: Some uses of phonetic data in communication systems, in: Proceedings of the 7. International Congress of Phonetic Sciences, 1971, 116.
Harris, R. M.: Paralinguistics, in: Language Sciences 19, 1972, 8–11.
Hart, R. J., *Brown,* B. L.: Interpersonal Information Conveyed by the Content and Vocal Aspects of Speech, in: Speech Monographs 41, 1974, 371–380.

Haton, J.-P.: Current Work in Segmentation and Analytical Recognition of Speech, in: Speech Communication Seminar Stockholm, 1974, 197–200.
Hawes, L. C.: The effects of interviewer style on patterns of dyadic communication, in: Speech Monographs 39, 1972, 114–123.
Hawes, L. C., Foley, J. M.: A Markov analysis of interview communication, in: Speech Monographs 40, 1973, 208–219.
Hazen, B.: Effects of differing phonetic contextes on spectrographic speaker identification, in: The Journal of the Acoustical Society of America 54, 1973, 650–660.
Hunt, R. G., Lin, T. K.: Accuracy of Judgements of Personal Attributes from Speech, in: Journal of Personality and Social Psychology 6, 1967, 450–453.
Jaffe, J., Feldstein, S.: Rhythms of Dialogue, New York, London 1970.
Johnson, F. C., Klare, G. R.: General models of communication research: A survey of the developments of a decade, in: Journal of Communication X, 1960, 13–26.
Kaiser, L.: Manual of Phonetics, Amsterdam 1957.
Kendon, A., Harris, R. M., Key, M. R. (Eds.): Organization of Behavior in Face-to-Face Interaction, Paris 1975.
Köster, J.-P.: Historische Entwicklung von Syntheseapparaten zur Erzeugung statischer und vokalartiger Signale nebst Untersuchungen zur Synthese deutscher Vokale, Hamburg 1973.
Kramer, C.: Perception of Female and Male Speech, in: Language and Speech 20, 1977, 151–161.
Labov, W.: The study of language in social content, in: Studium generale 23, 1970, 30–87.
Ladefoged, P.: The value of phonetic statements, in: Language XXXVI, 3, 1960, 387–396.
Ladefoged, P.: Three Areas of Experimental Phonetics, London 1967.
Ladefoged, P.: Expectation affects identification by listening, in: Language and Speech 21, 1978, 373–374.
Lass, N. J., Mertz, P. J., Kimmel, K. L.: The effect of temporal speech alterations on speaker race and sex identifications, in: Language and Speech 21, 1978, 279–290.
Lass, N. K., Beverly, A. S., Nicosia, D. K., Simpson, L. A.: An investigation of speaker height and weight identification by means of direct estimation, in: Journal of Phonetics 6, 1978, 69–76.
Laver, J., Hutcheson, S. (Eds.): Communication in Face to Face Interaction, Harmondsworth 1972.
Laver, J.: Language and Nonverbal Communication, in: *Carterette, E. C., Friedman, M. P.* (Eds.): Handbook of Perception, New York, San Francisco, London 1976, 345–361.
Laver, J.: The Phonetic Description of Voice Quality, Cambridge 1980.
Lavrakas, P. J., Maier, R. A.: Differences in Human Ability to Judge Veracity from the Audio Medium, in: Journal of Research in Personality 13, 1979, 139–153.
Leathers, D. G.: Testing for determinant interactions in the small group communication process, in: Speech Monographs 38, 1971, 182–189.
Leathers, D. G.: The Impact of Multichannel Message Inconsistency on Verbal and Nonverbal Decoding Behaviors, in: Communication Monographs 46, 1979, 88–100.
Lieberman, Ph., Michaels, S. B.: Some Aspects of Fundamental Frequency and Envelope Amplitude as Related to the Emotional Content of Speech, in: Journal of the Acoustical Society of America 34, 1962, 922–927.
Lieberman, Ph.: Speech Physiology and Acoustic Phonetics, New York, London 1977.
Lindblom, B.: The goal of phonetics, its unification and application, in: Proceedings of the 9. International Congress of Phonetic Sciences, Kopenhagen 1979, 3–6.
Lindner, G.: Der Sprechbewegungsablauf, Berlin 1975.
Lindner, G.: Hören und Verstehen, Berlin 1977.
Malmberg, B.: Manual of Phonetics³, Amsterdam 1974.
Malmberg, B.: Einführung in die Phonetik als Wissenschaft, München 1976.

McCluskey, K. W., et al.: Cross-cultural differences in the perception of the emotional content of speech: A study of the development of sensitivity in Canadian and Mexican children, in: Developmental Psychology 11, 1975, 551–555.
McDowall, J. J.: The reliability of ratings by linguistically untrained subjects in response to stress in speech, in: Journal of Psycholinguistic Research 3, 1974, 247–259.
Motley, M. T.: Acoustic correlates of lies, in: Western Speech 38, 1974, 81–87.
Ollers, D. K., *Eilers*, R. E.: Phonetic Expectation and Transcription Validity, in: Phonetica 31, 1975, 288–304.
Onishi, M.: »Phonetics« as »Speechology«, in: Bulletin of the Phonetic Society of Japan 138, 1971, 1–2.
Pearce, W. B., *Conklin*, F.: Nonverbal vocalic communication and perceptions of a speaker, in: Speech Monographs 38, 1971, 253–241.
Pearce, W. B., *Brommel*, B. J.: Vocalic communication in persuasion, in: The Quarterly Journal of Speech 58, 1972, 298–306.
Pellow, N. J., *Niton*, G., *McNeaney*, V.: Some sociolinguistic characteristics of phonetic analysis, in: Proceedings of the 7. International Congress of Phonetic Sciences, 1971, 142.
Petty, R. E., *Brock*, T. C.: Effects of Responding or Not Responding to Hecklers on Audience Agreement with a Speaker, in: Journal of Applied Social Psychology 6, 1976, 1–17.
Pétursson, M.: Phonetik, Sprache, Sprachwissenschaft, in: Zeitschrift für Phonetik, Sprachwissenschaft und Kommunikationsforschung 31, 1978, 183–196.
Pilch, H.: Phonemtheorie, Basel, New York 1964.
Platt, J. T., *Platt*, H. K.: The Social Significance of Speech, Amsterdam, Oxford, New York 1975.
Potapova, R. K.: Nekotorye voprosy segmentacii recevogo potoka na slogi, in: Zvukovaja i semanticěskaja struktura jazyka, Frunse 1975.
Ragsdale, J. D.: Relationships between hesitation phenomena, anxiety, and self-control in a normal communication situation, in: Language and Speech 19, 1976, 257–264.
Reardon, R., *Amatea*, E.: The meaning of vocal emotional expressions: Sex differences for listeners and speakers, in: The International Journal of Social Psychiatry 19, 1973, 214–219.
Regan, D. T., *Totten*, J.: Empathy and attribution: Turning observers into actors, in: Journal of Personality and Social Psychology 32, 1975, 850–856.
Renfordt, E.: Fortschritte in der klinisch-pharmakologischen Forschung durch fernsehtechnische Hilfsmittel, in: Pharmakopsychiatrie 11, 1978, 266–284.
Richter, H.: Anleitung zur auditiv-phänomenalen Beurteilung der suprasegmentalen Eigenschaften sprachlicher Äußerungen, in: Phonetica 11, 1964, 51–62.
Richter, H.: Zur Kategorialität segmenteller Abhörtexte, in: *Zwirner*, E., *Richter*, H. (Hrsg.): Gesprochene Sprache, Wiesbaden 1966, 26–48.
Richter, H.: Über Störungen zwischenmenschlicher Kommunikation, in: IPK-Forschungsberichte 50, 45–58.
Richter, H., *Wegner*, D.: Die wechselseitige Ersetzbarkeit sprachlicher und nichtsprachlicher Zeichensysteme, in: *Posner*, R., *Reinecke*, H.-P.: Zeichenprozesse, Wiesbaden 1977, 215–231.
Rosenberg, S., *Lambert*, W. E.: Contextual constraints and the perception of speech, in: Journal of Experimental Psychology 102, 1974, 178–180.
Rossiter, Ch. M.: Rate-of-presentation effects on recall of facts and of ideas and on generation of inferences, in: AV Communication Review 19, 1971, 313–324.
Rossiter, Ch. M.: Sex of the speaker, sex of the listener, and listening comprehension, in: The Journal of Communication 22, 1972, 64–69.
Ross, M., *Duffy*, R. J., *Cooker*, H. S., *Sargeant*, R. L.: Contribution of the lower audible frequencies to the recognition of emotions, in: American Annals of the Deaf 118, 1973, 37–42.

Savitsky, J., *Sim*, M. E.: Trading emotions: Equity theory of reward and punishment, in: Journal of Communication 24, 1974, 140–147.
Singh, S.: Measurement procedures in speech, hearing and language, Baltimore, London, Tokyo 1975.
Smith, B. L., *Brown*, B. L., *Strong*, W. J., *Rencher*, A. C.: Effects of speech rate on personality perception, in: Language and Speech 18, 1975, 145–152.
Speaks, Ch. E., *Parker*, B., *Harris*, C., *Kuhl*, P.: Intelligibility of connected discourse, in: Journal of Speech and Hearing Research 15, 1972, 590–602.
Speaks, Ch. E., *Trooien*, T. T.: Interaural alternation and speech intelligibility, in: The Journal of the Acoustical Society of America 56, 1974, 640–644.
Starkweather, C. W.: Disorders of nonverbal communication, in: Journal of Speech and Hearing Disorders 42, 1977, 535–546.
Steer, A. B.: Sex differences, extraversion and neuroticism in relation to speech rate during the expression of emotion, in: Language and Speech 17, 1974, 80–86
Streeter, L. A., *Kraus*, R. M., *Geller*, V., *Olson*, C., *Apple*, W.: Pitch Changes During Attempted Deception, in: Journal of Personality and Social Psychology 35, 1977, 345–350.

Tillmann, H. G.: Über die Phonetik und ihre Theorien, in: Biuletyn fonograficzny XI, 1971, 3–50.

Ungeheuer, G.: Probleme der Psychophonetik, in: Neue Blätter für Taubstummenbildung 14, 10/11, 1960, 318–324.
Ungeheuer, G.: Neuere Entwicklungen in der Phonetik, in: Biuletyn fonograficzny IX, 1968a, 3–28.
Ungeheuer, G.: Systematische Signaldestruktion als Methode der psychoakustischen Phonetik, in: Phonetica 18, 1968b, 129–185.
Ungeheuer, G.: Grundbegriffe der Phonetik einschließlich der Phonologie, in: Ungeheuer, G.: Materialien zur Phonetik des Deutschen, Hamburg 1977, 79–94.
Ungeheuer, G., *Wegner*, D.: Außersprachliche menschliche Kommunikation, in: Folia phoniatrica 29, 1977, 1–21.

Voiers, W. D.: Perceptual Bases of Speaker Identity, in: The Journal of the Acoustical Society of America 36, 1964, 1065–1072.

Walker, M. B.: The relative importance of verbal and nonverbal cues in the expression of confidence, in: Australian Journal of Psychology 29, 1977, 45–57.
Weaver, J. C., *Anderson*, R. J.: Voice and personality interrelationships, in: The Southern Speech Communication Journal 38, 1973, 262–278.
Weinstein, E., *Feldman*, K. A., *Goodman*, N., *Markowitz*, M.: Empathy and communication efficiency, in: The Journal of Social Psychology 88, 1972, 247–254.
Welkowitz, J., *Finklestein*, M., *Feldstein*, S., *Aylesworth*, L.: Changes in vocal intensity as a function of interspeaker influence, in: Perceptual and Motor Skills 35, 1972, 715–718.
Welkowitz, J., *Kuc*, M.: Interrelationships among warmth, genuineness, empathy, and temporal speech patterns in interpersonal interaction, in: Journal of Consulting and Clinical Psychology 41, 472–473.
Williams, C. E., *Stevens*, K. N.: Emotion and speech: Some acoustical correlates, in: The Journal of the Acoustical Society of America 52, 1972, 1238–1250.
Williams, E.: Experimental Comparisons of Face-to-Face and Mediated Communication: A Review, in: Psychological Bulletin 84, 1977, 963–976.
Williams, E.: Visual interaction and speech patterns: An extension of previous results, in: British Journal of Social and Clinical Psychology 17, 1978, 101–102.
Winkler, P.: Notationen des Sprechausdrucks, in: Zeitschrift für Semiotik 1, 1979a, 211–224.
Winkler, P.: Digitale phonetische Analysen für »Verhaltenspartituren«, in: Proceedings of the 9. International Congress of Phonetic Sciences, 1979b, 447.

Zahn, G. L.: Cognitive Integration of Verbal and Vocal Information in Spoken Sentences, in: Journal of Experimental Social Psychology 9, 1973, 320–334.

Zahn, G. L.: Verbal-Vocal Integration as a Function of Sex and Methodology, in: Journal of Research in Personality 9, 1975, 226–239.

Zuckerman, M., *Lipets*, M. S., *Koivumaki*, J. H., *Rosenthal*, R.: Encoding and decoding nonverbal cues of emotion, in: Journal of Personality and Social Psychology 32, 1975, 1068–1076.

H. Richter
Freie Universität Berlin

Über die Vorläufigkeit phonetischer Notationen

Als ich Psychologie studierte, gehörte zu den Maximen der uns durch *Gottschaldt* vermittelten gestalttheoretisch inspirierten Diagnostik:

Sobald er des Probanden ansichtig geworden ist, muß der Psychologe eine Hypothese über ihn bilden können. Diese Hypothese wird im nächsten Moment zu modifizieren sein. Aber der geringe Bestätigungsgrad erster Hypothesen bedeutet keinen Zwang zur Unbestimmtheit; je entschiedener die Hypothese, desto leichter ihre Revision.

In ähnlichen Bahnen bewegten sich *Richter, Weidmann*s Überlegungen zur ›kognitiven Gewißheit‹ in Alltagskommunikation. So heißt es in einer Publikation aus dem Projekt über ›semantisch bedingte Kommunikationskonflikte bei Gleichsprachigen‹:

»Konkurrenz zwischen Eindeutigkeiten ... gehört zu der für Kommunikation konstitutiven Störung der ... Nachrichtengewinnung. Sie läßt sich als Hypothesenkonkurrenz beschreiben.
Es könnte der Einwand auftreten, Hypothesen seien doch mehr oder weniger wahrscheinlich; das wird zugestanden, aber diese probabilistische Ungewißheit betrifft nicht die kognitive ... Fixierung von dem, über dessen Eintreten man keine Gewißheit hat. Vielmehr handelt es sich um eine *Verteilung* über Alternativen, die als solche eindeutig gegeben sein müssen.« *(Richter 1973a, S. 174).*

›Postrealisatorische‹ phonetische Transkriptionen[1] scheinen mir ein gutes Demonstrationsobjekt zu sein für eine Vorläufigkeit der Urteilsbildung, die nicht in der Form graduell zu reduzierender Vagheit auftritt, sondern als Bestimmtheit mit einem unter dem idealen Maximum liegenden Bestätigungsgrad. Der Gegenstand dieser Vermutung hat verschiedene Aspekte, auf die ich teilweise im – anderen – Zusammenhang früherer Publikationen eingegangen bin *(Richter 1966, 1967a, b, 1973b).* Ich will solche Aspekte nacheinander thesenförmig zur Sprache bringen und sie anschließend im Kontext der Vorläufigkeit phonetischer Notationen diskutieren.

1. Aspekt: Phonetische Transkription schließt das Verstehen dessen ein, was geäußert wurde.

Lautsprachliche Äußerungen einer unbekannten Sprache zu transkribieren, stellt ein erhebliches Risiko dar. Auch wenn man nicht, wie z. B. in der Phonometrie *Zwirners* üblich, fordert, daß nur kompetente Kenner des jeweiligen Idioms gesprochene Sprache transkribieren, wird man doch den Kenner nicht gerade für einen unterprivilegierten Transkribenten halten wollen. Für den Kenner ist es aber unmöglich, sein Verstehen des Gesagten beim Transkribieren auszuschalten. Dieses Verstehen schließt die Identifikation lexikalischer Einheiten ein, die auch qua Einheit eine lautliche Seite haben. Es mag unwahrscheinlich sein, daß die Einheit standardgemäß im Text realisiert wurde; der Standard ist die erste, durchaus bestimmte Hypothese, die sich mit dem Verstehen des Gesagten aufdrängt.

2. *Aspekt:* Phonetische Transkription bezieht sich auf diskrete lautliche Einheiten.

Sollte sich Vagheit des Urteils in einem anderen Verständnis als dem der bestimmten, dabei aber nicht maximal bestätigten Hypothesen in einer Transkription überhaupt geltend machen können, so würde dies die Verfügbarkeit von Urteilskontinua zur notwendigen Bedingung haben. Man müßte also in einer gleichsam analogen Repräsentation kleinere oder größere Bereiche markieren können, in denen sich das erst vage erfaßte lautsprachliche Ereignis abgespielt hätte. Tatsächlich ist versucht worden, Systeme phonetischer Transkription einschlägig zu verbessern bzw. zu bewerten: Im System des Sprachatlas der deutschen Schweiz können mehrere vokalische Öffnungsgrade notiert werden; Defendenten der »Teuthonista«-Lautschrift stellten deren »diakritisches« Prinzip in einen funktionalen Gegensatz zum »monotypen« Prinzip des Internationalen Phonetischen Alphabets (Notierung konkreter Variation vs. Fixierung geltender Standards).

Ich stelle hier weniger die – natürlich auch berechtigte – Frage nach einem hinlänglich feinen und womöglich über längere Texte konsistent praktizierbaren Differenzierungsvermögen, als vielmehr das Problem des Bezugssystems der Abhörurteile. Dieses Bezugssystem ist diskret – mit ziemlich naheliegender Verbindung zum 1. Aspekt, indem lautliche Einheiten in die Kombinatorik der lexikalischen Einheiten einbezogen sind.

Derart relativiert sich die Bedeutung der Diakritika in einer Diskussion des Urteilskontinuums, wie ich es als notwendige Bedingung einer spezifischen Vagheit beim Transkribieren eingeführt habe. Auch wenn man Grundzeichen eines Transkriptionssystems (als nicht diakritisch spezifizierte) entlang einem Urteilskontinuum ordnet (etwa {i,e,ɛ,æ,a} entlang einem Kontinuum ›Zungenhöhe bei vorderer Vokalartikulation‹), ist die Angabe von Intervallen im Prinzip möglich. Aber als deren Grenzen müßten die diskreten Bezugseinheiten [i], [e], ..., [a] selbst fungieren. Als Intervallmitten kann ich mir die Bezugseinheiten nicht vorstellen; setzt man die Bezugseinheiten nicht als Grenzen an, geht das hypothetische Urteilskontinuum in eine nicht-metrische topologische Struktur über (vgl. *Richter* 1973b, S. 76–105). Die mit Teilkontinua verbundenen Diakritika sind trivialerweise erst recht auf diskrete Bezugsgrößen angewiesen. Ich unterscheide sie daher als ›Tendentiale‹ *(Richter* 1973b, S. 27 f.) von eigentlichen Diakritika. Mit diesen wiederum wird dem lautlichen Ereignis ein zusätzliches Merkmal zugeschrieben, also das betrachtete Urteilskontinuum verlassen.

3. *Aspekt:* Die vergleichende Beurteilung lautlicher Ereignisse ist an einen begrenzten Textausschnitt gebunden.

Es ließe sich denken, daß durch Vergleich einer größeren Anzahl von Einzelereignissen eine Quantifizierung der Abhörurteile ermöglicht wird – ähnlich wie man in der Psychologie aus einer Paarvergleichsmatrix eine Skala konstruiert. Bezüglich solcher Skalen könnte graduelle Unbestimmtheit, ähnlich der Unsicherheit über Titelgewinn bzw. Abstieg von Sportmannschaften bei noch ausstehenden Begegnungen, bestehen. Auch hier sei von den Grenzen der perzeptiven Differenzierung abgesehen. Es genügt, daß die phonetischen Notierungen der Abfolge der lautlichen Ereignisse, aus welcher und in welcher Text besteht, folgen müssen, derart, daß vielleicht eben noch *ein* Paarvergleich möglich ist, der jedoch nicht in eine Art Matrix des Bewußtseins eingetragen wird. Oft genug liegt das nächste vergleichbare Ereignis sogar außerhalb des jeweils überschaubaren Textausschnittes.

4. *Aspekt:* Die zu beurteilenden lautlichen Ereignisse sind komplex-mehrdimensional und nicht in einem Zug in den relevanten Merkmalsdimensionen zu differenzieren.

Beginnen wir hier die allgemeine Diskussion mit einem Anschluß des gegenwärtigen an den vorausgehenden Aspekt! Als Reaktion auf die unter dem dritten Aspekt betrachteten Schwierigkeiten unternahm ich zu meiner Zeit in den *Zwirner*schen Instituten in Münster und Köln Versuche mit ›akustischen Wortlisten‹, d. h. Zusammenschnitten der im gesprochenen Text verstreuten Okkurrenzen gewisser types. Solche Ansätze lagen zwischen Phonetik und Dialektologie Mitte der 60er Jahre in der Luft: Georg *Heike,* seinerzeit beim Deutschen Sprachatlas Marburg tätig, schlug den Vergleich von Vokalen im Text mit leicht abrufbar gespeicherten und synthetisch erzeugten Standardvokalen vor *(Heike* 1964). Bei den akustischen Wortlisten ging ich konform mit den gegenwärtigen Aspekten 1 und 2 davon aus, daß der Standard nicht in einem isolierten Schallgebilde oder seinem Bild bestehen kann, sondern, kombinatorisch und perzeptiv in lexikalische Einheiten gebunden, in lautlichen Elementen des Idioms besteht – beiläufig nicht schlechtweg in Phonemen, weil ich in der Wortdistinktion nicht die einzige Funktion der lautlichen Kombinatorik des Sprachsystems sah und sehe (vgl. *Richter* 1967a, *Ungeheuer* 1970, *Richter* 1973b, S. 73–75, 235–237). Nichtsdestoweniger scheint mir die Phonologie darin vorbildlich, daß sie das Transkriptionsproblem strikt funktionalistisch angeht. Wenn sie mit der Wortdistinktion nur einen sehr begrenzten funktionalen Bezug herstellt, so schmälert das kaum diese ihre Vorbildlichkeit.

Hat man, mit welchem Mittel und zu welchem Zweck auch immer, den Mangel korrigiert, daß zwischen vergleichbaren Textokkurrenzen vielfach größere Zwischenräume liegen, als daß ein effektiver Vergleich möglich wäre, erfährt man nicht anders als im seltenen Glücksfall benachbart-vergleichbarer Okkurrenzen, daß man beim Versuch einer genaueren, d. h. merkmalsanalytischen Notation nur in einzelnen Merkmalen vergleichen kann. Insofern lassen sich aus dem Vergleich lautlicher Ereignisse in Sukzession Aufschlüsse über den Zwang zur Eindeutigkeit bei der ausschließlich auf Standardeinheiten bezogenen Analyse einzelner lautlicher Ereignisse gewinnen. Dieser Zwang ergibt sich aus der unumgänglichen fraktionierten Beurteilung und kumulativen Fixierung der fraktioniert gewonnenen Urteile.

Ich spreche von ›fraktionierter Beurteilung‹ in Anlehnung an die ›fraktionierte Beobachtung‹ in der Psychologie. Allerdings versteht man unter dieser eher die

Übertragung des Beobachtens verschiedener Verhaltensdimensionen an verschiedene Beobachter, die gleichzeitig tätig sind, so daß wenigstens idealiter simultan erfaßt wird, was sich simultan ereignet. Mir sind aus der Phonetik kaum Erfahrungen mit dieser Vorgehensweise bekannt. *Zwirner*s ›Abhörvarianten‹ (vgl. *Zwirner, Zwirner* 1966, S. 178–182) stammen zwar von verschiedenen Transkribenten. Aber diese operieren vor Konfrontation ihrer Resultate jeder für sich, was nach meiner These zunächst heißt: fraktioniert beurteilend, weiter aber: Simultaneität in Sukzession auflösend.

Wenn man die folgende Parallele nicht überstrapaziert, mag man hier eine gewisse Annäherung des vierten Aspekts an den dritten feststellen. Indem der Transkribent Simultaneität in Sukzession auflöst, produziert und erfährt er einen Quasi-Text, bei dessen selektiv-punktweiser Vergegenwärtigung durchaus gravierende Distanzen auftreten können. Aber wichtiger: Die Sukzession der fraktionierten Urteile ist nicht festgelegt, der Quasi-Text kein echter Text mit irreversibler Ereignisfolge, ein Bündel unterscheidender Merkmale[2] kein Knäuel, das man ab- und entwickeln könnte.

Die erneute Referenz auf eine klassische Form der Objektkonstituierung in Semiotik, Linguistik oder Phonologie verlangt eine Klarstellung. Wenn ich unterscheidende Merkmale beschwöre, so will ich damit nicht sagen, daß solche Merkmale Inhalt oder Stoff der Wahrnehmung wären, auf die sich respektive Transkriptionsurteile stützen. Ich betrachte solche Merkmale vielmehr als Ergebnis einer bestimmten Systematisierung von Eigenschaften der Artikulationsprozesse, die aus zuordenbaren Wahrnehmungen inferiert werden. Vielleicht wird man sich bei dieser Betonung des artikulatorischen Objekts von phonetischen Transkriptionen (segmenteller Art) erinnern, daß ich in früheren Publikationen die Formen von der Auflösung von Simultaneität in Sukzession bereits auf Sprachlaute als »diakritische Elemente von Zeichen«, also nicht erst auf distinktiv-merkmalhafte Sprachlauteigenschaften angewandt habe. In dieser Umsetzung der komplex aufgefaßten und simultan strukturierten Zeichen in eine Sukzession von Artikulationen schien mir die Pointe von Segmentierung bei einem ohrenphonetischen Zugriff zu bestehen. Ich sehe keine Veranlassung, von dieser Auffassung abzurücken. Doch fällt unter unseren vierten Aspekt nicht nur das Verhältnis zwischen Sprachlauten und ihren zu Merkmalen stilisierten Eigenschaften, sondern auch bereits das Verhältnis zwischen sprachlichen Zeichen und ihren Konstituenten. Deshalb in den bisherigen Formulierungen der weite Begriff des lautlichen Ereignisses. Er hat mir ermöglicht, Thesen zu entwickeln, ohne ihre Rezeption mit meinem ohrenphonetischen Artikulationismus zu belasten, dem immerhin ehrwürdige Traditionen entgegenstehen.[3] Dabei gibt es, was einerseits die durch Auflösung in Sukzession erhaltenen Segmente, andererseits die anschließend erhaltenen unterscheidenden Merkmale der Segmente betrifft, nicht nur transkriptionspraktische Gemeinsamkeiten, sondern auch Unterschiede.

Zunächst ist die Herstellung einer transkriptionsgemäßen Sukzession schon bei den Sprachlauten nicht ganz einfach. Gebe ich, in alphabetischer Ordnung, etwa die Transkriptionszeichen {a, g, l̦, t, v, z} vor, so werden zur Wiedergabe des russischen Wortes ВЗГЛЯД [vzgl̦at] ungeschulte deutsche Versuchspersonen kaum zu 100 Prozent die richtige Permutation treffen. Wer Sportreportagen hört, erinnert sich vielleicht, wie schnell der tschechische Vorname Jiří [ˈjirʒiː] für deutsche Sportreporter zu [ʒiːɣi] wird, wobei, schematisch verrechnet, das [ʒ]-Element und die Quantität deplaziert und das [j]-Segment aus der Kette gedrängt werden. Derart sieht man, wie eine Entsprechung zum oben so genannten Quasi-Text lediglich auf Unkenntnis einer in der artikulatorischen Sphäre systemgemäß zu erwartenden Sukzession mit der Qualität von Text beruhen kann. Bei den unterscheidenden Merkmalen liegt demgegenüber oft schon auf seiten der Artikulation Gleichzeitigkeit vor. Die Möglichkeit, Quasi-Text zu erfahren, dürfte auch bei der sukzessiven Notation von segmentellen und suprasegmentellen Phänomenen wie überhaupt bei partiturförmigen Transkriptionen bestehen.

Auf die Problematik der letzteren sind *Richter, Richter* (im Druck) kürzlich unter dem Gesichtspunkt der Abbildungstreue eingegangen. Es wurde dabei deutlich, daß man mit fraktionierter Beurteilung ohne verbindlichen und die Gesamtheit der Merkmalsdimensionen umfassenden funktionalen Bezugsrahmen Simultaneität nicht nur verfehlen, sondern auch als Artefakt produzieren kann.

Ein mögliches Resümee der bisherigen Erörterungen besteht darin, daß Transkribieren, jedenfalls »enges« Transkribieren, ein schwieriges, problematisches und qualvolles Unterfangen ist. Wer einschlägige Erfahrungen hat, wird insbesondere im letzten Merkmal nicht widersprechen. In der hier vertretenen Auffassung hängt aber die Qual des Transkribierens ganz wesentlich mit dem Zwang zur Entscheidung zwischen konkurrierenden eindeutigen Entscheidungsmöglichkeiten zusammen. Der Transkribent kann die Entscheidung nicht ad infinitum vertagen, denn der Prozeß soll fortschreiten, fraktioniert und im Text. Vor jeder Re-Okkurrenz zitternd, weil sie einen gerade schlafen gelegten Hund wecken könnte, kann der eng Transkribierende keine Notierung anders denn als vorläufig betrachten, ohne doch die in der Diagnostik und in alltäglicher Kommunikation gegebene Möglichkeit zu haben, Ereignisse so zu provozieren, daß eine Hypothesenkonkurrenz eingeschränkt wird. Denn das Unterfangen »enge Transkription« ist ein dokumentarisches; der Transkribent darf nichtstandardgemäße Lautungen nicht als irrelevant ausschließen, sondern muß sie gelten lassen und notationell zur Geltung bringen als etwas, das sich unwiederholbar so und nicht anders ereignet hat.

Die soeben als subjektiver Vorbehalt des Transkribenten gegenüber dem eigenen Produkt charakterisierte Vorläufigkeit hat naturgemäß eine objektive Seite, da das Produkt nun einmal durch Subjektivität vermittelt ist. Zur objektiven Seite eines prinzipiell nicht behebbaren Restes von Vorläufigkeit rechne ich den unüberschreitbar hypothetischen Charakter der Inferenz auf Artikulationsprozesse, wie sie nach obigem zum Wesen segmentaler ohrenphonetischer Transkription gehört. Über die Validität der Inferenz auf die Artikulation können m. E. nur Instanzen wie der Röntgentonfilm und das Kehlkopfmyogramm entscheiden, was wiederum nicht besagen soll, daß ohrenphonetisches Transkribieren überflüssig wäre. Von Rationalitätsgründen einmal abgesehen, muß die Information über die Aktualisierung des jeweils geltenden Sprachsystems an die Objektivationen der Artikulation herangetragen werden, damit diese überhaupt als Verifikationsinstanzen fungieren können. Aber jene strukturelle Information ist u. U. metaphorisch verkleidet. Eine binäre Relation kann zutreffen, obwohl beide Relate nicht sachadäquat notiert sind. (In der Transkription wird etwa ein Stimmhaftigkeitsgefälle zwischen zwei Lautokkurrenzen notiert, und das Myogramm zeigt gleiche Aktivität der Stimmlippen, doch einen stärkeren Tonus der beteiligten Muskulatur bei der als stimmschwächer notierten Okkurrenz.)

Ich rechne ferner zur objektiven Seite der prinzipiellen Vorläufigkeit phonetischer Notationen Fragen der intra- und intersubjektiven Reliabilität von Transkriptionen. Leider löst sich der manchem vielleicht zu spitzfindig oder zu wehleidig geknüpfte Knoten nicht nach der Formel: Lieber nicht zu eng, aber dafür reliabel! Ich muß nach meiner Transkriptionserfahrung und der bisherigen Reflexion die Formel dagegensetzen: Je reliabler, desto vorläufiger. Im Beispiel einer Variantenliste, die *Zwirner, Zwirner* (1966, S. 179) geben, schwanken drei Abhörer mit je drei Abhörurteilen zwischen Alternativen so, daß Mehrheitsbildungen wie folgt möglich werden:

1.	eɛstn	7	erstn	1
			eɛztn	1
2.	fraithɑk	8	fraitɑk	1
3.	fraithɑk	8	fraitɑkh	1
...				
5.	bəgɪn də	6	bəgɪnt də	2
			bəgɪn tə	1
...				
8.	markt	8	mark	1
...				
10.	dauɐ	5	dauɐt	4

1., 2., usw. geben die Abfolge der Okkurrenzen im Text wieder. Der orthographische Text zur 8. und 10. Okkurenz ist »Jahr*markt, d*er acht Tage *dauert.* Dies ist...«. Demgegenüber mag ein skrupelhafter Transkribent (eine Transkribentin, was das folgende Beispiel aus der Transkription der Aufnahme I/2209 des Deutschen Spracharchivs, zitiert nach *Richter* 1973b, S. 134, betrifft) mit Entscheidungen wie den vorstehenden allenfalls begonnen haben, anschließend aber so viele Verfeinerungen anbringen und Revisionen vornehmen, daß ein Transkriptionstext resultiert wie:

n‿dã‿βʊʳ‿ðaˑrᵈ‿ʒoːʋ‿æ‿mo̯ᵊʳk‿šaɣs‿zeːβn‿ᵇɸˀpʰɔ̈lβəʳ‿to‿deᶦ‿tiːtʰ

(Wort-für-Wort-Übertragung: »Und dann wurde(n) dort so Mark sechs-sieben verpulvert zu der Zeit.«)

Das Dilemma besteht darin, daß man nach einem derartigen Fortschreiten von groben vorläufigen Notationen zu genauen vorläufigen Notationen nicht mehr mit einer mehrheitlich wohlstrukturierten Variantenliste wie im Beispiel aus *Zwirner, Zwirner* rechnen kann. Man verliert mit einer genaueren Festlegung Reliabilität, ja aufs Ganze gesehen auch Validität, da man praktisch auf jegliche Immunisierung der Hypothesen über die Artikulation verzichtet, die als zunehmend zugespitzte auch zunehmend leicht zu entkräften sind. Die permanenten Revisionen jeweiliger Vorläufigkeit führe ich aber nicht auf einen beliebig abzublockenden Perfektionsdrang zurück, sondern auf die Dynamik der unter verschiedenen Aspekten abgehandelten Urteilsprozesse. Ich habe im Beispiel der Textliste bezüglich des Endkonsonanten nicht die Wahl zwischen den zwei Hypothesen ([t]) und (∅) bei *markt*, Nr. 8, sondern von vornherein innerhalb einer Menge $\mathcal{M}$ von Hypothesen {H([th]), H([t^h]), H([^{t}]), H([d]), ..., H(∅)}, und ich lege [t] nicht als summarische Kategorie für $\mathcal{M}\setminus\{H(\emptyset)\}$ fest. Auch *Zwirner, Zwirners* Abhörer werden nicht zwischen H(Endkonsonant) und H(kein Endkonsonant) geschwankt haben. Notiere ich vorläufig [t], so lege ich mich unter Vorbehalt auf den Merkmalskomplex [alveolar, stimmlos, Fortis, voll realisiert, unbehaucht] fest. Ende ich schließlich bei [^{t}] [alveolar, stimmlos, tendentiell lenisierte Fortis, flüchtig realisiert, unbehaucht], so ist das keine graduelle Anreicherung der zunächst akzeptierten Hypothese, sondern eine allenfalls in der Merkmalsdarstellung verdunkelte qualitative Revision, vergleichbar einer schließlichen Entscheidung für H(∅) oder H([t]).[4]

Ich sehe drei Möglichkeiten, die aus dem Dilemma herausführen:

1. Prärealisatorische Transkription eines Mischidioms

Jede einzelne Notation gibt den Standard genau eines Dia- oder Soziolekts wieder. Die Transkription im ganzen enthält Standards aller Idiome, die der Sprecher nach dem Urteil der Transkribenten beherrscht und in der transkribierten Rede aktualisiert hat. Diesen Weg beschreiten typischerweise literarische Umschriften, die z. B. Regionalismen festhalten; Elisionen ließen sich als Manifestationen eines gegenüber der Standardsprache weniger formalen Soziolekts auffassen. *Zwirner, Zwirners* Variantenliste scheint im wesentlichen von dieser Art, wenn auch mit genuin postrealisatorischen Elementen durchsetzt. Die deutliche Mehrheitsbildung läßt gute Chancen für Reliabilitätsuntersuchungen strictu sensu annehmen.

2. Prä- und postrealisatorisch gemischte Transkriptionen bei Konzentration auf wenige wohlbestimmte Klassen lautlicher Ereignisse

Postrealisatorischer Anspruch wird nur mit der Notation von Elementen derjenigen Klasse(n) von lautlichen Ereignissen verbunden, die im Zentrum einer Fragestellung stehen. Dieses Verfahren wird, mehr oder weniger reflektiert, bei den meisten ohrenphonetischen Untersuchungen gesprochener Sprache praktiziert, reflektiert erst jüngst im Bonner Hochlautungsprojekt, das nacheinander

Plosive, Frikative usw. untersuchte, wobei in jeder Projektphase die vorher angefertigten Transkriptionen ad hoc revidiert oder ersetzt werden mußten.

3. Problematisierung der Transkription im Diskurs

Für bestimmte Fragestellungen kann eine exhaustiv-postrealisatorische Dokumentation sinnvoll sein, etwa für solche, die die möglichst genaue Zuordnung ohrenphonetischer zu signalakustischen Daten im Text erfordern. Hier sehe ich nur die Möglichkeit, den auch in kollektiver Anstrengung nicht behebbaren Reliabilitätsdefekt durch ein Höchstmaß an Problematisierung wettzumachen. Ein solches Desiderat mag auch zur Idee der Variantenliste beigetragen haben. Aber es sollte nicht darum gehen, Urteilsmehrheiten festzuhalten, sondern zu dokumentieren, aus welchen Gründen sich verschiedene Abhörer letztlich für verschiedene Hypothesen entschieden, vielleicht noch darum, ausschließlich diejenigen Varianten in die Transkription aufzunehmen, für die sich nach Diskussion den Text entlang alle Abhörer entscheiden. Dabei läßt sich zu weit weniger vorläufigen Transkriptionen vordringen, als unser Textlistenbeispiel enthält.[5]

Anmerkungen

1 Zur Unterscheidung zwischen ›prä-‹ und ›postrealisatorischem‹ Text vgl. *Richter* in *Zwirner, Rensch* (1968). Bei den folgenden Überlegungen denke ich in erster Linie an segmentelle Transkriptionen; systematische Einschränkungen auf solche werden an ihrem Platz verbalisiert.
2 Ich vertrete hiermit nicht die *distinctive-feature*-Konzeption der Phonologie.
3 So die Auffassung, daß eine distinktive Feinstruktur von lautsprachlichen Zeichen gleichförmig im artikulatorischen, akustischen und auditiven Manifestationsbereich aufweisbar sei. Schwierigkeiten, die ich dank meinem psychologischen Hintergrund hatte, dieses – auch von R. *Jakobson* 1944 im ausführlichen Bezug auf auditiv-psychologische Untersuchungen von Carl *Stumpf (Jakobson* 1969) psychologisch nicht substantiierte – Desiderat eines linguistischen Strukturalismus der Hierarchie der Ebenen namentlich für den auditiven Bereich nachzuvollziehen, gehörten zu den stärksten Motiven für meine eingangs angeführten Publikationen.
4 Im Hinblick auf die Konstanzer Diskussion kann hier angemerkt werden, daß ich in den diskutierten Schwierigkeiten keinen Ausfluß des alphabetischen Prinzips, sondern der Konstitution von Objekten als Merkmalsbündel sehe. Es liegt mir fern, hiergegen zu polemisieren, nur verträgt sich dieses Prinzip nicht ohne Weiteres mit dem dokumentarisch-phänomenologischen Anspruch des Transkribierens.
5 In technischerer Formulierung: Es ist zu erwarten, daß eine sachfremd-unsystematische Verteilung verschiedener Vorläufigkeitsgrade im Text vermieden wird. Die Transkriptionsmerkmale dürften dann weniger als bislang zu befürchten eine Übervarianz als Indiz für statistische Ansteckungsprozesse aufweisen (vgl. *Richter, Richter* [im Druck]).

Literatur

Heike, G.: Zur Frage eines lautlichen Bezugssystems für phonetische Notationen, in: Zeitschrift für Mundartforschung 31, 1, 1964, 50–56.
Jakobson, R.: Kindersprache, Aphasie und allgemeine Lautgesetze, Frankfurt a.M. 1969.

Richter, H.: Zur Kategorialität segmenteller Abhörtexte, in: Zwirner, E., Richter, H. (Hrsg.): Gesprochene Sprache, Wiesbaden 1966.
Richter, H.: Die Zweistufentheorie Šaumjans und das phonometrische System der Varianten, in: Phonetica 16, 1967a, 156–184.
Richter, H.: Zur Intonation der Bejahung und Verneinung im Hochdeutschen, in: Eggers, H. et al. (Hrsg.): Satz und Wort im heutigen Deutsch, Düsseldorf 1967b.
Richter, H.: Kommunikation als Prozeß – Sprache als soziales Gebilde, in: Hellmann, M. (Hrsg.): Zum öffentlichen Sprachgebrauch in der Bundesrepublik Deutschland und in der DDR, Düsseldorf 1973a.
Richter, H.: Grundsätze und System der Transkription – IPA(G) –, Tübingen 1973b.
Richter, H., Richter, B.: Zur Abbildungstreue von Transkriptionen, in: Akten des 2. Semiotischen Kolloquiums Regensburg, 1978 (im Druck).
Ungeheur, G.: Kommunikative und extrakommunikative Betrachtungsweise in der Phonetik, in: Proceedings of the Sixth International Congress of Phonetic Sciences Prague 1967, Prag 1970.
Zwirner, E., Rensch, K. H.: Methoden der Erforschung lebender (gesprochener) Sprachen: Phonetik und Phonologie, in: Thiel, M. (Hrsg.): Enzyklopädie der geisteswissenschaftlichen Arbeitsmethoden, München, Wien 1968.
Zwirner, E., Zwirner, K.: Grundfragen der Phonometrie², Basel, New York 1966.

H. G. Tillmann
Universität München

Über den Gegenstand der phonetischen Transkription

Was ist (sachlich gesehen) der Gegenstand einer phonetischen Transkription? Welche Tatsachen vertritt der Phonetiker, wenn er sie durch eine Transkription beschreibt? Was bedeuten die Transkriptionssymbole, die Datensegmenten, beispielsweise auf einer digitalen Kopie, zugeordnet werden?

Ganz offenbar liegt die Bedeutung der Transkriptionssymbole nicht in diesen Daten selbst. Denn für sich betrachtet ist ein Stück Oszillogramm nur ein Stück Oszillogramm und als solches noch keine phonetische Kategorie. Andererseits wollen wir es uns nicht so einfach machen und sagen, bei den Transkriptionssymbolen handle es sich um vom Phonetiker postulierte fachsprachliche Kategorien, mit deren Hilfe er sein Urteil über auditive Eindrücke ausdrückt, namhaft macht.

Im folgenden möchte ich zeigen, worin der empirische Gehalt von alphabetischen und analphabetischen phonetischen Beschreibungen besteht. Dabei behandle ich die folgenden fünf Punkte:[1]

1. Vortheoretischer Gegenstand der phonetischen Beschreibung
2. Zwei phonetische Empirien:
   a) Wahrgenommene phonetische Ereignisse
   b) Meßtechnisch darstellbare phonetische Vorgänge
3. Funktionieren der alphabetischen Analyse
4. Artikulatorischer Inhalt von analphabetischen Notierungen
5. Zusammenhang zwischen Ereignissen und Vorgängen.

Erstens: Der vortheoretische Gegenstand, der durch die Theorien der Phonetik expliziert werden soll, besteht in den lautsprachlichen direkt wahrnehmbaren Äußerungen, mit denen ein Sprecher einen Sprechakt verwirklicht. Den Phonetiker interessiert der rein lautliche Aspekt der Äußerung, also das, was daran unmittelbar wahrnehmbar ist.

Der Gegenstand der Phonetik ist vortheoretisch zwar nicht in allen Einzelheiten eindeutig zu kennzeichnen, aber rein sachlich doch auf eindeutige Weise gegeben. Zum Beispiel ist beim Empfang eines exotischen Senders im KW-Bereich sofort hörbar, ob es sich um die reguläre Äußerung eines Sprechers handelt oder um Lachen, Weinen, Stöhnen oder ob ein Mann oder eine Frau spricht. Wir identifizieren lautsprachliche Äußerungen als solche, auch wenn wir die Sprache und den Sprecher gar nicht kennen.

Wesentlich für meinen ersten Punkt ist die Feststellung, daß der Gegenstand der Phonetik vortheoretisch hinreichend klar gegeben ist. Die Menge der wahrzunehmenden Ereignisse zerfällt in phonetische und nicht-phonetische Ereignisse. (Tertium datur: unklare Grenzfälle seien nicht ausgeschlossen!) Noch eine wesentliche Unterscheidung: Die phonetischen Ereignisse, die von vornherein mit der vortheoretischen Empirie als Generalkategorie verfügbar sind, zerfallen in identifizierte und nicht identifizierte. Darauf komme ich zurück.

Zweitens: Der Phonetiker nimmt die Äußerung eines Sprechers natürlich ganz anders wahr, als der Sprecher oder seine Angesprochenen oder ein phonetisch ungeschulter dritter Beobachter. Der Phonetiker hört z. B., wenn er darauf achtet, wie sich die Intonation innerhalb der Silben verhält; oder daß sich das Velum des Sprechers bei den Nasalen nur unzureichend senkt; oder daß bei näselnden Sprechern das Velum bei nichtnasalen Lauten keinen festen Verschluß bildet usw. An dieser Stelle hat es nun gar keinen Sinn, zu fragen, ob die Beobachtungen des Phonetikers für den tatsächlichen Ablauf des Sprechakts von Relevanz sind. Wir müssen vielmehr feststellen, daß mit der vortheoretischen Empirie für den Phonetiker lediglich eine Menge von beobachtbaren Ereignissen gegeben ist, die er, anders als die natürlicherweise Sprechenden und Hörenden, schon immer durch die Brille seiner fachsprachlich vermittelten Kategorien betrachtet. Indem sich der Phonetiker das nötige Fachwissen angeeignet hat, hat er es gelernt, diese Kategorien zu beherrschen. Der Phonetiker überführt die vortheoretisch gegebene Empirie in eine fachsprachlich kategorisierte Empirie. Um dies genauer erläutern zu können, möchte ich eine weitere Unterscheidung einführen, die ich für so wesentlich halte, daß ich sogar von zwei ganz unterschiedlichen Empirien sprechen möchte. Auf der einen Seite ist die Empirie des Ohrenphonetikers; das ist die Empirie der direkt wahrnehmbaren phonetischen Ereignisse. Andererseits kann nun der Phonetiker bei einem Sprechakt sehr vieles beobachten, was für die unmittelbare Wahrnehmung natürlicherweise transphänomenal bleibt; so hat kein Hörer (auch der Phonetiker nicht) einen natürlichen Zugang zu den Bewegungen seiner beiden Basilarmembranen. Auch kann die genaue Geometrie der schwingenden Luftsäule im Ansatzrohr, die für das an den Lippen in das akustische Feld abgestrahlte Schallsignal maßgebend ist, durch keine Introspektion ermittelt werden. Diese transphänomenalen Vorgänge müssen erst durch entsprechende Meßvorrichtungen auf einen Datenträger abgebildet werden, und nur so werden sie als Daten verfügbar. Ich nenne dies die Empirie der meßbaren phonetischen Vorgänge.

Die Grenze zwischen beiden Empirien – der Empirie der Ereignisse und der Empirie der Vorgänge – ist methodisch völlig klar: Ereignisse werden benannt und in ihren Eigenschaften symbolisch beschrieben. Vorgänge werden gemessen, sie haben zu jedem Zeitpunkt eine Geometrie, die sich abbilden läßt (auf Zeitfunktionen). Will man über phonetische Ereignisse verfügen, muß man die Semantik einer Fachsprache beherrschen; Vorgänge demgegenüber scheinen außerhalb unseres Bewußtseins zu existieren, sie haben, wie gesagt, ihre Geometrie, sie besitzen eine raumzeitliche Extension. Digitalisiert lassen sich die Daten einer Zeitfunktion vom Computer verarbeiten und auswerten, unabhängig von einem intervenierenden menschlichen System. Dieser Empirie der phonetischen Vorgänge ist der anschließende Aufsatz von Herrn Simon gewidmet. Ich selbst möchte mich nun der Empirie der phonetischen Ereignisse zuwenden, um zu erläutern, auf welche Weise der Phonetiker zu einer symbolsprachlichen Wiedergabe von faktisch vorliegenden Äußerungen kommt.

Drittens: Schon vortheoretisch macht es einen wesentlichen Unterschied, ob der Hörer, wie ich in einem jetzt zu explizierenden Sinne sagen möchte, ein phonetisches Ereignis identifiziert oder nicht: Ein identifiziertes Ereignis kann er als äquivalente Reproduktion desselben Ereignisses wiedererkennen. Dies dokumentiert er ganz evident, indem er eine Reproduktion desselben Ereignisses vorführt.

Beispielsweise äußere ich hier jetzt »maluma« oder »takete« und bitte Sie, mit einem Zeichen der rechten oder linken Hand zu reagieren und das phonetische Ereignis zu meiner Kontrolle zu wiederholen. In diesem Sinne sage ich, daß man es lernen kann, die Kategorie eines phonetischen Ereignisses zu demonstrieren. Die kategoriale Reproduzierbarkeit ist die natürliche Voraussetzung für jede symbolphonetische Beschreibung: Wir ersetzen das Zeichen der rechten oder linken Hand durch bestimmte graphische Zeichen, z. B. M, T. Die Bedeutung dieser Zeichen legen wir fest durch ostensive Definitionen. Zur ostensiven Definition werden kategorial-äquivalente Reproduktionen demonstriert. Das ist ein metaphonetischer Lernprozeß, der ganz natürlich abläuft.

Wie gesagt, »maluma« oder »takete« sind komplexe phonetische Ereignisse, aus denen wir durchaus noch komplexere zusammensetzen können. Führen wir z. B. das graphische Zeichen »+« für das äquivalent reproduzierbare Ereignis »und« ein, dann können wir das komplexere Ereignis »maluma und takete« entweder durch eine neue Graphik oder durch einen analysierten Ausdruck wiedergeben, z. B. WL oder $M + T$.

In der Umkehrung bedeutet dies, daß komplexe Ereignisse in weniger komplexe Ereignisse aufgespalten werden und durch einen analysierten Ausdruck wiedergegeben werden. Dies ist wiederum ein empirischer Tatbestand, der festgehalten werden muß. (Dem entspricht durchaus *Bloomfields* berühmtes erstes Postulat: Within certain communities successive utterances are alike or partly alike. Vgl. *Bloomfield:* A Set of Postulates for the Science of Language, Lg. 2 1926, S. 154.)

Während nun das einzelne Zeichen eine Kategorie nur einfach identifiziert, liefert der analytische Ausdruck schon eine Kennzeichnung, eine Beschreibung, aus der hervorgeht, wie das Ganze aus den identifizierten Teilen zusammengesetzt ist. Wichtig ist auch hier die empirische Verifizierbarkeit.

Nach diesem Modell funktioniert auch die alphabetische Analyse, auch wenn ausdrücklich gesagt werden muß, daß hier die äquivalent reproduzierbaren alphabetischen Elemente, aus denen sich die alphabetisch analysierten Ausdrücke ergeben (z. B. m-a-l-u-m-a) natürlicherweise in der Empirie der phonetischen Ereignisse nicht vorkommen. Die alphabetische Struktur von Äußerungen ist nicht nur absolut unauffällig, sie entzieht sich auch bei normaler Aussprache der direkten Beobachtung. Es ist kein Zufall, daß das Alphabet in der Entwicklung der Menschheit nur ein einziges Mal entdeckt worden ist; es war vielmehr ein Zufall, daß sich in einer bestimmten Sprache mit einer ganz ungewöhnlichen morphophonemischen Struktur zunächst eine Bilderschrift entwickelt hat, wobei die Semantik mit den konsonantischen Wurzeln der Stämme im Zusammenhang stand, was zu einer augenfälligen Übereinstimmung zwischen den graphischen Zeichen und der phonetischen Form der Morpheme führte. Die normalerweise wahrgenommene Äußerung ist eine Ereignissequenz, die für das Ohr zu rasch abläuft, als daß ihre interne Struktur (ihre alphabetische Form) der Beobachtung zugänglich wäre.

Man kann im Ablauf dieser Ereignissequenz einer phonetischen Äußerung drei verschiedene Prosodien unterscheiden. Zunächst gibt es den relativ langsamen Verlauf der Intonation, den man noch relativ gut und direkt beobachten kann, die Satzprosodie. Ich spreche hier von der A-Prosodie. Dann gibt es die rhythmische Gliederung der Silbenfolgen, die man z. B. noch mitklopfen kann. Ich nenne dies die B-Prosodie einer Äußerung. Schließlich gibt es die für die direkte Beobachtung zu rasch ablaufende C-Prosodie, die die eigentlich alphabetisch beschreibbare Form einer Äußerung ausmacht (allerdings in Verbindung mit Koartikulation und Steuerung in der B-Prosodie). Um diese C-Prosodie zu betrachten, muß man sie unter die Lupe der A-Prosodie holen. Man betrachtet dann ein komplexes phonetisches Ereignis wie z. B. »maluma«, indem man es auseinanderzieht. Was dann als quasi-stationäre Passagen in die Wahrnehmung fällt, holt man sich unter die A-Lupe und prüft dabei die relative Stabilität dieser Passagen. Dann versieht man das Resultat mit einer B-Prosodie und stellt somit die Relation der äquivalenten Reproduktion fest zwischen diesen einfachen Elementen: sprich »m«, »m«, »m«, ... »a«, »a«, »a« ... usw.; für das, was auf diese Weise identisch wiederholt werden kann, führt man dann einfache graphische Zeichen (Buchstaben) ein: m,a,l,u,m,a.

Beim Vergleich von isolierbaren, identifizierbaren Teilkomplexen konvergiert die Analyse nach alphabetischen Elementen sehr rasch auf ein sehr kleines Repertoire von alphabetischen Elementarkategorien. Andererseits muß man sagen, daß sich die Alphabete der verschiedenen *Bloomfield*'schen Sprachgemeinschaften in der Regel unterscheiden. Doch läßt sich jede beliebige Äußerung, sobald man die alphabetische Analyse durchgeführt hat, durch alphabetisch analysierte Ausdrücke »restlos« beschreiben. Um zu überprüfen, was mit solch einer Kennzeichnung dann behauptet wird, beobachte man, unter welchen Bedingungen Kennzeichnungen wie maluma und mulama richtig oder falsch werden.

Viertens: Auch die alphabetischen Elemente, als individuelle Kategorien zunächst rein ostensiv definiert, können ihrerseits natürlich einer weiteren Analyse unterzogen werden. Vergleicht man nun – in diesem Fall die alphabetischen Elemente – unter bestimmten Gesichtspunkten miteinander, dann zeigt sich, worin sie sich jeweils unterscheiden oder übereinstimmen. Ich verweise auf die verschiedenen Merkmalsysteme der neueren Phonologie, die für den Erfolg eines solchen Unternehmens ja ein ganz gutes Beispiel sind. Die empirische Interpretation dieser ›abstrakten‹ Merkmale ist weitgehend offen. Doch so viel kann man sagen, daß die alphabetischen Zeichen als phonological units durch analysierte Ausdrücke ersetzt werden. Nur sind die Merkmalnamen, aus denen sich diese Ausdrücke zusammensetzen, seit Roman *Jakobsons* »freier Erfindung« der »distinctive features« phonetisch nicht mehr direkt interpretierbar. Die phonologischen Merkmalsysteme sind an theorie-internen Interessen und Gesichtspunkten orientiert und in bezug auf die phonetische Empirie arbiträr. Ich möchte hier demgegenüber zu den Lautphysiologen des 19. Jahrhunderts zurückgehen, da es mir darauf ankommt zu zeigen, was tatsächlich durch eine phonetische Transkription erfaßt wird. Die Lautphysiologen haben nämlich die analphabetischen Beschreibungskategorien entwickelt, mit denen noch heute faktisch jeder Linguist bei der datenmäßigen Erfassung der Äußerungen seines Informanten arbeitet. Die Lautphysiologen waren jedoch keine Physiologen im wörtlichen Sinne, sondern naive Realisten mit einem behavioristischen Programm. Eduard *Sievers* hat es sinngemäß so formuliert, daß es darauf ankomme, für die wissenschaftliche Explikation des Sprachlautes den subjektiven Gehörseindruck durch die objektive Hervorbringung desselben zu ersetzen. Die lautlichen Äußerungen werden auf das Artikulationsverhalten der Sprechwerkzeuge zurückgeführt. Hier wird die lautsprachliche Äußerung des Sprechers vom Standpunkt des gehörlosen Beobachters beschrieben.

An dieser Stelle nun will ich ein wesentliches Prinzip formulieren, welches uns hilft, den naiven Realismus der Lautphysiologie zu überwinden: Das Ohr des Menschen ist ein Nachrichtenempfänger. In diesem Sinne möchte ich zwischen dem rein auditiven Ereignis, das wir unmittelbar wahrnehmen (als autochthones Schallereignis) und seiner inhaltlichen Interpretation unterscheiden. Ich behaupte nicht, daß diese beiden Aspekte am auditiven Ereignis getrennt voneinander wahrgenommen werden können; doch werden beide Aspekte mit ganz unterschiedlichen Kategorien beschrieben. Für die autochthone Struktur des wahrgenommenen Ereignisses stehen uns wesentlich weniger und auch andere Vokabeln zur Verfügung als für die Beschreibung dessen, was ich seine inhaltliche Interpretation nenne. Wir interpretieren ein auditives Ereignis inhaltlich, indem wir die Schallquelle identifizieren und ihr spezielles Verhalten. Wir hören ein anfahrendes Auto und der Fachmann identifiziert den untertourig gefahrenen VW-Bus. Erst bei einem inhaltlich interpretierten auditiven Ereignis wissen wir, was der Fall ist, wenn unsere Interpretation zutrifft. Es ist ganz klar, daß die Bedingungen der Wahrheitswerte für die Beschreibung der auditiven Struktur anders aussehen, als bei der Beschreibung der inhaltlichen Interpretation.

Es war die Entdeckung der Lautphysiologen, daß phonetische Ereignisse einen beschreibbaren artikulatorischen Inhalt haben. Freilich haben die Lautphysiologen das Artikulationsverhalten nicht als objektiven Vorgang registriert, sie haben nicht Röntgenfilme gemacht, das Artikulationsverhalten in seiner Geometrie auf Zeitfunktionen abgebildet, sondern sie haben, am Schreibtisch sitzend, die alphabetischen Teile der Äußerung unter die Lupe der A-Prosodie geholt und dann den artikulatorischen Inhalt der Minimalereignisse auf systematische Weise beschrieben. Die resultierenden Kategorien (Artikulationsstelle, artikulierendes Organ, Modus usw.) sind der empirischen Überprüfung ohne weiteres zugänglich und es zeigt sich wiederum, daß auch hier die Analyse sehr rasch konvergiert auf einen relativ kleinen Satz der systematisch unterscheidbaren Beschreibungskategorien. Dies betrifft zunächst die Beschreibung von Elementarereignissen, die auch wiederum zum Zwecke ihrer Beschreibung demonstriert und beobachtet werden. Die Beschreibungskategorien sind insofern relevant, als durch sie analphabetische Kriterien zu einem alphabetischen Komplex zusammengefaßt werden.

Dies läßt sich leicht demonstrieren. Die elementaren Minimalereignisse »n« und »d« zum Beispiel unterscheiden sich allein darin, daß beim »n« das Gaumensegel gesenkt und beim »d« hochgezogen ist. Daß es allein von der Erfüllung dieser Prädikate abhängt, welches komplexe Ereignis dann gegebenenfalls kommuniziert wird, zeigt ebenfalls ein ganz trivialer Test: Ob beispielsweise »Nick« oder »Dick« kommuniziert wird, hängt einzig und allein von der Erfüllung dieses Prädikats ab.

Ich halte fest, daß jede genaue analphabetische Beschreibung einer vorliegenden lautsprachlichen Äußerung die Beschreibung ihres artikulatorischen Inhalts ist.

Unter dem Einfluß der Linguistik hat sich die Phonetik bisher weitgehend darauf konzentriert, den artikulatorischen Inhalt von alphabetisch expliziten Formen zu beschreiben, wie sie von Informanten ausdrücklich zum Zweck der alphabetischen Beschreibung demonstriert werden. Die phonetisch enge analphabetische Notation aber, mit der die Kategorie eines alphabetischen Elementes eindeutig gekennzeichnet wird, liefert schließlich die Ausgangsdaten für jede linguistische Sprachbeschreibung, wobei die Beschreibung von Äußerungen in natürlichen Sprechsituationen sehr vernachlässigt worden ist. Über den artikulatorischen Inhalt, der die phonetische Form einer Äußerung unter Berücksichtigung der natürlichen A-, B- und C-Prosodie ausmacht, wissen wir folglich noch viel zu wenig.

Fünftens: Einige Bemerkungen über den Zusammenhang von Ereignissen und Vorgängen:

Während in der vortheoretisch zugänglichen Wirklichkeit Sprecher, Hörer und beobachtende Dritte phonetische Ereignisse wahrnehmen, spielen sich in der physikalischen Wirklichkeit die Vorgänge ab, die wir im signalphonetischen Band zwischen den Hirnrinden von Sprechern und Hörern messend registrieren können. Die Grenze zwischen diesen beiden Empirien, den direkt meßbaren Vorgängen und den beschreibbaren Ereignissen, habe ich zunächst aus methodischen Gründen gezogen, insofern es sich um ganz verschieden verfügbare Daten handelt. Doch die Grenze, die wir zwischen diesen Empirien ziehen, ist selbst keine empirische Sache, die in einer dieser beiden Empirien auf beobachtbare Weise vorkäme. Es ist die Grenze der Psychophysik. Spätestens seit Feigls Analysen wissen wir, daß der Zusammenhang zwischen den Vorgängen und den Ereignissen kein analytischer ist. Der Zusammenhang ist empirisch; insofern, als Ereignisse und Vorgänge immer gemeinsam auftreten. Die Rillen auf der Schallplatte, die ein akustisches Signal beschreiben, und das Stück Beethoven, das wir hören, wenn wir die Platte auflegen und abspielen, stehen in experimentell reproduzierbarem Zusammenhang.

Nun gibt es sehr viele verschiedene Bereiche zwischen den an einem Kommunikationsprozeß beteiligten Hirnrinden, und in jedem dieser Bereiche können wir Sprachsignale in der Form von Vorgängen registrieren. Diese Vorgänge sind innerhalb des Organismus äußerst komplex und vielfältig; erst an der Peripherie des Organismus, beim artikulierenden Oberflächenverhalten des Sprechapparates, werden sie relativ einfach. Hierbei widerspreche ich völlig den Kollegen, die geglaubt haben, noch einfachere linguistische Beschreibungen lägen auf der Hirnrinde vor und würden an der zu langsam reagierenden Peripherie dann in die phonetisch komplizierten Ereignisse überführt. Es verhält sich genau umgekehrt: Die Prozesse im Organismus sind weitaus komplizierter als das resultierende Oberflächenverhalten. Dieses Oberflächenverhalten bildet sich *eineindeutig* auf das akustische Signal, das zum Hörer übertragen wird, ab. Die Sprachsignale werden außerhalb des Organismus relativ einfach und entsprechen auf der Ereignisseite dem artikulatorischen Inhalt; sie sind mit diesem empirisch identifizierbar.

Das Ziel der signalphonetischen Forschung besteht darin, den empirisch gegebenen Zusammenhang zwischen den wahrnehmbaren Ereignissen und den sie begleitenden Vorgängen explizit zu machen. Dabei haben die akustischen Vorgänge den großen Vorzug, daß sie sich sehr einfach darstellen und beschreiben lassen. Das nicht so leicht darstellbare artikulatorische Sprachsignal läßt sich demgegenüber jedoch zwingend interpretieren im Hinblick auf die wahrgenommenen Ereignisse und ihre ohrenphonetische Beschreibung.

Wenn die Daten auf einer digitalen Kopie der Gesprächsmitschnitte segmentiert und mit Transkriptionssymbolen kategorisiert werden, dann muß es bei der Auswertung dieser Daten wesentlich darauf ankommen, die akustisch leicht aufzudeckenden Regularitäten mit den Kategorien der Interaktionsanalyse zu verbinden, vor allem im Hinblick auf das, was der Ohrenphonetiker als phänomenal gegebenen artikulatorischen Inhalt der Äußerung beschreibt. Dabei ist zu beachten, daß die gleichzeitig hörbare und sichtbare Segmentierung den heuristischen Effekt hat, daß der Ohrenphonetiker mehr hört, wenn er auch das Signal sehen kann.

Anmerkung

1 Vgl. dazu die sehr viel ausführlichere Darstellung der Grundlagen der phonetischen Transkription in *Tillmann*, H. G., *Mansell*, P.: Phonetik – Lautsprachliche Zeichen, Sprachsignale, lautsprachlicher Kommunikationsprozeß, Stuttgart 1980.

Th. H. Simon
Universität München

Computersystem zur automatischen Langzeitauswertung von Sprachsignalen, dargestellt an zwei Untersuchungen mit defektivem Material

1. Einleitung

Bei der phonetischen Analyse von face-to-face-Situationen interessieren neben einer phonetischen Transkription des Geäußerten vor allem suprasegmentale Parameter, wie Intensität und Intonation und solche Parameter, die die Sprechqualität charakterisieren, wie Formantstruktur und die Form des Phonationsschalls. Diese Parameter können aus Sonagrammen oder mit speziellen Analogmeßgeräten, wie z. B. F_o-Meter oder Elektroglottograph, ermittelt werden. Solche analoge Meßmethoden haben allerdings den Nachteil, daß die Auswertung der in Form von Sonagrammen oder Meßkurven vorliegenden Daten fast immer durch Ausmessung bestimmter Abstände oder Abschätzung von Schwärzungsgraden erfolgen muß, was erstens einen großen Zeitaufwand bedeutet und zweitens nur eine sehr ungenaue Auswertung ermöglicht. Bei größeren Datenmengen ist zudem die Datenerfassung sehr umständlich (ein Sonagramm umfaßt nur eine Dauer von 2.4 sec). Alle diese Nachteile können bei Verwendung eines Digitalrechners zur Analyse vermieden werden. Der Digitalrechner bietet außerdem noch den Vorteil der Universalität, d. h. Verfahren, die sich erst während der Auswertung als notwendig ergeben und für die das ursprüngliche Analysesystem nicht konzipiert war, können leicht nachträglich eingebaut werden. Da ein Digitalrechner um Größenordnungen schneller arbeitet als ein Experimentator, können ferner Hypothesen zusätzlich überprüft werden, die man bei manueller Auswertung wegen ihrer geringen Wahrscheinlichkeit nicht mit einbezogen hätte, deren Ungültigkeit damit aber noch nicht bewiesen worden wäre.

2. Konzeption des Analysesystems

Ein digitales Analysesystem zur Ermittlung phonetischer Parameter soll folgende Spezifikationen erfüllen:
 a) Analoge Datenverarbeitung nur bei der Datenaufnahme
 b) Abspeicherung der digitalisierten Daten auf dem Datenträger mit der größten Speicherkapazität
 c) Möglichkeit der Segmentierung des Ausgangsmaterials
 d) Vollautomatische Bestimmung von Grundparametern wie Intensität, Grundfrequenz, Formantstruktur u. a. ohne Angabe von Startwerten

e) Modularer Aufbau, um leicht zusätzliche problemspezifische Analysen einbauen zu können

f) Abspeicherung der Zwischen- und Endergebnisse in einheitlicher Form, so daß Programmsysteme zur statistischen Analyse, zur graphischen Darstellung der Ergebnisse u. a. unverändert anwendbar sind.

Gemäß diesen Forderungen wurde ein phonetisches Analysesystem in den Programmiersprachen FORTRAN IV und MACRO (Assembler für PDP11) entwickelt, das auf einer Rechenanlage vom Typ PDP11–50 eingesetzt wird und folgende Peripherie benötigt: Analog-Digital-Wandler (LPS-11), Magnetbandgerät (TM-11), Graphischer Bildschirm (GT 40), Teletype (LA 30) und Plotter (CALCOMP 565).

Die Analyse von Sprachdaten besteht bei diesem System aus folgenden Schritten: Die auf analogem Datenträger (Tonband) vorliegenden Daten werden auf Magnetband digital gespeichert. Anschließend werden die für die Analyse relevanten Bereiche markiert und, falls gewünscht, der Bandinhalt auf diese Bereiche reduziert. Damit ist die halbautomatische Vorverarbeitungsphase abgeschlossen. Die weiteren Phasen laufen vollautomatisch ab und verwenden als Eingangsdaten stets die auf Band vorliegenden markierten Passagen.

Zu Beginn der Analysephase wird die Grundfrequenz des gesamten Materials bestimmt. Diese Analyse steht am Anfang, da die hieraus resultierende Information über Periodengrenzen und den Parameter Pause/stimmlos/stimmhaft in einem Teil der weiteren Analysen benötigt wird. Im zweiten Teil der Analyse werden weitere grundlegende Parameter, wie Intensität, Lage der Formanten, Zahl der Nulldurchgänge und relativer Maxima, bestimmt und auf Magnetplatte abgespeichert. In der dritten Phase, die auf die jeweilige Problemstellung zugeschnitten werden kann, können für das Problem interessante, aus den Grundparametern abgeleitete Parameter bestimmt werden, wie z. B. Korrelationen zwischen verschiedenen Grundparametern, Korrelationen im zeitlichen Verlauf eines Parameters, Musteruntersuchung zum Zwecke der Phonemsegmentation u. a. Die vierte und damit letzte Phase dient der Dokumentation der Meßergebnisse in Form von graphischen Darstellungen und Ergebnisausdrukken. In allen vier Phasen werden die Zwischenresultate gespeichert, so daß es später leicht möglich ist, weitere Analysen anzufügen, die auf die Zwischenresultate zurückgreifen müssen.

3. Die Komponenten des Analysesystems im Einzelnen

3.1 Datenaufnahme

Zur Datenaufnahme werden die Analogdaten vom Tonband mit einem Analog-Digital-Konverter mit einer Auflösung von 12 Bit in Binärdaten umgewandelt und in Paketen von 4096 Daten auf digitalem Magnetband gespeichert. Die maximale Abtastrate ist 20 kHz. Mit dieser Abtastrate ergibt sich eine Speicherkapazität von sieben Minuten Sprachschall pro Magnetband. Da das verwendete Magnetbandgerät nur eine maximale Übertragungsrate von 18 000 16-Bit-Worten pro Sekunde gestattet, werden vier 12-Bit-Daten des Analog-Digital-Konverters zu drei 16-Bit-Worten zusammengefaßt und damit die erforderliche Übertragungsrate auf 15 kHz erniedrigt. Die einzelnen Magnetbandblöcke werden durchnumeriert, um später jeden einzelnen Block im freien Zugriff erreichen zu können.

Die gespeicherten Daten können anschließend gekennzeichnet werden, um solche Datenbereiche festzulegen, die für die weiteren Analysen ausgewählt werden sollen, oder um das Material grob nach Syntagmen oder fein nach Phonemen zu segmentieren. Hierzu wird, je nach gewünschter zeitlicher Auflösung, die Hüllkurve des Signals oder das Signal selbst auf einem graphischen Bildschirm dargestellt und mit Hilfe eines Lichtgriffels bei gleichzeitiger akustischer Kontrollausgabe der interessierende Bereich ›gecuttet‹ bzw. markiert. Nachdem der gesamte Inhalt des Magnetbandes auf diese Weise bearbeitet worden ist, kann der Bandinhalt auf die ›gecutteten‹ Bereiche reduziert und komprimiert werden, um die Zugriffszeit zu erniedrigen und Bandkapazität zu sparen.

3.2 Grundfrequenzanalyse

Die eigentliche Analyse der Daten beginnt mit der Bestimmung der Grundfrequenz (F_o) des markierten Materials. Diese Analyse steht am Anfang, da für einen Teil der folgenden Analysen die Bereiche der Grundperioden bekannt sein müssen und durch die automatisch bei dem verwendeten Grundfrequenzbestimmungsverfahren anfallende Segmentierung in Pausen, stimmlose und stimmhafte Anteile eine Vorauswahl der bei den folgenden Verfahren zu analysierenden Bereiche vorgenommen wird.

Vor der eigentlichen Grundfrequenzbestimmung werden in einer Voranalyse solche Bereiche bestimmt, die keine F_o-Bestimmung erfordern, um damit die Analyse zu beschleunigen. Zunächst werden die Sprechpausen ermittelt, also die Bereiche, in denen die mittlere Signalamplitude einen von der Dynamik der jeweiligen Aufnahme abhängigen Schwellwert unterschreitet. Über die Zahl der Nulldurchgänge kann ferner bereits der größte Teil der stimmlosen Bereiche bestimmt werden. Stimmhaftigkeit wird angenommen, wenn die Zahl der Nulldurchgänge 25 % der Zahl der Abtastwerte pro Analysebereich überschreitet. Beide Bereiche brauchen bei der Grundfrequenzanalyse nicht mehr berücksichtigt zu werden.

Zur Bestimmung der Grundfrequenz wird das Autokorrelationsverfahren in der von *Rabiner* (1977) angegebenen Form verwendet. Abbildung 1 zeigt die einzelnen Verarbeitungsschritte dieses Verfahrens am Beispiel der Laute /a/ und /i/.

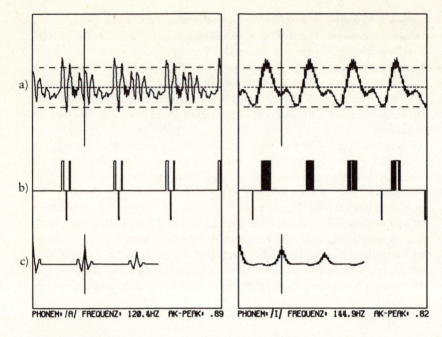

Abb. 1
Grundfrequenzbestimmung durch Autokorrelation, dargestellt an den Phonemrealisationen von [a] und [i].
a) Sprachsignal mit Markierung der Clipping-Schwelle (lang gestrichelt) und gefundenen Periode
b) Geclipptes und auf drei Werte komprimiertes Signal
c) Autokorrelationsfunktion des Signals b) mit Markierung des Periodenmaximums. Der Autokorrelationskoeffizient ist als ›AK-Peak‹ angegeben.

Das Signal wird zunächst bei 800 Hz mit einem digitalen Spaltfilter tiefpaßgefiltert und derart ›geclippt‹, daß Signalwerte, die einen adaptiv ermittelten Schwellwert über- bzw. unterschreiten, auf +1 bzw. −1 und in den übrigen Fällen auf 0 gesetzt werden. Mit dieser Vorverarbeitung wird der die Grundfrequenzbestimmung störende Einfluß der Formantstruktur reduziert. Im nächsten Schritt wird über einen aus den zehn zuletzt bestimmten F_o-Werten adaptiv ermittelten Signalbereich die Autokorrelationsfunktion berechnet. Der Abstand vom ersten Normierungsmaximum zum Maximum im restlichen Teil der Funktion gibt die Periodendauer an. Die Höhe des zweiten Maximums ist ein Maß für die Ähnlichkeit aufeinanderfolgender Perioden. Ist dieser Wert, den man als Korrelationskoeffizienten bezeichnet, höher als 0.25, wird das entsprechende Segment als stimmhaft registriert.

Das Computerprogramm zur Ermittlung der Grundfrequenz ist in Assembler geschrieben, womit die Analysezeit gegenüber einem äquivalenten FORTRAN-Programm von 30 auf drei Stunden für zehn Minuten Sprachsignal reduziert wird. Alle anderen Programme des Systems, bis auf die Routinen, die akustische Signale auf digitalen Datenträger einlesen bzw. von diesem Datenträger aus hörbar machen, sind in FORTRAN IV geschrieben.

Nach der Grundfrequenzanalyse sind bereits vier wichtige Sprachsignalparameter verfügbar: der Intonationsverlauf, die Signalamplitude (bzw. nach Quadrierung die Intensität), eine Segmentierung in Pausen, stimmhafte und stimmlose Bereiche sowie der Autokorrelationskoeffizient.

3.4 Bestimmung weiterer Grundparameter

In der zweiten Stufe des Analysesystems werden zunächst einfache Parameter des Zeitsignals bestimmt, die zusammen mit den bei der Grundfrequenzbestimmung angefallenen Parametern zur Phonemsegmentierung herangezogen werden können. Hierzu gehören die Nulldurchgangsdichte und die Dichte der relativen Maxima; Parameter, die direkt aus dem Zeitsignal mit minimalem Aufwand bestimmt werden können.

Der Hauptteil der zweiten Analysestufe betrifft die Extraktion von im Frequenzbereich definierten Parametern, wie das Frequenzspektrum und die Formantstruktur.

Das Frequenzspektrum von 0 bis 10 kHz wird über eine schnelle Fouriertransformation (FFT) entweder synchron mit der Periodenlänge oder über ein festes Zeitfenster mit einer Hamming-Gewichtung bestimmt.

Zur Extraktion der Frequenzen und Amplituden der drei niedrigsten Formanten werden eine Reihe von Verfahren verwendet, die von *Davis* (1976) zusammenfassend dokumentiert wurden. Zunächst werden mit Hilfe des Verfahrens der linearen Prädiktion (LPC) *(Markel* 1976) die inversen Filterkoeffizienten des Ansatzrohres berechnet. Dieses Zwischenergebnis kann dazu verwendet werden, das Spektrum des Sprachsignals in einer geglätteten Form darzustellen und näherungsweise eine Funktion für die Form des Glottisimpulses zu berechnen, die zusammen mit ihrem Spektren zur Beschreibung der Qualität der Stimmgebung herangezogen werden kann. Aus den Filterkoeffizienten werden durch Berechnung der Nullstellen *(Davis* 1976) die Resonanzfrequenzen und die zugehörigen Bandbreiten bestimmt. Bei stimmhaftem Sprachschall stimmen diese Resonanzfrequenzen mit den Formantfrequenzen sehr gut überein.

3.5 Problemspezifische Phase des Systems

In der dritten Stufe des Analysesystems werden die bisher bestimmten Grundparameter ihrerseits in einer für die jeweilige Problemstellung spezifischen Weise analysiert, z. B. bezüglich charakteristischer Muster in ihrem Zeitverlauf, kennzeichnender Abweichungen ihres Zeitverlaufs bei verschiedenen Sprachqualitäten, Zusammenhänge innerhalb der Parameter usw. Die Analyseverfahren der dritten Stufe sind also nicht fest vorgegeben; sie werden jeweils nach Erarbeitung einer spezifischen Hypothese entweder neu entwickelt oder aus einer im Wachsen begriffenen Sammlung von Spezialverfahren entnommen und in das System eingebaut.

Um diesen Teil des Analysesystems und die weiteren Teile, die im wesentlichen die statistische Auswertung und die Dokumentation der Ergebnisse betreffen, zu demonstrieren, soll auf zwei Untersuchungen näher eingegangen werden.

4. Systemanwendung: Akustische Untersuchungen der Phonation bei Rekurrensparesen

Anlaß für die Entwicklung des Analysesystems war eine Untersuchung im Rahmen einer Dissertation (*Gackenholz* 1979), bei der geklärt werden sollte, ob mit signalphonetischen Verfahren die im Lauf der Therapie auditiv wahrnehmbare Verbesserung der Stimmtonqualität bei Patienten mit Stimmbandlähmungen nachgewiesen werden kann. Insbesondere sollte herausgefunden werden, welche Sprachschallparameter die Verbesserung der Phonationsqualität am besten anzeigen.

Das zu untersuchende Material bestand aus Tonbandaufnahmen von sechs Patienten, die zu Beginn und Ende der Therapie sowie in unterschiedlicher Häufigkeit während der Therapie entstanden. Bei jeder Aufnahme mußte die Versuchsperson eine stets gleiche Folge von Vokalen, Nonsenssilben, Worten und kurzen Syntagmen äußern, die möglichst viele stimmhaft zu artikulierenden Anteile enthielten. Das Material einer Aufnahme hatte durchschnittlich eine Länge von 30 Sekunden. Pro Versuchsperson wurden im Laufe der Therapie drei bis neun Aufnahmen gemacht.

Bei der auditiven Beurteilung des Materials durch Studenten und Mitarbeiter unseres Instituts ergab sich, daß sich die Phonationsstörungen im wesentlichen durch den Grad der Heiserkeit und den Grad der Instabilität des Stimmtons charakterisieren ließen. Dem Grad der Heiserkeit der Stimme entspricht im signalphonetischen Bereich die Stärke zusätzlicher Rauschanteile im Sprachsignal. Die Veränderung dieser Rauschanteile, die bei gleichbleibendem Material bei den einzelnen Aufnahmen die Verbesserung der Stimmtonqualität widerspiegeln, läßt sich am Zeitsignal und am Spektrum messen.

Im Zeitbereich läßt sich der Rauschanteil über die Dichte der relativen Maxima messen, also die durch die Überlagerung von höherfrequenten Schwingungen hervorgerufenen Nulldurchgänge im differenzierten Zeitsignal. Die Dichte der relativen Maxima nimmt ab bei Verringerung des Rauschanteils, sollte also bei dem bei dieser Untersuchung verwendeten gleichbleibenden Aufnahmetext die Verbesserung der Stimmtonqualität widerspiegeln. Abbildung 2b, in der der Verlauf dieses Parameters über den Behandlungszeitraum für die sechs Versuchspersonen aufgetragen ist, zeigt diese Tendenz bei allen Versuchspersonen. Eine detaillierte Diskussion dieses und der folgenden Parameter für jede Versuchsperson unter Berücksichtigung des individuellen Krankheitsbilds, des Alters, des Geschlechts und des Behandlungszeitraums ist bei *Gackenholz* (1979) zu finden. In Abbildung 2a ist dieser Parameter für die erste Versuchsperson, von der die meisten (9) Aufnahmen gemacht wurden, zusammen mit der Standardabweichung dargestellt. Die Anpassungskurve entstand, wie in allen anderen Abbildungen der Parameterverläufe, durch kubische Splinefunktionen.

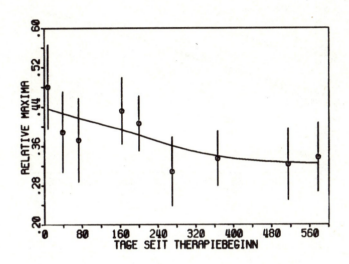

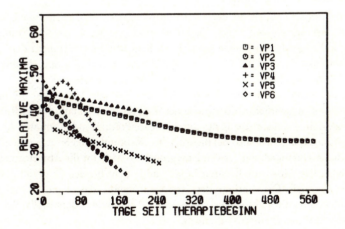

Abb. 2
Dichte der relativen Maxima
a) 1. Versuchsperson (Meßwerte mit Standardabweichung)
b) 1. bis 6. Versuchsperson

Ein Parameter, der auf die durch zusätzliche Rauschanteile gestörte Periodizität reagiert und damit indirekt die Verrauschtheit des Signals anzeigt, ist der Prozentsatz der bei der Grundfrequenzanalyse als stimmhaft erkannten Sprachsignalanteile. Der Wert dieses Parameters steigt bei sich bessernder Phonationsqualität, eine Tendenz, die bei den Patienten 1, 2, 3, 4 und 6 vorhanden ist (Abbildung 3).

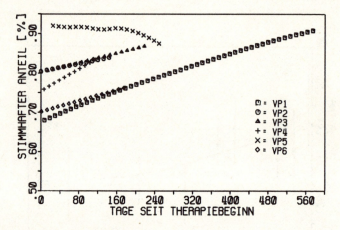

Abb. 3
Prozentsatz des stimmhaften Anteils

Die beiden bisher beschriebenen Parameter gestatten keine absolute Bestimmung des ausschließlich an der Glottis produzierten Rauschens, da bei der Parameterermittlung von einem Signal ausgegangen wird, das die Stimmgebungs- und Artikulationsanteile gemischt enthält. Mit dem Verfahren der linearen Prädiktion (Markel 1976) ist es möglich, die Anteile am Sprachsignal zu ermitteln, die durch ein lineares Übertragungsmodell darstellbar sind, also die Anteile der Artikulation ohne Friktion und die linearen Anteile der Stimmgebung, also im wesentlichen die Anteile der ungestörten Phonation. Das Residuumsignal, d. h. das nach Abzug des durch lineare Prädiktion bestimmten Anteils entstehende Signal, stellt also bei nichtfrikativen stimmhaften Sprachlauten (wie sie bei dieser Untersuchung verwendet wurden) ein Maß für die Abweichung der Stimmlippenfunktion vom linearen Modell und damit für den Grad der Phonationsstörung dar. Der Verlauf des Residuumsignals, das demnach bei sich bessernder Phonation abnehmen sollte, ist in Abbildung 4 dargestellt. Bei vier Patienten ist diese Tendenz vorhanden.

Änderungen im Rauschanteil im Verlauf der Therapie lassen sich natürlich auch nach Transformation des Zeitsignals in den Frequenzbereich, also im Spektrum, messen. Eine Spektralanalyse bietet zusätzlich den Vorteil, die Veränderungen spezifischer evtl. mit physiologischen Gegebenheiten bei der Stimm-

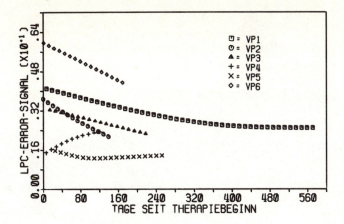

Abb. 4
Residuum-Signal bei linearer Prädiktion

tonerzeugung in Beziehung zu bringender Rauschanteile in bestimmten Frequenzbereichen zu untersuchen.

Zwei Parameter wurden zur Kennzeichnung des Rauschverhaltens im Spektrum verwendet, zum einen das Verhältnis der spektralen Energie oberhalb 1000 Hz zur Energie unterhalb 1000 Hz (*Frøkjaer-Jensen, Prytz* 1975) zur pauschalen Kennzeichnung des Rauschverhaltens unter der Annahme, daß der Hauptrauschanteil oberhalb 1000 Hz liegt (der Bezug auf die Energie unterhalb 1000 Hz erfolgt aus Normierungsgründen) und zum anderen ein Parameter, der das spektrale Verhalten in einzelnen Frequenzkanälen kennzeichnet und damit differenziertere Aussagen über die Färbung des Rauschanteils zuläßt, der sich bei der vorliegenden Untersuchung am stärksten ändert. Dieser Parameter, von uns als ›lineare spektrale Tendenz‹ bezeichnet, ergibt sich aus der Steigung einer Geraden, die an die gegen die Zeitachse aufgetragenen Meßwerte der einzelnen spektralen Kanäle angepaßt wird. Der Frequenzbereich von 10 kHz wird dabei in 64 linear äquidistante Abschnitte eingeteilt, womit sich eine Bandbreite von 156 Hz pro Kanal ergibt. Zur Veranschaulichung des Ermittlungsverfahrens dieses Parameters ist in Abbildung 5 für die erste Versuchsperson die spektrale Energie pro Kanal gegen die Frequenz und die Zeit in Form einer dreidimensionalen Darstellung aufgetragen. Die Geraden, deren Steigung den Wert der linearen spektralen Tendenz bestimmt, werden senkrecht zu den einzelnen Kurven parallel zur Zeitachse angepaßt.

In Abbildung 6 ist die lineare spektrale Tendenz aus Platzgründen nur für die erste Versuchsperson dargestellt. Positive Werte bedeuten eine Zunahme der spektralen Energie im entsprechenden Frequenzbereich – diese Tendenz ist bei allen Versuchspersonen unterhalb 1000 Hz aufgrund der Zunahme regulärer Stimmbandschwingungen während der Therapie vorhanden – und negative

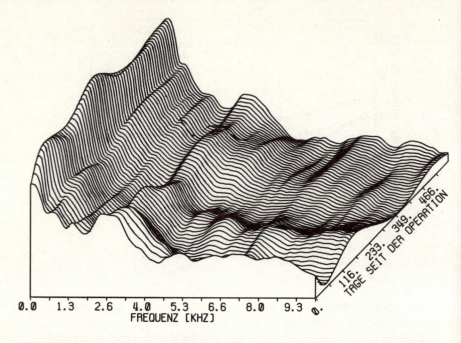

Abb. 5
Veränderung des Spektrum (0–10 kHz) über den Therapiezeitraum für Versuchsperson 1

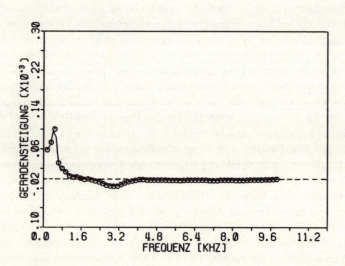

Abb. 6
Lineare spektrale Tendenz für Versuchsperson 1
(Nullinie gestrichelt)

Werte eine Abnahme. Diese Tendenz ist oberhalb 1000 Hz in unterschiedlichen Spektralbereichen bei den einzelnen Patienten unterschiedlich stark ausgeprägt.

In Abbildung 7 ist der Verlauf des bereits erwähnten Parameters, der sich aus der Energie oberhalb 1000 Hz bezogen auf die Energie unterhalb 1000 Hz ergibt, in reziproker Form dargestellt, so daß sich in dieser Darstellung der Wert dieses Parameters mit abnehmenden Rauschanteilen oberhalb 1000 Hz vergrößert. Die uneinheitliche Tendenz dieses Parameters für die einzelnen Versuchspersonen deutet darauf hin, daß die Grenze von 1000 Hz nicht in jedem Fall eindeutig den Rauschanteil abtrennt, da in manchen Fällen, beispielsweise infolge von Turbulenzen bei unvollständigem Glottisverschluß, auch Rauschanteile unterhalb 1000 Hz große Beiträge liefern. Zur Kennzeichnung solcher Phänomene ist deshalb der differenziertere Aussagen zulassende Parameter der linearen spektralen Tendenz besser geeignet.

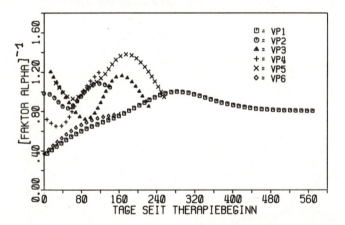

Abb. 7
Verhältnis der spektralen Energie unterhalb 1000 Hz zu der oberhalb 1000 Hz

Eine zweite Gruppe von Parametern erfaßt solche Phänomene, die bei der auditiven Beurteilung mit dem Begriff der Instabilität der Phonation gekennzeichnet wurden. Hierzu wurden die Variation der Periodenintensität, die Variation der Grundfrequenz sowie der Periodenkorrelationskoeffizient bestimmt.

Der Parameter der Periodenintensitätsvariation (*Davis* 1976) bestimmt die mittlere Differenz in der Intensität benachbarter Perioden pro Aufnahme, normiert auf die jeweiligen Periodenlängen, wobei auch nicht unmittelbar aneinander anschließende Perioden als benachbart berücksichtigt werden, wenn kein größeres Zeitintervall als zweimal die zuletzt bestimmte Periodendauer dazwischenliegt. Dieser Parameter mißt Störungen bei der Phonation, die durch unterschiedlich starke Auslenkung der Stimmbänder bei aufeinanderfolgenden Schwingungen zustande kommen. Er nimmt ab mit Abnahme der Störung.

Abbildung 8 zeigt den Verlauf dieses Parameters. Bei drei Versuchspersonen ist die zu erwartende Tendenz vorhanden, bei zwei Versuchspersonen ein Verlauf mit negativer Tendenz.

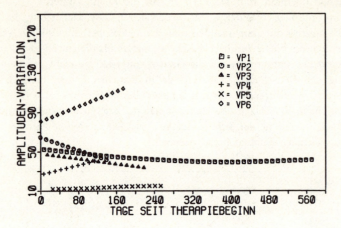

Abb. 8
Amplitudenvariation

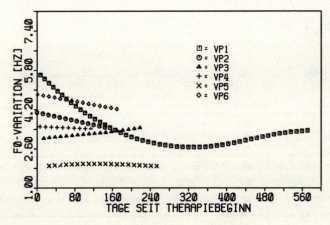

Abb. 9
Variation der Grundfrequenz

Der Parameter der Grundfrequenzvariation entsteht aus der Berechnung der Differenz der reziproken Periodendauern benachbarter Perioden, gemittelt über den Bereich einer Aufnahme. Hiermit werden Unregelmäßigkeiten in der Dauer der Stimmlippenschwingungen erfaßt. Dieser Parameter (Abbildung 9) zeigt bei den meisten Versuchspersonen die bei regelmäßiger werdenden Stimmlippenschwingungen zu erwartende abfallende Tendenz.

Ein Parameter, der sowohl Unregelmäßigkeiten in Intensität und Dauer der Stimmbandschwingungen als auch den relativen Einfluß von Rauschkomponenten erfaßt, ist der Periodenkorrelationskoeffizient, der, wie bei der Beschreibung des Analyseverfahrens bereits erwähnt, bei der Grundfrequenzbestimmung berechnet wird und ein Maß für die Ähnlichkeit aufeinanderfolgender Perioden darstellt. Sein Wert, der maximal bei Gleichheit der zu korrelierenden Perioden 1 werden kann, steigt an bei regelmäßiger werdenden Glottisschwingungen. Diese Tendenz (Abbildung 10) ist bei fünf von sechs Versuchspersonen vorhanden.

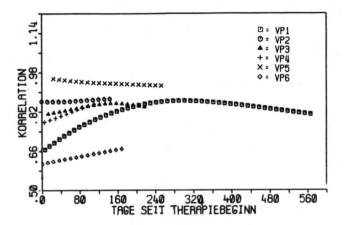

Abb. 10
Autokorrelationskoeffizient

Die Untersuchung hat gezeigt, daß es möglich ist, mit der jeweiligen Problemstellung angepaßten speziellen Parametern eine auditiv nur sehr grob klassifizierbare Tendenz im Verlauf der Therapie von Patienten mit Phonationsstörungen differenzierter zu kennzeichnen. Die verwendeten Parameter, die alle mehr oder weniger die zu erwartende Tendenz widerspiegeln, sollten allerdings in geeigneter Weise miteinander kombiniert werden, so daß ein einziger Parameter resultiert, der bei Patienten mit vergleichbarem Krankheitsbild eine zuverlässige Aussage über den Erfolg der Therapie aus akustischen Daten zuläßt.

5. Systemanwendung: Akustische Untersuchungen an Äußerungen gehörloser Kinder

Bei dieser Untersuchung, die mit Mitarbeitern des Kinderzentrums München durchgeführt wird und erst am Anfang steht, geht es darum, mit akustischen Analysen diskriminierende Merkmale in der Prosodie und im Formantverlauf der Äußerungen gehörloser Kinder im Vergleich zu den gleichen Äußerungen

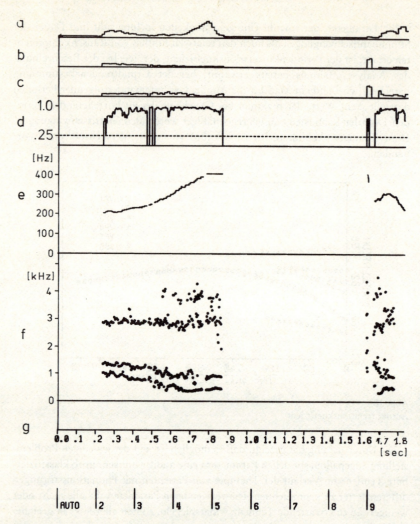

Abb. 11.1
Phonetische Partitur mit Darstellung der Formanten
»auto«, von der Versuchsleiterin gesprochen (nur bis zum Beginn des [o] dargestellt)

von Hörenden zu bestimmen. Die Untersuchung befindet sich z. Z. im Stadium der manuellen Auswertung der vom Computer erstellten Dokumentation der wichtigsten akustischen Sprachsignalparameter. Hierzu gehören die in der ersten und zweiten Stufe des Analysesystems bestimmten Parameter, wie mittlere Amplitude, Grundfrequenz, Korrelationskoeffizient und der Verlauf der drei niedrigsten Formanten.

Da es in diesem Bericht nicht in erster Linie um die Darstellung und die Diskussion von Untersuchungsergebnissen, sondern um die Vorstellung eines

Automatische Langzeitauswertung von Sprachsignalen 77

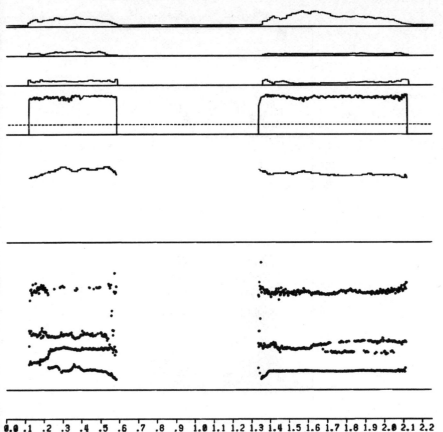

Abb. 11.2 »auto«, von einem gehörlosen Kind gesprochen
Parameter:
a mittlere Amplitude
b Nulldurchgangsdichte
c Dichte der relativen Maxima
d Autokorrelationskoeffizient
e Intonation
f Formanten bzw. Spektrum
g Zeit

Computeranalysesystems mit Beispielen aus der laufenden Forschung zur Veranschaulichung der Anwendungsmöglichkeiten geht, soll diese Untersuchung über Gehörlosensprache lediglich als Beispiel für eine mögliche Form der Dokumen-

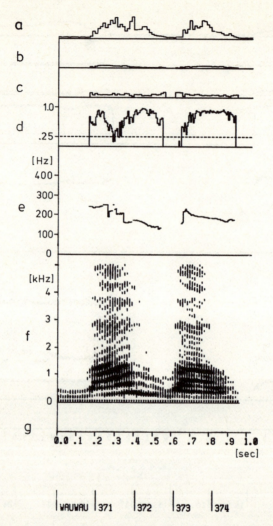

Abb. 12.1
Phonetische Partitur mit sonagrammähnlicher Darstellung des spektralen Verlaufs »wauwau«, von der Versuchsleiterin gesprochen

tation der Analyseergebnisse stehen. Die Ergebnisse der weiteren Auswertung dieser Analysen werden anderweitig veröffentlicht *(Simon, Macko, Pohl)*.

Es handelt sich bei der Dokumentation um eine ›phonetische Partitur‹, in der zeitsynchron die Parameter Lautstärke, Nulldurchgangsdichte, Dichte der relativen Maxima, Korrelationskoeffizient, Intonation sowie die drei niedrigsten Formanten oder das Spektrum in Sonagrammform dargestellt werden. In Abbildungen 11.1 und 11.2 ist die phonetische Partitur des Wortes ›Auto‹, in Abb. 11.1 von der Versuchsleiterin (nur bis zum Beginn des [o] dargestellt), in

Automatische Langzeitauswertung von Sprachsignalen 79

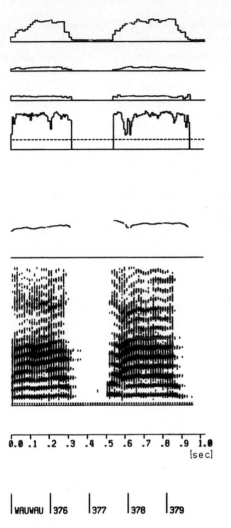

Abb. 12.2 »wauwau«, von dem gleichen Kind wie bei Abb. 11.2 gesprochen
Parameter wie in Abb. 11.2

Abb. 11.2 von dem gehörlosen Kind gesprochen, mit der Formantstruktur dargestellt. Abbildungen 12.1 und 12.2 zeigen die Partitur des Wortes ›Wauwau‹, wobei hier die spektrale Information in Sonagrammform dargestellt ist.

Sowohl die z. Z. vorgenommenen Auswertungen der Partiturdarstellungen des Gehörlosenmaterials als auch andere Untersuchungen an defektivem Material, die an unserem Institut mit Hilfe dieses Analyseverfahrens vorgenommen werden, zeigen, daß diese Art der Darstellung, in der alle interessierenden Parameter simultan verfügbar sind, ein ausgezeichnetes Hilfsmittel zur Auswertung solcher Sprachdaten darstellt, für die zunächst noch keine Hypothese im Hinblick auf einen bestimmten Sprachsignalparameter besteht. Wenn aufgrund der Inspektion des Partiturmaterials eine Hypothese aufgestellt werden kann (z. B. Monotonie im Verlauf einzelner Parameter und bei bestimmten Lauten bei Gehörlosen), ist es dann natürlich möglich, die Auswertung des gesamten Materials bezüglich dieser Hypothese durch ein spezielles Programm automatisch durchzuführen.

Literatur

Davis, S. B.: Computer Evaluation of Laryngeal Pathology Based on Inverse Filtering of Speech, in: SCRL Monograph 13, Santa Barbara, 1976.
Gackenholz, S.: Akustische Untersuchungen der Phonation während der Therapie von Rekurrensparesen, Dissertation Universität München 1979.
Frøkjaer-Jensen, B., *Prytz,* S.: Registration of Voice Quality, in ARIPUC 9, 1975, 237–251.
Markel, J. D., *Gray,* A. H. Jr.: Linear prediction of Speech, Berlin, Heidelberg, New York 1976.
Rabiner, L. R.: On the Use of Autocorrelation Analysis for Pitch Detection, in IEEE Trans. Acoust., Speech and Signal Proc., ASSP-25/1, 1977, 24–33.
Simon, Th., *Macko,* H., *Pohl,* P.: (Die Veröffentlichung der Ergebnisse dieser Untersuchung wird voraussichtlich in ›Speech and Hearing disorders‹ erfolgen).

Teil II:
Handlungstheoretische, konversationsanalytische und textwissenschaftliche Analysen

U. Kalbermatten, M. v. Cranach
Universität Bern

Hierarchisch aufgebaute Beobachtungssysteme zur Handlungsanalyse*

0. Zielsetzung und Gliederung

Die systematische Verhaltensbeobachtung ist heute eine etablierte Methode, deren vielfältige Möglichkeiten und Probleme in z. T. umfassender Weise in Monographien und Handbuchartikeln behandelt werden (siehe z. B. *Weick* 1968; *von Cranach, Frenz* 1969; *Hutt, Hutt* 1970; *Fassnacht* 1979). In diesem Artikel setzen wir diesen Stand der Methodik voraus und bauen darauf auf; wir gehen aber darüber hinaus, wo wir unsere Wege zur Bearbeitung bisher vernachlässigter oder ungelöster Probleme aufzeigen. In diesem Sinne diskutieren wir eine Auswahl methodischer Fragen; andere lassen wir als ungenannte Voraussetzungen beiseite. Von den beiden Hauptaspekten der Beobachtungsmethodologie, der Konstruktion von Beobachtungssystemen und ihrer Anwendung durch Beobachter, behandeln wir vor allem den ersten.

Wir betrachten menschliches Handeln als mehrstufig hierarchisch gegliedertes System; aus dieser Struktur ergeben sich einzigartige Zusammenhänge, die nicht vernachlässigt werden dürfen. Wie sie erfaßt werden können, wollen wir am Beispiel unserer eigenen Verfahren erläutern. Dazu werden wir zunächst einige generelle Probleme aufwerfen, die bei der Bildung von Beobachtungseinheiten auftreten. Da die Konstruktion eines Beobachtungssystems letztlich immer mit den Grundannahmen des Forschers über die Natur des untersuchten Verhaltens oder seinen Ideen über den Zugang zu neuen Erkenntnissen im Zusammenhang steht, wollen wir unseren eigenen theoretischen Hintergrund ausdrücklich darlegen. In diesem Sinne werden wir einige wesentliche Postulate unserer »Theorie konkreter Handlungen« umreißen. Detaillierter werden wir jene handlungstheoretischen Konstrukte ausführen, die den direkten Zusammenhang zwischen Theorie und der Methodik der Beobachtung stiften. Dabei werden wir den Prinzipien der hierarchischen Organisation von Handlungen besondere Aufmerksamkeit schenken. Besonders ausführlich werden wir die Konstruktion von Beobachtungssystemen auf drei verschiedenen Ebenen darstellen. Mit einem Datenbeispiel wollen wir zeigen, welche Typen von Aussagen wir mit unseren theoriegeleiteten Beobachtungsverfahren leisten können. Wir schließen unsere Darlegungen mit einigen methodologischen Schlußfolgerungen.

---

* Die Arbeit wurde unterstützt vom Schweizerischen Nationalfonds zur Förderung der wissenschaftlichen Forschung, Projekt Nr. 1.356-0.76.

1. Methodische Erwägungen zur Einheitenbildung

In diesem Abschnitt behandeln wir die Frage der Wahl problemgerechter Beobachtungseinheiten; denn bei der Einheitenwahl fallen Entscheidungen, die für das ganze Verfahren wesentlich werden.

Systematische Verhaltensbeobachtung ist ein Verfahren der Datenerfassung; seine Arbeitsschritte beruhen im wesentlichen auf psychologischen Prozessen, die im Beobachter ablaufen. Rein physikalisch bietet sich das Verhalten dem Beobachter als mehr oder weniger kontinuierlich ablaufender Strom dar; grenzt er daraus Teile ab, so gründet diese Tätigkeit teils in Fähigkeiten und Neigungen, die er schon unabhängig von seiner Beobachterrolle als natürlich gegebene oder sozial erworbene Eigenschaften seiner Wahrnehmung besitzt, teils aber auch in Kriterien, die ihm das verwendete Beobachtungssystem zur Verfügung stellt. Diese letzteren können wir als »theoretisch begründet« (in einem sehr weiten Sinne) bezeichnen, denn sie beruhen auf expliziten oder impliziten Annahmen, die im Beobachtungssystem enthalten sind. Da nun an jeden Sachverhalt vielerlei Fragestellungen herangetragen werden können, ist auch kein bestimmter Typ von Einheiten notwendigerweise vorgegeben.

Die Prinzipien der Einheitenbildung lassen sich vielfältig einteilen (siehe z. B. *Bekoff* 1979; *Fassnacht* 1979). Aus den möglichen Einheitentypen wählen wir für unsere Zwecke vier heraus; es handelt sich eigentlich um miteinander zusammenhängende Dimensionen, die wir aber der klaren Darstellung zuliebe zunächst getrennt und als dichotome Gegensätze beschreiben. Schließlich behandeln wir noch die Frage ihres logischen und praktischen Zusammenhanges.

1.1 »Natürliche« versus »künstliche« (forschungstechnisch konstruierte) Einheiten

Verhalten scheint eine Gliederung zu besitzen, die von der Tätigkeit des Beobachters unabhängig ist. Dies führte *Barker* (1963) dazu, das Bestehen von »natürlichen« Einheiten anzunehmen; ihr Gegensatz wären die »künstlichen«, nur vom Beobachter und seinem System bestimmten Einheiten. Mit diesen Begriffen müssen wir uns im folgenden etwas näher beschäftigen.

Jede Einteilung des Verhaltensstroms ist das Resultat einer Interaktion zwischen der Realität und dem Beobachter. Einerseits benutzt das Wahrnehmungssystem die Strukturierung der vorgefundenen Realität, um Unterscheidungen zu machen; andererseits trifft es diese Entscheidungen aufgrund eigener Eigenschaften, die z. T. gerade zur Unterscheidung von Einheiten herausgebildet wurden, z. T. aber von anderen Funktionen abhängen. Damit reduziert sich die Frage auf das Problem, welche Prozesse jeweils zur Herausbildung von Unterscheidungskategorien im Wahrnehmungssystem führen. Sollen wir uns auf die bereits vor dem wissenschaftlichen Prozeß vorhandenen Unterscheidungstendenzen des Beobachters abstützen? Diese Auffassung vertreten die Verfechter »natürlicher«

Beobachtungseinheiten. Sollen wir andererseits dem Beobachter theoretisch fundierte, im Forschungsprozeß gewonnene Merkmale zur Einheitenbildung vorgeben? Dies wäre das Prinzip der »künstlichen« Einheitenbildung.

Natürliche Einheiten sind also vor dem wissenschaftlichen Prozeß selbst gegeben; das bedeutet nicht notwendigerweise, daß sie der (uns immer unbekannten) »wahren« Natur des beobachteten Verhaltens entsprechen. Die Tendenz zur natürlichen Einheitenbildung läßt sich vielmehr auf zwei Hauptfaktoren zurückführen: auf die im Laufe der phylogenetischen und ontogenetischen Entwicklung des Wahrnehmungssystems herausgebildete Tendenz zur Wahrnehmung von Gestalten und auf die Tendenz, menschliches Verhalten nach seiner sozialen Bedeutung (daher nach den kulturell vorgegebenen Definitionen, welche Beobachter und Beobachteter miteinander teilen mögen) zu gliedern. Natürliche Einheiten beruhen also auf einer (im Laufe eines längeren Entwicklungsprozesses stattfindenden) engen Interaktion zwischen den Strukturen der realen Welt und jenen des Wahrnehmungssystems des Beobachters. Solche Einheiten lehnen sich in der Formulierung meist der Alltagssprache an; sie eignen sich zur Analyse von Handlungen in einer »natürlichen« Umgebung. Beispiel einer »natürlichen« Einheit wäre »Kopfschütteln«; das gleiche Verhalten ließe sich künstlich als »zweimal wiederholte Folge gegenläufiger horizontaler Kopfbewegungen« beschreiben. »Künstliche« (konstruierte) Einheiten dagegen entsprechen einer »artifiziellen« Zergliederung der Wahrnehmung, wie sie nicht in Alltagsbeschreibungen auftauchen, sondern zu rein wissenschaftlichen Zwecken gebildet werden; sie dienen vielfach der Analyse von gestelltem oder experimentell hervorgerufenem Verhalten.

1.2 Sozial bedeutungsvolle versus physikalisch definierte Einheiten

Diese Unterscheidung beruht darauf, daß sich sinnvolles menschliches Handeln auf die Gesellschaft bezieht. Zur Vermeidung von Mißverständnissen müssen wir den Begriff der »sozialen Bedeutung«, wie wir ihn hier verwenden, näher bestimmen. Dem Handeln des Einzelnen wird von der Gesellschaft Bedeutung zugemessen, in der sich die Funktion der Handlung für den Ablauf individueller (gesellschaftlich relevanter) oder gesellschaftlicher Prozesse widerspiegelt. In diesem Sinne bezieht sich also »soziale Bedeutung« hier auf umfassende (»molare«) Akte wie etwa »schenken«, »schlafen«, »beleidigen« etc. Selbstverständlich ist der denotative Gehalt jedes Symbols sozial begründet; das ist hier nicht gemeint: wir beziehen uns ausschließlich auf den genannten größeren Zusammenhang, die ganzheitliche Funktion im sozialen Prozeß.

Die verschiedenen »sozialen Bedeutungen«, die dem Verhalten zuerkannt werden können, sind jeweils an bestimmte Abschnitte oder Einheiten des Verhaltens geknüpft; sie beruhen auf der »sozialen Definition« von Einheiten. Über derartige soziale Einheiten pflegt in der Gesellschaft eine Übereinstimmung zu herrschen, die groß genug ist, um den mehr oder weniger reibungslosen

Ablauf der Interaktion zu gewährleisten. So ist es für die Mitglieder einer Kommunikationsgemeinschaft meist kein großes Problem zu entscheiden, welche Teile einer kommunikativen Handlung eine Behauptung, eine Frage, eine Drohung, eine Liebeserklärung, darstellen.

Der Forscher kann bei der Konstruktion seines Beobachtungssystems auf derart sozial definierte Einheiten zurückgreifen. Er wird dies tun, wenn er es für wesentlich hält, die soziale Bedeutung des Verhaltens einzufangen. Andererseits kann man bei der Konstruktion eines Beobachtungssystems auch von der Zielsetzung ausgehen, soziale Bedeutung aus dem System auszuschließen. Man wird dann Beobachtungseinheiten konstruieren, die nach Möglichkeit bedeutungsfrei sind. Im Idealfall werden zur Definition dieser Einheiten Merkmale verwendet, die weniger geeignet sind, eine soziale Bedeutung (im Sinne unserer Begriffsbestimmung) zu tragen; dies trifft vor allem für »physikalisch« definierte Einheiten zu. Wir wollen nun die sozial und die physikalisch definierten Einheiten als Extrembeispiele einer Dimension, der Bedeutungsdimension, miteinander vergleichen.

Soziale Einheiten beruhen auf einer sozialen Definition, die vor dem wissenschaftlichen Prozeß selbst gegeben ist; sie sind in diesem Sinne natürliche Einheiten, aber eine besondere Art von natürlichen Einheiten, die ein besonderes Problem enthalten: der Handelnde selbst übernimmt größtenteils die Bedeutungsdefinition seiner Gesellschaft oder Bezugsgruppe. Zwischen Beobachter und beobachtetem Aktor besteht insofern eine besondere Beziehung, als sie beide Kenntnis der sozialen Definition besitzen. Der beobachtete Aktor handelt wenigstens zum Teil aufgrund erkannter und akzeptierter sozialer Bedeutung, der Beobachter legt dieselbe soziale Bedeutung seiner Einheitenbildung zugrunde. Bilden Beobachter und Beobachtungssystem zusammen das Meßinstrument, so ist dieses Meßinstrument in diesem Fall nicht unabhängig von dem beobachteten Sachverhalt: beide beruhen teilweise auf der gleichen sozialen Bedeutung. Es ist wichtig zu erkennen, daß die in diesem Sachverhalt begründete Zirkularität nicht im gewählten wissenschaftlichen Verfahren, sondern in der Sache selbst begründet liegt: in der Tatsache, daß Beobachter und Beobachteter der gleichen Kommunikationsgemeinschaft angehören, deren Bedeutungsgebung die wissenschaftliche Erhebung bestimmt und zugleich den Forschungsgegenstand darstellt. In dem Sinne, daß Meßtheorie Unabhängigkeit des Meßinstruments vom gemessenen Sachverhalt voraussetzt, kann dieser Vorgang nicht mehr als Messung im eigentlichen Sinne bezeichnet werden. Wir sollten besser von einer Quasi-Messung sprechen. – Wie können sozial definierte Beobachtungseinheiten validiert werden? Da bei ihrer Konstitution von der Annahme ausgegangen wird, daß sie auf sozialer Übereinstimmung beruhen, muß ein Validierungsverfahren diese soziale Übereinstimmung überprüfen. Sozial definierte Beobachtungseinheiten sollten also in wesentlichen Teilen mit den Urteilen übereinstimmen, die naive und ungeschulte Beobachter über das Verhalten abgeben.

Bei der Diskussion physikalisch definierter Einheiten können wir uns kürzer fassen. Sie verfolgen, wie gesagt, die hier nicht näher zu kritisierende Zielsetzung, die soziale Bedeutung eines Verhaltens durch die Gestaltung und Definition der Einheit auszuschließen. Das kann vorzugsweise dadurch geschehen, daß man zur Definition »bedeutungsfreie« Bestimmungsstücke verwendet. Physikalische Eigenschaften des Verhaltens sind zur bedeutungsfreien Definition in diesem Sinne vor allem geeignet; auch der Bezug auf anatomische Kriterien zur Bewegungsbeschreibung führt zu weitgehend bedeutungsfreien Einheiten. Im Idealfall würde eine bedeutungsfreie Definition zur Beurteilung des Verhaltens nichtverbal definierte Vergleichskriterien, zum Beispiel Skalen von Größe, Geschwindigkeit, Winkel, Distanz, Zeit usw. vorgeben; denn man kann vielleicht davon ausgehen, daß bei verbalen Definitionen die soziale Bedeutungsgebung schwer ganz auszuschließen ist. Schließlich entspricht es der Tendenz physikalischer Definitionen, den menschlichen Beobachter aus dem Erfassungsprozeß möglichst ganz auszuschalten und durch technische Einrichtungen zu ersetzen, falls der Entwicklungsstand der Technik es gestattet.

1.3 Funktionale versus strukturelle Einheiten

Verhalten kann als gegliedertes System betrachtet werden. Systeme (und ihre Untersysteme) besitzen Strukturen und Funktionen. Die Struktur eines Systems wird als die Gesamtheit der Relationen zwischen seinen Untersystemen – also als eine *statische* Abbildung der Beziehungen – verstanden. Als Funktion wird der *dynamische* Aspekt des Systems, die wechselseitige Beeinflussung von Elementen, oder das Verhalten einer strukturierten Ganzheit bezeichnet; wir neigen zur ersten Definition. Struktur und Funktion eines Systems hängen zusammen, sie sind zwei Seiten derselben Sache. Beide Gesichtspunkte können zur Definition von Beobachtungseinheiten dienen. Dadurch entsteht eine weitere Dimension von Beobachtungseinheiten, mit den Endpunkten der funktionalen und der strukturellen Einheit.

Funktionale Einheiten sind dynamisch konzipiert und halten die wechselseitige Auswirkung einer Einheit auf eine andere und auf das Gesamtergebnis des Verhaltens fest. Die Basis der Definition der Einheiten bildet also eine mehr oder weniger hypothetische Funktion. So wird zum Beispiel bei der Definition der interaktiven Einheit »Drohen« unterstellt, daß das Drohen zu einer Verhaltensänderung beim Partner durch einen in Aussicht gestellten Angriff führen kann. Hinter dieser Funktion können aufgrund sozialer Definition weitere Sachverhalte wie etwa subjektive Absichten oder soziale Bedeutungen angenommen werden. Derartige Funktionen lassen sich in vielen Fällen mit großer Sicherheit aus dem Kontext und den Konsequenzen einer Handlung erschließen. Die Zuordnung kann mit hoher Übereinstimmung getroffen werden, vor allem wenn die Einheit sozial definiert ist und in diesem Sinne eine »natürliche Einheit« bildet.

Die falsche Unterstellung einer Funktion kann zu Irrtümern führen. So wurde in der Verhaltensforschung das »Aufreiten« dominanter Primaten sexuell gedeutet, bis seine Funktion als ein auf die Rangordnung bezogenes Verhalten erkannt wurde. Wie in diesem Beispiel treten Fehlinterpretationen besonders leicht auf, wenn dasselbe Verhalten mehreren Funktionen dienen kann. Die einer Einheit unterstellte Funktion sollte daher empirisch überprüft werden, wie wir dies in unseren späteren Beispielen zeigen. Dies ist eine Form der Konstruktvalidierung. Strukturelle Einheiten sind dagegen durch Konfigurationen bestimmter struktureller Merkmale definiert. Versuchen wir, die funktionale Definition der Einheit »Drohen« durch eine strukturelle zu ersetzen, so entdecken wir sehr bald, daß wir zahlreiche und sehr verschiedene strukturelle Definitionen aufstellen müssen, da auf sehr verschiedene Weisen gedroht werden kann. Es erscheint dann ökonomischer und sparsamer, verschiedene Strukturmerkmale (wie zum Beispiel »Heben des Armes«) voneinander getrennt zu definieren und jeweils zu Konfigurationen zusammenzufügen. Einzelne Strukturmerkmale können dabei physikalisch definiert werden. Strukturelle Definitionen werden häufig verwendet, wenn der Forscher aus prinzipiellen Gründen vor der Annahme einer Funktion zurückschreckt.

Funktionale und strukturelle Einheitenbildung schließen sich nicht aus. Zunächst einmal können strukturelle Merkmale Teile einer funktionalen Definition bilden. Dies ist z. B. regelmäßig erforderlich, um die genauen Grenzen einer Kategorie zu bestimmen, die in der funktionalen Aussage nicht enthalten sind. So benötige ich im Falle der Definition der Kategorie »Drohen« strukturelle Hinweise darauf, wann das Drohen beginnt und wann es endet. Strukturelle Einheiten können im Rahmen hierarchisch organisierter Forschungspläne Teilsysteme funktionaler Einheiten darstellen. Wir plädieren für eine Verbindung beider Definitionsweisen, da jede für sich allein genommen wichtige Einzelheiten übersieht.

1.4 Molare versus molekulare Einheiten

Entsprechend der theoretischen Analyseebene, die ein Forscher in seiner Untersuchung verwendet, kann die »Ebene der Messung« (vgl. *v. Cranach* 1964) verschieden angesetzt werden; verschiedene Meßebenen unterscheiden sich oft hinsichtlich des Umfanges des Verhaltens, den ihre Beobachtungseinheiten abdecken. Als molare Einheiten betrachtet man verhältnismäßig große, ganzheitlich definierte Einheiten, die umfassendere Verhaltensabläufe umgreifen; molekulare Einheiten hingegen beziehen sich auf kleine, im Idealfall gerade noch unterscheidbare Verhaltenseinheiten.

Molare Verhaltenseinheiten besitzen einen höheren Abstraktionsgrad; sie verbinden häufig eine Anzahl von Verhaltensweisen zu generischen Klassen, die durch die Funktion oder das Ergebnis der motorischen Aktivität definiert sein können. In ihrer Anwendung verlangen sie vom Beobachter Interpretationen, die aber aufgrund sozialer Konventionen häufig mit großer Übereinstimmung geschehen können. Molare Einheiten sind dementsprechend häufig zugleich sozial definierte Einheiten. Molekulare Einheiten liegen an der Grenze der Unterscheidungsfähigkeit des Beobachters. Die Kategorien werden möglichst so definiert, daß sie den spezifischen motorischen Abläufen genau entsprechen. Molekulare Einheiten sind daher häufig physikalisch definiert.

1.5 Die Bildung von Beobachtungseinheiten in hierarchisch aufgebauten Beobachtungssystemen

Die inherente Logik der oben definierten Einheiten sowie die typischen Vorlieben und Abneigungen sozialwissenschaftlicher Forscher führen dazu, daß die hier genannten Dimensionen in bestimmter Weise miteinander verbunden werden und typische Syndrome bilden. So besteht eine Affinität zwischen den Polen natürlich, sozial, funktional und molar einerseits versus künstlich, physikalisch, strukturell und molekular andererseits. Der Ausprägungsgrad dieser Syndrome hängt vom jeweiligen Forschungsziel und der Theorie, die den Ausgangspunkt bildet, sowie von den besonderen Neigungen und Abneigungen des einzelnen Forschers ab.

Bei der Analyse menschlicher Handlungssysteme aber ergeben sich darüber hinaus Zusammenhänge besonderer Art. Zielgerichtete Handlungen können als zweidimensional, d. h. in einer hierarchischen und in einer sequentiellen Dimension organisiert betrachtet werden. Jede Einheit einer Organisationsebene läßt sich in Untereinheiten aufgliedern; daraus ergibt sich die nächsttiefere Organisationsebene (Prinzip der Hierarchie). In jeder der hierarchisch geordneten Ebenen folgen gleichrangige Einheiten aufeinander (Prinzip der Sequenz). Die verschiedenen Ebenen sind in ihrer Funktion aufeinander bezogen. Sie unterscheiden sich nicht nur im Umfang der Einheiten, sondern auch in qualitativer Hinsicht. – Diesen Eigenschaften des untersuchten Systems muß die Methode entsprechen. Wir untersuchen Handlungen mit mehrstufig hierarchisch aufgebauten Beobachtungssystemen, deren Einheiten sich von Ebene zu Ebene sowohl im Umfang als auch qualitativ unterscheiden. Beobachtungseinheiten jeder Ebene lassen sich in feinere Beobachtungseinheiten (der nächsttieferen Ebene) aufgliedern. Die qualitativen Unterschiede der Organisationsebenen zeigen sich in der unterschiedlichen Definition der Einheiten auf den verschiedenen Ebenen: Die den höheren Organisationsebenen zugeordneten Beobachtungssysteme enthalten eher natürliche Einheiten, die sozial definiert sind und funktionalen und molaren Charakter besitzen; die den tieferen Ebenen zugeordneten enthalten eher künstliche, physikalisch und strukturell definierte molekulare Einheiten.

Mit der Einführung hierarchisch aufgebauter Beobachtungssysteme stellt sich schließlich noch eine methodische Frage, die in der Systemanalyse durchaus bekannt ist: die Entscheidung zwischen »aufwärts« und »abwärts« gerichteter Analyse. Sollen wir in unseren Beobachtungen bei der niedersten Ebene beginnen und zu den höheren aufsteigen oder umgekehrt? Vertreter der ersten

Meinung (*Van Hooff* 1970; *Frey, Pool* 1976) argumentieren, man müsse mit den kleinsten noch unterscheidbaren Einheiten beginnen, weil diese exakt erfaßbar seien, und aus ihnen die größeren Einheiten der nächsthöheren Ebene zusammenfügen. Da jedoch diese kleinsten Einheiten meist keine Synthesevorschrift enthalten, aus der wir ersehen könnten, wie sie sich zu Übersystemen zusammenschließen, müssen wir dabei entweder probabilistisch vorgehen (und dies widerspricht dem Geist der Systemtheorie) oder zusätzliche Informationen aus anderen Quellen, d. h. meist entweder Kenntnisse oder Annahmen, hinzufügen. – Die zweite Richtung bestimmt in der »abwärts« gerichteten Analyse zunächst die Einheiten auf den oberen Ebenen, die dann weiter zergliedert werden. Diese Art des Vorgehens erscheint dem systemtheoretischen Standpunkt angemessener; seine Vertreter (z. B. *Lorenz* 1978) führen an, daß Systemanalyse zugleich Struktur- und Funktionsanalyse sei, die Funktion eines Systems oder Untersystems aber vorwiegend aus seiner Beziehung zur Umwelt oder zum Übersystem erschlossen werden kann. In der Handlungsanalyse kommt erschwerend hinzu, daß die Sequenz der Untereinheiten meist nicht eindeutig der der Obereinheiten im System entspricht; kompliziert verschachtelte Handlungssysteme lassen sich daher besser von oben nach unten entwirren. Bei einem derartigen Vorgehen müssen vor allem zu Anfang gewisse Annahmen über Struktur und Funktion des Systems getroffen werden, die Vertrautheit mit dem Forschungsgegenstand und auch ein gewisses Maß an Intuition voraussetzen; doch kann die abwärtsgerichtete später durch eine entsprechende aufwärtsgerichtete Analyse überprüft und ergänzt werden. Überhaupt empfiehlt sich in der Praxis, die besprochenen Prinzipien zu bedenken, aber auch pragmatische Gesichtspunkte zu beachten.

2. Theoretischer Hintergrund

Die Grundlage unserer Analysen bildet unsere »Theorie konkreter zielgerichteter Handlungen«. Wir bemühten uns zunächst um eine Handlungstheorie, da in der Psychologie bisher weitgehend Ansätze und Methoden fehlten, mit denen man komplexere Formen menschlicher Aktivität in ihren realen Alltagsformen studieren könnte. In der vorliegenden Arbeit befassen wir uns nur mit dem Teilbereich »Beobachtung« eines größeren Projektes, in dessen Rahmen Organisation und Ablauf von verschiedenen Typen zielgerichteten Handelns untersucht werden. Unsere Theorie integriert etwa 50 Konstrukte, wie sie vielfach auch in anderen Handlungstheorien anzutreffen sind. Diesen theoretischen Hintergrund besprechen wir nur auszugsweise und auf »Beobachtung« gezielt; im übrigen verweisen wir auf unsere Publikationen (*v. Cranach* 1975; *v. Cranach et al.* 1980; *Kalbermatten* 1977).

2.1. Grundzüge unserer Theorie

Bereits unsere *Handlungsdefinition* widerspiegelt die Grundzüge unserer Theorie. Als Handlung bezeichnen wir jenes menschliche Tun, das durch Zielorientierung, Bewußtsein, Planung und Absicht charakterisiert wird. Zielgerichtetes Handeln wird vom Handelnden mindestens z. T. durch bewußte Kognitionen gesteuert. Die Handlung bezeichnen wir in dem Sinne als absichtlich, daß das vom Handelnden vorgestellte Ziel auch gewollt wird. Sie kann in manchen Fällen von Plänen geleitet sein. Im Prozeß des Verstehens wird der Handlung (in der jeweils gegebenen Situation) eine Bedeutung zugeschrieben. Diese Bedeutung ist im Handelnden selbst repräsentiert und wird bis zu einem gewissen Grad von naiven Beobachtern aus der gleichen Kommunikationsgemeinschaft geteilt.

Wir stellen nun einige unserer grundsätzlichen Postulate vor.

2.1.1 Handlung vereinigt äußere und innere Sachverhalte

Einem beobachtbaren Handlungsablauf entsprechen kognitive, innere Prozesse und subjektive Repräsentationen.

Äußere Sachverhalte: damit meinen wir den beobachtbaren Handlungsablauf. Durch Beobachtung gewinnen wir Daten, die den Aktor als das handelnde System in seiner Umwelt beschreiben.

Innere Sachverhalte: damit bezeichnen wir den Bereich der kognitiven Prozesse in ihren verschiedenen Ausprägungsformen (insbesondere als subjektives Erleben): Wahrnehmungen, Ziele, Entscheidungen, Werte, soziales Wissen etc.

Wir nehmen an, daß der äußere Handlungsablauf in verschiedenem Maße kognitiv repräsentiert ist. Obiges Postulat erfordert sowohl die Beachtung der beobachtbaren wie auch der subjektiven, dem Erleben des Handelnden zugänglichen Seite des Handelns. Für die Theorie folgt daraus, daß für objektive wie für subjektive Phänomene Konstrukte zu entwickeln sind; für die Methodik ergeben sich Forderungen nach Verfahren, die eine solche Bezugnahme gestatten.

2.1.2 Soziale Kontrolle

Dieses methodisch wichtige Postulat enthält die Annahme, daß individuelle Handlungen (bis zu einem gewissen Grade) der sozialen Kontrolle unterliegen. Die soziale Kontrolle beeinflußt die Handlung auf dem Weg über die bewußte, kognitive Kontrolle und unterbewußte, kognitive Prozesse (Selbstregulierung) des Aktors. Handlungen werden durch allgemeine mehr oder weniger verpflichtende Informationen von sozialen Instanzen beeinflußt. Soziale Konventionen, Regeln und Normen geben zugleich eine Grundlage für die Interpretation von Handlungen ab.

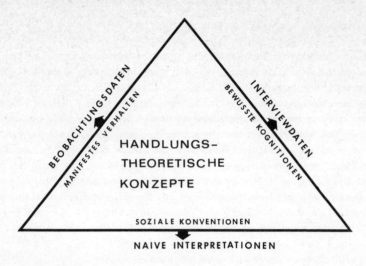

Abb. 1
Die drei Klassen handlungstheoretischer Konzepte (im Dreieck) und empirische Daten (außerhalb des Dreiecks). (Nach *v. Cranach* et al. 1980)

2.2 Handlungstheoretische Konzepte

Entsprechend obigen Postulaten weist unsere Theorie drei Klassen von Konzepten auf, die uns zur Analyse der Handlungsorganisation dienen. In Abbildung 1 sind diese drei Klassen von handlungstheoretischen Konzepten, das manifeste Verhalten, die bewußten Kognitionen und die soziale Konvention (Bedeutungen), innerhalb des Dreiecks dargestellt. Unsere Generalhypothese lautet, daß Verbindungen zwischen den Konzepten bestehen; diese werden in Einzelhypothesen näher ausgeführt. So gelangt durch Sozialisation oder sozialen Einfluß soziale Bedeutung in das invididuelle, kognitive System und manifestiert sich durch mehr oder weniger bewußte Handlungskontrolle in der sichtbaren Handlung. Ebenso bestehen Rückwirkungen des Verhaltens auf das kognitive System.

Diese drei Klassen von Konzepten bilden die Grundlage für die Erhebung von Daten in einer Handlungsanalyse. Für jeden der drei Bereiche von Konzepten haben wir spezifische Methoden entwickelt:

a) Zur Analyse des manifesten Verhaltens konstruierten wir *systematische Beobachtungsverfahren* auf verschiedenen Organisationsebenen (Gegenstand des 4. Abschnitts).

b) Die bewußten Kognitionen erheben wir durch *Interviews in der Situation der Selbstkonfrontation*. Unmittelbar im Anschluß an eine Tätigkeit, die wir ohne Wissen des Handelnden mit Videokameras aufnehmen, wird dieser mit der Videoaufzeichnung konfrontiert. Der Handelnde erhält für jeweils 15 Sekunden des Videofilms die Aufgabe, sich zu erinnern, was er zum Zeitpunkt der Handlung gedacht, gefühlt und wahrgenommen hat. Das Interview wird in einer halbstandardisierten Form durchgeführt und auf Tonband aufgezeichnet. Die Aussagen werden mittels einer Inhaltsanalyse ausgewertet, deren Kategorien sich auf die Konzepte unserer Theorie beziehen. (Für nähere Information verweisen wir auf *v. Cranach* et al. 1980, Kapitel 8).

c) Als *naive Interpretationen* bezeichnen wir die von uns mit einem wissenschaftlichen Verfahren erhobenen Aussagen unbeteiligter, ungeschulter Beobachter über die beobachtete Handlung und die damit zusammenhängenden Umstände. Was eine Handlung ist, wissen wir nur durch das Verstehen ihrer sozialen Bedeutung. Wir können erfahren, welche soziale Bedeutung eine Handlung in einer Kommunkationsgemeinschaft besitzt, wenn wir die Interpretationen naiver Beobachter aus dieser Bezugsgruppe heranziehen. Das Standardverfahren in diesem Bereich verläuft technisch ähnlich der Selbstkonfrontation, nur daß wir die naiven Beobachter gefragt haben: »Was geschieht da?« Die Auswertung geschieht wieder mit inhaltsanalytischen Verfahren, auf deren Grundlage die Übereinstimmung der Beobachter festgestellt werden kann (vgl. *v. Cranach* et al. 1980, Kapitel 6).

Mit den vorgestellten Methoden gewinnen wir aus verschiedenen Perspektiven drei Datensätze, die es uns erlauben, manifesten Handlungsablauf, kognitive Vorgänge und soziale Bedeutung miteinander zu integrieren. So erhalten z. B. die Beobachtungsdaten durch das Heranziehen der naiven Interpretationen einen sozialen Bezugsrahmen. Damit gewinnen wir u. a. eine gewisse Kontrolle über die private, subjektive Interpretation des Forschers. (Dieser letzte Bezug wird im empirischen Teil an einem Beispiel besprochen.) Der empirische Gewinn der Verbindung von Beobachtungsdaten mit Daten über Kognitionen wird offensichtlich, wenn man etwas über die innere Organisation einer Handlung aussagen will und dabei nicht allein mit Inferenzen aus dem beobachtbaren Handlungsablauf auskommt – denn viele Phänomene lassen sich einfach nicht beobachten, die Beobachtung hat ihre Grenzen!

Im vorliegenden Beobachtungsartikel beschränken wir uns auf ein Datenmaterial ohne Selbstkonfrontationen. In anderen Studien haben wir alle drei Datensätze am gleichen Material erhoben und in ihrem Zusammenhang ausgewertet.

3. Theoretische Überlegungen in Zusammenhang mit der Konstruktion von Beobachtungsverfahren zur Handlungsanalyse

3.1 Der Handlungsverlauf

Konkrete, zielgerichtete Handlungen lassen sich aufzeichnen als ein Weg zu einem äußerlich beobachtbaren Ereignis. Der *Handlungsverlauf* erstreckt sich zwischen einem *Start-* und einem *Endpunkt;* er besteht aus *Handlungsschritten.* Dies sei am Beispiel eines Kinobesuches erläutert: Jemand hat das Ziel, den Film x anzuschauen. Der Handlungsablauf könnte etwa aus folgenden Schritten bestehen: nachsehen in der Zeitung, in welchem Kino der Film x läuft / sich umziehen / den Weg von zu Hause zum Kino zurücklegen / eine Eintrittskarte kaufen / einen Platz auswählen / den Film betrachten.

Der Startpunkt ist der Beginn der Handlung. Der Endpunkt ist das Ende der Handlung. Handlungsschritte sind Elemente des Handlungsablaufes auf einer strategischen Organisationsebene. Sie sind durch *Kreuzungen* begrenzt. An Kreuzungen können sich Handlungswege verzweigen. (Danach muß empirisch belegt werden, daß nach jedem Handlungsschritt effektiv Alternativen auftreten.) Kreuzungen unterscheiden sich durch *Merkmale;* die wichtigsten sind die vorangegangenen Schritte des Aktors und seiner Interaktionspartner und die Information aus der Umwelt. Die verschiedenen Handlungsverläufe zwischen gleichen Start- und Endpunkten konstituieren ein *Wegenetz* (für einen Handlungstyp). Im Beispiel des Kinobesuches können zwischen Start- und Endpunkt eine Vielzahl von Wegen aus verschiedenen Handlungsschritten bestehen. Gegenüber dem oben geschilderten Ablauf können Handlungsschritte ausfallen oder andere hinzugefügt werden (z. B. je nach der Entfernung des Kinos muß ein Verkehrsmittel benutzt werden). An Kreuzungen können jeweils subjektive Entscheidungen und mögliche Verzweigungen im Handlungsablauf auftreten.

Wir nehmen also zwischen den Konstrukten des äußeren Handlungsablaufes und den Kognitionen gewisse Beziehungen an. So steht z. B. der Endpunkt in einer theoretischen Beziehung zum kognitiven Konstrukt »Ziel«. Dem Startpunkt entspricht das Konstrukt des Entschlusses. Finden an Kreuzungen subjektive Entscheidungen statt, werden dazu oft Wertkognitionen herangezogen (ein Ergebnis aus den Selbstkonfrontationen).

3.2 Die zweidimensionale Organisation der Handlung

3.2.1 Zeitliche Organisation

Zeitlich sind Handlungen in zusammenhängende Schritte gegliedert. Sie weisen eine sequentielle Struktur auf. Frühere Handlungsschritte bestimmen die späteren und werden zugleich in ihrem Dienste ausgeführt.

Diese zeitliche Gliederung entspricht der phänomenalen Gliederung objektiv aufeinanderfolgender Handlungsschritte und subjektiv geordneter Ziele und Unterziele. Die gegenseitige Abhängigkeit aufeinanderfolgender Schritte beruht auf der Anpassung der Handlung sowohl an die Anforderungen des ursprünglichen Plans als auch an davon abweichende Umweltbedingungen.

3.2.2 Hierarchische Organisation

Handlungen werden auf verschiedenen, aber zusammenhängenden Ebenen organisiert und kontrolliert. Höhere Organisationsebenen werden durch Zielwahl, Pläne und Strategien organisiert und in höherem Maße kognitiv und willentlich kontrolliert (»kognitive Kontrolle«). Niedere Organisationsebenen werden durch besondere Mechanismen organisiert und in höherem Maße unwillkürlich kontrolliert (»unbewußte Selbstregulierung«).

3.3 Entwicklung hierarchischer Organisations-Modelle

Die genannten Annahmen besitzen systemtheoretischen Charakter und wir bauen sie nun etwas aus, um sie für eine Handlungsanalyse fruchtbar zu machen. Ein hierarchisches Modell ermöglicht uns einerseits eine sinnvolle Gliederung unserer theoretischen Gedanken, und zum anderen liegt damit ein brauchbares Gerüst für die Integration verschiedener Daten vor. Wir wollen hier einige Annahmen über die hierarchische Organisation diskutieren, müssen uns jedoch auf die zentralen Voraussetzungen beschränken und verweisen auf die gründlichere Besprechung bei *Kalbermatten* (1977).

3.3.1 Zum Begriff der Analyse-Ebene

Man kann ein Handlungssystem in Untersysteme aufteilen. Je nach den Vorstellungen von der kognitiven Organisation lassen sich verschiedene Analyse-Ebenen (im folgenden als AE abgekürzt) differenzieren. Wir gehen von der Handlung als *Basiseinheit* aus. (Die »Handlung« entspricht in dieser Hinsicht dem von *Harré, Secord* (1972) eingeführten Konstrukt des »act«). Sie ist die organisierende Einheit für die in dieser Zeit ablaufenden Prozesse. Die Handlung ist daher der Ausgangspunkt für unsere Arbeit (Analyse von »oben nach unten«) und konstituiert unsere erste AE. Jede Untergliederung in weitere AEn wird dann in bezug auf diese Basis getroffen. Der Begriff der AE (siehe *v. Cranach* 1970) wird gewöhnlich zur Festlegung eines Arbeitsniveaus verwendet, dem bestimmte theoretische Abstraktionsgrade zugesprochen werden und auf dem bestimmte Probleme behandelt werden. Der AE als theoretisch fundiertem Arbeitsfeld können entsprechende Ebenen der Beobachtung zugeordnet werden. In späteren Abschnitten werden wir jene theoretischen Annahmen besprechen, die wir zur Differenzierung von AEn benötigen und diese führen uns zur Festlegung der Einheiten der Analyse für jede AE.

Grundsätzlich wird das Arbeiten mit verschiedenen Ebenen in einer Untersuchung dadurch bedingt, daß verschiedene Datentypen und Phänomene auftreten, die zunächst für eine Analyse auseinandergehalten werden müssen. Im hierarchischen Modell können die Einheiten der verschiedenen AEn dann wieder miteinander integriert werden. Systemisches Denken setzt die wechselseitige Abhängigkeit von Ebenen voraus (siehe *Ozbekhan* 1971). Wieviele AEn können wir für Handlungen unterscheiden? Die Beantwortung dieser Frage richtet sich nach der Art des Gegenstandes, den theoretischen Annahmen über diesen Gegenstand und dem Analysematerial. Die Untergliederung von Handlungen wird in der vorliegenden Beobachtungsstudie begrenzt nach unten durch das Aufnahmematerial. Wir können z. B. keine AEn für physiologische Prozesse oder neurologische Vorgänge bilden. Wir unterscheiden in unserer Arbeit drei

AEn gemäß unseren Annahmen der kognitiven Organisation der Handlung. Eine ähnliche Differenzierung trifft auch *Ozbekhan* (1971) mit seinen drei Planungsebenen und *Hacker* (1978) mit seinen (aus der marxistischen Tätigkeitspsychologie übernommenen) Regulationsebenen.

Der Begriff »Organisation« betrifft die Gliederung von Unterteilen eines Systems und sagt auch etwas über ihre Interaktion aus. (Abschnitt 3.3.3 enthält unsere theoretischen Annahmen der kognitiven Organisation des Handelns.)

3.2.2 Das hierarchische Modell

Hierarchische Modelle findet man z. B. in der Ethologie (*Baerends* 1941; *Tinbergen* 1950), Linguistik (*Chomsky* 1957), Neurophysiologie, Biologie (*Weiss* 1971) und in den Systemwissenschaften. Neuerdings vertritt *Dawkins* (1976) die Auffassung, daß hierarchische Organisation ein allgemeines Erklärungsprinzip darstelle.

Die allgemeinste Vorstellung einer Hierarchie entspricht dem Bild einer pyramidenförmigen Rangordnung. Entsprechend kann eine Handlung in Unterteile (Handlungsschritte) aufgegliedert werden, und diese können wiederum in

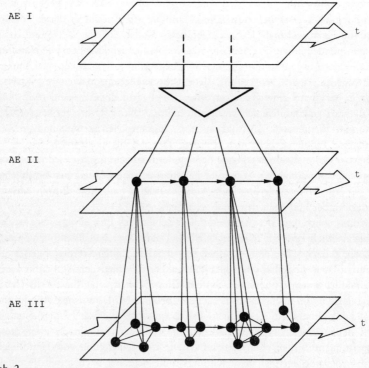

Abb. 2
Das Hierarchiemodell
AE: Analyse-Ebene   t: Zeit

verschiedene Bewegungselemente zergliedert werden. Im hierarchischen Modell steckt die Idee der Überordnung gewisser Einheiten gegenüber anderen. Es lassen sich verschiedene Typen von Hierarchien bilden. Die einfachste Form ist die lineare Hierarchie (z. B. soziale Hackordnung). Eine verzweigte Hierarchie entspricht dem Bild eines Graphenbaumes. Unser Hierarchiemodell stellen wir in Abbildung 2 dar. Wir wollen einige seiner Besonderheiten herausarbeiten: Unser Hierarchiemodell besteht aus Ebenen in Raum und Zeit. Die oberste AE (I) ist die der zielgerichteten Handlung, die zweite AE (II) die der Handlungsschritte und die dritte AE (III) die der Elemente der Handlungsschritte.

Mit der zeitlichen Dimension (t) kennzeichnen wir die Richtung der Handlung zum Ziel hin. In der Zeit werden alle AEn begrenzt durch Anfang und Ende der Handlung. Die AEn erfassen somit einen Zeitausschnitt mit gleicher zeitlicher Ausdehnung. Die Einheit auf AE I dauert über den ganzen Zeitausschnitt. Unsere Theorie sieht vor, daß zu allen Zeitpunkten Beziehungen zwischen allen AEn auftreten können. Dies bedeutet, daß von der höchsten AE I grundsätzlich zu jedem Handlungszeitpunkt in die gerade ablaufenden Operationen auf tieferen AEn eingegriffen werden kann, um die Erreichung des übergeordneten Zieles zu sichern. Dies veranschaulichen wir mit einem umfassenden Pfeil von der obersten AE aus.

Dynamische Beziehungen im hierarchischen Modell:

a) *Innerhalb einer AE:* Auf den AEn II und III werden die Einheiten von vorangegangenen Einheiten beeinflußt (dargestellt mit waagrechten Pfeilen). Weiter können die Einheiten auf diesen AEn simultan auftreten (zeichnerisch nur auf AE III mit Verbindungsstrichen veranschaulicht). Wir nehmen somit Interrelationen zwischen Einheiten auf diesen AEn an, und zwar zwischen simultanen Einheiten und Einheiten in zeitlicher Aufeinanderfolge. Diese Annahmen wirken sich klar auf die Konstruktion der Beobachtungssysteme aus (z. B. wird der Koordination von Körperbewegungen Rechnung getragen).

b) *Zwischen den AEn:* AE I mit dem Handlungsziel ordnen wir den anderen AEn über. Als dynamische Verbindungen von oben nach unten gelten in unserem Modell Steuerung und Kontrolle. Diesen Sachverhalt stellen wir in Abbildung 3 mit Pfeilen von den AEn I zu II, von I zu III und von II zu III dar. Jedoch laufen in unserem Modell auch dynamische Beziehungen von unten nach oben. Mit entsprechenden Pfeilen halten wir fest, daß die unteren AEn im Rahmen von Regelprozessen Information an die oberen liefern.

c) *Zwischen den drei AEn und der Umwelt:* Grundsätzlich steht jede AE in Beziehung zur Umwelt. Das Geschehen auf jeder Ebene kann Auswirkungen auf die Umwelt haben und umgekehrt gelangt von der Umwelt Information an das gesamte System. So verläuft eine Handlung je nach Umweltgegebenheiten anders, als sie ursprünglich geplant wurde. Zur Umwelt rechnen wir andere Handelnde und die Objektwelt.

d) *Zwischen Zeitschnitten:* Innerhalb einer Handlung können verschiedene zeitliche Segmentierungen getroffen werden. So erhalten wir Zeitschnitte. Dar-

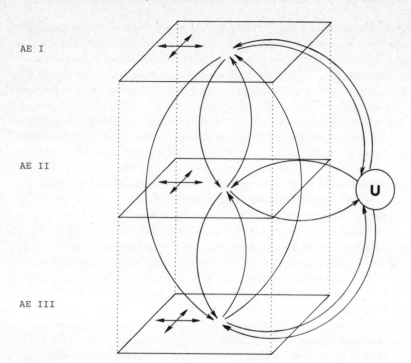

Abb. 3
Dynamische Beziehungen im Ebenenmodell
U: Umwelt

aus ergeben sich Vervielfachungen der oben genannten dynamischen Beziehungen. Einheiten auf der AE II können sich z. B. auf Einheiten der AE III zu einem späteren Zeitpunkt auswirken usw.

3.3.3 Theoretische Grundlagen der hierarchischen Organisation

Die Prinzipien unseres hierarchischen Analysemodells entnehmen wir den Merkmalen, die wir der Handlung als Bestimmungsstücke zuschreiben (z. B. Ziel, Bewußtsein). Diese Elemente treten auf den verschiedenen Ebenen mit qualitativen Unterschieden auf. Daneben kommen die im 2. Abschnitt besprochenen Eigenheiten der Einheitenbildung zur Geltung. So nehmen Größe und soziale Bedeutung der Einheiten von oben nach unten ab. Damit können wir unsere drei Organisationsebenen näher definieren: Wir nehmen an, daß Handlungen auf den Ebenen der Zielbestimmung, der Strategien und der Operation hierarchisch organisiert sind.

I. Ebene der Zielbestimmung

Auf dieser Ebene wird der Verhaltensstrom in Handlungen gegliedert. Ein Ziel ist der vorgestellte und angestrebte Zustand am Endpunkt einer Handlung. (Ein

Subziel ist der vorgestellte Zustand am Ende eines Handlungsschrittes.) Die Verteilung von Zielen über eine Verhaltenssequenz nennen wir Zielstruktur (siehe spezielle Studien zu diesem Thema bei *v. Cranach* et al. 1980). Innerhalb der Ziele lassen sich wiederum hierarchische Ordnungen aufstellen (Ober- und Unterziele), zudem werden manchmal zwei oder mehr Ziele gleichzeitig verfolgt (Nebenziele).

Bei konkurrierenden Zielen erfolgt die Zielbestimmung als Wahl zwischen Zielen (vor Beginn einer Handlung) oder als Zielwechsel (während der Handlung). Kommt nur ein bestimmtes Ziel in Frage, so umfaßt die Zielbestimmung die Entscheidung, das Ziel zu verfolgen oder aufzugeben. Zielbestimmung betrachten wir als höchste Organisationsebene von Handlungen. Auf dieser Ebene wird der Verhaltensstrom kognitiv und sozial in bedeutsame Einheiten gegliedert. Im kognitiven Bereich nehmen wir an, daß dem Handelnden das Ziel seiner Handlung bewußt ist. Dies heißt nicht, daß das Ziel während eines Handlungsablaufes ständig fokal bewußt repräsentiert ist, jedoch je nach Bedarf (z. B. bei Konflikten) tritt es klar ins Bewußtsein. Daneben enthält die zielbewußte Kognition die soziale Bedeutung der Handlung.

II. Ebene der Strategien und der kognitiven Kontrolle

Kognitive Kontrolle wird durch Pläne und Strategien ausgeübt; sie richtet den Handlungsverlauf auf das Ziel. Ein Plan ist der Entwurf einer Handlung auf der strategischen Organisationsebene. Er besteht in der kognitiven Vorwegnahme einer bestimmten Folge von Handlungsschritten und Kreuzungen. Im Plan werden die Unterziele den Zielen untergeordnet. Ein Netzplan ist ein wahrgenommenes Wegenetz; er umfaßt die verschiedenen Pläne zum gleichen Ziel. Eine Strategie ist eine Vorzugsordnung von Plänen in einem Netzplan. Strategien beruhen auf vorgängiger Erfahrung. Entsprechend der kognitiven Natur des Planes beschränken wir die Anwendung des Begriffes nur auf eine Ebene (dies im Gegensatz zu *Miller, Galanter, Pribram* 1960).

Unsere Definition der Strategie beruht auf der Annahme, daß Menschen gewöhnlich über verschiedene Pläne und somit auch über verschiedene Handlungsverläufe zur Erreichung eines bestimmten Zieles verfügen. Kognitive Kontrolle geschieht nicht durchwegs bewußt. Wir nehmen für diese Ebene eine »mitbewußte« Repräsentation an. Damit deuten wir an, daß das Bewußtsein je nach Bedarf auf einzelne Handlungsschritte und Kreuzungen gelenkt werden kann.

III. Ebene der Operationen und der unterbewußten Selbstregulierung

Die Selbstregulierung wird durch unterbewußte Steuerungsmechanismen erreicht. Sie dient der Anpassung der Handlungsschritte an innere Zustände und an wechselnde Bedingungen der Umwelt und bestimmt so die Erreichung der Unterziele der Handlungsschritte und letztlich der Handlungsziele.

Anpassung an *innere* Zustände fördern oder hemmen das auf die Unterziele der Handlungsschritte gerichtete Verhalten. Prototypen der Erleichterung stellen

z. B. Motor-Habits, Erbkoordinationen oder positive motivationale Zustände dar, welche die Geschwindigkeit, Kraft oder Gerichtetheit der Ausführung erhöhen. Als Prototyp einer Hemmung können wir z. B. den motivationalen Konflikt betrachten, der zu verringerter Geschwindigkeit und Verlust an Gerichtetheit führt.

Anpassung an wechselnde Bedingungen der Umwelt organisieren aufgrund von Kriterien die Handlungsschritte in ihren Einzelheiten in Richtung auf ihre Unterziele. Bei beiden Arten der Anpassung (innere und äußere) wird ein einzelner Handlungsschritt modifiziert, während der Handlungsablauf auf der strategischen Ebene unverändert bleibt. *Äußere* Anpassung wird bestimmt durch die Kriterien der Kreuzung, die dem betreffenden Handlungsschritt vorausgeht. Ihre Ausführung enthält Rückkoppelungen nach Art der von *Miller, Galanter, Pribram* (1960) vorgeschlagenen TOTE-Einheiten oder *Argyle's* »social skill model«.

Einheiten dieser Ebene werden in der Regel nicht bewußt kontrolliert. So wird z. B. die Beugung eines Armes während des Laufens automatisch gesteuert.

Unsere Untergliederung dieser drei Ebenen wird problematisch, wenn wir ihnen später Beobachtungseinheiten zuordnen, ohne uns auf Information des Handelnden über den Grad seiner kognitiven Repräsentation abzustützen. Den vorgefundenen Verhaltensweisen kann nicht immer eindeutig eine bestimmte Art der kognitiven Repräsentation zugeschrieben werden. Daher liefern diese Organisationsebenen Approximationen für eine empirische Arbeit und geben uns Hinweise über die Spezifität von Einheiten, die wir entsprechend auf verschiedenen AEn ansiedeln.

3.4 Beispiel der Anpassungsfunktion des Handelns

Handeln dient der Selbsterhaltung des Handelnden durch Anpassung an die Bedürfnisse der Umwelt (außengerichtete Anpassung); dabei müssen gleichzeitig die Bedürfnisse des eigenen kognitiven Systems berücksichtigt werden (innengerichtete Anpassung). Außen- und innengerichtete Anpassung können in Konflikt zueinander stehen. Anpassung geschieht mehrstufig in unserem hierarchisch geordneten System. Diesen Sachverhalt wollen wir anhand des weiter oben aufgestellten Beispiels des Kinobesuches erläutern.

Nehmen wir an, der oben geschilderte Gang zum Kino stelle eine Strategie eines Aktors dar. Wie dieser Aktor aus dem Haus tritt, bemerkt er plötzlich, daß es regnet. Es bestehen nun folgende Möglichkeiten der Anpassung im Modell:

a) I Ebene: Das Ziel wird aufgegeben. Er geht heim und liest ein Buch.

b) I Ebene: Der ursprüngliche Plan wird trotz des Regens ausgeführt. (Bei den folgenden Varianten wird auch am ursprünglichen Ziel festgehalten, doch treten verschiedene Formen der Anpassung auf.)

c) II Ebene: Gegenüber dem ursprünglichen Plan tritt auf der strategischen Ebene eine Regulation durch einen alternativen Handlungsschritt auf. Anstatt wie geplant zu gehen, fährt er mit dem Taxi.

d) III Ebene: Außengerichtete Anpassung: der geplante Handlungsschritt »Gehen« wird beibehalten, doch der Aktor trägt einen offenen Schirm dabei.

e) III Ebene: Innengerichtete Anpassung durch Selbstregulierung (erleichternd): Er geht zu Fuß, jedoch läuft schneller.

f) III Ebene: Innengerichtete Anpassung (Hemmung): er geht zunächst zögernd infolge seines motivationalen Konflikts (zwischen dem Wunsch, den Film anzusehen, und der Abneigung, bei Regen auszugehen).

4. Die Bildung von Beobachtungseinheiten auf verschiedenen Ebenen

In diesem Abschnitt wollen wir zeigen, wie wir auf der Grundlage unserer theoretischen Überlegungen in einer konkreten Beobachtungsstudie vorgehen. Wir wollen eine kurze Charakteristik unseres Beobachtungsmaterials vorausschicken. Als Aufnahmelokalität diente uns der Kinderhort unseres Institutes. Er wird von Kindern im Vor-Kindergarten-Alter besucht. Das Durchschnittsalter der Kinder betrug 45 Monate. Pro Aufnahmetag befanden sich durchschnittlich sieben Kinder im Spielzimmer (8 m x 5 m). Zwei Wände des Kinderhortes bestehen vorwiegend aus Einwegscheiben. Ohne Direktive filmten wir das Spiel der Kinder gleichzeitig mit zwei Videokameras. Die Kindergärtnerin ließ die Kinder frei spielen. Vor Aufnahmebeginn waren die Kinder seit Monaten mit den Räumlichkeiten vertraut. Die vorliegende Studie basiert auf einer Serie von neun Std. Aufnahmen innerhalb von sechs Wochen.

Entsprechend den hierarchischen Organisationsebenen bilden wir in diesem Kapitel Beobachtungsebenen. Dabei liefern uns die Annahmen der inneren Organisation approximative Hinweise für die Differenzierung von Einheiten auf verschiedenen Beobachtungsebenen. Wir bilden drei Beobachtungsebenen: eine Zielebene, eine funktionale und eine strukturelle Ebene.

4.1 Einheiten auf der Zielebene

Wir haben uns bei der vorliegenden Studie auf nur einen Handlungstyp konzentriert: Konflikt zweier Kinder um ein Objekt. Gemäß unseren theoretischen Vorstellungen steigen wir von oben, von den molaren und sozialen Einheiten, in die Analyse. Konflikte um Objekte sind natürlich vorkommende, recht gut diskriminierbare, interaktive, sozial definierte und zielgerichtete Handlungen. Das Ziel dieser Handlungen besteht darin, den eigenen Anspruch auf ein Objekt gegen den des Partners durchzusetzen.

4.1.1 Die Auswahl von Konflikten um ein Objekt

Wir charakterisieren die Abgrenzung von solchen Konfliktepisoden aus dem Handlungsstrom primär als eine *Bedeutungszuordnung*, bei der einem gewissen

Verhalten soziale Bedeutung zugeschrieben wird. Wir nennen die Beobachtungsschritte, die wir für diese Bedeutungszuordnung durchgeführt haben:

a) Erste Durchsicht:
Drei Beobachter schrieben getrennt jene Stellen aus den Videobändern heraus, die nach ihrem Alltagswissen einen Konflikt zweier Kinder um ein Objekt enthalten. Jeder Beobachter durfte die Bänder beliebig oft durcharbeiten. Das Ziel lag nicht darin, die Auswahl möglichst übereinstimmend zu treffen, sondern möglichst viele relevante Phänomene zu entdecken, die später die Grundlage der Diskussion bilden sollten.

b) Vergleich der ersten Durchsicht:
Alle als Konflikte vermerkten Aufnahmestellen wurden auf ein separates Band überspielt und gemeinsam betrachtet. Dadurch gewannen wir ein grobes, jedoch breites Bild von Konflikt-Situationen.

c) Entwicklung von Kriterien der Handlung »dyadischer Konflikt um ein Objekt«:
In diesem Arbeitsschritt sollte die Bedeutungszuordnung weitgehend objektiviert werden. Wir wissen, daß sich das Verstehen einer Handlung nie völlig operationalisieren läßt. Dies heißt jedoch nicht, daß sich der Prozeß nicht bis zu einem gewissen Grade objektivieren läßt. Auch sollte man seine Auswahlkriterien offenlegen. Wir suchten gemeinsam Kriterien, die allen Konflikten eigen sind und zentrale Merkmale der Handlung festhalten.

Wir entwickelten folgende Kriterien:
1. Bei beiden Interagierenden (es dürfen nur zwei sein) muß ein *Besitzanspruch* auf das gleiche Objekt nachgewiesen werden. (Zeichen für Besitzanspruch: Benutzt das Objekt; greift nach dem Objekt; sagt, daß er das Objekt benutzen will oder daß es ihm gehört; hat das Objekt im Spielarrangement.)
2. Der Besitzanspruch von beiden Interagierenden muß eine Zeitspanne der *Gleichzeitigkeit* aufweisen (sich überschneiden).
3. Es muß ein objektives Merkmal dafür geben, daß mindestens einer den Besitzanspruch des anderen nicht *akzeptiert* und den Partner von einer Objektbeziehung *ausschließen* will.

d) Auswahl der Konflikthandlungen:
Anhand dieser Konfliktdefinition wurde von den drei Beobachtern gemeinsam entschieden, welche der ausgewählten Episoden den Kriterien genügten und welche nicht.
Auf dieser Ebene besteht also die Beobachterleistung darin, zu verstehen, welche Ziele die Kinder mit ihren Aktivitäten verfolgen. Der Beobachter attribuiert der Handlung aufgrund der vorgegebenen Kriterien eine soziale Bedeutung. Trotz einer operationalen Formulierung kann diese soziale Bedeutung nicht aus

physikalischen oder strukturellen Elementen allein ermittelt werden. Wir geben objektive Merkmale als Hilfsmittel an, die bis zu einem gewissen Grad die Bedeutungszuordnung objektivieren und systematisieren lassen. Natürlich besteht in Grenzfällen Unklarheit, ob eine Handlung diese oder jene Bedeutung enthält. Ähnlichen Problemen begegneten wir in fast gleicher Häufigkeit, wenn wir z. B. Distanzen oder Winkel genau festlegen wollen.

Unser theoretischer Ansatz würde eigentlich verlangen, daß wir die Ziele vom Handelnden selber erfahren. Aber in der vorliegenden Studie erlaubte das Alter der Kinder keine systematische Befragung. Wir mußten dennoch Wege suchen, mit denen wir auch Kinder nach handlungstheoretischen Aspekten untersuchen konnten. Zum Verständnis der Ziele der Handelnden konnten wir uns auf folgende Quellen stützen:

a) Die konkreten Aktionen und Aussagen eines Handelnden während der Handlung (z. B. die Kinder sagen oft, was sie wollen).

b) Die Information durch die reziproke Bezugnahme des Interaktionspartners, die auf gegenseitigem Verständnis beruht.

Die Information aus a) und b) beurteilen drei geübte Beobachter.

c) Kritische Fälle, die zwar unserer Definition genügten, jedoch in der Bedeutung nicht eindeutig waren, wurden einem vierjährigen Kind zur Interpretation vorgespielt.

d) Für zwei Stichproben wurden die Urteile von 40 naiven Beobachtern eingeholt.

Start- und Endpunkt, die Abgrenzung der Handlung, ließen sich von drei Beobachtern mit sehr guter Übereinstimmung lokalisieren.

Bei einer Konflikthandlung wie dieser kann nur eines der beiden Kinder sein Ziel erreichen. In Zusammenhang mit der Erreichung des Zieles stellten wir die Konzepte der Analyse *Sieger* und *Verlierer* auf.

4.1.2 Validierung der Einheitenbildung für diese Ebene

Wir haben unser Vorgehen der Einheitenbildung auf dieser Ebene durch eine zusätzliche Untersuchung abgestützt; dazu studierten wir die Zielattribution durch naive Beobachter. Das Untersuchungsmaterial bildeten zwei Stichproben von je zehn Minuten der Videoaufzeichnungen der spielenden Kinder. Eine Gruppe A (20 Vpn) erhielt die Aufgabe, den gesamten Verhaltensstrom eines Kindes zu *beschreiben*. Die Gruppe B (20 Vpn) sollte die *Ziele des Kindes nennen*. Es zeigte sich, daß sich beide Gruppen (trotz der verschiedenen Instruktion) primär in ihrem Wahrnehmungsprozeß nicht signifikant unterscheiden. Dies ergab sich erstens aus den Häufigkeiten, mit denen die Vpn das Videogerät für ihre Aussagen stoppten und zweitens anhand der Häufigkeiten, mit der die Vpn Ereignisse des Filmes in irgendeiner Form erwähnten. Bei der Inhaltsanalyse der Aussagen zeigte sich jedoch, daß die Aussagen der Gruppe B mehr Zielformulierungen aufweisen. (Zielformulierungen: z. B. Verben des Wollens, Beschreibungen der Absicht, Begründungen mit »um zu«, »weil« usw.). Wenn auch Gruppe B aufgrund der Instruktion vermehrt Ereignisse in Zielform beschreibt, wurde dieser Unterschied bei einer näheren inhaltlichen Analyse der Filme relativiert. Denn für beide Gruppen konnte mittels U-Test abgesichert werden, daß interaktives Geschehen vorwiegend als Zielhandlung wahrgenommen wird.

Aus dieser Studie wissen wir, daß naive Vpn (unabhängig von der Instruktion) nicht überall, sondern vorwiegend bei Interaktionen spontan Ereignisse in Form von Zielhandlungen wahrnehmen. Somit ist das Konstrukt »Ziel« ein reales Beschreibungskonzept. Wir haben also eine Beobachtungseinheit gewählt, die dem Alltagserleben und Alltagswissen entspricht. Weiter fanden wir, daß bei besonderen Formen der Interaktion (Kooperation und Konflikt) der größte Teil der Vpn beider Gruppen eine Interpretation in Zielform gibt. Besonders interessiert waren wir an jenen Stellen, die Konflikte um Objekte enthalten. Es zeigte sich, daß die acht in den Aufzeichnungen vorkommenden Konflikte von beiden Gruppen mit 95–100 % Übereinstimmung als solche erkannt und als Zielaussagen formuliert wurden. Damit hätten wir also unser Vorgehen in gewissem Maße validiert. Wir haben abgesichert, daß wir nicht bloß subjektiv als Forscher interpretieren, sondern orientieren uns an einer sozialen Realität, in der Menschen anderen mittels Konventionen übereinstimmend Ziele attribuieren.

4.2 Einheiten der funktionalen Ebene

Für die Organisationsebene der Strategien bilden wir eine Beobachtungsebene mit funktionalen Einheiten. Diese müssen so weit wie möglich den theoretischen Annahmen dieser Ebene (kognitive Kontrolle, Planung und »Mitbewußtsein«) genügen. Diese Vorstellungen lassen sich im Bereiche einer zielgerichteten Handlung, die durch ganz verschiedene Handlungsschritte gestaltet wird, mit dem Konzept der funktionalen Einheiten vereinbaren.

Wir betrachten Handlungen in einem systemischen Zusammenhang. Die einzelnen Handlungsschritte werden im Dienste des übergeordneten Ziels ausgeführt. Den Begriff der Funktion definieren wir in Anlehnung an die allgemeine Systemtheorie (*Ackoff, Emery* 1975): Funktionale Einheiten sind Produzenten von Ereignissen, die auf einer übergeordneten Ebene liegen. Im Systemzusammenhang sind sie jene Unterteile, die im Dienste des Gesamtsystems zur Erreichung von dessen Zielen ausgeführt werden.

Wir verstehen somit die Funktion in ihrem Stellenwert in einem hierarchischen Modell. Darin ist das Konzept der Funktion dem der Struktur nicht entgegengesetzt, sondern mit diesem kompatibel. Ein und dieselbe Funktion kann durch verschiedene Strukturelemente eines Systems hervorgebracht werden. Darum ist es sinnvoll, auf einer tieferen Ebene diese Strukturelemente zu untersuchen. Diese hierarchische Abstufung der Begriffe »Ziel«, »Funktion« und »Struktur« besitzt im systemischen Zusammenhang ihre logische Berechtigung. Wir verweisen auf den Zusammenhang zwischen Funktion und sozialer Bedeutung, wie er im 1. Abschnitt besprochen wurde. Dieser wirkt sich auch auf die von uns gewählten Kategorienbezeichnungen aus, die weitgehend der Alltagssprache entnommen wurden.

Funktionale Kategorien werden von uns in ihrer Konsequenz für das Gesamtsystem formuliert und entsprechend operationalisiert. Funktionen besitzen wegen ihrer Komponente der Bedeutung, die der Handelnde wie der Beobachter verwenden, vorwiegend qualitativen Charakter. Folglich wäre es ein widersinniges Bestreben, sie völlig quantitativ in einem Schema von Raum-Zeit-Koordinaten erfassen zu wollen. Dies schließt jedoch nicht aus, daß wir uns zu ihrer Operationalisierung nicht auch gewisser quantitativer Merkmale bedienen müssen.

Wir betonen nochmals, daß wir eine funktionale Einheit wie »Drohen« einer anderen Ebene als die dabei ablaufenden Muskelbewegungen zuordnen. Diese Trennung beruht auf dem Gedanken, daß die Zusammensetzung von Bewegungsteilen noch keine Einheit ergibt, wie wir sie als menschliches Wesen direkt mit dem Begriff »Drohen« erfassen. Funktionale Kategorien sind mehr als die Summe von physikalischen Abläufen, sie basieren auf einer Bedeutungszuordnung im Rahmen einer Handlung.

Wie aber ermitteln wir »Funktionen«? Wir wollen dies anhand der funktionalen Kategorie »Annäherung« erläutern. Bei einem Objektkonflikt mit einem Partner ist es für viele Handlungsschritte (z. B. Greifen) notwendig, daß der Aktor sich in unmittelbarer Nähe des Objektes befindet. Ist die Entfernung zu groß, muß er sich annähern. Also erhöht eine Annäherung die Möglichkeit, aktive Schritte in bezug auf den Partner und das Objekt unternehmen zu können; dem entspricht die von uns unterstellte Funktion der Kategorie »Annäherung«. Zur Validierung können wir verschiedene Handlungsverläufe (Wegenetze) miteinander vergleichen. Daraus gewinnen wir einen Eindruck über den strategischen Stellenwert der »Annäherung« und ermitteln den Grad der Verzweigungen an den Kreuzungen davor und danach. Ein Aktor kann z. B. vor der Annäherung mit Protesten oder Drohen versuchen, den Interaktionspartner von einem Objekt abzuhalten. Führt dies nicht zum gewünschten Erfolg, nähert er sich an und kann nun direkte physische Maßnahmen wie Kämpfen oder Wegnehmen ergreifen. Andererseits kann er sich zuerst annähern und dann erst protestieren oder drohen. Unsere statistischen Auswertungen haben ergeben, daß im letzteren Fall (auf kleine Distanz) eine Drohung wirksamer ist. Diese Überlegungen zeigen, welche Funktion Annäherung innerhalb einer Handlung besitzt.

4.2.1 Vorgehen bei der Bildung funktionaler Einheiten

Primär mußten wir bei der Konstruktion funktionaler Kategorien den theoretischen Richtlinien Rechnung tragen. Weiter mußten Komponenten der Umwelt berücksichtigt werden. Eine Konflikthandlung betrifft laut Definition die Beziehung des Handelnden zum Interaktionspartner und zu einem Streitobjekt. In diesem Sinne formulieren wir die Kategorien direkt interaktiv oder objektbezogen. Das interaktive Geschehen wird einerseits durch die Formulierung der

Kategorien und andererseits durch die sequentielle Integration der Handlungsketten der beiden Handelnden festgehalten. Die funktionale Kodierung soll einem Leser einen Einblick in den Konfliktablauf vermitteln.

An unserem Institut wurde von *Müller, Kühne* (1974) bereits der gleiche Handlungstyp untersucht. Ihr funktionaler Kategorienkatalog bildete den Hintergrund für unser Vorgehen. Wir schildern nun die Schritte unseres Vorgehens bei der Bildung eines funktionalen Kategoriensystems:

1. Von allen Konflikthandlungen wurden Protokolle in der *Alltagssprache* angefertigt. Drei unabhängige Beobachter suchten nach vorkommenden Ereignissen. Dieser Schritt sollte es ermöglichen, über die Vorlagen in der Literatur hinauszukommen.

2. Die vorläufigen Ergebnisse der drei Beobachter wurden aufgelistet, verglichen und um gewisse Funktionskreise (siehe unten Punkt 4) herum gruppiert. Daraus entstand ein *Repertoire von Handlungsschritten*.

3. Aus diesem Handlungsrepertoire galt es hierauf, einen funktionalen *Kategorienkatalog* zu konstruieren. Dabei hatten wir folgende Probleme zu lösen:

a) Für mehrere Phänomene fanden sich bei ähnlichen, ethologischen Studien (z. B. *McGrew* 1972 und *Blurton Jones* 1972) und unserer Vorlage *Müller, Kühne* (1974) keine entsprechenden Kategorien. Als Beispiele nennen wir »Drohen« und »Sichern« eines Objektes. Wir führten der Forschergruppe alle entsprechenden Stellen vor. Die Gruppe entschied nun in gemeinsamem Abwägen, ob wir dieses Verhalten in eine andere Kategorie einbauen können, oder ob wir eine neue *funktionale* Kategorie schaffen sollten.

b) Bisher verschiedene Kategorien wurden wegen ihrer gleichen Funktion zu *einer Kategorie zusammengefaßt*.

c) Andererseits wurden aus einer Kategorie *zwei neue geschaffen*.

4. Die *inhaltliche Formulierung* der Kategorien bereitete uns etliche Probleme, Funktionen stellen nach ihrer inhaltlichen Beschaffenheit mögliche Teilergebnisse in bezug auf das Handlungsziel dar. Dabei lassen sich die Einheiten um Funktionskreise gruppieren:

– Orientierungsbewegungen: sie kennzeichnen, ob Partner und Objekt Gegenstand visueller Wahrnehmung sind.

– Distanzverhalten: Verringerungen oder Vergrößerungen der Distanz zu Partner oder Objekt können nur in ihrem Effekt für das Handlungsziel differenziert werden.

– Aktionen, welche die direkten Verfügungsmöglichkeiten über das Objekt verändern (z. B. Greifen oder Loslassen).

– Eigentliche Konfliktakte: agonistische Auseinandersetzungen.

Unser funktionales Kategoriensystem entstand in mehrjähriger Diskussion zwischen drei Forschern, bei der die Kategorisierungen mehrmals in Frage gestellt wurden. Ein zentrales Problem stellte sich in der Frage, in welchem Ausmaß wir die Kategorien inhaltlich mit strukturellen Merkmalen anreichern müssen, damit sie der Beobachtung dienlich sind. Dazu wollen wir nochmals betonen, daß für die Kodierung auf dieser Ebene ein kontextuelles Alltagswissen unumgänglich ist. Der Beobachter muß gewisse soziale Konventionen kennen. Er muß ein »Kämpfen gegen den Partner« (z. B. Stoßen) von einem freundschaftlichen »Auf-die-Schulter-Klopfen« unterscheiden können.

4.2.2 Kategorienkatalog der funktionalen Ebene

Unsere Diskussionen konzentrierten sich vorwiegend auf Kategorien mit nicht-sprachlichem Akzent. Die verbalen Kategorien wurden aus der Arbeit von *Müller, Kühne* (1974) übernommen.

Im folgenden gelten die Abkürzungen:
A = Aktor, aus dessen Perspektive eine Handlungssequenz kodiert wird
P = Interaktionspartner (Jedes Kind ist einmal A und P pro Konflikt)
O = Konfliktobjekt

Wir können hier den Kategorienkatalog nicht in seiner ganzen Fülle wiedergeben und verweisen auf *Kalbermatten* (1977). Exemplarisch werden zwei Kategorien in ihrem vollen Wortlaut vorgelegt.

A. *Nicht-verbale Kategorien*

1. *Zuwendung (ZU)*
   Durch Ausrichtung des Kopfes und/oder Körpers auf P und O werden diese in den Bereich der Sinnes- und Handlungsorgane gebracht. P und O werden registriert und als Gegenstände möglicher Handlungen festgestellt.
   Kodiert werden Bewegungen, nicht Zustände. Die Bewegung (Drehung des Kopfes und/oder Körpers) muß deutlich sichtbar sein. Bei vielen Kategorien ist eine Zuwendung in den meisten Fällen gleichzeitig gegeben, wie z. B. bei Annäherung.
2. *Zuwendung zu Partner (ZUP)*
3. *Zuwendung zu Konflikt-Objekt (ZUO)*
4. *Abwendung (AB)*
5. *Abwendung vom Partner (ABP)*
6. *Abwendung vom Konflikt-Objekt (ABO)*
7. *Zuschauen (ZS)*
8. *Abgewendet-Sein (AW)*
9. *Annäherung (AN)*
   Die Distanz zu P und O wird bei Ausrichtung des Körpers auf P und/oder O verkleinert durch Fortbewegung in Richtung P und O. Damit wird die Wahrscheinlichkeit vergrößert, daß P und/oder O Gegenstände folgender Handlungen werden. In welcher Weise die Fortbewegung geschieht, ist gleichgültig (gehen, rennen, kriechen usw.).
10. *Annäherung an Partner (ANP)*
11. *Annäherung an Konflikt-Objekt (ANO)*
12. *Entfernung (E)*
13. *Entfernung vom Partner (EP)*

14. *Entfernung vom Konflikt-Objekt (EO)*
15. *Entfernung mit Konflikt-Objekt (EMO)*
16. *Zurückweichen (ZW)*
17. *Greifen nach Konflikt-Objekt / Wegnehmen (GW)*
18. *Benützen / Besitz ausüben (BB)*
19. *Sichern (S)*
    O dem gerichteten Anspruch von P entziehen.
20. *Kämpfen gegen den Partner (KP)*
21. *Kämpfen um Konflikt-Objekt (KO)*
22. *Drohen (D)*

B. Verbale Kategorien
1. *Anspruch (AS)*
2. *Bitte (BI)*
3. *Befehl (BE)*
4. *Protest (PR)*
5. *Drohung (DO)*
6. *Anspruchsakzeptierung (I)*
7. *Rechtfertigung (RE)*
8. *Kompromißvorschlag (C)*
9. *Alternative anbieten (AL)*
10. *Themawechsel (T)*

4.2.3 Objektivitätsstudie der funktionalen Kodierung

In unserem Forschungsteam wurden mehrere Objektivitätsstudien an verschiedenen Kindergruppen für die funktionale Kodierung durchgeführt. Es wurden Vergleiche zwischen den Kodierungen von trainierten Beobachtern, von naiven Beobachtern und von trainierten und naiven Beobachtern angestellt. Die Übereinstimmungen waren in allen Fällen über 80 %.

Für das hier besprochene Datenmaterial wurde eine separate Studie angefertigt, da einige neue Kategorien in den Katalog aufgenommen worden sind. Diese Studie wurde durchgeführt, nachdem der Katalog festgelegt war und wir bereits 20 Konflikte kodiert und besprochen hatten. Daran anschließend wurden von zwei geübten Beobachtern aus unserer Gruppe 20 weitere Konflikte kodiert. Ihre prozentuelle Übereinstimmung wurde pro Konflikt berechnet und dann gemittelt. Dabei wurde der nominellen Gleichheit der Kategorien unter Berücksichtigung ihrer sequentiellen Position und der Gesamtzahl der von beiden Beobachtern registrierten Ereignissen Rechnung getragen. Die durchschnittliche Übereinstimmung bei 20 Konflikten betrug 88 %. Dieses Ergebnis zeigt, daß Beobachter bei der funktionalen Kodierung recht hoch übereinstimmen. Wir haben unser Vorgehen so gut wie möglich systematisiert und objektiviert, damit es von andern Beobachtern nachvollzogen werden kann.

4.3 Einheiten der strukturellen Ebene

Unser hierarchisches Modell zeigt, wie wir Strukturen sinnvoll erfassen und in einem System einordnen können. Wir haben den Strukturbegriff bereits im Abschnitt 1.3 diskutiert. Hier fügen wir noch die systemtheoretische Definition von *Ackoff, Emery* (1975) an, die uns direktere Hinweise für ein Arbeiten mit strukturellen Einheiten liefert.

»Struktur ist ein sehr allgemeiner Begriff, der geometrische, kinematische, mechanische, physikalische und morphologische Konzepte umfaßt. Strukturelle Eigenschaft: jede geometrische, kinematische, physikalische und morphologische Eigenschaft.« (S. 17).

Diese Definition von Struktur erlaubt es uns, das beobachtete Verhalten auf dieser Ebene in einem Raum-Zeit-Koordinatensystem darzustellen und zu Auswertezwecken verschiedene Zeitschnitte innerhalb des Systems zu bilden. Besondere Zeitschnitte erhalten wir für die Zeiträume der funktionalen Kategorien, innerhalb derer wir jeweils strukturelle Kodierungen vornehmen.

4.3.1 Zur Kategorienbildung auf der strukturellen Ebene

Grundsätzlich verfolgen wir hier das Ziel, durch Zergliederung funktionaler Einheiten in ihre Elemente Strukturen von Handlungen zu analysieren. Da wir uns dabei nicht auf spezifische Fragestellungen beschränken, besteht für uns kein Anlaß, nur gewisse Klassen von Verhalten als »relevant« zu bezeichnen; vielmehr wollen wir auf möglichst breiter Basis Information sammeln. Dazu entwikkelten wir eine Bewegungsanalyse, die wir wie einen Raster über eine funktionale Einheit legen können. Unser Aufnahmematerial erlaubt aber nur, Strukturen bis zu einem gewissen Feinheitsgrad zu unterscheiden (z. B. keine Mimik).

Innerhalb dieser Grenzen haben wir uns bemüht, für »alle« von uns entdeckten Phänomene Items zu bilden. In den Bereich unserer Analysekataloge fallen: Zeitangaben in Zehntelsekunden, räumliche Verhältnisse, Körperbewegungen, Körperhaltungen, Orientierungen zur Umwelt (P und O), Umweltbedingungen, Objektbezüge, Körperkontakte, Interaktionen, Aussagen, Laut- und Geräuschproduktionen.

Unsere Beobachtungssysteme verlangen keine Einschränkungen an unsere Kinder, sie bewegen sich frei im Raum. Auch von der statistischen Seite legten wir uns bei der Item-Bildung keine Schranken auf. Da uns noch keine »Theorie der Körperbewegung« zur Verfügung steht, bevorzugen wir auf dieser Ebene ein Vorgehen, das möglichst jede Voreingenommenheit des Beobachters gegenüber erwarteten Phänomenen ausschaltet.

4.3.2.1 Das Raummodell

Im Bereich der reinen Bewegungsanalyse verwenden wir eher mechanisch-physikalisch definierte Konzepte. Dabei bildet ein *Raummodell* die Grundlage unseres Vorgehens. Der menschliche Körper nimmt ein klar umrissenes Raumvolumen ein; er kann daher wie ein physikalisches Objekt betrachtet werden.

Die Darstellung des Menschen in einem Körperraum ist eine alte Idee. Neuere Vorschläge zur Kodierung des Menschen im Raum finden wir z. B. bei *Birdwhistell* (1970); *Frey, v. Cranach* (1971) und *Drid* (1976).

Diese Basisvorstellungen führen uns zur räumlichen Darstellung des Menschen in einem Cartesischen Koordinaten-System (drei Achsen: Horizontale, Vertikale und Tiefe). In Abbildung 4 haben wir die drei Achsen so konstruiert,

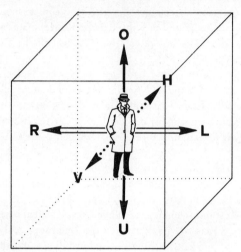

Abb. 4
Der Körperraum

daß sie mitten durch den menschlichen Körper gehen. Von einem vorgestellten Mittelpunkt im Körper zeichnen wir die drei Achsen:

```
══════════▶   für die Horizontale: rechts (R) - links (L)
──────────▶   für die Vertikale   : oben (O)   - unten (U)
··········▶   für die Tiefe       : hinten (H) - vorne (V).
```

Diese drei Achsen bilden den Körperraum in Abbildung 4. Die Bezeichnung der drei Achsen wurde in Kategorien der räumlichen Alltagssprache gewählt. Der Körperraum enthält den ganzen Menschen sowie die verschiedenen Teil-Körperräume der einzelnen Körperteile. In Abbildung 5 haben wir in den Gesamtkörperraum (Achsen mit Großbuchstaben) den Raum eines Körperteils (Achsen mit Kleinbuchstaben) eingezeichnet. Für diese Teilkörperräume gilt wiederum das gleiche Achsensystem, wobei Bezugspunkte zu den Hauptachsen als Referenz angegeben werden können.

Diese Vorgehen wollen wir am Beispiel einer Handposition illustrieren. Die rechte Hand wird in den drei Achsen des Körperraums lokalisiert:
Horizontale: die Hand ist außerhalb der rechten Körperseite,
Vertikale: die Hand befindet sich auf der Höhe des Kopfes,
Tiefe: die Hand ist vor der Vorderseite des Rumpfes.

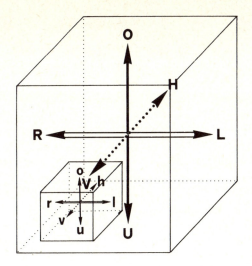

Abb. 5
Gesamtkörperraum und eingeschriebener Körperteil-Raum

Ebenso können wir im Teilraum der Hand wiederum festlegen, ob das Handgelenk nach oben oder unten gebeugt ist, nach rechts oder links gedreht ist usw. Jede Position ergibt sich aus der Kombination der Ergebnisse aus dem Bereich der drei Achsen. Richtig verstanden kann eine Position erst werden, wenn man die Positionen von Rumpf und Beinen (stehen, sitzen, liegen usw.) miteinbezieht. Die Achsen in den Körperräumen stellen keine statischen Symmetrieachsen dar, sondern sie wiederholen sich durch Rotation und Bewegung auf verschiedene Art.

Unseren »homo structuralis« unterteilen wir in folgende Teilkörperräume: Kopf, Rumpf, Becken, Arme, Hände und Beine. Diese grobe anatomische Unterteilung entspricht den hauptsächlichsten Punkten der Artikulation der skeletaren Struktur und ihrer Zugänglichkeit in direkter Beobachtung.

4.3.2.2 Positionskodierung und ihre Grenzen

Mit dem vorgestellten Achsensystem können wir Körperteile in ihrer räumlichen Lage als Positionen lokalisieren. Der Leser findet in Abschnitt 4.3.3 Beispiele von Kodierungen. Unsere Positionskodierung ist ein System zur Beobachtung von Menschen, die sich frei bewegen. In dieser Hinsicht unterscheidet sie sich von anderen Notationssystemen, die sich auf bestimmte Stellungen oder Situationen beschränken (z. B. *Drid* 1976). Das Ergebnis der Positionskodierung ist eine Folge verschiedener, einzelne Positionen bezeichnender Kode. Diese liefert uns verschiedene Informationen:

1. Sie gibt uns Auskunft über Ruhestellungen im motorischen Ablauf.
2. Wir können Grundpositionen unterscheiden: aufrechte, sitzende, kniende Haltung usw.

3. Wir können das Ausmaß von Bewegungen festhalten: Größe einer Armbeugung, Höhe des Handerhebens usw.
4. Positionen liefern uns wesentliche Aspekte des Bewegungsgeschehens. Andererseits stellt sich die Frage, ob Positionskodierung mit Bewegungskodierung gleichzusetzen sei. Wenn nicht, kann man von Positionen auf Bewegungen schließen? Dieses Problem scheint für manche Autoren nicht zu existieren; sie weisen darauf hin, daß sich jede Bewegung in eine Folge von Positionen zerlegen läßt, und daß umgekehrt eine Aneinanderreihung von Positionen (analog zum Betrachten eines Filmes) eine Kodierung der Bewegung ergäbe. Bewegung wäre demnach eine Reihe von Positionen.

Dieses Argument überzeugt uns nicht ganz. Fragen wir uns, wie der Bewegungseindruck beim Betrachten eines Filmes zustande kommt, so gelangen wir zu dem Schluß: die Integration der Einzelbilder wird durch das Wahrnehmungssystem des Betrachters vorgenommen; aufgrund von Informationen, die im Laufe der Phylogenese und Ontogenese in unser Zentralnervensystem hineingelangt sind, integriert unsere Wahrnehmung Einzelpositionen zu Bewegungsgestalten. Bei der wissenschaftlichen Synthese einzelner Positionen fehlt uns dieses Prinzip zunächst. Der Forscher muß es liefern und dazu, in ganz ähnlicher Weise wie unsere Wahrnehmung, Information (in Form von Voraussetzungen, stillschweigenden oder expliziten Annahmen bzw. einer Theorie) dazugeben; ohne eine solche zusätzliche Information ist die Positionskodierung kein Analog zur Bewegungswahrnehmung. Kurzum, zerlegen wir reale Bewegungen in kodierte Positionen, so geht Information über bestimmte Merkmale, die eigentliche Dynamik, verloren, die wir für entscheidend wichtig halten; irgendwie müssen wir sie wieder hinzufügen. Die angestrebte Integration bezieht sich sowohl auf die gemeinsame Erfassung verschiedener Körperteile als auch auf ihre sequentielle Abfolge.

Zweifellos wäre es am elegantesten, die Integration von Positionen zu Bewegungen aufgrund allgemeiner Erkenntnisse über das Bewegungsgeschehen, in Form von integrativen Modellen, durchzuführen. Dies würde große Kenntnisse vom Bewegungsgeschehen an und für sich, eine wahre »Theorie der Bewegung« voraussetzen, über die wir nicht verfügen. Es wäre ein eigenes und sehr langwieriges Forschungsprojekt, derartige Konstruktionen zu versuchen. Andere Untersucher haben damit begonnen, sind aber noch nicht zum Schluß gelangt (*Frey, Pool* 1976). Wir haben hier versucht, das Problem weniger elegant, aber doch zureichend zu lösen, indem wir neben den Positionen noch andere Bewegungsmerkmale verkoden und dann zu einem Gesamteindruck zusammenstellen, der unserer Meinung nach das Wesentlichste enthält. Erstens kennzeichnen wir Körperfiguren neben ihrer Lokalisierung im Körperraum zusätzlich nach ihrer Ausrichtung zur Umwelt (P und O) und nach Kontakten mit P und O. Zweitens ergänzen wir die Positionsanalyse durch die Kodierung von Bewegungseinheiten in der Alltagssprache. Drittens kodieren wir neben den Positionen sowohl ganzheitliche, physikalische Bewegungen wie auch Merkmale davon. Unsere Bewegungsanalyse stellt also einen Versuch dar, ein *statisches* (Positionen) mit einem *dynamischen* (Bewegungen) Betrachtungsprinzip zu verbinden. Dadurch erhalten wir Daten, die sich qualitativ erheblich von Positionsdaten unterscheiden.

4.3.2.3 Kodierung von Bewegungen

Zwischen einzelnen Positionen führen Körperteile Bewegungen aus. Unsere Beschreibungsweise der Bewegungen basiert wiederum auf den Achsen des Körperraumes. So kodieren wir: Bewegungen, die nach vorne oder hinten, nach oben oder unten und nach rechts oder links zielen. Wir benennen Bewegungen nach ihrer Richtung. Gegenüber dem Versuch, Positionen aneinander zu reihen, vereinfachen wir von der Wahrnehmung her das Verfahren. Wir betrachten zusammenhängende Bewegungen einzelner Körperteile als Gestalten und führen Kode für verschiedene Richtungen solcher Bewegungsabläufe ein.

4.3.2.4 Das Konzept des »Höhepunktes«

Es stellt sich nun die zentrale Frage: Wann wollen wir Positionen und Bewegungen erheben und wie verbinden wir beide miteinander? Wir können grundsätzlich in einem Handlungsablauf beliebig viele Zeitschnitte vornehmen. Es wäre denkbar, Positionen nach einem Time-Sampling-Verfahren zu erheben; dann müßte man aber Kriterien für den gewählten Zeitraster angeben können.

Bei unseren strukturellen Analysen sind jeweils zwei Zeitschnitte vorgegeben, nämlich Anfang und Ende einer funktionalen Kategorie. Durchschnittlich dauern unsere funktionalen Kategorien ca. eine Sekunde. Was könnten wir innerhalb dieser Zeit für einen sinnvollen Zeitraster wählen? Je feiner wir einen Zeitraster für die Kodierung bestimmen, desto höher ist die Wahrscheinlichkeit, einen Eindruck der Bewegung zu erhalten. Doch mit Positionen wollen wir nicht den Verlaufsweg einer Bewegung beschreiben, sondern wir wollen zentrale Momente einer Bewegung erfassen. Diese fallen sicher nicht mit einem Zeitraster zusammen. Wir sind an Abläufen von Bewegungskonfigurationen und nicht an isolierten Fakten wie Knie- oder Handpositionen interessiert. Selbst wenn wir einen Zeitraster von einer Zehntelsekunde wählten und damit die Chance erhöhten, wesentliche Punkte der Bewegung (ihren Beginn, ihre weiteste Ausdehnung, ihr Ende usw.) mit dem Zeitraster zusammenfallen zu lassen, müßten wir anschließend wesentliche Momente zusätzlich kodieren und Positionsreihen zu Bewegungen organisieren.

Wir haben das Verfahren vereinfacht. Wir stellen Kriterien auf, wann wir Positionen kodieren wollen. Anstelle eines Zeitrasters nennen wir von vorneweg jene Stellen in einem Bewegungsablauf, die wir wesentlich für eine Positionskodierung halten. Dafür gewannen wir aus unseren Beobachtungen einige Hinweise. Streckungen von Knie und Ellbogen und gewisse weiteste Ausdehnungen einer Bewegung machen meist nur Bruchteile einer Sekunde aus, sie wären in einer ungezielten Kodierung kaum auszumachen. Weiter sind Bewegungen meist auf die Ausführung einer gewissen Figur orientiert (z. B. Greifen, einen Schritt machen, Drohgeste, Kopfdrehung). Daraus entwickelten wir den Gedanken, daß viele Bewegungen einen sogenannten Höhepunkt besitzen. Solche Höhepunkte sollten die Zeitmomente darstellen, an denen wir sinnvoll Positionen kodieren. Neben Anfang und Ende einer Bewegung haben wir somit ein weiteres Kriterium und Organisationsprinzip, um Positionen in Hinsicht auf Bewegung zu analysieren. Mit der Bestimmung verschiedener Höhepunkte meinen wir das Kodierverfahren gezielt abzukürzen. Das Verfahren hat sich bei den von uns untersuchten Verhaltensweisen bewährt.

Definition des Höhepunktes:
Der Höhepunkt wird erreicht, wenn

a) eine Bewegung zu Ende geht, d. h. sie in Ruhe übergeht oder eine Pause eintritt. Die Dauer von Pausen werden ausgemessen. Da die Bestimmungselemente nicht alle gleichzeitig erfüllt sein müssen, braucht am Höhepunkt die Bewegung nicht zu enden oder eine Pause aufzutreten.

b) eine Bewegung den höchsten oder weitesten Punkt ihrer Ausdehnung erlangt hat und jede Fortsetzung einen qualitativen Umschlag bedeutet (z. B. Übergang von Beugung zu Streckung).

c) ein Umschlagen oder eine Änderung in der Richtung einer Bewegung auf einer Raumachse auftritt (z. B. die Bewegung »aufwärts« geht in »abwärts« über).

Dieses Konzept des Höhepunktes ist grundsätzlich für jeden Körperteil einzeln anwendbar. Wir hielten es aber für zweckmäßig, eine weitere Vereinfachung vorzunehmen: je nach untersuchter funktionaler Kategorie konzentrierten wir uns auf den primär mit der Funktion verbundenen Körperteil. So wurde z. B. beim Greifen jener Zeitmoment zu einem Höhepunkt erklärt, an dem die erste Hand das Objekt berührt und sich nicht mehr weiter in der gleichen Richtung bewegt. Ein solcher Höhepunkt bildet einen Zeitschnitt, an dem wir alle Positionen kodieren, die die anderen Körperteile gerade einnehmen. Dabei stellen dann die Positionen der anderen Körperteile meist nicht Höhepunkte nach obiger Definition dar, sondern können irgendwo in einer Bewegung lokalisiert sein. Bei einer solchen Kodierung wissen wir dann für einen bestimmten Zeitschnitt, wie die gesamte Körperkonfiguration aussieht. Diese Kodierungsart kann man sich als Kette von Bewegungen zwischen bestimmten Positionen (Höhepunkten) vorstellen. Wir sagen, aus welcher Position die Hand (z. B. beim Drohen) kam, welche Bewegung sie macht, wo sie den Höhepunkt erreicht und kodieren weiter, was nach diesem Höhepunkt an Bewegung geschieht und welche Position danach eingenommen wird.

4.3.2.5 Die räumlichen Beziehungen des Systems zur Umwelt

In einem weiteren Kodierschritt bringen wir Bewegungen von A in Beziehung zu P und O. Wir haben die drei Distanzen: A zu P, A zu O und P zu O. Diese drei Distanzen können einen gewissen Betrag ausmachen oder die Größe Null annehmen, was einem physikalischen Kontakt entspricht. Bewegungen von A und P lassen diese Distanzen variieren. In unseren Beobachtungskatalogen wird jeweils festgehalten, ob mit Bewegungen Veränderungen in den Beziehungen zur Umwelt entstanden sind und welcher Art diese Veränderungen sind. Als weiteren Aspekt kodieren wir die Ausrichtung der Bewegungen in bezug auf P und O. Wir erfassen somit zusätzlich zur eigentlichen Bewegung mit Zusatzkoden Distanzen und Orientierungen zur Umwelt.

4.3.3 Strukturelle Analysekataloge

Zur Anwendung der Analysekataloge werden Zeitschnitte gewählt. Wir gehen dabei vom Zeitraum einer funktionalen Kategorie aus. Wenn wir z. B. »Drohen« analysieren, schauen wir, was vorher, während und nachher auf allen Ebenen geschieht. Unsere Analysekataloge enthalten entsprechend eine *Vor-, Während- und Nachher-Analyse.*

Ein Analysekatalog weist je 800 bis 1000 Items auf. Wegen des großen Analyseaufwandes haben wir bisher nur einige wichtige funktionale Kategorien wie »Drohen«, »Kämpfen gegen P«, »Kämpfen um O«, »Sichern« und »Greifen/Wegnehmen« nach den Vorstellungen unserer Bewegungsanalyse untersucht. Daneben wurden auf der strukturellen Ebene die verschiedenen Formen der Fortbewegung und die Benutzungsarten des O detailliert betrachtet. Andere Mitglieder unserer Forschungsgruppe behandelten die Kategorien »Annähern« (*Müller, Kühne* 1974), »Benutzen« und »Loslassen« (*Indermühle* 1980).

Mit einer Auswahl von Items aus dem Katalog von »Drohen« wollen wir dem Leser einen Einblick in unsere strukturellen Beobachtungssysteme vermitteln. Die vollständigen Beobachtungskataloge sind bei *Kalbermatten* (1977) zu finden. (Von nun an gilt die Abkürzung D = Drohen.)

Auszug aus dem Analysekatalog für D:

A. *Vor-Analyse von D*
4.   A ist Benutzer des O; Formen des Benutzens
4.1. Benutzt mit einer Hand das O
4.2. Benutzt mit zwei Händen das O
4.5. A sitzt auf O
4.6. A liegt auf O

6.   A ist Nicht-Benutzer des O; Distanz von A zu O
6.1. O liegt in Greifdistanz = 1 Feld (innerhalb 50 cm)
6.2. O liegt im Aktionsradius = 1 bis 4 Felder
6.3. O liegt außerhalb des Aktionsradius = mehr als 4 Felder
6.4. A hat O in seinem Spiel-Arrangement

24. Orientierung von A auf P und O

26. Distanz von A zu P

36. Erwägung einer Alternative zu D
36.1. A hat keine Möglichkeit zur Flucht (Gründe):
36.1.1. P ist zu nahe
36.1.2. P steht bereits in körperlichem Kontakt mit O
36.1.3. Der Weg nach hinten ist A durch Wand oder Objekt versperrt
36.2. A hätte Möglichkeiten zu Flucht
36.3. O könnte deplaziert werden
36.4. O könnte nur schwer oder gar nicht deplaziert werden
36.8. A versucht, zuerst andere Mittel einzusetzen

B. Während-Analyse von D
42. Kopfstellung
42.1. Kopf ist nicht gedreht
42.2. Kopf ist nicht gedreht und nach vorne gestreckt
42.3. Kopf ist nicht gedreht und in den Nacken geschoben
42.4. Kopf ist gedreht
42.5. Kopf ist auf P und O orientiert
42.6. Kopf ist nur auf P orientiert
42.7. Kopf ist nur auf O orientiert
42.9. Kopfstellung erlaubt keine Kontrolle von P und O

45. Körperstellung als Ganzes
45.1. Körperstellung ist aufrecht
45.2. Körperstellung ist kauernd (Gesäß auf Höhe der Knie oder tiefer)
45.3. Körperstellung ist sitzend (auf Boden, Objekt, Unterschenkeln)

50. Fuß- und Beinstellung
50.1. Füße sind zusammen
50.2. Füße sind leicht auseinander (Distanz Fersen 15–20 cm)
50.3. Füße sind auseinander (Distanz Fersen mehr als 20 cm)
50.4. Füße parallel, nebeneinander auf dem Boden
50.5. Beide Füße auf dem Boden, rechter vor linkem Fuß
50.8. Fuß links in der Luft oder auf erhöhtem Objekt

53. Bewegung der Knie
53.1. Bewegung von gestreckt zu gebeugt
53.2. Bewegung von gebeugt zu gestreckt
53.3. Kniestellung bleibt während D unverändert

55. Armstellung rechts
55.1. Höhe des Ellbogens wie Kopf
55.2. Höhe des Ellbogens auf Schulterlinie
55.7. Richtung des Ellbogens vor der Breite des Körpers
55.10. Berührung des Ellbogens mit nichts

Hierarchisch aufgebaute Beobachtungssysteme zur Handlungsanalyse 117

55.12. Ellbogen ist durchgestreckt
55.15. Ellbogen ist abgewinkelt und Unterarm nach rechts gedreht

57. Bewegung des Armes rechts
57.1. Bewegung von gestreckt zu gebeugt
57.2. Bewegung von gebeugt zu gestreckt
57.3. Arm wird an den Körper herangezogen
57.4. Arm fährt hinunter
57.5. Arm fährt von unten herauf
57.6. Arm fährt nach vorne, geradlinig von der Schulter aus
57.7. Arm fährt nach hinten
57.8. Arm wird zuerst angehoben und fährt dann hinunter
57.9. Bewegung gehört zum Armschwingen während der Fortbewegung

60. D besteht in einem deutlichen »Armerheben«
60.4. Armerheben vollzieht sich betont langsam
60.11. Arm wird nach hinten geworfen

61. Drohen als »Schlagbewegung«
61.4. Die Ausholbewegung vollzieht sich schnell, zackig
61.6. Kurze Ausholbewegung
61.9. Ausholen hinter dem Kopf
61.13. Schlag wird als große Bogenbewegung ausgeführt

76. Berührung der Hand rechts
76.1. Boden
76.2. Konflikt-O
76.4. Den eigenen Körper
76.7. Berührt nichts

88. Vokalisierungen und Erzeugung von Geräuschen
88.3. A brüllt während D-Akt
88.6. A macht sonst laute Geräusche während D
88.6.1. Macht Lärm durch Schlag auf Objekt
88.6.6. Geräusch durch Klatschen mit Händen

C. *Nachher-Analyse von D*
100. Aktivitäten von A nach D
100.1. A wartet Reaktion von P ab
100.2. A unternimmt keine Aktionen gegen P mehr
100.3. A wendet sich von P ab
100.5. A wendet sich neuem Partner zu
100.6. A flüchtet vor A
100.9. A eilt zur Betreuerin

100.11. A ist Terminator des Konflikts

101. O-Bezüge von A nach D
101.1. A wendet sich von O ab
101.3. A ergreift das O

104. P widersetzt sich der D nicht
104.2. P wendet sich von A ab
104.3. Geht weg, entfernt sich
104.6. P schaut ziellos in der Gegend umher

105. P leistet der D Widerstand
105.. Wehrt sich und versucht, A zu beeinflussen
105.2. Bietet Alternative an
105.3. P attackiert A (z. B. Kämpfen)
105.4. Gibt Zeichen für Unzufriedenheit (z. B. Kopfschütteln)
105.5. P findet D nicht berechtigt

4.3.4 Beobachterübereinstimmung für strukturelle Einheiten

Zur Ermittlung der Beobachterübereinstimmung wurde eine naive Person herangezogen, die noch nie systematische Verhaltensbeobachtung betrieben hatte. Dieser Beobachter sollte einen nach Zufall ausgewählten Fall von »Drohen« kodieren. Zuerst wurde dem naiven Beobachter an einem Beispiel der gesamte Katalog von 953 Items vorkodiert. Er konnte dabei Verständnisfragen stellen. Einen halben Tag benötigte er, um selber einen Fall zu kodieren. Die Übereinstimmung mit dem trainierten Beobachter betrug 80 %. Bei einer Studie, in der ein trainierter Beobachter im Abstand von drei Monaten seine Kodierung wiederholte, wurde eine Übereinstimmung von 92 % erzielt.

5. Ergebnisse

Der Schwerpunkt dieses Artikels liegt in der Darstellung verschiedener Beobachtungsverfahren zur Handlungsanalyse. Exemplarisch fügen wir noch Daten aus der Analyse des Drohens bei.

Bei unseren Auswertungen gehen wir nicht von spezifischen Hypothesen aus, sondern die dynamischen Beziehungen in unserem hierarchischen Modell (Abb. 3) liefern uns Analyseschritte, nach denen wir die gewonnenen Beobachtungsdaten miteinander in Beziehung setzen.

5.1 Hinweis auf allgemeine Auswertekriterien

Bevor wir die Daten der verschiedenen Ebenen integrieren, werden sie zuerst auf den einzelnen Ebenen aufbereitet. Damit liefern wir ein bestimmtes Hintergrundwissen, das für das Verständnis des nächsten Abschnittes notwendig ist. Das Ergebnis der Handlung, die Zielerreichung, stellt nach unserer Theorie ein wichtiges Kriterium unserer Auswertungen dar. Wir halten auf der Zielebene fest, wer Sieger oder Verlierer des Konfliktes wird. Daneben können wir aus den definitorischen Merkmalen des Objektkonfliktes (4.1.1) einige Situationsvariablen ableiten:

Benutzer: wer das Objekt unmittelbar vor Konfliktbeginn benutzt.

Besitzer: a) wer ein Objekt von zu Hause mitgebracht hat, b) wem das Objekt zu Beginn zugeteilt wurde und c) wer sich die Rolle des Besitzers verbal durch Possessivrelation (Adjektiv, Adverb) zuspricht.

Initiator: der Interaktionspartner, der die Episode beginnt.

Ausschluß: wer als erster einen Handlungsschritt unternimmt, durch den der Partner von einem weiteren Objektbezug ausgeschlossen werden soll, vollzieht einen Ausschluß.

Als zusätzliche Variable bezogen wir die *Dominanz* mit ein. Aus den Daten von drei Beobachtungskatalogen (agonistische Interaktionen, raumbezogene Konflikte und Erregung von Aufmerksamkeit) konnten wir eine Dominanzhierarchie bilden.

Als wichtige Ergebnisse heben wir hier hervor, daß die Sieger vorwiegend Besitzer und Benutzer des Objektes sind; dagegen korreliert Sieger nicht mit Dominanz.

Wir skizzieren noch einige Auswertemöglichkeiten auf der funktionalen Ebene. Die hier besprochene Stichprobe enthält 62 Objektkonflikte, folglich 124 einzelne Handlungsketten. Eine Handlungskette weist durchschnittlich 7.1 funktionale Einheiten auf (Streuung 3.66). Ebenso können wir für jedes Kind Anzahl der Konflikte sowie Mittelwert der Streuung der Einheiten seiner Handlungsketten angeben. Daraus gewinnen wir Erkenntnisse über die unterschiedlichen Konfliktlängen und das Handlungsrepertoire der Kinder. Wir können die Stellung einzelner Kategorien im Handlungsablauf untersuchen. Weiter können wir Handlungssequenzen, bei denen Drohen vorkommt, mit anderen vergleichen. So läßt sich z. B. sagen, daß die Handlungssequenzen mit Drohen durchschnittlich um zwei Einheiten kürzer sind als solche, bei denen wir ein Kämpfen vorfinden.

Aus den Sequenzen der funktionalen Kategorien verschiedener Handlungen können wir Wegenetze zeichnen. Daraus gewinnen wir Eindrücke von den wichtigsten Wegen im Handlungsverlauf und von Verzweigungen an bestimmten Kreuzungen. So verglichen wir die Wegenetze einzelner Kinder und fanden daraus für sie charakteristische Strategien. Aus den Wegenetzen der Handlungsrepertoires der Sieger und Verlierer gibt Abbildung 6 einen Auszug der am häufigsten beschrittenen Wege. Als weitere Information besitzen wir genaue

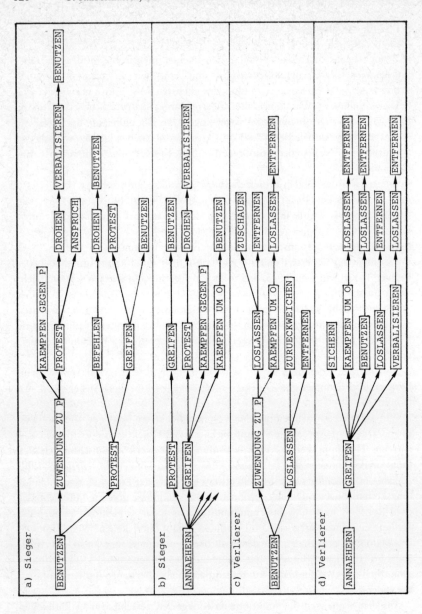

Abb. 6
Häufig begangene Wege der Sieger und Verlierer. (Nach *v. Cranach* et al. 1980)

Angaben über das Auftreten jeder Kategorie und Auswertungen aller Handlungsschrittverknüpfungen bis zur Größe sieben (Beispiel einer Dreier-Verknüpfung: Protest / Greifen / Sichern). Auf der Grundlage dieser verschiedenen

Verknüpfungslängen konstruierte *Gugler* (1977) ein Ähnlichkeitsmaß, das uns die Strategien der Kinder miteinander vergleichen läßt.

5.2 Hierarchische Analyse des Drohens

Wir schildern nun den Gang einer hierarchischen Analyse. Die Daten sind dazu auf den drei Ebenen hierarchisch geordnet und in die Zeiträume vor, während und nach dem Drohen eingeteilt. Wir begeben uns auf die funktionale Ebene und wählen alle Handlungssequenzen, bei denen Drohen vorkommt. Wir finden 30 Fälle von Drohen.

Wir wollen uns von unseren Daten zunächst die Hintergründe des Handlungsschrittes »Drohen« vergegenwärtigen (jede Aussage beruht auf einem statistisch abgesicherten, signifikanten Resultat):

Der Drohende (A) ist meist der Besitzer des Objektes. Alle Kinder, die drohen, befinden sich in der oberen Hälfte der Dominanzhierarchie. A sind meist dominanter als ihre Partner (P) (21:9). Wenn P Benutzer ist, ist A als Drohender dominanter. In den neun Fällen, bei denen P dominanter ist, ist A der Benutzer. Einem dominanteren Konfliktpartner droht man also nur aus der Position des Benutzers; hingegen muß man als Nicht-Benutzer dominanter sein, damit man P zu drohen wagt. Eine Drohung wird oft mit verbalen Kategorien wie Befehl und Protest eingeleitet. A zeigt auch meist die erste Ausschlußhandlung. Daß bei A häufig die Kombination der Variablen Initiator und Ausschluß vorkommt, weist darauf hin, daß er die Interaktion mit der Absicht beginnt, einen Objektkonflikt zu veranlassen, oder er ist zumindest auf einen Konflikt vorbereitet. Wir finden als sehr deutlichen Befund, daß bei Drohen gegenüber anderen Kategorien meist große Objekte (Durchmesser 50 cm) involviert sind. Dagegen tritt Sichern vorwiegend bei kleinen Objekten auf.

Damit haben wir einige Fakten aufgezählt, die mit Drohen zusammenhängen und die z. T. den Zeitraum vor dem Drohen charakterisieren. Betrachten wir nun den Zeitraum nach dem Drohen. Drohen dient nach unserer funktionalen Definition dazu, das Handeln des P durch Inaussichtstellen von Unannehmlichkeiten zu beeinflussen. A droht wirksam, wenn P sein Handeln im Sinne des Zieles von A ändert. A wird dann Sieger. Ob jedoch ein Sieg auch maßgeblich durch Drohen bewirkt wurde, läßt sich nur in den Fällen sagen, bei denen A nach dem Drohen keine weiteren agonistischen Schritte gegen P unternehmen muß. Nach einer wirksamen Drohung sollte es also nicht mehr zum Auftreten weiterer »harter« funktionaler Handlungsschritte kommen, und A wird Sieger. In diesem Fall hat A mit Drohen sein *Subziel* erfüllt. Gemäß diesen Überlegungen können wir auf der strategischen Ebene zwei Fälle unterscheiden:

SE = *Subzieleffizienz:* Sie liegt vor, wenn Drohen den Höhepunkt des Konfliktes bildet und folgende Kategorien weder in der Handlungskette von A noch von P auftreten: ein weiteres Drohen, Sichern, Kämpfen gegen P, Kämpfen um O, Proteste, Befehle und gewaltsames Wegnehmen. A muß Sieger des Konfliktes werden.

SI = *Subzieleneffizienz:* Die oben genannten Kategorien treten entweder bei A oder P nach Drohen auf. Es wird nicht ausgeschlossen, daß A noch Sieger wird.

Wir erhielten 13 Fälle von SE und 17 Fälle von SI. Nun prüfen wir, wie sich diese Differenzierung in den Daten der drei Ebenen auswirkt. In der Voranalyse konnten wir fast keine Unterschiede feststellen. Für beide Fälle sind die Obervariablen (Dominanz, Initiator, Benutzer, Besitzer und Ausschluß) nicht so verteilt, daß sich Unterschiede zwischen SE und SI ergeben. Auf der funktionalen Ebene zeigte sich weder in der Anzahl noch in der Auswahl der vorangegangenen Handlungsschritte ein Unterschied. Die Strategien bei SE und SI unterscheiden sich vor dem Drohen nicht wesentlich. Als einziges Ergebnis in der Voranalyse fanden wir bei der strukturellen Analyse eines vorangegangenen »Benutzens« (einer anderen funktionalen Kategorie) einen interessanten Zusammenhang: spielt A vorher konzentriert und intensiv, droht er nachher effizienter. Der gleiche Sachverhalt spiegelt sich auch im umgekehrten Fall: benutzt P das O und spielt damit konzentriert, droht ihm A ineffizient; spielt P hingegen unkonzentriert, beobachten wir ein effizientes Drohen von A. (Die Termini »konzentriert« und »intensiv« bilden umgangssprachliche Zusammenfassungen von Itemgruppen, die im Detail operationalisiert wurden. Sie enthalten Items wie: Dauer des Benutzens, Art des Benutzens, Orientierung auf das Spielobjekt usw.) Die Art der Objektbeziehung steht somit in Zusammenhang mit dem Auftreten von SE und SI. Dagegen wirken sich die Variablen Person oder Dominanz nicht aus.

Nun gehen wir in unserer Analyse zeitlich weiter zum Geschehen während des Drohens auf der strukturellen Ebene. Wir stellen die Frage: finden wir bei SE und SI verschiedene Formen des Drohens? Wir fanden 33 signifikante Ergebnisse, die wir hier zusammenfassen. Wir können verschiedene Merkmale für SE im Gegensatz zu SI herausarbeiten:

a) SE zeigen gegenüber SI *weniger Bewegungen*. Dies trifft zu bei Kopf, Knien, Füßen, welche parallel auf dem Boden sind, und Oberkörper. Bei SE bewegen sich die einzelnen Körperteile während Drohen weniger als bei SI. Eine Ausnahme bildet das Bewegungsgeschehen der Arme. Der Körper zeigt also bei SE eine gewisse Immobilität während des Drohens. Bei SI dagegen sind oft beim Drohen Bewegungsstürme mit Stampfen und Schreien und Lärmen anzutreffen, was sich gut ins Gesamtbild der Daten einreihen läßt.

b) In den SE Fällen finden wir mehr Zeichen für eine *adressierte* Drohung. Dies widerspiegelt sich sowohl in der Orientierung von Kopf und Rumpf (als Positionen) als auch in der Ausrichtung von Arm und Hand gegen den Partner bei Bewegungen.

c) Ein anderer Bestandteil der SE bildet die *Distanz* zu P. Bei SE befindet sich P meist in einer Distanz innerhalb von 50 cm und bei SI ist die Distanz größer als ein Meter.

d) Bei SE haben Drohende während der Drohung mehr *Objektkontakte* (bezogen auf beide Hände). Das effiziente Drohen wird somit dadurch mitgeprägt, daß A mit O in körperlichem Kontakt steht.

e) Abgerundet wird das Bild noch durch den *Zeitfaktor*. Die Gesamtdauer des Drohaktes ist bei SE signifikant länger als bei SI (*Mann-Whitney* U-Test; p = 0.03). Dieses Resultat kommt auch darin zur Geltung, daß bei SE länger in einer charakteristischen Droh-Stellung (z. B. erhobener Arm am Höhepunkt) ausgeharrt wird.

In unseren Analysen können wir auf jeder Ebene auch Daten von P miteinbeziehen. So finden wir während des Drohens: wenn P sitzt, kniet oder liegt, ist das Drohen weniger effizient, als wenn er geht oder steht. Somit kann P durch eine Stellung, die ihn näher ans Objekt bringt, SE und SI mitbestimmen. Anhand mehrerer Ergebnisse erhalten wir Hinweise, daß P während des Drohens oder gegen Ende der Drohung Zeichen gibt, ob er aufgeben will oder nicht. Bei SE treten stets solche Zeichen für eine Anspruchsaufgabe auf, bei SI jedoch nur einmal. Zudem ist bei SE das Ende der Drohung klar durch ein entsprechendes Verhalten von P veranlaßt. Die Drohung wird beendet, sobald P sich abwendet, losläßt usw. In diese Richtung weist auch das Ergebnis, daß P bei SE die Drohung akzeptiert, jedoch nicht bei SI.

Wir messen den gefundenen, signifikanten Ergebnissen nicht im einzelnen Bedeutung zu. Wichtig für uns ist, daß sie sich zu einem einheitlichen Bild abrunden lassen, in die gleiche Richtung weisen und daß wir beim systematischen Abtesten sämtlicher struktureller Items kein gegenläufiges Resultat fanden. Dies läßt uns vermuten, daß wir wesentliche Bestandteile des effizienten Drohens in dieser Kindergruppe aufgezeigt haben.

An diesen Daten wollen wir nun das Zusammenspiel der von uns postulierten verschiedenen Formen der Anpassung diskutieren. Wir beginnen mit einem Vergleich der Handlungsketten, in denen Drohen vorkommt, mit jenen, in denen wir Sichern vorfinden. Bei den Handlungsschritten, die diesen beiden Kategorien (D und S) in den Handlungsketten vorangehen, sind uns keine Unterschiede aufgefallen, die uns Hinweise für das Auftreten von Drohen oder Sichern geliefert hätten. Beziehen wir jedoch die Beschaffenheit des Konfliktobjektes mit ein, läßt sich statistisch absichern, daß Drohen bei großen und Sichern bei kleinen Objekten auftritt. Die strategische Wahl der Kategorie Drohen wird somit von einem Umweltfaktor beeinflußt. In Termini unserer Theorie heißt dies: das handelnde System paßt sich »nach außen« an. Jedoch nicht jedem Kind steht diese Alternative offen.

Nur die dominanteren Kinder der Gruppe zeigen in dieser Situation Drohen und können an einer bestimmten Kreuzung Drohen in Erwägung ziehen. Nun haben wir festgestellt, daß mehr als die Hälfte der Drohfälle wirkungslos war (SI). Wir fanden bei SE und SI vor dem Drohen im Handlungsweg und bei den Obervariablen keine Unterschiede. Die strukturelle Analyse eines vorangegangenen Benutzens ergab jedoch, daß A nur dann erfolgreich droht, wenn er stark motiviert ist. Dies trifft zu, wenn er vorher konzentriert und intensiv mit dem Objekt gespielt hat. Diese innere Bindung an das Objekt wirkt sich später auf die Ausführung der Drohung aus. Dieser Sachverhalt entspricht dem in unserer Theorie als »Anpassung nach innen« bezeichneten Vorgang; er manifestiert sich hier durch spezifische Regulierung auf der strukturellen Ebene. Das effiziente Drohen zeichnet sich gegenüber dem ineffizienten durch eine bestimmte Bewegungskonfiguration aus: starker Kontrast zwischen bewegter Extremität und relativ unbewegtem restlichen Körper und klare Richtungskomponente auf P von Positionen und Bewegungen (»sign to noise ratio«).

Neben der Anpassung nach innen zeigt die Drohgestalt gleichzeitig eine Anpassung an die Bedingungen der Außenwelt, wie sie etwa den Modellvorstellungen von *Miller, Galanter, Pribram* (1960) entspricht. Die zeitliche Variation und die Immobilität am Höhepunkt der Drohung, verbunden mit visueller Kontrolle des P und dem Abwarten auf dessen Reaktionen, weisen klar auf eine Anpassung an die Bedingungen der Außenwelt hin. Auf solche Regelungskomponenten lassen auch die Befunde schließen, daß bei SE der Partner noch während der Drohung Zeichen für eine Anspruchsaufgabe gibt und daß A das Ende der Drohung auf entsprechendes Verhalten des P abstimmt.

Wir wollen besonders hervorheben, daß die verschiedenen Formen der Anpassung gleichzeitig in Betracht zu ziehen sind. Neben den durch Umweltinformation (sowohl von P und O) gesteuerten Regulierungsprozessen muß man auf der operationalen Ebene auch die innere Anpassung berücksichtigen. Daneben bewirken die aktiven Steuerungsgrößen von der Zielebene, daß das Kind sein Ziel nicht vorzeitig aufgibt und daß es überhaupt wagt, sich gegen P durchzusetzen und eine Drohung vorzunehmen. Es achtet zugleich auf Umweltgegebenheiten (Objektgröße); deshalb wählt es Drohen, nicht das alternative Sichern. Unser Beispiel zeigt die Komplexität menschlicher Anpassung auf verschiedenen Ebenen und in simultaner Weise nach außen und innen.

Abschließend wollen wir uns in unserer Analyse noch dem Zeitraum nach der Drohung zuwenden. Dort können wir im Handlungsverlauf verschiedene Wege nachweisen. Ausgehend von den besprochenen Unterscheidungen nach SE und SI auf der strukturellen Ebene können wir nach Drohen auf der höheren, funktionalen Ebene zwei ganz verschiedene Strategien feststellen. Nach SE folgen nur noch wenige funktionale Einheiten und keine mit agonistischem Charakter, und dies sowohl bei A als auch bei P. Bei SI dagegen geht der Konflikt als solcher weiter. Wir steigen in unserem hierarchischen Modell noch eine Ebene höher auf die Zielebene. Nach SE wird das Handlungsziel vom Drohenden immer erreicht, nach SI nur in der Hälfte der Fälle. Dies geschieht in jenen Fällen, in denen A die angedrohten, negativen Konsequenzen verwirklicht.

In Abbildung 7 haben wir die besprochenen Zusammenhänge der Daten vereinfacht dargestellt.

Mit dem Beispiel der Droh-Analyse haben wir Daten vorgestellt, wie sie mit unseren theoriegeleiteten Beobachtungsverfahren zu gewinnen sind. Weitere Beispiele finden sich in anderen Arbeiten (siehe *v. Cranach et al.* 1980; *Kalbermatten* 1977).

Hierarchisch aufgebaute Beobachtungssysteme zur Handlungsanalyse

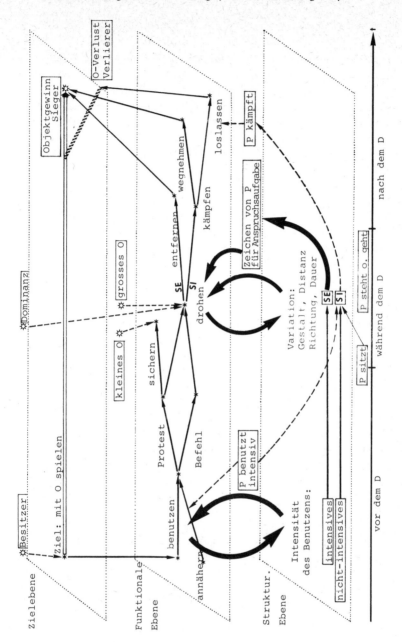

Abb. 7:
Schematische Darstellung des Drohens durch A. (Die gebogenen Pfeile halten Rückkoppelungsprozesse fest)

6. Schlußfolgerungen

Versuchen wir, die methodische Bedeutung der referierten Überlegungen und Untersuchungen zusammenzufassen, so kommen wir zu folgenden Thesen:
1. In Weiterentwicklung der herkömmlichen Methodologie kann die systematische Beobachtung so ausgebaut werden, daß sie den Bedürfnissen komplexer Verhaltenstheorien entspricht, z. B. durch Kombination verschieden strukturierter Beobachtungssysteme. Dadurch werden spezifische Aussagen über die Gegenstände der Theorie möglich. (Die Berechtigung mehr beschreibender und theoretisch unvoreingenommener Beobachtung zur Untersuchung entsprechender Fragestellungen wird damit nicht bestritten).
2. Beobachtungssysteme enthalten explizit oder implizit theoretische Grundannahmen (z. B. »probabilistisch« versus »systemtheoretisch«). Werden mehrere Beobachtungssysteme in einer Untersuchung kombiniert, ist die Verträglichkeit ihrer Grundannahmen (Voraussetzungen) zu überprüfen.
3. Hierarchisch aufgebaute Beobachtungsebenen sind sinnvoll, wenn die Theorie eine Abgrenzung von Analyseebenen gestattet und Vorstellungen über die Mechanismen enthält, die den dynamischen Zusammenhang der Ebenen vermitteln.
4. Hierarchisch aufgebaute Beobachtungssysteme sind aufgrund ihrer Voraussetzungen zur Untersuchung »zielgerichteter Handlungen« bzw. »Tätigkeiten« besonders geeignet.
5. Die auf verschiedenen Analyseebenen lokalisierten Teilsysteme von hierarchisch aufgebauten Beobachtungssystemen können sich im Umfang und in der Qualität ihrer Einheiten unterscheiden. Insbesondere sind die Einheiten höherer Analyseebenen mehr sozial und funktional, die der niederen Ebenen mehr physikalisch und strukturell definiert.
6. Sozial definierte Kategorien genügen den Voraussetzungen der traditionellen Meßtheorie nicht. Dennoch können sie mit hoher Reliabilität kodiert und durch Zusatzuntersuchungen validiert werden.
7. Entsprechend der Natur hierarchisch organisierter Systeme sollte ihre Analyse vorwiegend »abwärts« gerichtet, von den höheren zu den niederen Ebenen fortschreitend erfolgen.
8. Bewegungsanalyse sollte über die reine Positionskodierung hinaus zusätzliche Informationen enthalten.

In unseren Beispielen und Ergebnissen führte die Weiterentwicklung der Beobachtungsmethodik unter Beachtung dieser Grundsätze zu Ergebnissen, die auf dem herkömmlichen Weg kaum erreicht worden wären.

Literatur

Ackoff, R. L., *Emery,* F. E.: Zielbewußte Systeme, Frankfurt am Main 1975.
Baerends, G. P.: Fortpflanzungsverhalten und Orientierung der Grabwespe *Ammophila campestris jur.,* in: Tijdschrift voor entomologie 84, 1941, 68–275.

Barker, R. G. (Ed.): The Stream of Behavior, New York 1963.
Bateson, P. P. G., *Hinde,* R. A. (Eds.): Growing Points in Ethology, Cambridge 1976.
Bekoff, M.: Behavioral Acts: Description, Classification, Ethogramm Analysis, and Measurement, in: *Cairns,* R. B. (Ed.): The Analysis of Social Interactions, New Jersey 1979, 67–80.
Birdwhistell, R. L.: Kinesics and Context, Philadelphia 1970.
Blurton Jones, N. (Ed.): Ethological Studies of Child Behavior, London 1972.
Cairns, R. B. (Ed.): The Analysis of Social Interaction, New Jersey 1979.
Chomsky, N.: Syntactic Structures, The Hague 1957.
Cranach, M. v.: Die Analyse sozialer Organisationen (Großgruppen), in: Ber. 24. Kongreß Deutsche Gesellschaft für Psychologie, Göttingen 1964, 44–49.
Cranach, M. v.: Überlegungen zur Untersuchung der System-Eigenschaften des kommunikativen Verhaltens, München 1970 (Mskpt.).
Cranach, M. v.: Interaktive Verhaltensweisen als Bestandteile sozialer Handlungen, in: Ber. 29. Kongreß Deutsche Gesellschaft für Psychologie, Göttingen 1975.
Cranach, M. v., *Frenz,* H. G.: Systematische Beobachtung, in: *Graumann,* C. F. (Hrsg.): Handbuch der Psychologie, Bd. 7, 1. Halbband, Göttingen 1969, 269–331.
Cranach, M. v., *Kalbermatten,* U., *Indermühle,* K., *Gugler,* B.: Zielgerichtetes Handeln, Bern 1980.
Dawkins, R.: Hierarchical Organisation: A Candidate Principle for Ethology, in: *Bateson,* P. P. G., *Hinde,* R. A. (Eds.): Growing Points in Ethology, Cambridge 1976, 7–54.
Drid, W.: Deep Structures of the Dance, 1. Constituent Syntagmatic Analysis, in: Journal of Human Movement Studies 2, 1976, 123–144.
Fassnacht, G.: Systematische Verhaltensbeobachtung, München 1979.
Frey, S., *Cranach,* M. v.: Ein Verfahren zur Messung motorischer Aktivität, in: Zeitschrift für experimentelle und angewandte Psychologie XVIII, 1971, 392–410.
Frey, S., *Pool,* J.: A New Approach to the Analysis of Visible Behavior, Bern 1979 (Mskpt.).
Gugler, B.: Zur Erfassung und sequentiellen Analyse des Streitgeschehens bei Vorschulkindern, Phil. Diss. Bern 1976.
Hacker, W.: Allgemeine Arbeits- und Ingenieurpsychologie, Bern 1978.
Harré, R., *Secord,* P. F.: The Explanation of Social Behavior, Oxford 1972.
Hooff, J. A. R. A. M. v.: A Component Analysis of the Structure of the Social Behaviour of a Semi-captative Chimpanzee Group, in: Experimentia 26, 1970, 549–550.
Hutt, S., *Hutt,* C.: Direct Observation and Measurement of Behavior, Springfield 1970.
Indermühle, K.: Motorische Abläufe, Ziele und Strategien, Diplomarbeit Bern 1980.
Kalbermatten, U.: Handlung: Theorie – Methode – Ergebnisse, Phil. Diss. Bern 1977; Zürich 1979.
Lorenz, K.: Vergleichende Verhaltensforschung, Wien 1978.
McGrew, W. C.: An Ethological Study of Children's Behavior, New York 1972.
Miller, G. A., *Galanter,* E., *Pribram,* U. H.: Plans and the Structure of Behavior, New York 1960.
Müller, H., *Kühne,* K.: Zur Analyse interaktiver Episoden, Lizentiatsarbeit Bern 1974.
Ozbekhan, H.: Planning and Human Action, in: *Weiss,* P. (Ed.): Hierarchically Organized System in Theory and Practice, New York 1971.
Tinbergen, N.: The Hierarchical Organisation of Nervous Mechanism Underlying Instinctive Behavior, in: Symposia of the Society for Experimental Biology 4, 1950, 305–312.
Weick, K. E.: Systematic Observational Methods, in: *Lindzey,* G., *Aronson,* E. (Eds.): Handbook of Social Psychology Vol. II, Reading (Mass.) 1968, 357–451.
Weiss, P. (Ed.): Hierarchically Organized Systems in Theory and Practice, New York 1971.

J. R. Bergmann
Universität Konstanz

Frage und Frageparaphrase:
Aspekte der redezuginternen und sequenziellen
Organisation eines Äußerungsformats

0.

Die kontinuierlich aufeinanderfolgenden Äußerungen der Teilnehmer an einem Gespräch lassen beim Betrachter von Gesprächstranskripten zuweilen den Eindruck entstehen, als wären diese Äußerungen wie auf einer Perlenschnur aneinandergereiht und miteinander verbunden. Dieser Eindruck ist jedoch falsch und irreführend: denn die Äußerungen, die ein Gespräch bilden, werden nicht durch einen einzelnen »Faden« zusammengehalten, sondern durch eine Reihe unterschiedlicher Mechanismen jeweils gesondert miteinander verknüpft. Die folgende Studie beschäftigt sich mit einem zentralen Mechanismus dieser Ablauforganisation von Gesprächen, – einem Mechanismus, der die Äußerung eines Sprechers A und die unmittelbar nachfolgende Äußerung eines Sprechers B zu einem »Äußerungspaar« aneinanderkoppelt und den ich im folgenden entsprechend seinem sequenziellen Format als »Paarsequenz« bezeichnen werde.[1]

1.

Paarsequenzen zeichnen sich u. a. durch folgende strukturelle Eigenschaften aus: Sie bestehen in der Regel aus zwei Äußerungen, die von zwei verschiedenen Sprechern produziert und in unmittelbarer Folge, also aneinandergrenzend (›adjacent‹) plaziert werden. Nicht immer bilden freilich die Äußerungen zweier Sprecher, die in direkter Folge formuliert werden, eine Paarsequenz. Denn als wesentliches Strukturmerkmal des sequenziellen Formats von Äußerungspaaren kommt hinzu, daß die beiden paarbildenden Äußerungen ihrem Typus nach in einer besonderen Relation zueinander stehen. Einerseits lassen sich Äußerungstypen beschreiben, die eine Paarsequenz in Gang setzen, d. h. als Erste Teile einer Paarsequenz fungieren können; zu dieser Klasse der sequenzinitiierenden Äußerungstypen sind etwa Grüße, Fragen, Einladungen, Vorwürfe usw. zu rechnen. Andererseits lassen sich Äußerungstypen identifizieren, die eine Paarsequenz abschließen, d. h. Zweite Teile einer Paarsequenz bilden können; Gegengrüße, Antworten, das Akzeptieren einer Einladung, Rechtfertigungen usw. gehören zu dieser Klasse der reaktiven Äußerungstypen. Initiative und reaktive Äußerungstypen, also Erste und Zweite Paarsequenzteile, sind nun nicht beliebig miteinander kombinierbar, sie sind vielmehr in spezifischer Weise einander zugeordnet und bilden als komplementäre Glieder eines Äußerungspaares einen jeweils besonderen Typus einer Paarsequenz. Einem Gruß etwa ist (in unserer Kultur) ein Gegengruß, nicht aber eine Rechtfertigung, eine Antwort oder ein anderer reaktiver Äußerungstyp als korrespondierende Nachfolgeäußerung des Interaktionspartners zugeordnet. Demgegenüber hat im Fall eines Vorwurfs der Rezipient die Möglichkeit, bei seiner Reaktion zwischen verschiedenen – wenn auch nicht beliebigen – Typen von Nachfolgeäußerungen (Gegenvorwurf/Entschuldigung/Rechtfertigung) zu wählen. Wie diese beiden Beispiele zeigen, bestehen zwischen den einzelnen Paarsequenztypen durchaus Unterschiede im Hinblick auf die jeweilige Realisierung des Paarsequenzformats. Gemeinsam ist ihnen allerdings immer, daß die jeweiligen Ersten und Zweiten Paarsequenzteile einander nachgeordnet sind, und daß über den spezifischen Paarsequenztypus, der durch die sequenzinitiierende Äußerung bestimmt wird, die mögliche(n) typengerechte(n) Nachfolgeäußerung(en) des Interaktionspartners selegiert werden.

Ein weiteres konstitutives Merkmal der Paarsequenzorganisation besteht darin, daß mit ihr sowohl der Sequenzinitiator als auch der Rezipient auf die Beachtung bestimmter Regeln der Redezugverteilung verpflichtet werden. *Schegloff, Sacks* (1974, S. 239) haben diese sprecher- und hörerspezifischen Obligationen folgendermaßen beschrieben: »A basic rule of adjacency pair operation is: given the recognizable production of a first pair part, on its first possible completion its speaker should stop and a next speaker should start and produce a second pair part from the pair type the first is recognizably a member of.« Dies bedeutet etwa für den Fall einer Äußerung, die erkennbar als Frage und damit als Erster Teil der Frage-Antwort-Paarsequenz formuliert wird, daß der Sprecher am ersten möglichen Punkt, an dem seine Frage als abgeschlossen gelten kann, seine Äußerung beenden soll, damit der Rezipient seinerseits beginnen kann, den von ihm geforderten typengerechten Zweiten Paarsequenzteil (also hier: eine Antwort auf die Frage) zu formulieren. Der Produzent einer Frage (oder einer anderen sequenzinitiierenden Äußerung) verfolgt ja mit seiner Handlung das Ziel, seinen Partner zu einem bestimmten Verhalten zu veranlassen, d. h. ihn zu einer Beantwortung seiner Frage zu bewegen; die Antwort ist, wie *Alfred Schütz* (1960, S. 178) bemerkte, »das Worumwillen« oder – mit einer bekannteren Formulierung – »das Um-zu-Motiv der Frage«. Aufgrund der Zug-um-Zug-Abfolgeordnung der sprachlichen Interaktion[2] ist der Fragende aber gehalten, durch den Abschluß der eigenen Äußerung dem Rezipienten Raum für die Formulierung der von ihm geforderten Antwort zu schaffen. Gerade die Tatsache, daß eine sequenzinitiierende Äußerung eine normative Erwartung im Hinblick auf den Typus und den Einsatzpunkt der »konditionell relevanten« *(Sacks)* Folgeäußerung des Gesprächspartners erzeugt, zwingt den Sequenzinitiator also dazu, seinen eigenen Redezug am projizierbaren ersten möglichen Abschlußpunkt zu beenden, um so eine Kollision (eine simultane Produktion) zweier Äußerungen zu vermeiden.

2.

Die einleitende Darstellung einiger wesentlicher Prinzipien der Paarsequenzorganisation diente dem Zweck, die Grundlage zu schaffen für die folgende Analyse eines Gesprächssegments, das aus dem Datenkorpus stammt, mit dem sich das Konstanzer Forschungsprojekt seit längerer Zeit unter dem Gesichtspunkt der Integration von phonetisch-paralinguistischer, nonverbaler und gesprächsorganisatorischer Analyse beschäftigt. Das Segment umfaßt die Phase eines Gesprächs zwischen einer Studentin und einem Studenten unmittelbar nach dem lautstark angekündigten Einsetzen der Film- und Tonaufzeichnung dieses Gesprächs; es hat folgenden Inhalt: [3]

(1) TAKE D:1:13–19

```
13              ((Klappe; sehr laut))
14  Friderike:  M::. H ⌈m?
15  Jörg:              ⌊(nd) warum has' Du Dich
16              hierfür gemeldet. Was ha' Dich
17              s ⌈o (dran) int'res⌉ siert.
18  Friderike:    ⌊ 'ch so: naja:⌋
19  Friderike:  D's war ganz schbonta:n;
```

Was bei diesem Gesprächsausschnitt vor dem Hintergrund der oben skizzierten Strukturmerkmale der Paarsequenzorganisation ins Auge springt, ist die besondere Äußerungsgestalt des Redezugs von Sprecher J (Zeile 15–17). Den ersten Teil von J's Redezug bildet eine Äußerung, die erkennbar eine Frage darstellt und die nach dem Wort »gemeldet« einen ersten möglichen Abschlußpunkt erreicht. Obwohl der Äußerungsteil »*(nd) warum has' Du Dich hierfür gemeldet.*« als eine abgeschlossene Frage gut für sich stehenbleiben könnte, beendet J seinen Redezug nicht an dieser Stelle, sondern knüpft unmittelbar eine zweite Frage – »*Was ha' Dich so (dran) int'ressiert.*« – an seine erste Frage an. Auffällig ist diese Äußerungsgestalt einer Doppelfrage deshalb, weil ja bereits die erste Frage für sich eine Paarsequenz des Typs »Frage-Antwort« initiiert, und die angekoppelte zweite Frage eine wesentliche Bestimmung der Paarsequenzorganisation zu verletzen scheint, – die Bestimmung nämlich, daß ein Sequenzinitiator am ersten möglichen Abschlußpunkt seiner sequenzinitiierenden Äußerung aufhören soll zu sprechen, um dem Rezipienten Gelegenheit zu geben, eine dem Paarsequenztypus entsprechende, konditionell relevante Nachfolgeäußerung zu produzieren. Sprecher J okkupiert also mit seiner zweiten Frage gerade den »slot«, den er mit der Formulierung seiner ersten, in sich abgeschlossenen Frage eigentlich der Rezipientin F zur Beantwortung dieser Frage zugewiesen hat. In der Tat beginnt J in dem ihr zugewiesenen »slot« mit der Formulierung ihrer Antwort – »*'ch so: naja:*« –, die nun natürlich in Überlappung mit J's zweiter, angekoppelten Frage steht.

Geht man strikt davon aus, daß die Bestimmungen der Paarsequenzorganisation normative Gültigkeit besitzen, dann muß das Äußerungsverhalten von

Sprecher J in dem zitierten Gesprächsausschnitt natürlich als fehlerhaft oder regelverletzend erscheinen. In vielen Arbeiten zur ›gesprochenen Sprache‹ werden denn auch sprachliche Vorgänge dieser Art einfach als kommunikativ inadäquat, als verwirrend, als inkonsistent oder als defizitär charakterisiert und damit als erledigt betrachtet. Ein solches Vorgehen erscheint mir jedoch aus mehreren Gründen höchst problematisch: Zum einen wird bei diesem Vorgehen von vornherein die Korrektheit der vom wissenschaftlichen Beobachter aufgestellten Regeln unterstellt, so daß Diskrepanzen zwischen seinen Regeln und empirischen Vorgängen immer der Fehlerhaftigkeit der Welt, nicht aber der Fehlerhaftigkeit seiner Theorie angelastet werden. Der Wissenschaftler verfährt hierbei nach dem (besonders unter Linguisten beliebten) Motto: Wenn die Welt nicht so ist, wie meine Theorie postuliert, – umso schlimmer für die Welt. Zum andern beinhaltet diese Vorgehensweise die Vorstellung, daß die Mitglieder einer Gesellschaft in ihren sozialen Handlungen bestimmte Normen und Regeln entweder befolgen oder gegen sie verstoßen, – ähnlich etwa wie Eisenbahnzüge, die nur die ›Wahl‹ haben: entweder auf Schienen entlangzufahren oder aber zu entgleisen. Demgegenüber muß hervorgehoben werden, daß die Mitglieder einer Gesellschaft normative Bestimmungen und Regeln nicht einfach befolgen oder aber verletzen, sondern auf kompetente und elegante Weise benutzen und situativ anwenden können, um spezifische Handlungsziele zu erreichen.

Wie kann nun eine Analyse der Doppelfrage von Sprecher J aussehen, die sich nicht die billige Interpretation, es handle sich hier um ein fehlerhaftes, inadäquates Verhalten, zu eigen macht?

3.

Der wichtigste Punkt ist zunächst, dem Begriff der Doppelfrage selbst zu mißtrauen. Denn unter dieser Bezeichnung können sich sehr verschiedenartige Phänomene verbergen, deren jeweils spezifische Eigenheiten unsichtbar blieben, würde man sich in der Analyse von der Oberflächenbezeichnung »Doppelfrage« leiten lassen. Was damit gemeint ist, wird klarer, wenn man das besondere Verhältnis, in dem die beiden von J produzierten Fragen zueinander stehen, genauer untersucht. Dazu ein kontrastives Beispiel:

(2) INTAKE:E–28:1:20–24

```
20   K:    → Was war da noch besprochʼnworʼdn,
21         → wissʼn Sie da noch Näheres Frau Dörner,
22   D:      Ä:h(h) nein,
23           er hat nur gʼsagt daß die Frau Lehmann
24           halt kommt.
```

Auch in diesem Gesprächsausschnitt werden (von Sprecher K) zwei Fragen unmittelbar aufeinanderfolgend gestellt, doch ist – wie die Reaktion von D zeigt – für diesen Fall charakteristisch, daß jede der beiden Fragen getrennt für sich beantwortbar ist. D's erste Antwort (»Ä:h(h) nein,«) gilt der zuletzt gestellten Frage K's (»wiss'n Sie da noch Näheres Frau Dörner«), und der darauffolgende Teil in D's Äußerung (»er hat nur g'sagt daß die Frau Lehmann halt kommt.«) bezieht sich als Antwort auf die erste Frage von K (»Was war da noch beschproch'n word'n,«).

Diese Sequenz, in der zwei aufeinanderfolgende Fragen eines Sprechers in inverser Form zwei aufeinanderfolgende Antworten eines anderen Sprechers nach sich ziehen, läßt nun kontrastiv eine Besonderheit der »Doppelfrage« von J –

J: (nd) warum has' Du Dich hierfür gem<u>e</u>ldet. Was ha' Dich so (dran) int'ress<u>ie</u>rt.

– deutlich werden: Einem Rezipienten dieser Äußerung von J ist es nicht möglich, in seiner Nachfolgeäußerung jede der beiden formulierten Fragen getrennt für sich zu beantworten. Die beiden Fragen richten sich mehr oder weniger auf den gleichen Sachverhalt, so daß die Beantwortung der einen Frage eine Antwort auf die andere Frage mitenthält.

Ausgehend von dieser Beobachtung erhält nun eine andere, beinahe banale Feststellung eine gewisse Bedeutung: Die beiden von J formulierten Fragen sind zwar, wenn sie von einem Sprecher unmittelbar aufeinanderfolgend produziert werden, von einem Rezipienten nicht jeweils für sich beantwortbar, sie sind jedoch auch nicht einfach identisch miteinander, d. h. die zweite Frage J's ist keine bloße Wiederholung seiner ersten Frage. Das Verhältnis der beiden Fragen zueinander besteht wohl darin, daß die zweite Frage die erste Frage paraphrasiert. Der entscheidende Punkt hierbei ist nun, daß die Paraphrasierung einerseits nicht die Richtung der ersten Frage grundsätzlich verändert, andererseits aber doch – vor allem durch den Übergang von »gem<u>e</u>ldet« zu »int'ress<u>ie</u>rt« – den Fokus der zweiten Frage gegenüber dem Fokus der ersten Frage leicht versetzt. D. h.: Anders als im Fall einer bloßen Wiederholung der ersten Frage sind im Fall der Paraphrasierung die erste und die zweite Frage nicht mehr deckungsgleich, sie treten aber auch nicht so weit auseinander, daß sie als zwei unabhängige Fragen beantwortet werden müßten.

Auf der Grundlage dieser Beschreibung läßt sich nun genauer bestimmen, worin die spezifische Leistung des von Sprecher J gewählten Äußerungsformats liegt. Im folgenden fasse ich einige mir wichtig erscheinende Überlegungen und zusätzliche Beobachtungen in einigen Punkten zusammen:

1. Das Äußerungsformat [Frage + Frageparaphrase] kann von einem Sprecher als Mittel eingesetzt werden, um auf elegante Weise die Optionen des Rezipienten in bezug auf die Form seiner Antwort zu steuern. Es fordert vom Rezipienten einerseits mehr als nur eine singuläre Antwort – für eine singuläre Antwort hätte ja eine einzelne Frage genügt –, verlangt andererseits aber auch keine zwei separaten Antworten.

2. Die Forderung, mehr als nur eine singuläre Antwort zu produzieren, kann

der Rezipient am ehesten in der Weise erfüllen, daß er den Sachverhalt, auf den die beiden Fragen abzielen, nicht in Form einer kurzen Information präsentiert, sondern in Form einer ausführlicheren Darstellung schildert. Ich möchte daher behaupten, daß in dem Augenblick, in dem ein Sprecher seine Frage durch eine unmittelbar anschließende Frageparaphrase ergänzt, der Fragehandlungscharakter dieser Äußerung überlagert wird durch die Handlungsbedeutung der Äußerung als einer Einladung an den Rezipienten zur erzählenden oder darstellenden Beschreibung. Das heißt, pradox ausgedrückt, daß zwei »Fragen« dieser Art gar keine Frage mehr stellen.

3. Die besondere Mechanik des Äußerungsformats [Frage + Frageparaphrase] wird dann erkennbar, wenn man sich überlegt, welchen Vorteil dieses Äußerungsformat gegenüber einer expliziten Darstellungs- oder Erzählaufforderung hat. Der Vorteil liegt sicher darin, daß das Äußerungsformat zunächst durch die fokussierende Kraft einer einzelnen Frage die Aufmerksamkeit des Rezipienten auf einen spezifischen Punkt lenkt, und erst in einem zweiten Schritt die Beschränkungen, denen eine durch eine Einzelfrage motivierte Informationsantwort unterliegt, zugunsten des Entwicklungsspielraums, der einer Darstellung/Erzählung zugestanden wird, aufhebt.

4. Aus der Konstruktion dieses Äußerungsformats ergeben sich nun bestimmte Konsequenzen für dessen Verwendungsweise und Plazierung innerhalb von Gesprächen. Das Äußerungsformat [Frage + Frageparaphrase] dient in erster Linie als Technik der Themaeröffnung, – als »Topic Opener«, wie *Harvey Sacks'* (1972) Formulierung lautete. Seine Konstruktionsweise spielt dabei insofern eine nicht unbedeutende Rolle, als es dem Rezipienten eine spezifische Möglichkeit der Ablehnung des Themas bietet: Indem der Rezipient »nur« eine singuläre Antwort gibt und die angebotenen thematischen Entwicklungsmöglichkeiten nicht aufgreift, erfüllt er einerseits die Pflichten, die sich für ihn aus der sequenziellen Organisation der Frage-Antwort-Paarsequenz ergeben, er macht andererseits aber auch deutlich, daß er nicht beabsichtigt, der Einladung des Sequenzinitiators zur ausführlich erzählenden Darstellung nachzukommen.

5. Bei der Durchsicht von Transkripten zeigt sich, daß das beschriebene Äußerungsformat vor allem bei Gesprächsbeginn oder zu Beginn eines neuen Gesprächsabschnitts eingesetzt wird. Wie die folgenden beiden Gesprächsausschnitte erkennen lassen, –

(3)   INTAKE:C–4:1:12–19
        ((Beginn des psychiatrischen Aufnahmegesprächs
        zwischen Dr. K. und Frau M.))
→ Dr. K: Was war denn jetz' v̱orgefall'n.
           Is' irg'ndwas nich' in Ọrdnung gewe:s'n.
                    (1.0)
    M: M: na:i ni:ch ⌐äm
    Dr. K: ⌊Alles ganz-
    M: Mi:ne Mann,

```
                    (0.3)
    M:       And're Frau.

(4) INTAKE:A–13:18:01–10
             ((Dr. A wendet sich nach einem längeren Gespräch
             mit Frau B. nun an Herrn B.))
    Dr. A:   Ä::h (') Herr Bauss:.
                    (0.5)
 →  Dr. A:   In welcher Weise werd'n Sie be-einträchticht
             oder was- was schtört Sie so: a' meist'n
             jetzt' am Va'halt'n Ihrer Frau.
    B:       Ja ich muß die Angst hab'n jetzt (')
             passiert irgendwat.
    Dr. A:   M: was denn, was befürch ┌t'n Sie denn,
    B:                                └Sie geht an
    B:       Platt'nschbieler, (') he:rt Musi:k,
```

– wird das Äußerungsformat [Frage + Frageparaphrase] häufig etwa von Ärzten im Gespräch mit Klienten zum Zweck der großflächigen thematischen Gesprächssteuerung verwendet. Im übrigen wird man sich hier daran erinnern, daß auch der oben zitierte Gesprächsausschnitt TAKE D:1, von dem meine Analyse ihren Ausgang nahm, aus der unmittelbaren Anfangsphase eines Gesprächs stammt, das durch das Einschalten der Aufzeichnungsgeräte und das »Abklappen« der Filmaufnahme offiziell ›gestartet‹ wurde.

4.

Ich habe bisher zu zeigen versucht, daß die Kombination von [Frage + Frageparaphrase] in unserer Sprachgemeinschaft ein regulär verfügbares Äußerungsformat bildet und insofern als Handlungsentwurf den Redezug eines Sprechers vom Start weg bestimmen kann. Im folgenden möchte ich nun zeigen, daß eben dieses Äußerungsformat seine Produktionsgrundlage nicht nur in seinen oben beschriebenen sequenziellen Implikationen (Initiierung einer Erzählungssequenz) hat, sondern auch noch in einem ganz anderen gesprächsorganisatorischen Zusammenhang.

Zunächst: Eine angehängte Frageparaphrase kann als eine vom momentanen Sprecher selbst durchgeführte Korrektur seiner eben formulierten und abgeschlossenen ersten Frage verstanden werden. Einem Sprecher mögen bereits während der Produktion seiner Äußerung bestimmte Teile dieser Äußerung ungenügend erscheinen, bestimmte in seiner Äußerung enthaltene Präsuppositionen oder Antwortbeschränkungen problematisch werden. In einem solchen Fall kann er nun versuchen, durch eine Paraphrasierung seiner Äußerung eine Präzisierung, Richtigstellung, Ergänzung, Reformulierung: eine Korrektur dieser Äußerung zu erreichen. Diese Interpretation der Frageparaphrase als einer Selbstkorrektur des Frageproduzenten widerspricht zunächst einmal noch nicht meiner oben entwickelten analytischen Beschreibung dieses Äußerungsformats. Indem nämlich ein Sprecher seine Frage unmittelbar nach ihrem Abschluß durch eine Paraphrasierung korrigiert, stellt er seine erste Frage als korrekturbedürftig dar, er liefert dem Rezipienten verschiedene Frageversionen und signalisiert ihm damit: ›Erzähl mir, was immer Du mir erzählen willst oder kannst, ich weiß so wenig von der Sache, daß ich nicht einmal präzis danach fragen kann.‹ Zuweilen deutet ein Sprecher die Korrekturbedürftigkeit seiner Frage auch nur an, indem er an seine potentiell abgeschlossene Äußerung ein intonatorisch in der Schwebe gehaltenes »Oder-« anhängt und damit dem Rezipienten zu verstehen gibt, daß die Frage – falls für die Beantwortung erforderlich – von ihm auch reformuliert werden kann:

(5) TAKE D:5:03–09

```
   03   Jörg:       Has' Du ä::h–
   04               (1.5)
   05   Jörg:       so den Inhalt mitbekomm' was die
→  06               geschbroch'n hab'n. Oder–
   07               (1.2)
   08   Friderike:  d'h n:d pf: Inhalt, ich fand nur der eine
   09               ha' den andern ausgequetscht(h)t(hhh)a(h)a.
```

Es zeigt sich also, daß auch dann, wenn man die angehängte Frageparaphrase als Selbstkorrektur des Sprechers ansieht, aus dem Äußerungsendprodukt die sequenziellen Implikationen einer Erzählaufforderung resultieren.

Betrachtet man nun noch einmal etwas genauer das Gesprächssegment (1), –

```
   Friderike:   M::. H ⌈m?
   Jörg:               ⌊(nd) warum has' Du Dich
                hierfür gemeldet. Was ha' Dich
                s ⌈o (dran) int'res⌉ siert.
   Friderike:     ⌊'ch so: naja:⌋
   Friderike:   D's war ganz schbonta:n;
```

– so läßt sich an zwei Punkten erkennen, daß hier die »Doppelfrage« von Sprecher J noch in einen anderen Reparaturzusammenhang eingebettet ist. Zum einen geht der Äußerung von J das reparaturinitiierende Partikel [»Hm?«] von Sprecherin F voraus, und zum andern beginnt F ihre Äußerung nach J's erster Frage mit einem »success marker«, nämlich »'ch so:«, mit dem sie ihrem Partner den Erfolg der durchgeführten Reparatur signalisiert. Die Äußerung J's ist also aufgrund des sequenziellen Environments, in dem sie produziert wird, bereits von Anfang an eine (fremdinitiierte) Selbstkorrektur. Eindeutig bestätigt wird diese Charakterisierung durch den Verlauf des Gesprächs in TAKE D vor dem oben zitierten Abschnitt (dieser Gesprächsteil vor dem Klappenschlag wurde durch Zufall auf Tonband aufgezeichnet und erst nach der Entwicklung des eben vorgetragenen Arguments entdeckt):

(6) TAKE D:1:01–19

```
   01   Tontechn.:    LÄUFT!
   02   Jörg:         Warum has' ⌈Du–
   03   3. Kam. M.:              ⌊KAM ⌈ERAS AB BITTE!
   04   Jörg:                         ⌊Warum has' Du Dich
```

```
05                      hier ⌐für gemeldet?
06   Regis.:                  ⌊KAMERAS AB BITTE!
07   Tontechn.:         BITTE RUHE!
08   1. Kam. M.:        LÄUFT!
09   2. Kam. M.:        LÄUFT!
10   Friderike:         Was?
11   Jörg:              Warum ha ⌐s' Du ( )
12   Regis.:                     ⌊SEQUENZ DORA!
13                      ((Klappe; sehr laut))
14   Friderike:         M::. H ⌐m?
15   Jörg:                     ⌊(nd) warum has' Du Dich
16                      hierfür gemeldet. Was ha' Dich
17                      s ⌐o (dran) int'res⌐ siert.
18   Friderike:           ⌊'ch so: naja:⌋
19   Friderike:         D's war ganz schbonta:n;
```

Wie dieses Gesprächssegment zeigt, hat Sprecher J bereits mehrmals zu seiner Frage angesetzt, er wird jedoch durch die technischen Kommandos für die beginnende Film- und Tonaufzeichnung immer wieder unterbrochen. Sprecherin F fordert J mit einem reparaturinitiierenden »Was?« (10) zur Wiederholung seiner Äußerung auf; J setzt zum dritten Mal mit der Frage an (11) und wird erneut durch den Regisseur und den Klappenschlag (12/13) an der erfolgreichen Übermittlung seiner Frage gehindert. Daraufhin kommentiert F zunächst den sehr lauten Knall der Klappe mit einem etwas ärgerlichen »M::.« und verlangt dann von J eine nochmalige Reparatur seiner Äußerung. Das sequenzielle Environment, in dem J nun seine Äußerung zu produzieren beginnt, ist also sowohl durch das reparaturinitiierende Partikel »Hm?« als auch durch die vorausgegangene Serie erfolgloser Reparaturversuche geprägt.

Um einen Sprecher zur Reparatur seiner Äußerung zu veranlassen, kann ein Rezipient eine Reihe verschiedener reparaturinitiierender Techniken einsetzen. Die Ausdrücke *Hm?, Ha?, Was?, Bitte?, Wie bitte?* bilden eine spezifische Klasse dieser Initiierungstechniken [4]; sie unterscheiden sich von anderen Initiierungstechniken darin, daß sie keinen spezifischen Äußerungsteil als das zu reparierende Objekt lokalisieren, sondern eine Wiederholung der gesamten Äußerung verlangen. In vielen Fällen führen die zu dieser Klasse gehörenden Techniken der Reparaturinitiierung einfach dazu, daß der Sprecher seine Äußerung nochmals formuliert:

(7) INTAKE:A–6:2:03–08

Sekr.:   Wann sind Sie denn gebor'n?
K: Bitte?
Sekr.:   Wann sind Sie gebor'n?
K: Am siebzehnt'n November
         Neunzehnhunderteinundzwanzich.

Häufig ist nun aber auch zu beobachten, daß ein zur Reparatur aufgeforderter Sprecher seine Äußerung nicht in identischer Form wiederholt, sondern in der Wiederholung bestimmte Veränderungen an der Äußerung vornimmt. Die folgenden beiden Beispiele sollen nur eine mögliche Richtung dieser Veränderung vor Augen führen:

(8) INTAKE:D-20:2:21-24
K: °Int'ressant.°
　　　　　　　　(')
F: Bitte?
K: Int'ressant

(9) INTAKE:D-19:2:05-09
F: °S' sin' so: 'n bißchen gereizt?°
W: Was?
F: Sind so: 'n bißchen ge ⌈reizt,
W: 　　　　　　　　　　　 ⌊Ja weil ich da eb'n
　　in em Haus bei Verrückt'n läbe.

In diesen beiden Gesprächsausschnitten wiederholen die jeweiligen Sprecher, nachdem sie von ihren Rezipienten zur Reparatur aufgefordert wurden *(Bitte?, Was?)*, ihre Äußerungen, und zwar mit einer gegenüber der ursprünglichen Ausspruchsrealisierung erhöhten Lautstärke. Diese Modifikation ist strukturell in folgendem Sachverhalt begründet: Reparaturinitiierende Ausdrücke der Art *Hm?, Bitte?* zeigen dem vorhergehenden Sprecher an, daß sein Gesprächspartner offensichtlich Probleme mit der eben produzierten Äußerung hat. Charakteristisch für die zu dieser Klasse gehörenden Techniken der Reparaturinitiierung ist aber, daß durch sie nicht spezifiziert wird, worin das Problem besteht und wo die Ursachen des Problems liegen. Natürlich kann ein Sprecher in dieser Situation seine Äußerung einfach in der gleichen Weise noch einmal realisieren. Er kann aber auch durch die Reparaturaufforderung dazu veranlaßt werden, nach den Ursachen des Problems zu suchen – und eines der Objekte, die als mögliche Störungsquellen in Betracht kommen, ist seine eigene vorausgegangene Äußerung. Ein Sprecher kann folglich, wenn er von seinem Gesprächspartner mittels eines reparaturinitiierenden Ausdrucks zur Wiederholung seiner Äußerung aufgefordert wird, durch entsprechende Modifikationen seiner Äußerung in der Wiederholung zu erkennen geben, worin er selbst die Störungsquelle, die den Rezipienten zur Reparaturinitiierung veranlaßt hat, vermutet. Wiederholt er etwa seine Äußerung mit einer gegenüber der ursprünglichen Ausspruchsrealisierung erhöhten Lautstärke, so wird durch diese Modifikation die zu geringe Lautstärke seiner früheren Äußerung als mögliche Störungsquelle identifiziert und beseitigt. Der hier erkennbare reflexive Zusammenhang zwischen Reparatur und Störung läßt sich in allgemeineren Begriffen folgendermaßen formulieren: Die Reparatur lokalisiert eine Störungsquelle, die wiederum die Wahl und Durchführung der Reparatur als das spezifische Mittel zur Beseitigung dieser Störung begründet.

Ein zur Reparatur aufgeforderter Sprecher kann seine Äußerung bei der nochmaligen Produktion nun auch in der Weise modifizieren, daß er sie wiederholt und mit bestimmten Zusätzen versieht. In dem folgenden Gesprächssegment etwa –

(10) BrK–E:11:II:686–691

```
M:   (H)ja so isch des,
                (1.2)
M:   Nix vertra:ge' ⌐kenne',
S:                  ⌊Mir geh'n au' (i)mme'
     alle ⌐gern. Wieder.
B:        ⌊M:m,
M:   A:lso,
                (0.5)
B:   Hą,
                (0.3)
S:   'ch sag' wir ge:h'n au (i)m ⌐me' alle⌐
B:                               ⌊ach so:⌋ =
S:   = ⌐gern we' mer auf B'such⌐ wa:re'.
B:   = ⌊hehehe  ja ja  ha  'hh⌋
```

– verlangt Sprecher B mit dem wiederholungsfordernden Partikel »*Hą*,« von Sprecherin S eine Reparatur ihrer letzten Äußerung. S kommt dieser Forderung auch nach, erläutert aber ihre Äußerung zusätzlich noch durch den redezugprolongierenden Anhang »*we' mer auf B'such wa:re'*«. Mit dieser Zusatzerläuterung macht S deutlich, daß sie ihre ursprüngliche Äußerung in diesem Punkt für korrekturbedürftig hält, und daß sie in diesem – nun behobenen – »Defekt« den möglichen Grund für B's Reparaturinitiierung sieht.

Um von hier aus nun wieder zurückzukehren zu dem ersten Gesprächssegment aus TAKE D:1, mit dem sich ja meine Analyse nach wie vor beschäftigt: Zu erkennen ist nun, daß die von Sprecher J produzierte »Doppelfrage« auch als spezifische Manifestation eines in allgemeinen Begriffen beschreibbaren Redezugformats der Selbstkorrektur betrachtet werden kann. Dieses Format besteht – wie eben gezeigt – darin, daß ein Sprecher, der durch einen reparaturinitiierenden Ausdruck seines Partners zur Wiederholung seiner letzten Äußerung aufgefordert wurde, in seinem nächsten nachfolgenden Redezug seine vorangegangene Äußerung nicht nur wiederholt, sondern auch mit einem erläuternden Zusatz versieht. Die Ausführung der vom Gesprächspartner initiierten Reparatur erfolgt also in dem Redezugformat: [Wiederholung der problematischen Äußerung] + [Zusatzerläuterung]. Da der »slot«, in dem J's Doppelfrage produziert wird, durch F's reparaturinitiierendes »*Hm?*« sowie durch die vorausgegangene Serie erfolgloser Reparaturversuche bestimmt ist, muß J's angekoppelte Frageparaphrase im Sinn des beschriebenen Redezugformats der Selbstkorrektur als eine Zusatzerläuterung der bislang erfolglos kommunizierten ursprünglichen Frage betrachtet werden. Dabei impliziert die reformulierende Paraphrasierung, daß J die spezifische Realisierung seiner ersten Frage – etwa die darin enthaltene Unterstellung, daß F sich »gemeldet« hat – für korrekturbedürftig hält und sie mitverantwortlich für F's Verständnisprobleme und Reparaturinitiierung macht.

5.

Die bisherige Analyse hat ergeben, daß die in Gesprächssegment (1) von Sprecher J produzierte, aus Frage und Frageparaphrase bestehende Äußerung in zwei verschiedene Typen der Gesprächsorganisation eingebettet ist. Sie kann aufgrund ihrer besonderen inneren Mechanik als Erzählaufforderung fungieren und in dieser Eigenschaft das nachfolgende Gespräch großflächig vorstrukturieren. In dieser Funktion als Erzählaufforderung kann das Äußerungsformat [Frage + Frageparaphrase] eine wichtige Rolle für die übergreifende strukturelle Organisation von Gesprächen[5], hier: für die Gesprächseröffnungsphase und den weiteren thematischen Gesprächsablauf spielen. Frage und angekoppelte Frageparaphrase können andererseits auch das Äußerungsformat bilden, in dem ein Sprecher eine – von seinem Gesprächspartner initiierte – Reparatur seiner vorangegangenen Frage durchführt. In dieser Funktion ist das Äußerungsformat [Frage + Frageparaphrase] ein Produkt der Reparaturorganisation von Gesprächen und dient primär der Sicherung von Verständnisvoraussetzungen. Seine sequenziellen Implikationen greifen in diesem Fall nicht über die Redezugposition des unmittelbar nachfolgenden Sprechers hinaus.

Die zweifache gesprächsorganisatorische Einbettung und die daraus resultierenden unterschiedlichen sequenziellen Implikationen des genannten Äußerungsformats lassen sich in Gesprächssegment (1) deutlich an der unmittelbar nachfolgenden sprachlichen Reaktion F's ablesen. Zunächst ist zu erkennen, daß F's Äußerung »'ch so: naja:« aus zwei Teilen zusammengesetzt ist. Im ersten Teil gibt Sprecherin F mit dem Ausdruck »'ch so:« zu verstehen, daß die von J durchgeführte Reparatur erfolgreich war und seine Äußerung nun bei ihr angekommen ist. Mit diesem »'ch so:« ist die Reparatursequenz dann auch schon beendet. Daß F im ersten Teil und nicht etwa im zweiten Teil ihrer Äußerung auf die vorausgegangene Reparatur Bezug nimmt, ist kein Zufall, sondern ein systematisch produziertes Merkmal: Innerhalb von Gesprächen hat die Bewältigung von Verständigungsproblemen immer Priorität gegenüber anderen Dingen und Themen. Auch in Gesprächssegment (10) etwa bezieht sich Sprecher B im ersten Teil seiner Äußerung »ach so: hehehe ja ja ha« auf die von ihm selbst initiierte Reparatursequenz, ehe er im zweiten Äußerungsteil mit seinem Lachen inhaltlich auf die ironische Anspielung seiner Gesprächspartnerin eingeht. In Gesprächssegment (1) dient der zweite Teil in F's Äußerung (»naja:«) der Vorankündigung und Vorcharakterisierung der im folgenden von ihr zu erzählenden Geschichte. Mit ihrem »naja:« gibt F ihrem Rezipienten J zu verstehen, daß diese Geschichte möglicherweise gar nicht erzählenswert ist und er jedenfalls nichts Ungewöhnliches zu erwarten hat. Im zweiten Teil ihrer Äußerung reagiert F also auf die Erzählaufforderung J's und läßt erkennen, daß sie trotz einiger Vorbehalte die ihr angebotene Möglichkeit der Sequenzexpansion, d. h. die Möglichkeit, mehr als nur eine singuläre Antwort zu produzieren, aufgreifen wird:

(11) TAKE D:1:18–30

```
18   Friderike:   'ch so: naja:
19                D's war ganz schbonta:n;
20                                (')
21   Friderike:   (dawuz:)–
22                                (')
23   Friderike:   v:on 'em Tobias gehör' daß: 'hhh–
24                'zie'ungsweise von da Xe:na ich soll
25                des mach'n,=
26   Friderike:   =weil sie keine Zeit hat,=
27   Friderike:   ='n 'ab ich ┌g'sagt jaja: (') mach ich schon,
28   Jörg:                    └Ja:
29   Friderike:   'hhh ┌h
30   Jörg:              └Has' gar keine Bedeng'gng gehabt so.
```

Betrachtet man nun F's unmittelbare Reaktion (»'ch so: naja:«) auf J's Äußerung noch etwas genauer, so drängt sich der Gedanke auf, daß für das von J realisierte Äußerungsformat möglicherweise noch ein dritter gesprächsorganisatorischer Produktionszusammenhang relevant ist. F's zweiteilige Äußerung setzt ja erst ein, nachdem J bereits mit der Formulierung seiner angekoppelten Frageparaphrase begonnen hat: »(nd) warum has' Du Dich hierfür gemeldet. Was ha' Dich s//'CH SO: NAJA:«. Denkbar ist nun, daß J's Frageparaphrase lokal produziert wurde, d. h., daß J erst durch das Ausbleiben einer Reaktion von F am ersten möglichen Abschlußpunkt seiner Äußerung (»... gemeldet.«) zur Fortsetzung seines Redezugs in Form einer Frageparaphrase motiviert wurde. Für diese Möglichkeit sprechen insbesondere folgende Punkte:

1. Sprecherin F hat mit ihrem »Hm?« die Reparatursequenz initiiert; es ist daher ihre Aufgabe, ihren Gesprächspartner J sofort darüber zu informieren, wenn seine Reparatur erfolgreich war. Erst dann kann ja die Unterbrechung beendet, die Nebensequenz abgeschlossen, das Gespräch fortgesetzt werden.

2. Diese Pflicht zur schnellen Rückmeldung zeigt sich vor allem darin, daß Rezipienten häufig den Erfolg einer Reparatur bereits an einem »recognition point« (Jefferson, 1973) signalisieren, also noch ehe der Sprecher in seiner Reparatur einen ersten möglichen Abschlußpunkt seines Redezugs erreicht hat:

```
(9)  F:   Sind so: 'n bißchen ge ┌...
     W:                       ↗ └Ja weil ich da...

(10) S:   'ch sag' wir ge:h'n au (i)m ┌...
     B:                             ↗ └ach so:...
```

3. Wenn der Produzent einer Reparatur einen ersten möglichen Abschlußpunkt seines Redezugs erreicht hat, ohne vom Rezipienten bis zu diesem Zeitpunkt irgendein Bestätigungssignal erhalten zu haben, so kann er davon ausgehen, daß sein Reparaturversuch bislang erfolglos war. Er kann dann, ohne an dem möglichen Abschlußpunkt innezuhalten sofort dazu übergehen, dem

Rezipienten weitere Reparaturversuche – etwa in Form von Zusatzerläuterungen – anzubieten.

Gegen diese Interpretation des Äußerungsformats [Frage + Frageparaphrase] als einer lokal produzierten »Reparatur einer Reparatur« scheint vor allem folgende Beobachtung zu sprechen: Produzenten einer Reparatur versehen ihre Äußerungen zuweilen selbst dann mit redezugprolongierenden Erläuterungszusätzen, wenn der Rezipient frühzeitig den Erfolg der Reparatur anzeigt:

(10) S: Mir geh'n au' (i)mme' alle ⌈gern. Wieder.
 B: ⌊M:m̲,
 M: A̲:lso,
   (0.5)
 B: Ha,
   (0.3) ↘
 S: 'ch sag' wir ge:h'n au (i)m ⌈me' alle gern⌉ + ⌈we' mer...
 B: ↗ ⌊ach so: hehe⌋ ⌊he ja ja...

In diesem Segment liefert Sprecherin S eine zusätzliche Erläuterung ihrer soeben wiederholten Äußerung, obwohl Sprecher B bereits zu einem frühen Zeitpunkt zu verstehen gibt, daß die Reparatur erfolgreich war und die Störungsquelle nun beseitigt ist. Es scheint daher nicht zuzutreffen, daß die Produktion von Reparaturzusätzen durch das Nicht-Reagieren des Rezipienten ausgelöst wird.

Statt hier nun weiter nach einem formalen Ablaufschema Ausschau zu halten, möchte ich lieber versuchen, den angesprochenen Zusammenhang zwischen A's Reparaturausführung einerseits und B's Erfolgsmarkierung und Beendigung der Reparatursequenz andererseits in Interaktionsbegriffen zu reformulieren. Wenn A seinen Redezug, in welchem er eine von seinem Partner initiierte Reparatur vornimmt, durch mehrere Zusätze prolongiert, dann ist das so lange begründet und unproblematisch, so lange der Rezipient nicht den Erfolg der bisherigen Reparaturversuche bestätigt. Nun steht aber B als der Initiator und Nutznießer von A's Reparaturbemühungen unter einem gewissen Zwang, so früh wie möglich die Beseitigung der Störung, d. h. den Erfolg der Reparatur anzuzeigen. Denn nicht nur stellt die Reparatursequenz eine Unterbrechung der Fortentwicklung eines Gesprächs dar, auch der Rezipient selbst erscheint seinen Gesprächspartnern als unaufmerksam, dumm, ›schwer von Begriff‹, wenn er nicht zeitig zu erkennen gibt, daß sein (Hör- oder Verständnis-)Problem nun behoben ist. Indem B nun den Erfolg von A's Reparatur kundgibt, bringt er auch zum Ausdruck, daß er keine weitere Hilfe von seiten A's mehr benötigt und die Reparatursequenz beendet werden kann bzw. soll.

Es kann nun geschehen, daß B bereits zu einem sehr frühen Zeitpunkt seinem Gesprächspartner A mitteilt, daß seine Reparaturbemühungen erfolgreich waren. In dieser Situation kann A nun mißtrauisch werden und vermuten, daß B die Beseitigung des Verständigungsproblems nur behauptet. Gerade durch erfolgsmarkierende Ausdrücke wie »ach so« kann ja ein Sprecher sein Verstehen nur behaupten, nicht aber unter Beweis stellen. Statt seine Reparaturbemühungen einzustellen, kann A in dieser Situation mit ihnen fortfahren und damit der Erfolgsbehauptung B's indirekt widersprechen. Dies kann wiederum B's Reaktion provozieren, da er ja durch A's »overtelling« *(Schegloff)* für dumm erklärt wird.[6]

Auch wenn der feingewebte Interaktionszusammenhang hier nicht ausführlich dargestellt werden kann, sollte doch folgendes deutlich geworden sein: Die Teilnehmer an einem Gespräch haben die Möglichkeit, innerhalb von Reparatursequenzen durch die Beendigung/Fortsetzung von Selbstreparaturen und durch die frühe/späte Plazierung von Erfolgsmarkierungen verschiedene Interaktionsmanöver auszuführen, in denen es darum geht, Wissen, Verstehen, Gruppenzugehörigkeit, Unabhängigkeit von Hilfe u. ä. für sich selbst zu reklamieren bzw. dem anderen zuzuweisen oder abzusprechen.

Anmerkungen

1 Ausführungen zur Organisation von »adjacency pairs« finden sich bei *Sacks, Schegloff, Jefferson* (1974, S. 716–720) sowie bei *Schegloff, Sacks* (1974, S. 238–245).
2 *Sacks, Schegloff, Jefferson* (1974) haben ein Modell der Sprecherwechselorganisation entwickelt, mit dessen Hilfe gezeigt werden kann, wie die Teilnehmer an einem Gesprächs im Vollzug des Gesprächs die beobachtbare Zug-um-Zug-Abfolgeordnung ihrer sprachlichen Interaktion erzeugen.
3 Die Transkripte wurden nach dem Transkriptionssystem hergestellt, das von *Gail Jefferson* für die amerikanische Konversationsanalyse entwickelt wurde. Siehe die Übersicht in *Sacks, Schegloff, Jefferson* (1974, S. 731–734).
4 Techniken der Fremdinitiierung von Reparaturen werden typenmäßig unterschieden bei *Schegloff, Jefferson, Sacks* (1977, S. 367–369).
5 Hinweise zur Bedeutung der »overall structural organization of single conversations« finden sich bei *Schegloff, Sacks* (1974, S. 235, 239).
6 Daß die Fortsetzung einer Reparatur nach der Produktion einer Erfolgsmarkierung auch noch eine andere gesprächsorganisatorische Grundlage haben kann, macht *Jefferson* deutlich, wenn sie schreibt: »It may be that alternative actions are done with ›cut off‹ or ›complete‹ versions of an utterance; the former signalling that the utterance is intended to reappear in the sequence (either by the recipient's request or speaker's restarting), the latter being a specific ›disregard‹ signal.« (1973, S. 76 f.).

Literatur

Jefferson, G.: A case of precision timing in ordinary conversation: Overlapped tag-positioned address terms in closing sequences, in: Semiotica IX, 1973, 47–96.
Sacks, H.: Lectures, Spring 1972, Nr. 5 (Mskpt.).
Sacks, H., *Schegloff*, E., *Jefferson*, G.: A simplest systematics for the organization of turn-taking for conversation, in: Language 50, 1974, 696–735.
Schegloff, E., *Sacks*, H.: Opening up closings, in: *Turner*, R. (Ed.): Ethnomethodology, Harmondsworth 1974, 233–264.
Schegloff, E., *Jefferson*, G., *Sacks*, H.: The preference for self-correction in the organization of repair in conversation, in: Language 53, 1977, 361–382.
Schütz, A.: Der sinnhafte Aufbau der sozialen Welt, Wien 1932 (Reprint 1960).

P. Gross
Universität Konstanz

Ist die Sozialwissenschaft eine Textwissenschaft?

Zum Problem der Datenkonstitution in der Soziologie

> »Die Objektivität der wissenschaftlichen Sätze liegt darin, daß sie intersubjektiv nachprüfbar sein müssen.«
> (K. R. Popper)

> »Aber auch angestrengteste Aufmerksamkeit kann nur dann zu einem Vorgang werden, in welchem ein kontrollierbarer Grad von Objektivität erreicht wird, wenn die Lebensäußerung fixiert ist, und wir immer wieder zu ihr zurückkehren können.«
> (W. Dilthey)

> »Was die wissenschaftliche Fixierung solcher unscheinbaren Sozialformen erschwert, ist zugleich das, was sie für das tiefere Verständnis der Gesellschaft unendlich wichtig macht: daß sie im allgemeinen noch nicht zu festen, überindividuellen Gebilden verfestigt sind, sondern die Gesellschaft gleichsam im status nascens zeigen...«
> (G. Simmel)

0.

Susanne *Langer* hat in ihrem Buch »Philosophy in a New Key« (1942) behauptet, daß den Naturwissenschaften, wenn man sie in ihrer Forschungspraxis betrachte, die Natur weitgehend abhanden gekommen sei. Von einer Beobachtung der eigentlichen Forschungsobjekte könne keine Rede mehr sein. Statt dessen werden »Instrumentenzeiger, sich drehende Trommeln und lichtempfindliche Platten« beobachtet. Indices seien an die Stelle der Sache selbst getreten. Die Sinnesdaten, auf die die moderne Naturwissenschaft ihre Aussagen gründet, seien zum allergrößten Teil »kleine photographische Flecken und Kleckse oder mit Tinte gezogene Kurven«. Anstatt den Vorgang, auf den es ankommt und der verifiziert werden soll, zu beobachten – eine »Folge von Ereignissen am Himmelsgewölbe etwa oder das Verhalten von Molekülen oder Ätherwellen«, schreibt sie; »sehen wir in Wirklichkeit nur die Schwankungen eines winzigen Pfeiles, den gewundenen Pfad eines Stiftes oder einen Lichtfleck...« (1965, S. 28 f.).

Betrachtet man die Sozialwissenschaften unvoreingenommen in ihrem Vollzug, so scheint auch ihr die Sozialwelt weitgehend entschwunden. Freilich sind nicht Instrumentenzeiger, sich drehende Trommeln und anderes technisches

Gerät an deren Stelle gesetzt, sondern *Texte*. Texte zunächst in weitestem Sinne: Bücher, Aufsätze, sozialwissenschaftlich erhobene und amtliche Daten, Tabellen und Statistiken, Tonbänder und Videoaufzeichnungen. Auch dem Sozialwissenschaftler scheint die soziale Realität abhanden gekommen zu sein. Die lebendige Wirklichkeit ist in Objektivationen gebannt und die Tätigkeit des Soziologen lebt weitgehend von der Irritation durch andere Texte.

Für viele Wissenschaften, z. B. die Geschichts- und Literaturwissenschaften, ist es freilich ganz unproblematisch und gehört zu ihrem Selbstverständnis, daß sie ausschließlich mit Objektivationen, beispielsweise mit literarischen Zeugnissen, historischen Dokumenten, archäologischen Überresten und ähnlichen »Quellen« arbeiten. Andere Wissenschaften legen sich ihren Gegenstand selber in Objektivationen zurecht und erheben dann die eigenen Konstruktionen zu ihrem Gegenstand. Typisch in dieser Hinsicht ist die Sprachwissenschaft, die, wenn sie das Sprechen untersucht, zunächst ein Corpus aufnimmt und dann zur Corpus-Analyse fortschreitet. Corpus-Aufnahme und Corpus-Analyse sind die beiden üblichen Schritte des sprachwissenschaftlichen Forschungsprozesses (*Harris* 1951)[1]; im Unterschied zu den eben genannten Literatur- und Geschichtswissenschaften, in denen die Corpusaufnahme entfällt, weil die Wirklichkeit dieser Wissenschaften von Anfang an schon als Corpus, als Objektivation vorhanden ist. Die Soziologie als Wissenschaft, als Sozialwissenschaft, versteht sich freilich weder als Literatur- oder Geschichtswissenschaft noch als Sprachwissenschaft. Sie beschäftigt sich zwar auch mit kulturellen Objektivationen, als Literatursoziologie mit Literatur, als Architektursoziologie mit Architektur, als Organisationssoziologie mit Organigrammen und Satzungen, und sie ist etwa als Kommunikations- und Sprachsoziologie auch, ja vor allem mit Dokumentationen des Kommunizierens und Sprechens befaßt. Aber in erster Linie versteht sie sich als Gegenwarts- und Wirklichkeitswissenschaft. D. h., sie befaßt sich vor allem anderen mit den wechselnden Konfigurationen *gegenwärtigen* sozialen Handelns, in denen die Gesellschaft, die soziale Wirklichkeit und mit ihr die kulturellen Objektivationen fortwährend hervorgebracht, angeeignet, bestätigt und verändert werden (*Matthes* 1976, S. 53).[2]

Gleichwohl braucht der Sozialwissenschaftler, auch wenn er sich dieser Perspektive verschrieben hat, Texte. Und zwar nicht nur historische, um etwa die wechselnden Konfigurationen zu erklären oder literarische und Gebrauchstexte, um Inhalts- und Dokumentationsanalyse zu betreiben. Sondern Texte, die mittels spezieller Techniken, nämlich den Methoden der Datenerhebung (in erster Linie Interview und Beobachtung), erzeugt worden sind und anschließend analysiert werden (*v. Allemann* 1977). Diese vom Forscher eigens zum Zwecke der wissenschaftlichen Untersuchung selbst erzeugten Texte stellen die modernen Sozialwissenschaften vor ein ernstes Dilemma. Sind sie unumgängliche Bestandteile des sozialwissenschaftlichen Forschungsprozesses? Wird damit die lebendige, ständig neu werdende und vergehende, veränderliche Wirklichkeit nicht zu einer Schattenwelt, die von homunculi bevölkert ist? Und wird der Sozialwissenschaftler nicht zum »Direktor« dieses Marionettentheaters, das er nun ganz nach seinen Vorstellungen manipulieren kann (vgl. *Schütz* 1971, S. 46 ff.)?

Für das allgemeine Wachstum an wissenschaftlichen Texten aller Art lassen sich genug Erklärungen finden. So soll dies in den Wissenschaften im allgemeinen und in den Sozialwissenschaften im besonderen der Fall sein, weil das Wachstum des Bestandes an neuen Theorien, Daten und Methoden offensichtlich einen wachsenden Verarbeitungsaufwand – wieder in Form von Texten – nach sich ziehe. Oder: Die Quantität von Texten soll in einem beunruhigenden Ausmaß für das Ansehen und Fortkommen des Wissenschaftlers lebensnotwendig geworden sein, auch wenn das meiste davon als bibliografisches Datum in den Universitätsbibliotheken verstaubt und nicht einmal mehr vom Erzeuger selbst gelesen wird. Und speziell auf die Sozialwissenschaften gemünzt: für Wissenschaften in einem »vorparadigmatischen Stadium«, und in einem solchen befinden sich nach *Thomas Kuhn* die Sozialwissenschaften (*Kuhn* 1967, dazu *v. Wright* 1974, S. 176, Anm. 12), soll es typisch sein, daß sie, auf der Suche nach einem stabilen Paradigma, einen gewissermaßen »heilige« Texte repetierenden Wissenschaftsbetrieb erzeuge, mit der alleinigen Funktion, Infanteristen für die eigenen Gelehrtenschulen zu sammeln und zu binden (*Solla Price* 1974, *Zimmermann* 1978).

Schließlich und endlich wird häufig bemerkt, in den Sozialwissenschaften hätte eine parasitische Einstellung Überhand gewonnen, die Wissenschaftler betrieben gegenseitige Arbeitsbeschaffung, würden nicht mehr von Lebensproblemen und sozialem Verantwortungsgefühl zur Wissenschaft getrieben (*Schelsky* 1975). Sie sähen das Ziel vielmehr nur noch in der Bloßstellung anderer Wissenschaftler bzw. erblickten, wie *Blanshard* (1952) diese Einstellung illustriert hat, das Ziel des Jagens nicht in der Erlegung von Wild, sondern in der Vermeidung von Fehlern im Schießen (vgl. *Rickman* 1971).[3]

Aber diese Antworten haben nur mittelbar mit der im Titel gestellten Frage zu tun. Sie sind insofern auch trivial, als sie (außer der Annahme von *Kuhn*) für alle Wissenschaften zutreffen und mithin keinen spezifischen Erklärungswert für die Sachlage in der Soziologie besitzen. Unsere Frage und damit das Dilemma ergibt sich aus der Gegenüberstellung des *Anspruchs* der handlungstheoretisch orientierten Soziologie, nämlich soziale Handlungen, Beziehungen, Interaktionen zu untersuchen und dem forschungspraktischen *Vollzug dieses Anspruchs,* nämlich selbsterzeugte Texte, Transkripte, Tonbänder, Filme oder andere Beschreibungen sozialer Interaktionen zu analysieren. Diese Diskrepanz ist theoretisch irritierend und forschungspraktisch auffallend. Warum sind für den Sozialwissenschaftler selbsterzeugte Texte forschungslogisch notwendig und wie bewerkstelligt es der Soziologe, sich auf Texte als Hinweise auf die oder sogar als die Realität zu verlassen?

Im folgenden wird erstens zu zeigen versucht, daß für eine sich als Erfahrungswissenschaft verstehende Soziologie Texte im Sinne von dauerhaften und stabilen Objektivationen unumgängliche Schritte des Forschungsprozesses sind. Zweitens wird an forschungspraktischen Beispielen veranschaulicht, daß die

Sozialwissenschaft diese forschungslogisch bedingte Überführung der Ereignisse der Sozialwelt in Texte methodologisch bedenken, selbst zu untersuchen und daraus Konsequenzen für die soziologische Forschungspraxis zu ziehen hat.

1.

Um die Behauptung, daß Texte unumgängliche Schritte des sozialwissenschaftlichen Forschungsprozesses seien, zu begründen, gilt es einerseits zu präzisieren, was unter »Text« verstanden sein soll, andererseits den sozialwissenschaftlichen Forschungsprozeß im Sinne erfahrungswissenschaftlichen Vorgehens zu explizieren.

Zunächst zum *Begriff des Textes*. Wenn wir, einer bewährten Gepflogenheit folgend, zunächst fragen, wie dieses Wort umgangssprachlich gebraucht wird, so nennt das Wörterbuch das Manuskript, die Urkunde, Aufschrift und Niederschrift als Synonyme. Wörtlich verwandt wird es in Komposita wie Werbetext, Textbuch oder Textverarbeitung. Alle genannten Begriffe stehen in einem unübersehbaren Zusammenhang mit *Schrifttexten,* mit bestimmten Schriftsorten oder – wie beim »Textbuch« – sogar in einer Opposition zu anderen Objektivationen wie der Notation des Gesangs. »Text« wird also gebrauchssprachlich praktisch ausschließlich als Schrifttext verstanden. Diese Bedeutung hat der Textbegriff auch in den traditionell mit Texten befaßten »Wissenschaften« wie der philosophischen Hermeneutik. Text ist dort die »sprachliche Überlieferung« der Rede und das »Wesen der Überlieferung« kommt – so *Gadamer* – »zu seiner vollen hermeneutischen Bedeutung (erst) dort, wo die Überlieferung eine schriftliche wird« (1965, S. 367).

Erst seitdem sich in der Linguistik eine Textlinguistik (vgl. den Sammelband von *Stempel* 1971) und eine Textpragmatik (vgl. *Breuer* 1974, und den Sammelband von *Gülich, Raible* 1972) etabliert hat, seit sich die Semiotik mit Textsorten befaßt (*Eco* 1972) und in der Ästhetik von Bild-, Ton- und Medientexten die Rede ist (*Imdahl* 1970, *Holländer* 1978, *Feldmann* 1972, *Kneif* 1978, *Kneubühler* 1979), hat der Textbegriff eine Erweiterung erfahren. Der Schrifttext *verliert* seine Sonderstellung, ist nur mehr eine Textsorte unter anderen. Auch die sprachontologische Position, welche die hermeneutische Philosophie ausgezeichnet hat, ist damit verlassen (*Krüger* 1970). Mit der Erweiterung des Textbegriffs und mit der faktischen Zunahme von Texten aller Art hat sich aber auch das, was den Schrifttext von den Ereignissen, die eine handlungstheoretische Soziologie interessieren, überaus deutlich herausgeschält. Texte haben gegenüber den – um mit *Simmel* zu sprechen – »...von Person zu Person spielenden, momentanen oder dauernden, bewußten oder unbewußten, vorüberfliegenden oder folgenreichen Beziehungen« (1918, S. 15) *eine* gemeinsame Eigenschaft. Nämlich diese in einer Art und Weise festzuhalten, zu fixieren und zu dokumentieren, die eine Bewahrung von etwas Gedachtem, Gesehenem, Gehörtem und Gesprochenem solcherart ermöglicht, daß dieses *immer wieder* angeschaut, gehört, gelesen und technisch reproduziert werden kann.

Dieses »*immer wieder*« ist nun für den sozialwissenschaftlichen Forschungsprozeß von einer entscheidenden – aber gleichwohl in der einschlägigen Literatur durchwegs übersehenen Bedeutung.[4] Die sozialwissenschaftliche Methodologie und Wissenschaftstheorie befaßt sich sowenig mit diesem Aspekt wie die empirische Sozialforschung. Von *Simmel* über *Max Weber* bis zu *Alfred Schütz* ist von der unendlichen und stets wechselnden Fülle der Gestalten und Zusammenhänge, vom pausenlosen und flüchtigen Strom des Lebens die Rede, welche nur, und zwar alltagspraktisch und theoretisch, mit Hilfe von Typisierungen, Abstrahierungen und Generalisierungen bewältigt werden könne (*Simmel* 1918, *Weber* 1963, *Schütz* 1971). Daß man diese flüchtigen Ereignisse aber bannen, konstant machen, fixieren muß, und daß dies die erste Prozedur ist, um überhaupt Wissenschaft in einem rationalen und empirischen Sinne zu treiben, davon erfahren wir eigentümlicherweise nichts. Aber die Soziologie als Sozialwissenschaft, als Erfahrungswissenschaft ist ohne textliche Fixierung, ohne ein Konstantmachen der Phänomene der Sozialwelt *unmöglich*.[5] Und diese Unmöglichkeit rührt daher, weil jede Erfahrungswissenschaft auf der Wiederholbarkeit der Ereignisse beruht.

Mit der Thematik Soziologie als Erfahrungswissenschaft ist nun freilich ein Problemkreis angeschnitten, der an dieser Stelle nur höchst unvollständig behandelt werden kann. Weder die Frage nach den nicht-erfahrungswissenschaftlichen Bedingungen erfahrungswissenschaftlichen Vorgehens (*Mittelstrass* 1979), noch jene, ob die Soziologie als Wissenschaft tatsächlich nur als empirische möglich ist, wie es *René König* einmal apodiktisch formuliert hat (1973, S. 1), stehen hier zur Debatte. Natürlich auch nicht, ob die Soziologie dem Anspruch erfahrungswissenschaftlichen Vorgehens prinzipiell oder in ihren bisherigen Arbeiten zu genügen mag. Aus dem ganzen Bündel von Problemen wird an dieser Stelle allein jenes Prinzip erfahrungswissenschaftlichen Vorgehens hervorgehoben, das die textliche Fixierung erfordert. Dieses Prinzip ist das Kriterium der *Intersubjektivität* bzw. *Objektivität* erfahrungswissenschaftlich zugelassener Aussagen. Es besagt, daß alle wissenschaftlichen Behauptungen, Feststellungen, Sätze usw. in einer Weise formuliert sind, daß sie von jedermann (»intersubjektiv«) nachgeprüft, eingesehen und kritisiert werden können. Daraus resultiert auch ihre – im methodologischen und wissenschaftstheoretischen Schrifttum ununterbrochen zitierte – »Objektivität«. »Die Objektivität der wissenschaftlichen Sätze liegt darin, daß sie intersubjektiv nachprüfbar sein müssen« (*Popper* 1966, S. 18).

Dieses Grundprinzip erscheint zunächst von einer erstaunlichen Einfachheit, auch wenn es in eine komplizierte Theorie der Falsifikation von Theorien eingebettet ist (*Schnädelbach* 1971, *Gross* 1972). Die Frage ist freilich, wie dieses Kriterium bei einem handlungstheoretischen Ausgangspunkt eingelöst werden kann. Wie lassen sich die flüchtigen, vergänglichen und im strengen Sinne unwiederholbaren Ereignisse der Sozialwelt bannen, registrieren und konservieren, damit sie einfachsten, und von jeder großen Theorie vorausgesetzten Operationen wie raumzeitlichen Messungen, Identifizierungen, Zählungen,

Vergleichen und Klassifikationen zugänglich werden? Und wie lassen sich diese in der oben genannten Weise intersubjektiv überprüfen?

Die Antwort scheint auf der Hand zu liegen: Nicht durch Verweis auf empirische Ereignisse, sondern durch den Rekurs auf diese darstellende und registrierende Texte. Darauf führt auch das oben erwähnte Zitat von *Popper* hin.[6] *Popper* schreibt wie selbstverständlich von der »Objektivität wissenschaftlicher Sätze« und nicht von der Objektivität sozialer oder alltäglicher Ereignisse. »Sätze« sind intersubjektiv und über den Augenblick hinweg zugänglich und damit überprüf- und kritisierbar, weil sie Dokumente von Ereignissen sind. Diese Dokumentation leistet der Text. Der Text – das war ja unsere Bestimmung – bewahrt, registriert und dokumentiert die flüchtigen und vergänglichen Phänomene der Sozialwelt in einer Weise, die eine beliebige *Wiedergabe* des zu untersuchenden Ereignisses und damit eine beliebige *Wiederholung* der angewandten wissenschaftlichen Prozedur und ihre Überprüfung ermöglicht. Der Text, und zwar der im Forschungsprozedere jeweils *erste* Text, ist ganz offenbar die *letzte* Realität, auf die der nachprüfende Wissenschafter zurückkommen kann.[7]

Der handlungstheoretisch orientierten Soziologie, deren Grundannahme es ist, daß das Soziale in Interaktionen und nur in ihnen hervorgebracht, angeeignet, bestätigt und verändert wird, stellt sich deshalb die Frage, was es für ihre Untersuchungen bedeutet, wenn sie diese Interaktionen textlich objektivieren muß. Denn tun muß sie es, unter welchen Zwecksetzungen sie immer operiert. Nur so setzt sie andere Wissenschaftler in die Lage, ihre Ergebnisse und die Methoden, die zu diesen geführt haben, zu überprüfen. Nur so macht sie die lebensweltlichen Ereignisse für die wissenschaftlichen Prozeduren, für Isolierungen, Segmentierungen, Zählungen und Vergleiche umstandslos handhabbar. Erfährt die Sozialwelt durch die textliche Objektivierung nicht eine grundlegende Modifikation? Decken ihre Resultate die phänomenale Realität? Wird damit die lebendige Wirklichkeit nicht in eine gefügige Kopie übergeführt und die Sozialwelt gar nicht mehr erreicht? Wird Wissenschaft damit nicht ein »hinterweltliches Reich von künstlichen Abstraktionen, die mit ihren dürren Händen Blut und Saft des wirklichen Lebens einzufangen trachtet«, wie es *Max Weber* einmal formuliert hat (1963, S. 595)?[8]

2.

Wegen der Frage, was diese forschungslogisch bedingte Überführung der Sozialwelt in Texte methodologisch bedeutet, ist es zweckmäßig, die forschungslogische Ebene, auf der bisher argumentiert worden ist, zu verlassen. Ein forschungspraktisches Problem, an dem sich die methodologische Sachlage in einer verallgemeinerungsfähigen Art und Weise veranschaulichen läßt, ist die Frage, in welcher Weise sich die für eine handlungstheoretische Soziologie prototypische Situation – nämlich die unmittelbare soziale Beziehung bzw. die dialogische Kommunikation in einer natürlichen Situation – in einer erfahrungswissenschaftlich tragfähigen Weise untersuchen läßt. Auch hier kann lediglich zur Diskussion gestellt werden, *wie* sich eine derartige kommunikative Szene methodologisch angehen läßt. Weder der Begriff der »dialogischen Kommunikation« noch das »Prototypische« dieser Situation kann ausführlich behandelt werden (vgl. dazu *Kallmeyer, Schütze* 1978; *Ungeheuer* 1979). Immerhin: Prototypisch ist diese Situation aus handlungstheoretischer Sicht, weil jede Form von Realität andauernd in solchen Beziehungen hervorgebracht und realisiert, bestätigt und verändert wird. Und: Sie ist ganz offenbar von ontogenetischer Priorität, alle anderen Formen menschlichen Umgangs entwickeln sich aus ihr (*Luckmann* 1973). Schließlich: Sie ist die typische Situation, in welche der Großteil der Techniken der empirischen Sozialforschung einzutreten verlangt, um überhaupt Daten zu erheben, sei es nun in den unterschiedlichen Formen der Beobachtung oder des Interviews (*Gross* 1979). Wie läßt sich nun diese Situation in einer der intersubjektiven Prüfbarkeit genügenden Weise untersuchen?

Nehmen wir *erstens* an, wir lebten in einer Gesellschaft, in welcher jegliche Objektivierungsmöglichkeiten unbekannt wären. Oder etwas realistischer, man hätte uns, um diese Frage zu untersuchen, alles Schreibzeug und Papier weggenommen. Man könnte weder etwas notieren noch sonstwie beispielsweise technische Objektivierungsmöglichkeiten anwenden. Man kann es vorwegnehmen: Dauert die kommunikative Szene länger als ein paar Sekunden, und verfügten die Versuchspersonen nicht über ein photographisches Gedächtnis, eine »wissenschaftliche« Überprüfung wäre vermutlich auch dann ausgeschlossen, wenn alle Teilnehmer die gleiche Situation zur gleichen Zeit gesehen hätten. Über bestimmte Merkmale der Akteure, über bestimmte Themen, gefallene Äußerungen und Ereignisse wäre mittels der *mündlichen Rekapitulation* vermutlich noch Intersubjektivität zu erreichen – mindestens unmittelbar nach der Beobachtung. Aber wahrscheinlich gäbe es weder eine einheitlich akzeptierte Version dieses Gesprächs als zeitlicher Vorgang noch wären die Versionen der einzelnen Teilnehmer jeweils die gleichen. Aber nicht die Sachlage, daß es keine einheitliche Version der dialogischen Szene gäbe, würde einer wissenschaftlichen Untersuchung unüberwindliche Schwierigkeiten entgegensetzen (dies könnte vielmehr selber zum Gegenstand einer wissenschaftlichen Untersuchung gemacht werden), sondern daß diese Versionen ausschließlich mündlich rekapituliert und damit nicht konstant gehalten werden können. Das Bestreiten oder Widerlegen einer Interpretation, eines Tatbestandes oder eines Sachherganges, welcher nur mündlich geschildert ist, wäre zwar möglich, aber ohne eine Fixierung in irgendeinem Stadium wohl zur Erfolglosigkeit verurteilt – da ja kommunikative Akte, im Unterschied zu den polizeilichen und richterlichen Einvernahmen, in denen in der Regel sichtbare Spuren des Tatherganges vorliegen, flüchtig und (wie tief sie sich immer ins Gedächtnis eingraben) keine augenscheinlichen »Tatspuren« hinterlassen. Wenn es in der Untersuchung nicht mehr nur um »globale« Interpretationen ginge, sondern um die Identifizierung, Segmentierung und Gliederung bedeutungshaltiger Einheiten, deren Zählung und Weiterverarbeitung, und um die wiederholte Überprüfung der angewandten wissenschaftlichen Verfahren, wäre die »Methode« der mündlichen Rekapitulation völlig aussichtslos. Die Geschichte würde sich in der Erinnerung, wozu auch jede neue Version beitragen würde, sukzessive verändern und – wie eine Photographie in der Sonne – langsam verblassen.

Nehmen wir nun *zweitens* an, der Wissenschaftler hätte zum Zwecke der wissenschaftlichen Untersuchung uno actu ein systematisches *Beobachtungsprotokoll*, eine *impressionistische Aufzeichnung*, oder nachträglich ein *Erinnerungsprotokoll* angefertigt. Alles was er nun unternimmt, nämlich segmentieren, zählen, vergleichen, Hierarchien bilden, die Ablaufstruktur herausschälen, die gegenseitigen Unterstellungen von Deutungsmustern und Handlungsschemata herausarbeiten, ist von anderen Wissenschaftlern überprüfbar. Aber nicht an der ursprünglichen dialogischen Situation, sondern am Text, sei dieser nun vom Wissenschaftler selber oder von Versuchspersonen hergestellt, stehe diese nun in einer oder in mehreren Versionen zur Verfügung. Intersubjektivität im Sinne einer rationalen und empirischen Überprüfung ist möglich. Mit der Verschriftung ist eine konstante und verläßliche Dokumentation der dialogischen Situation erreicht, die kommunikative Situation in ein stabiles Medium übergeführt. Wissenschaftliche Feststellungen und Behauptungen lassen sich an der textlichen Objektivierung überprüfen.[9]

Freilich sind das systematische Beobachtungsprotokoll, die impressionistische Aufzeichnung und auch das nachträglich verfertigte Erinnerungsprotokoll noch keine wortwörtlichen Niederschriften der kommunikativen Situation. Sie sind hochgradig selektiv. Vom Erinnerungsprotokoll und von der impressionistischen Aufzeichnung gibt es so viele Versionen wie Protokolle bzw. Aufzeichnungen. Einzig über eine systematische Beobachtungstechnik ist eine Standardisierung der Versionen zu erreichen. Nicht die »Abbildqualität« und die Übereinstimmung von Versionen ist in diesem Zusammenhang entscheidend, sondern deren Fixierung in einem stabilen Medium. Differenzen zwischen Versionen sind erst dann intersubjektiv prüfbar herauszuarbeiten, wenn konstante Objektivierungen vorliegen. Auch die Verfahren zur Prüfung der Zuverlässigkeit (Reliabilität) und Gültigkeit (Validität) von Datenerhebungsverfahren können erst zur Anwendung kommen, wenn Objektivierungen vorliegen. Die Nachprüfung der Übereinstimmung der Datenerhebungen mehrerer Personen zum gleichen Zeitpunkt hinsichtlich der dialogischen Situation und auch die Übereinstimmung der Datenerhebung des gleichen Beobachters zu verschiedenen Zeitpunkten setzen eine Objektivierung voraus.

Befassen wir uns nun *drittens* mit der unterdessen fast normalen Vorgehensweise, um die dialogische Kommunikation zu untersuchen, nämlich der *wortwörtlichen Niederschrift* eines Gesprächs. Mit den dadurch erzeugten *Transkripten* wird heute, insbesondere in neueren linguistisch und ethnomethodologisch beeinflußten Strömungen der Mikrosoziologie (wie der Konversations- oder Gesprächsanalyse) ausgiebig gearbeitet. *Kallmeyer, Schütze* definieren die Konversationsanalyse folgendermaßen: »Unter Konversationsanalyse möchten wir verstehen die empirische Erforschung von sprachlichen Texten, die in natürlichen Kommunikationssituationen hervorgebracht, mit elektronischen Mitteln aufgezeichnet und gespeichert, sowie unter dem Gesichtspunkt der Strukturen des Kommunikationsablaufs, der Aktivitäten der beteiligten Interaktionspartner und/oder von diesen getätigten Bedeutungsvoraussetzungen und -zuschreibungen transkribiert und analysiert werden« (1976, S. 4). Die empirische Erforschung der Konversation wird zutreffend als die Erforschung sprachlicher »Texte« verstanden, die aufgezeichnet, gespeichert und transkribiert werden. Deren Erforschung kann erst beginnen, wenn Transkriptionen oder Aufzeichnungen vorliegen. Obwohl Aufzeichnung und Transkription schon definitorisch ins Spiel gebracht werden, bleiben – auch bei *Kallmeyer, Schütze* – die entsprechenden Probleme erkenntnis- und wissenschaftstheoretischer und auch methodologischer Art außer Betracht.

Daß – im Erinnerungsprotokoll – verschiedene Versionen möglich sind, oder daß selbst bei systematischen Beobachtungsprotokollen Reliabilitätsprüfungen veranstaltet werden müssen, hat schon darauf hingeführt, daß bereits Registrierung und Fixierung *Transformationen* der dialogischen Situation sind, welche auf unterschiedliche Weise möglich und von unterschiedlichem »Zuschnitt« sind. Jede Objektivierung ist eine Umformung der lebensweltlichen Wirklichkeit und die sozialwissenschaftliche Methodologie erfordert solche. Und da die ursprüngliche Situation, um bei unserem Beispiel zu bleiben, unwiederbringlich vorbei ist, befaßt sich der Wissenschaftler in seiner Arbeit mit Konstrukten, die er selber oder andere hergestellt haben. Diese liegen gewissermaßen quer zu den Konstrukten ersten und zweiten Grades, von denen etwa bei *Schütz* die Rede ist (1971). Denn welchen Grades auch immer – sie müssen in Objektivierungen vorliegen, sonst sind sie für eine rationale und empirische Wissenschaft wertlos. Das gilt nun nicht erst für Verkodungen von beispielsweise mittels eines Fragebogens erhobenen Daten. Daß diese Transformationen subjektive und reduktive Verarbeitungen darstellen, ist selbstverständlich. Daß auch die Datenerhebung mittels systematischer Beobachtungsmethoden selektiv und mit Verlusten gegenüber der ursprünglichen Situation behaftet ist, ist ebenso klar.

Die wortwörtliche Nachschrift eines Dialogs suggeriert im Vergleich zu selektiven und reduktiven Beschreibungstypen, wie dem Erinnerungsprotokoll, eine umfassende und präzise Dokumentation von hoher Abbildqualität. Hinsichtlich des Gesprochenen ist sie in der Tat vollständig. Diese Vollständigkeit wird aber mit anderen Verlusten erkauft. Das Transkript ist im Vergleich zu anderen Beschreibungen gleichmacherisch und nivellierend. Die Nebensache wird ebenso stark gewichtet wie die Hauptsache. Das Wesentliche ist nicht gekennzeichnet, das Unwesentliche nicht ausgelassen. Es läßt nur ein »Protokoll«, keine »subjektiven« Stellungnahmen, Klassifizierungen und Bewertungen zu. Es ist in dieser Hinsicht »ärmer« und auf einer einfacheren Verarbeitungsstufe anzusiedeln als die impressionistische Schilderung oder das Erinnerungsprotokoll. Diese Verschriftungen dürfen kommentierend sein, das Gesamtverhalten (und nicht nur das Gesprochene) beschreiben und die Situation schildern. Das Transkript erlaubt dies nur in Form von spezifisch auf den Wissenschaftsgebrauch hin zugeschnittenen diakritischen Zeichen als Verfeinerungen von Interpunktionen.

In der wortwörtlichen Verschriftung lassen sich ferner für das phänomenale Verständnis des Gesprächs wichtige, manchmal entscheidende Dimensionen nicht aufnehmen. Die beiden großen Klassen der nichtsprachlichen, aber das Sprechen im Vollzug mitkonstituierenden und manchmal fundierenden kommunikativen Modi, nämlich die sich in gestischen, mimischen und paralinguistisch-prosodischen Verhaltensäußerungen zur Geltung bringenden vitalen Befindlichkeiten und Stimmungen, sind in ihnen nur sehr beschränkt zu objektivieren (*Gross, Müller* 1976, *Müller* 1978, *Gross* 1979). [10] Das Erinnerungsprotokoll hingegen kann, wie schon erwähnt, dieser Beschränkung ausweichen, weil es nicht an die wortwörtliche Verschriftung gebunden und damit *über* derartige Phänomene etwas aussagen kann.

Und schließlich: Während das Erinnerungsprotokoll oder eine impressionistische Beschreibung die Akteure nicht separiert »auftreten« läßt oder dies mindestens in einer unsystematischen Weise tut, wird im Transkript die ursprüngliche Begebenheit aufgelöst in ein abwechselndes Nacheinanderreden von A und B. Dabei werden simultane Sprechereignisse, Überlappungen und kontinuierlich ineinanderübergehende Realisierungen in eine lineare Sukzession, in ein Nacheinander gedrängt. Daß der eine *nach* dem anderen redet, wird nur vom Dritten, vom Forscher oder Zuhörer, so erfahren. Für die Akteure kommt dies phänomenal nicht oder nicht in der gleichen Weise zur Geltung – je nach dem, um was für eine Sorte von Dialog es sich handelt: »In der gesprächsmäßigen Ablösung der ersten und zweiten Person lösen sich ihre Reden für sie selbst nicht von einander ab, sie sprechen für sich selbst nicht einer *nach* dem andern, sondern *mit*-einander und insofern gleichzeitig« (*Löwith* 1968, S. 246). Durch die wortwörtliche Niederschrift tritt nun aber eine Umformung ins Blickfeld, welche bei den bisher genannten Transformationen, nämlich Erinnerungsprotokollen, impressionistischen Aufzeichnungen und systematischen Beobachtungsprotokollen gar nicht aufgefallen ist. Wir meinen die *alphabetsprachliche Verschriftung*. Die Verschriftung hat nämlich – gegenüber den anderen, augenfälligen Verlusten und Verzerrungen der ursprünglichen Situation durch die erinnernde Verkürzung oder Ausschmückung oder durch die standardisierten Beobachtungsprotokolle – den Charakter eines neutralen Werkzeuges. Aber das ist nicht der Fall!

Die *methodologischen Implikationen* der Verschriftung sind freilich aus soziologischer Sicht praktisch unbeachtet geblieben. Neben einigen brillanten Essays über die sozialkulturellen und ökonomischen Wirkungen der Schrift (z. B. *Riessman* 1966) und verstreuten Bemerkungen über die Schrift als Bedingung bürokratischer Herrschaft und moderner Rechnungsführung (*Weber* 1976) in der allgemeinen Soziologie finden sich auch hinsichtlich der Rolle der Schrift für die Entstehung der modernen Wissenschaften z. B. bei *Max Weber* keine Bemerkungen. *Max Weber* (1920, S. 98 ff.) erwähnt den rationalen Beweis und das rationale Experiment als den okzidentalen Wissenschaften eigentümlich. Möglich sind sie beide aber erst bei Beherrschung der Schrift – die

Frage ist freilich, ob die Alphabetschrift gegenüber anderen Verschriftungen eine, den auf Beweis, Experiment und rationaler Überprüfung beruhenden Wissenschaften entgegenkommende Sonderstellung einnimmt. Bereits *Herder* hat z. B. hinsichtlich der chinesischen Schriftsprache bemerkt, daß sie »ein großes Hindernis für die Ausbildung der Wissenschaften« sei (1966, S. 282), andere Autoren stufen freilich die ideographische Schrift der Chinesen für die Belange der Wissenschaft höher ein als die alphabetische Schrift (vgl. *Needham* S. 91 f.). Auch die Sprachsoziologie weist nur einige wenige Arbeiten auf, z. B. über die soziopolitischen Bedingungen der Formierung von Schriftsprachen (z. B. *Katagoščina* 1971)[11], erst in jüngster Zeit wird wenigstens das Problem (re-)formuliert (z. B. bei *Soeffner* 1979). Weit häufiger sind demgegenüber Notationssysteme für prosodisch-paralinguistische Phänomene und nicht-sprachliche Verhaltensmodi in ihrer Problematik behandelt (*Gross, Müller* 1976; *Müller* 1978), gerade weil es hier noch keine derart konventionalisierten und obligatorisch gelernten Notierungsmöglichkeiten gibt wie für die Fixierung verbaler Äußerungen. Dasselbe gilt für die Psychologie, in der die Erlernung der Schrift zwar Anlaß zu mannigfachen Untersuchungen gegeben hat (vgl. z. B. *Wygotsky* 1969), die Behandlung der Schrift als Bedingung der Möglichkeit solcher Untersuchungen, also aus wissenschaftstheoretischer Sicht aber ebenso ein Desiderat geblieben ist. Das gilt schließlich auch für die Philosophie. Selbst die philosophische Grundlagenforschung, in welcher die eigene und andere Disziplinen in ihren Forschungsschritten reflektiert werden, macht keinen expliziten Unterschied zwischen Reden und Schreiben (vgl. etwa *Lorenzen, Inhetveen* 1973).[12] Und die sprachanalytische Wendung der modernen Philosophie ist gegenüber dem Schreiben und der Schrift eigentümlich indifferent geblieben – obwohl die philosophische Diskussion der Schrift ein bis in die Anfänge der Philosophie zurückreichendes Thema ist (vgl. *Ricoeur* 1978).[13]

Bei der wortwörtlichen Verschriftung wird nun augenfällig, daß die Schrift kein neutrales Werkzeug darstellt. Die Schrift ist ein Verfahren, dessen man sich bedient, um »die flüchtig artikulierte Sprache in ihrem Wesen zu fixieren, unbeweglich zu machen«, so definiert der Sprachwissenschaftler die Schrift (*Février* 1959, S. 1) und in diesem Sinne wird die Verschriftung auch zur Voraussetzung rationaler und empirischer Wissenschaft. So, wie die »Beteiligung« an den ideologischen Auseinandersetzungen der Reformationszeit, wenn man selbst urteilen und nicht nur auf das Hörensagen angewiesen sein wollte, Lesefähigkeit voraussetzte (vgl. *Giesecke* 1979, S. 49), setzt auch die Beteiligung am wissenschaftlichen Forschungsprozeß Lese- und Schreibfähigkeit voraus. Allerdings, und darauf ist nun präzisierend hinzuweisen, eine für die rationale und empirische Wissenschaft geeignete Form der Schrift.

Objektivierung kann mit verschiedenen Schriftformen erreicht werden – und jede hat ihre Vor- und Nachteile, ihre Stärken und Schwächen hinsichtlich der Registrierung dialogischer Kommunikation oder auch hinsichtlich ihrer Ökonomie für die Schrifterlernung und Textherstellung. Nach *Lüdke* (1969) stellt die Alphabetschrift im Vergleich mit der Bilder- oder pictographischen Schrift oder

der Silben- bzw. syllabographischen Schrift oder auch mit weniger Graphemen auskommenden Schrifttypen (sog. »Merkmalsschriften«) ein optimales (»ökonomisches«) Verhältnis zwischen Texterlernungs- und Textherstellungsaufwand her. Bei einer kleineren Zeichenmenge (das Morsealphabet enthält z. B. nur drei Zeichen: langer Impuls, kurzer Impuls, Pause) werden die Texte unübersichtlich lang, bei größeren Repertoires wie den Bilderschriften werden die Texte zwar kürzer, aber die Erlernung des Zeichenrepertoires erfordert einen viel höheren Aufwand. Die Alphabetschrift hat ein Repertoire von 30–50 Zeichen (gegenüber 6000–8000 im modernen Chinesisch und gegenüber drei im Morsealphabet), dieses Inventar ist relativ leicht zu erlernen, der Textherstellungsaufwand bleibt in Grenzen. Deshalb hat die alphabetsprachliche Verschriftlichung ihren unaufhaltsamen Siegeszug um die Welt angetreten – sie ist das Medium der okzidentalen Rationalisierung und die Voraussetzung rationaler Wissenschaft. Nicht *die* Schrift, sondern die *Alphabetschrift* hat zwar nicht die alleinige, aber doch eine ausschlaggebende Rolle als Faktor der Entstehung abendländischer Rationalität gespielt, ein Gesichtspunkt, der erklären hilft, warum die modernen Wissenschaften nicht nur in nicht-literarischen Kulturen keinen Fuß fassen konnten, sondern auch nicht in Gesellschaften mit Nicht-Alphabetschriften wie China und Indien.

Forschungen zur Sprachsynthese (*Tillman* 1967), physiologische Beobachtungen im Rahmen der artikulatorischen Phonetik (*Lindner* 1961), ohrenphonetische Versuche (*Truby* 1959) und schließlich historische Untersuchungen über die Entstehung der Alphabetschrift (*Lüdke* 1968) haben weiter übereinstimmend ergeben, daß die Segmentierung der Rede in Laute oder Phoneme, denen dann Grapheme (die auch Phonemfolgen repräsentieren können) entsprechen, nicht auf natürlichen Einheiten des Redestroms beruhen, sondern künstlich fiktiv sind; die Phonemtheorie mithin aus der alphabetsprachlichen Verschriftung abgeleitet sei (*Piirainen* 1971).[14] Auch die Wörter entsprechen in der alphabetsprachlichen Rechtschreibung keineswegs durchgängig den im Redestrom realisierten (und immer wieder unterschiedlich realisierten) Einheiten, dasselbe gilt für die Satzbildung in Schrifttexten. (Willkürlich bzw. durch Konvention geregelt ist auch die Verlaufsrichtung der Zeilen in den modernen alphabetsprachlichen Verschriftungen: z. B. eine Zeilenführung von links nach rechts, und dann zeilenweise von oben nach unten). *Wygotski,* der sich aus anderer Sicht mit dem Erwerb der Schriftsprache in der Ontogenese befaßt hat, kommt zum Schluß: »Die schriftliche Sprache ist... keine einfache Übersetzung der mündlichen Sprache in Schriftzeichen, und das Erlernen der schriftlichen Sprache ist auch nicht einfach die Aneignung der Technik des Schreibens... Die schriftliche Sprache ist eine besondere sprachliche Funktion... Die schriftliche Sprache setzt... für ihre wenn auch nur minimale Entwicklung einen hohen Grad der Abstraktion voraus... Sie ist eine Sprache ohne das Musische, Expressive, überhaupt ohne ihre lautliche Seite. Sie ist eine Sprache im Denken... der das wesentlichste Merkmal der mündlichen Sprache fehlt, nämlich der ›materielle‹ Laut« (1969, S. 224).

Die dialogische Kommunikation wird also beim Transkribieren auf verschiedenen Stufen (Personenfolge, Satzfolgen, Wortfolgen und Buchstabenfolgen) in Segmentierungsschemata hineingezwungen, die nicht natürlich vorgegeben, sondern »konventionell«, wenn auch den Prinzipien der Ökonomie folgend, erfunden, eingeführt sind. Daher ist die Verschriftung auch nicht »nebenher« zu lernen, sondern muß im Schreib-, Lese- und Aufsatzunterricht angeeignet werden (*Giesecke* 1977, S. 11). Diese Aneignung kann deshalb als die Erlernung eines Kodiervorgangs und die alphabetsprachliche Verschriftung als Prototyp einer Kodierung aufgefaßt werden.

Eine Erklärung dafür, daß dies eigentümlicherweise bisher hinsichtlich der sich daraus ergebenden Konsequenzen für den sozialwissenschaftlichen Forschungsprozeß und ihre Resultate praktisch unbemerkt geblieben ist[15], liegt wohl darin, daß alphabetsprachliches Verschriften heute zu einem bald weltweiten *Obligatorium* geworden ist – und die Alphabetsprache die anderen Verschriftungssysteme schon weitgehend verdrängt hat. »Kodieren«, wie der Begriff in der sozialwissenschaftlichen Methodenlehre verwandt wird, ist das »technische Verfahren, durch welches Daten in Kategorien eingeteilt werden. Durch Codes werden die rohen Daten in Symbole – gewöhnlich Zahlen – transformiert, die tabuliert und gezählt werden können. Die Umsetzung erfolgt indessen nicht automatisch; sie erfordert Urteilsfähigkeit von seiten des Coders« (*Selltiz* u. a. 1972, Bd. II, S. 203). Diese Definition gilt vollumfänglich für das Verschriften. In der empirischen Sozialforschung setzt aber das Kodieren in der Regel die Verschriftung oder das Transkribieren voraus. Die sozialwissenschaftlich normierte Kodierung beruht auf einer vorgängigen, alltagspraktisch normierten Kodierung. In Interviews erhobene Antworten auf vorgegebene Kodierlisten zu kategorisieren und das Transkribieren einer dialogischen Kommunikation unterscheiden sich darin, daß Kodieren als sozialwissenschaftlich normierte Technik eine im Rahmen wissenschaftlicher Arbeiten verlangte und gelernte Technik darstellt, orthographisch richtiges Transkribieren hingegen eine in der Schule mittels des Diktats geübte und mithin alltagspraktisch selbstverständliche nicht-exklusive und nicht-wissenschaftliche Tätigkeit darstellt.[16]

Erinnerungsprotokoll und Transkript sind freilich Verkodungen unterschiedlichen Typs, aber sie bedienen sich beide der alphabetsprachlichen Umsetzung. Alle objektivierenden »Beschreibungen«, handle es sich um Narrationen, um Impressionen, um Berichte, Anfragen, Protokolle usw. setzen die passive und aktive Kenntnis der alphabetsprachlichen Verschriftung voraus. In diesem Sinne sind also Verschriftungen die Bedingung der Möglichkeit einer rationalen und empirischen, eben erfahrungswissenschaftlichen Untersuchung dialogischer Kommunikation. Die Verschriftung ist eine Verkodung im Sinne der sozialwissenschaftlichen Methodologie. Auf dieser beruhen die wissenschaftlich normierten Kodierungstechniken. Die für eine rationale und empirische Wissenschaft unumgängliche Objektivierung der Ereignisse in einem stabilen Medium ist, auch was die Notwendigkeit der Verschriftung betrifft, eine Transformation der Sozialwelt.

Nun macht die wortwörtliche Nieder- bzw. Mitschrift einer Konversation freilich – auch in einer Kurzschrift – erhebliche Schwierigkeiten. Sie folgt einer langsameren und weniger differenzierten Bewegungsmöglichkeit als die lautliche oder artikulatorische Realisierung. Der modernen Technik entspringen aber heute Aufzeichnungs- und Speicherungsmöglichkeiten kommunikativer Vorgänge, welche diese Schwierigkeit wie auf einen Schlag zu lösen scheinen. Ton- und Filmaufnahme haben unterdessen ihren Siegeszug angetreten. Die »elektronische Aufzeichnung« ist, wie es die Definition von *Kallmeyer, Schütze* veranschaulicht (1976, S. 4), selber zu einem definitorischen Bestandteil der Konversationsanalyse geworden.

Wir werfen deshalb *zum Schluß* noch einen Blick auf die *technischen Fixierungen* eines Gesprächs, mit welchen offenbar noch einmal eine verläßlichere und umfassendere Dokumentation erreicht werden kann.

Die Verfahren, die mimischen und gestischen Bewegungen nicht mehr in Verschriftungen, sondern als Bewegung selbst festzuhalten und die vokalen Äußerungen nicht mehr »notativ«, sondern als akustische Phänomene selber zu bannen, haben eine vergleichsweise kurze Geschichte. Aus immer schnelleren Folgen von aneinandergereihten Standbildern entstand der Film (*Ceram* 1965). Aus mechanischen Aufnahme- und Aufzeichnungs- und Speicherungstechniken entstand die Tonaufnahme (dazu *Pederson* 1974). Tonfilme fixieren Sprache, Bewegung, stimmlich-vokale Phänomene. Prosodisch-paralinguistische Phänomene wie Stimmklang und Intonation, die im Transkript verschwinden, werden reproduziert. Nichtsprachliches Verhalten, wie Mimik, Gestik und Körperhaltung desgleichen. Filme und Tonbänder lassen sich für die Zwecke der wissenschaftlichen Untersuchung beliebig oder besser: rücksichtslos drehen und wenden, zerstückeln und zusammensetzen, vor- und rückwärts spulen; sie sind widerstandslos wie ein verschrifteter Text (*Gross* 1979).

Damit ist wohl die umfassendste, von Deutungen am stärksten gereinigte, aber auch vom Zwang der Schrift befreite Dokumentation erreicht. Die enormen technischen Hilfsmittel, die die Speicherung, Fixierung und Wiederholbarkeit der in einer face-to-face-Kommunikation ablaufenden Prozesse erlauben, gestatten eine problemlose Korpusgewinnung. Extraverbale und prosodisch-paralinguistische Phänomene, deren flüchtiger Charakter sich hinsichtlich ihrer Erfassung durch die Sprache so schwer tut, werden sozialwissenschaftlich handhabbar. Das Attribut der Selektivität darf zwar auch bei der Film- oder Videoaufnahme nicht vergessen werden: die perspektivische Bildaufzeichnung, weil Sehwinkel und Schärfebereich der Kamera kleiner sind und weniger dynamisch reagieren im Vergleich zum menschlichen Beobachter, dem peripheres Sehen und rasche Wechsel der Blickbewegungen zur Verfügung stehen u. ä. m. (*Henne, Rehbock* 1978, 29 ff.).

Die wissenschaftliche Handhabung, die Beschreibung, Analyse und Interpretation des Ton- und Bildpräparates gibt freilich andere Probleme auf als die Handhabung eines verschrifteten Textes (*Plessner* 1967). Der Schrifttext ist visuell und wird gelesen, der Filmtext ist zwar auch visuell, aber er wird gesehen. Der akustische Text bzw. die Tonspur »materialisiert« die Laute real, wird aber weder gelesen noch gesehen, sondern gehört. Das Tonband produziert die Laute in aufeinanderfolgenden Teilen, während das Filmbild in jeder Sequenz ein »ganzes« Bild zeigt, also alles, außer dem Ton, gegenwärtig ist, und nur die Bewegungsspur sukzessiert (*Gross* 1979). Diese Unterschiede in der Linearität, in der sinnlichen Modalität und in der Repräsentation der Realität affizieren die Rezeption in unterschiedlicher Weise. Film- und Tonaufnahmen sind suggestive optische und akustische »Injektionen« gegenüber Schrifttexten (*Balász* 1972), entsprechend müssen sie in zusätzlichen Schritten auf solche hin ausgelegt, modelliert und geglättet werden. Sie werden deshalb in einem zweiten Schritt in transkriptähnliche visuelle Darstellungen, seien es nun digital oder analog ausgedruckte raum-zeitliche Messungen oder integrierte Partituren, transformiert (*Luckmann, Gross* 1977).

Hier stellen sich *Sonderprobleme,* die hier nur noch in ihrer eigenen erkenntnistheoretischen Problematik veranschaulicht werden können. Einmal ist es eigentümlich, daß die »Hörwelt« im wissenschaftlichen Transformationsprozeß durchwegs in eine »Sehwelt« übergeführt wird. Hinsichtlich des räumlichen Bewegungsverhaltens ist diese Umsetzung einfacher: es hat auch in der Realität räumliche Dimensionen. Die Filmaufnahme reduziert die Sehwelt zwar um die Tiefe. Aber die analoge Überführung des Gehörten in die räumlich-visuelle Linearität ist ein komplizierter Schritt. Wenn *Tillmann* die Sachlage hinsichtlich der auditiven Phänomene damit erklärt, daß der Ohrenphonetiker um die Jahrhundertwende sein Vertrauen in die Leistungsfähigkeit des Ohres verloren habe und das Gehörte deshalb in Sichtbares umzusetzen versuchte (»... man wollte genauer sehen, ›was man zu hören glaubte [nur glaubte]‹«, *Tillmann* o. J., S. 18), so ist diese Erklärung zweifellos unvollständig. Denn nur das Sichtbare gewährleistet die für die Zwecke nicht-apparativer wissenschaftlicher Untersuchungen notwendige ökonomische Simultaneität der Phänomene und erzielt jene Übersichtlichkeit, die Tonspeicherungen eben abgeht. Die ins Visuelle transformierte Wirklichkeit ist deshalb als »eigentliche« Wirklichkeit der modernen Wissenschaften herausgestellt. (*Tillmann* o. J., S. 18). *Luckmann* (1973, S. 9) hat auf die »phylogenetische Bevorzugung« des Lautes vor dem Gesicht und vor den anderen Sinnesmodalitäten hingewiesen. Dies gilt sicher für die Konstitution von Intersubjektivität im Alltag. Aber für die effiziente Herstellung wissenschaftlicher Intersubjektivität bedarf es ihrer Überführung in ein stabiles *visuelles* Medium, seien es nun technisch-apparative Visualisierungen akustischer Phänomene oder in Verschriftungen. Schon diese technischen oder apparativen Transformationen des Gesprächs implizieren Sonderprobleme, die es methodologisch zu beachten und zu reflektieren gilt – Schwierigkeiten, die sich bei den anschließenden stufenweisen weiteren Transformationen und Deutungen kumulieren. Diese Probleme harren, auch in den in jüngster Zeit begonnenen Versuchen, die Notierungen unterschiedlicher kommunikativer Dimensionen in partiturähnlichen Darstellungen zu integrieren, noch einer Lösung (*Luckmann,*

Gross 1978; *Müller* 1978; und die Beiträge von *Bergmann, Jorns* und *Winkler* im vorliegenden Band).[17]

3.

Blicken wir zurück: Das erfahrungswissenschaftliche Vorgehen erzwingt die textliche Objektivierung. Eine auf Rationalität, Objektivität und Intersubjektivität bestehende sozialwissenschaftliche Methodologie ist erst dann anwendbar. Das ist das Fazit unserer Überlegungen zur ersten Frage. Indem die erfahrungswissenschaftlich operierende Soziologie sich ihren Gegenstand in ein ihren Instrumenten gefügiges Präparat, in die textliche Objektivierung überführt, verliert sie freilich den Ereignischarakter der sozialen Wirklichkeit und befaßt sich mit von ihr selbst erzeugten Konstrukten. Technisch-apparative Transformationen, Transkripte oder narrative Texte sind unterschiedliche »Stadien« dieses konstruktiven Objektivierungsvorgangs, Transformationen von unterschiedlicher Länge, Kompliziertheit und Abbildungsqualität. Das war das Fazit unserer forschungspraktischen Überlegungen, in welcher Weise sich die für eine handlungstheoretische Soziologie »prototypische« Situation, die face-to-face-Beziehung in einem erfahrungswissenschaftlichen Sinne untersuchen läßt.

Die Transformation der Ereignisse der Sozialwelt in diese objektivierende Transformationen ist nun ein forschungslogisch höchst selbstverständlicher Vorgang. Datenerhebung und Datenanalyse sind in unzähligen Lehrbüchern der empirischen Sozialforschung beschriebene und im Grundstudium der Sozialwissenschaften vermittelte Verfahren. Eine Technik der Objektivierung ist unterdessen zu einem bald weltweiten, schon in der Schule gelernten Objektivierungsverfahren geworden, nämlich die Verschriftung.

Selbstverständlichkeiten kommen erst auf den zweiten Blick in Sicht. Datenerhebung und Datenanalyse in den empirischen Sozialwissenschaften sind lediglich Titel für verschiedenste Methoden und Techniken, aber nicht solche für objektivierende Transformationen. Als *Objektivierungen* sind sie jedoch unumgängliche Voraussetzungen erfahrungswissenschaftlichen Vorgehens, als *Transformationen* sind sie Verkodungen der lebendigen Sozialwelt in neue Wirklichkeiten, welche eben erst als objektivierte dem erfahrungswissenschaftlichen Zugriff zugänglich werden. Es ist deshalb notwendig, nicht nur die Techniken der Objektivierung und Transformation zu erlernen, sondern die spezifischen Modifikationen, welche die Sozialwelt in der Datenerhebung und Datenverarbeitung erfährt, zu reflektieren. Es gilt, wie dies Alfred *Schütz* in einem ähnlichen Zusammenhang festgestellt hat, »... gewissermaßen die *Transformationsgleichung* anzugeben, nach welcher sie (die Sozialwissenschaft – P.G.) die Phänomene der Sozialwelt idealisierend umformt« (*Schütz* 1971, S. 160).

In diesem Sinne ist es notwendig, das erfahrungswissenschaftliche Vorgehen durch eine »Hermeneutik« im Sinne einer Lehre vom Verstehen und Deuten sozialwissenschaftlich und amtlich erzeugter, im sozialwissenschaftlichen Forschungsprozeß stufenweise transformierter und in der wissenschaftlichen und politischen Diskussion unproblematisch verwandter Texte zu entwickeln. Die arbeitsteilige Maschinerie der amtlichen und sozialwissenschaftlichen Datenproduktion erzeugt mit der Ausdehnung der Staatstätigkeit und dem immer dichter werdenden Institutionengeflecht eine Überfülle von Texten. Unter ihnen nimmt der Anteil fremdproduzierten (prozeßproduzierten oder amtlich produzierten) Materials überproportional zu (*Bick* u. a. 1979). Die Fähigkeit, die sozialwissenschaftlich und prozeßproduzierten Texte hinsichtlich ihres Objektivitäts- und Realitätscharakters zu verstehen, wächst langsamer als ihr quantitativer Umfang (*Biderman* 1966, S. 102 ff.). Die Erzeugungsprozeduren und damit die »Abbildungsqualität« ist vom Sozialwissenschaftler selbst nun mehr ungenügend zu kontrollieren (*Scheuch* 1977, S. 7). Die Hermeneutik als Methode versteht sich – seit *Dilthey* – als Kunstlehre des Verstehens schriftlich fixierter Lebensäußerungen (und schon *Dilthey* hat die Hermeneutik in diesem Sinne eingeengt, weil nur die »fixierte« Lebensäußerung erlaubt, daß man »immer wieder zu ihr zurückkehren« kann und so erst ein kontrollierbarer Grad von Objektivität erreicht werde; vgl. *Dilthey* 1957, S. 319).[18]

Während die Hermeneutik im Sinne *Dilthey's* sich aber auf die Auslegung »schöner« Literatur, »literarischer Schriftdenkmäler« beschränkt, umfaßt die hier gemeinte »Kunstlehre« auch und vor allem wissenschaftlich produzierte Texte und sozialwissenschaftlich relevante »Massenakten«, und zwar in allen Stadien des Transformationsvorgangs.[19] Diese Hermeneutik wissenschaftlicher Texte müßte nicht nur das Deuten und Verstehen sozialwissenschaftlicher Texte umfassen, sondern insbesondere die Prozeduren, in denen diese erzeugt und produziert werden, unter dem Gesichtspunkt der dabei stattfindenden Transformationen (und den entsprechenden Konstruktions- und Reduktionsprozessen) kontrollierend verfolgen und – schließlich – ihre unproblematische und häufig fragwürdige und zweckentfremdete Verwendung als Textpragmatik untersuchen.[20] Und dies wird nur gelingen, wenn die Fundierung wissenschaftlicher Formungs- und Deutungsprozesse und die damit notwendigerweise einhergehenden Objektivierungstechniken zur Herstellung wissenschaftlicher Intersubjektivität in den vorwissenschaftlichen, selbstverständlichen und fraglos gelernten und verwandten Objektivierungspraktiken erforscht oder mindestens (wie z. B. die Verschriftung) als Forschungsproblem akzeptiert wird.

Es war die Leistung *Max Webers*, die handlungstheoretisch orientierte Soziologie durch die Forderung der Rückführung aller Gegenstände der Sozialwissenschaften auf den »gemeinten Sinn« des Handelnden hin in eine Richtung gewiesen zu haben, die eine Fundierung der Sozialwissenschaften versprach. Wenn *Alfred Schütz* die Sozialwissenschaften aufgefordert hat, die Formen der Modifikationen zu erarbeiten, welche die lebensweltlichen Erlebnisse im formenden und objektivierenden und anonymisierenden Zugriff der Wissenschaften erfahren und deren Abhängigkeit von den Konstitutionsakten der in der Sozialwelt Lebenden, so hat er die Fragestellung *Webers* erweitert und verfeinert. Insbesondere die Unterscheidung von subjektivem (aktuellem) Sinn des Handelnden in der Sozialwelt und dem wissenschaftlich konstruierten objektiven Sinnzusammenhang, in welchen die Handlungen (und nicht das Handeln) der in der Sozialwelt Lebenden eingestellt werden (vgl. *Schütz* 1960; dazu *Gross* 1972, S. 61 ff.), verlangt eine Besinnung auf jene Praktiken und Techniken, mit Hilfe derer objektive Sinnzusammenhänge konstruiert, sozialwissenschaftliche Daten konstituiert und die entsprechenden Theorien vermittelt und wissenschaftlich kontrolliert werden können. Und diese sind – halten wir das noch einmal fest – Zeichen und Symbole, welche die Eigenschaften haben, die flüchtige Gegenwart zu überdauern, zu registrieren und zu dokumentieren, damit die wissenschaftliche Intersubjektivität hergestellt werden kann. Für diese Aufgabe lassen sich Leitfäden gewinnen, wenn die Konstitution sozialwissenschaftlicher Texte im Forschungsprozeß selbst unter erfahrungswissenschaftlichen Prämissen untersucht wird.[21] Wie »... wissenschaftliches Wissen leichter zu untersuchen (ist) als Alltagswissen« (*Popper* 1966, S. XXII f.) und wir, wenn wir die wissenschaftliche Erkenntnis betrachten, »so etwas wie ein vergrößertes Bild der Alltagserkenntnis vor uns sehen« (*Popper* 1966, S. XXIV), lassen sich auch die wissenschaftlichen Objektivierungspraktiken zur Gewinnung sozialwissenschaftlicher Daten und Datenfigurationen bzw. Texten gleichsam unter dem Vergrößerungsglas untersuchen.

Möglicherweise ergibt sich dann auch eine Antwort auf die eingangs gestellte Frage, ob die Soziologie, um noch einmal *Max Weber* zu paraphrasieren, mit ihren dürren Händen das wirkliche Leben vergeblich einzufangen trachte. Es wird sich nämlich zeigen, daß die Tätigkeit des Soziologen selbst nicht nur eine besonders gut untersuchbare (und besonders normierte) Praktik darstellt, soziale Wirklichkeit anzueignen, zu organisieren und zu objektivieren, sondern daß Wissenschaft, auch in ihren fachlich spezialisierten und begrifflich differenzierten Formen auf Möglichkeiten aufbaut, welche Teil des »wirklichen« Lebens selbst sind.

Anmerkungen

1 *Harris* (1951) beschreibt die Vorgehensweise der deskriptiven Linguistik z. B. folgendermaßen: »Investigation in descriptive linguistics consists of recording utterances in a single dialect and analyzing the recorded material. The stock of recorded utterances constitutes the corpus of data, and the analysis which is made of it is a compact description of the distribution of elements within it.« (1951, S. 12).
2 Für eine knappe Erörterung der beiden klassischen Ausprägungen soziologischer Theoriebildung, nämlich die von *Max Weber* ausgehende handlungstheoretische und die bei *Emil Durkheim* erstmals klar formulierte strukturalistische oder strukturfunktionale Position vergleiche *Berger, Pullberg* (1965).
3 Diese Einstellung illustriert treffend H. P. *Rickman* in »Anmerkung zur sprachanalytischen Philosophie«, in: Archiv für Geschichte der Philosophie 1 (1971), S. 58–72.
4 »Immer wieder« wird hier in einer völlig anderen Bedeutung verwandt als das aus der phänomenologisch orientierten Soziologie bekannte »Ich kann immer wieder«, welches eine Intersubjektivität konstituierende Grunderfahrung im Alltag kennzeichnet. Vgl. dazu A. *Schütz* (1971), S. 3–55.

5 Die häufig verbreitete Ansicht, die Naturwissenschaft könne von dieser Konstanthaltung absehen, weil in ihr – z. B. in der Astronomie – »Veränderungen... so ungeheuer langsam vor sich gehen, daß für menschliche Zeitbegriffe eine völlige Konstanz besteht« gilt wohl nur für Grenzfälle. Eine Unterscheidung von Sozialwissenschaften und Naturwissenschaften in diesem Sinne treffen z. B. *H. Glinz* (1978), S. 21; *H. Seiffert:* Einführung in die Wissenschaftstheorie 1, München 1969, S. 185 ff.

6 *Popper* hat im Vorwort zur zweiten deutschen Ausgabe das Kriterium der intersubjektiven Nachprüfbarkeit kritizistisch verallgemeinert. In einer neuen Anmerkung zum oben zitierten Satz schreibt er »... die intersubjektive *Nachprüfung* ist nur ein sehr wichtiger Aspekt des allgemeineren Gedankens der intersubjektiven *Kritik,* mit anderen Worten ein Aspekt der Idee der gegenseitigen rationalen Kontrolle durch kritische Diskussion« (Logik der Forschung, Tübingen 1966, S. 18, Anm. *1).

7 Wer sich Mühe nimmt und einmal darauf achtet, wovon in wissenschaftlichen Diskussionen eigentlich die Rede ist, wird immer wieder den Rekurs auf Texte, auf Objektivierungen registrieren.

8 Wir sind auf ein Zitat von Paracelsus gestoßen, welches einer ähnlichen Sorge hinsichtlich der Naturwissenschaften Ausdruck gibt. Paracelsus schreibt: »Wer die Natur durchforschen will, der muß ihre Bücher mit den Füßen treten. Die Schrift wird erforscht durch ihre Buchstaben, die Natur aber von Land zu Land: wieviel Länder soviele Blätter. Das ist der Kodex der Natur und also muß man ihre Blätter wenden.« Zitiert in: R. *Buser* (1973), S. 12.

9 Das Experiment in der Psychologie versucht, durch die rigorose Kontrolle der Bedingungen eine Wiederholbarkeit zu gewährleisten. Vorausgesetzt ist dabei freilich, daß der Versuch genau beschrieben, also textlich objektiviert wird. (»Deswegen sollte jeder Versuch so genau beschrieben werden, daß eine Wiederholung unter gleichen Bedingungen... möglich ist« – *Roth* [1969], S. 23). Genau genommen ist die Wiederholung eines Experimentes unter den absolut gleichen Bedingungen – und das würde heißen auch mit den gleichen Personen – im strengen Sinne unmöglich. Außerdem ist auch beim Experiment eine Wiederholung nur aufgrund einer strittigen wissenschaftlichen Feststellung, Aussage oder Resultates sinnvoll. Um diese zu überprüfen muß sie selbstverständlich auch wieder in Satzform, in textlich objektivierter Form vorliegen.

10 Dazu finden sich seit dem Beginn einer Wissenschaft vom Ausdruck beredte Klagen über das Unvermögen der Sprache in dieser Hinsicht. Vgl. z. B. schon J. J. *Engel:* Ideen zu einer Mimik. Berlin 1802 (Erster Teil), S. 46: »Doch wozu werden Sie sagen, für unsern jetzigen Gebrauch, die pünktliche Berechnung aller integranten Theile einer Gebehrde, wenn man nur für die Erscheinungen im Ganzen Nahmen hat, die ein jeder versteht? Freylich wäre Alles gut, wenn wir die hätten; aber auch in dieser Rücksicht ist die Sprache so dürftig, so unvollkommen« (S. 46). Vgl. dazu die Äußerung *Cicourels:* »Ich habe versucht, Beschreibungen der Gebärden, die ich beobachtete, auf Tonband zu sprechen; aber es fiel mir schwer, die Gebärden so einfach, einleuchtend und bedeutungsvoll zu referieren, wie sie von der gehörlosen Versuchsperson generiert wurden... Die Schwierigkeiten, auf die ich hier stieß, liegen nicht nur in meiner Unfähigkeit, präzise Englisch zu sprechen, sondern auch in der Tatsache, daß eine derartige Beschreibung visueller Eindrücke eigentlich keine Beziehung zur gesprochenen Sprache hat« (1975, S. 190–243, S. 208, 213). Hier stellt sich die Frage nach einer ähnlich ökonomischen Umsetzung dieser Bewegungen in ein Notierungssystem, wie es die Alphabetschrift für die gesprochene Sprache (bzw. ihre Inhaltsseite) darstellt. Zu diesem Problem M. *Krampen:* Das Verhältnis von Ausdruckseinheiten zu Bedeutungseinheiten in der Substitution von verbaler und nonverbaler Kommunikation, Berlin 1971 (Mskpt.).

11 Da der zitierte Aufsatz von *Riessman* weithin unbekannt ist (im Gegensatz zu den Arbeiten von *MacLuhan* über ähnliche Themen) wollen wir drei Sätze daraus zitieren: »Worauf ich hinauswill, ist, daß das gesprochene oder gesungene Wort dann besonders eindrucksvoll ist, wenn es die alleinige Verkörperung der symbolischen Umwelt

ist; sobald aber das Buch in diese Umwelt eingetreten ist, kann die gesellschaftliche Organisation nie mehr die gleiche sein. Mit dem Buch halten Distanzierung und eine kritische Haltung ihren Einzug, die in einer auf das gesprochene Wort angewiesenen Gesellschaft nicht möglich ist. Wir überdenken gelegentlich eine Rede noch einmal, aber wir können sie nicht von vorne nach hinten und von hinten nach vorne hören, wie wir ein Buch lesen, – das heißt der Schreibende kann in einer Weise nachgeprüft werden, die beim Redner oder, wie wir sehen werden, beim Filmmacher nicht möglich ist. Wenn eine ganze Gesellschaft von dem abhängig ist, woran sich die Einzelnen erinnern können, dann kommt sie auch kaum darum herum, von jedem Kunstgriff des Demagogen und des Dichters abhängig zu sein: von Reim, Rhythmus, Melodie, Aufbau und Wiederholung« (S. 380 f.). Vgl. auch die sehr allgemeinen Bemerkungen *Luhmann's* über die Schrift als eine »Zweit-Codierung« der Sprache, mit der Gesellschaft- und Interaktionssystem stärker differenzierbar werden, eine räumliche und zeitliche Erweiterung des Kommunikationspotentials stattfinden und die Möglichkeiten interaktioneller Motivsuggestion und -kontrolle an Bedeutung verlören (1974, S. 236–255, S. 239 ff.).

12 Selbst die »Philosophie der normalen Sprache«, die bei der Arbeit an philosophischen Problemen Untersuchungen unserer alltäglichen Sprache zur Basis der Argumentation zu machen beabsichtigt, bleibt der Unterscheidung von gesprochener und geschriebener Sprache gegenüber völlig indifferent. Vgl. z. B. die von E. v. *Savigny* (1969) herausgegebenen Texte zur Philosophie der normalen Sprachen.

13 Der Angriff auf die Schrift beginnt bei Plato und Sokrates – letzterer hat als authentisch Schaffender (wie übrigens auch Jesus) keine Schriften hinterlassen. Er führt über Rousseau und Bergson, welche der Erfindung der Schrift Tyrannei, Ungleichheit, Gelehrten- und Priesterherrschaft anlasten bis hin zu den modernen Philosophien und Praktiken der Unmittelbarkeit, seien diese nun mystisch, lebensphilosophisch oder therapeutisch aufgezogen. Vgl. dazu *P. Ricoeur* (1978); *J. Derrida* (1976); und aus ethnologischer Sicht *Diamond* (1976, S. 8 ff.). Apologetiker der Schrift sind neben Hermeneutikern wie *Gadamer* und *Ricoeur* beispielsweise H. *Klages* für den mit der Verbreitung der Schrift überhaupt erst »jenes eingebildete Denken, das gemeinhin ›Nachdenken‹ heißt beginnt« (1964), S. 341) und Bildung den Massen erst durch die »Teilhaberschaft am schriftlich Niedergelegten« ermöglicht wurde und der die Schrift vor allem dafür lobt, daß sie befähigt, »die eigenen Gedanken ohne Rücksicht auf Mitteilungszwecke schriftlich niederzulegen« (1968, S. 217).

14 Neben der Annahme der relativen Unabhängigkeit der Schrift von der Rede bzw. der Graphemik von der Phonemik, wie sie vor allem von *Püräinen* (1971) vertreten wird, existieren aber auch noch die älteren Theorien der Abhängigkeit der Graphemik von der Phonemik, wie etwa von den Junggrammatikern und *Bloomfield* (1933). In dieser Betrachtungsweise ist die Schrift nur ein äußerliches Hilfsmittel zur besseren Beobachtung – die Schrift hat keinen eigenständigen Charakter. Vgl. dazu J. *Zürcher* (1968), S. 6 ff. Leider sind die soziologisch orientierten Arbeiten nur über den Spracherwerb dicht, über den Schrifterwerb aber umso dünner gesät. *Giesecke* schreibt in seiner Arbeit über die Schriftsprache als Entwicklungsfaktor in Sprach- und Begriffsgeschichte (1977): . . .»daß die Schriftsprache eines der letzten, nicht mehr zu ersetzenden Abstraktionen kaum entbehrlichen (nicht vollständig substituierbaren) Werkzeugsysteme ist, das in der menschlichen Evolution zur Präsentation kognitiver Leistungen entwickelt wurden. Die Repräsentation dieses sprachlichen Systems dürfte für den Grad der symbolisch-bewußtseinsmäßigen Kompetenz von grundlegender Bedeutung sein. Dies umsomehr, als die zu seiner Aneignung notwendigen Fähigkeiten offensichtlich in hohem Maße übertragbar sind, – z. B. auf die Lösung algebraischer Aufgaben und solcher elementarer Operationen wie der Feststellung von Proportionen« (S. 6 f.). Umso notwendiger wäre es, dieses kaum entbehrliche Werkzeugsystem zu reflektieren. Für die andere »Verkodungstechnik«, die jeder messenden Sozialforschung vorausgesetzt ist, nämlich das Zählen und die darauf aufbauenden höheren Formen der

Mathematisierung, läßt sich wohl mit gutem Recht eine »natürliche« Fundierung in den Fingern und ihrem »Dezimalsystem« im Zeitmaß des Tages usw. behaupten. Ähnlich differierende Zählungssysteme wie Verschriftungssysteme sind deshalb nicht denkbar. Vgl. dazu G. *Frey* (1967, S. 7 ff.).

15 Sind möglicherweise die konversationsanalytischen »Theorien« auch Artefakte der Verschriftung oder mindestens durch diese mit determiniert? Ist es nicht denkbar, daß auch die konversationsanalytisch aufgefundenen Theorien über die Generierung von Alltagshandeln und die Konstitution von »Gesprächsabläufen« Konstrukte sind, da die Identifizierung von Einheiten, die Segmentierung und Gliederung an schriftkonstituierten Texten gewonnen sind, und damit die phänomenale Ebene nicht zu decken vermögen, denn die für die konversationsanalytischen Theorien konstitutiven Wechsel der Sprecherrollen, die Längen der Redebeiträge, die Pausen usw. sind nämlich an alphabetsprachlichen Verschriftungen gewonnen.

16 Das Kodieren im Rahmen der empirischen Sozialforschung ist vereinzelt empirisch untersucht worden. Vgl. dazu: B. A. *Katz*, W. W. *Sharrock* (1976, S. 244–272). Das Kodieren von Antworten in einem Fragebogen beruht unserer Darstellung zufolge genau genommen auf der Kodierung der Meinungen, Erlebnisse usw. der Befragten, entweder durch diese selber (bei der schriftlichen Befragung) oder durch den Interviewer (bei der mündlichen). Bis die Daten zur Verarbeitung hergerichtet sind, sind also mehrere Kodiervorgänge zu bedenken.

17 Folgende Probleme seien hier kurz erwähnt: 1. Die »Integration« der im Alltag automatisch harmonisierten unterschiedlichen zeitlichen Dimensionalitäten und Phasenverläufe; 2. Die Integration analoger, digitaler und verschrifteter Daten; 3. Die Integration unterschiedlich »langer Transformationswege« optischer, akustischer und sprachlicher Daten.

18 Die angesprochene Stelle von *Dilthey* lautet vollständig: »Aber auch angestrengteste Aufmerksamkeit kann nur dann zu einem kunstmäßigen Vorgang werden, in welchem ein kontrollierbarer Grad von Objektivität erreicht wird, wenn die Lebensäußerung fixiert ist und wir immer wieder zu ihr zurückkehren können. Solches *kunstmäßige Verstehen von dauernd fixierten Lebensäußerungen nennen wir Auslegung oder Interpretation* ... Daher hat die Kunst des Verstehens ihren Mittelpunkt in der Auslegung oder *Interpretation der in der Schrift enthaltenen Reste menschlichen Daseins* ... Sie ist die *Kunstlehre der Auslegung von Schriftdenkmalen*« (1957, S. 317 ff.).

19 Eine »Kunstlehre« für die Analyse und Interpretation prozeß-produzierter Daten fordern *Bick, Müller, Reinke*: »In der Vergangenheit hat sich für die Methode der Akten- und Dokumentenanalyse jedoch noch kaum eine »Kunstlehre« ausgebildet, die z. B. Ausmaß und Richtung der Verzerrungen in prozeß-produzierten Daten feststellbar und kontrollierbar werden ließe – sieht man einmal von der ›historischen Quellenkritik‹ für Quellen bestimmter Provenienz ab. Für die Entwicklung einer mit der ›historischen Quellenkritik‹ vergleichbaren sozialwissenschaftlichen ›Fehlerlehre‹ – nun aber für sozialwissenschaftlich relevante ›Massenakten‹ – liegen z. Zt. zuwenig und wenn, dann nur unverbundene Aussagen über Abbildqualität vor. Insbesondere aus der Rechts-Soziologie, in geringerer Maße auch aus der Bildungs-Soziologie, liegen zum Teil heftig umstrittene Vorstellungen über die ›Produktionsbedingungen‹ prozeß-produzierter Daten vor, die jedoch auch sehr stark von den Besonderheiten der jeweils interessierenden Institutionenbündel beeinflußt sind (z. B. labeling approach, Entstehung von Leistungsbewertungen usw.) und deshalb kaum auf Daten unterschiedlicher institutioneller Herkunft generalisiert werden können« (1979).

20 Hinsichtlich der prozeß-produzierten Daten der amtlichen Statistik ist eine entsprechende Kritik an der Tagesordnung (vgl. *Biderman* 1966; *Zapf* 1976). Was die empirische Sozialforschung, also die sozialwissenschaftlich erhobenen Daten anlangt, werden die einzelnen Datenerhebungsverfahren häufig einer kritischen Betrachtung unterzogen, weniger allerdings deren selektive Veröffentlichung und Verwendung.

Vgl. dazu z. B. H. *Sahner* (1979). Allgemein zur »datenproduzierenden« und »datensammelnden« Gesellschaft vgl. R. *Grathoff* (1979).

21 Diese Frage verfolgt das Konstanzer Forschungsprojekt; vgl. dazu die Beiträge von *Bergmann, Jorns, Müller* und *Winkler* in diesem Band. Zur Projektbeschreibung vgl. *Luckmann, Gross* (1977).

Literatur

Albert, H.: Probleme der Wissenschaftslehre in der Sozialforschung, in: *König,* R. (Hrsg.): Handbuch der empirischen Sozialforschung, Bd. 1: Geschichte und Grundprobleme der empirischen Sozialforschung[3], Stuttgart 1973, 57–104.
Allemann, v. H.: Der Forschungsprozeß. Eine Einführung in die Praxis der empirischen Sozialforschung, Stuttgart 1977.
Balász, B.: Der Geist des Films, Halle 1930 (Neudruck Frankfurt am Main 1972).
Berger, P. L., *Pullberg,* S.: Verdinglichung und soziologische Kritik des Bewußtseins, in: Soziale Welt 2, 1965, 96–112.
Bergmann, J.: Ethnomethodologische Konversationsanalyse, Konstanz 1979 (Mskpt.).
Bick, W. u. a.: Historische Sozialforschung, Stuttgart 1979.
Biderman, A. D.: Social Indicators and Goals, in: *Bauer,* R. A. (Eds): Social Indicators, Cambridge, Mass. 1966, 68–153.
Breuer, D.: Einführung in die pragmatische Texttheorie, München 1974.
Buser, R.: Ausdruckspsychologie, München, Basel 1973.
Ceram, C. W.: Eine Archäologie des Kinos, Reinbek b. Hamburg 1965.
Cicourel, A. V.: Multisensuelle Kommunikation: Probleme der sprachlichen Darstellung sozialer Erfahrungen, in: Sprache in der sozialen Interaktion, München 1975, 190–243.
Derrida, J.: Die Schrift und die Differenz, Frankfurt am Main 1976.
Diamond, S.: Kritik der Zivilisation. Anthropologie und die Wiederentdeckung des Primitiven, Frankfurt, New York 1976.
Dilthey: Die Entstehung der Hermeneutik, in: Gesammelte Schriften[2] V, Stuttgart, Göttingen 1957, 317–338.
Eco, U.: Einführung in die Semiotik, München 1972.
Engel, J. J.: Ideen zu einer Mimik, Berlin 1802.
Essen v., O.: Allgemeine und angewandte Phonetik, Berlin 1966.
Feldmann, E.: Theorie der Massenmedien, München 1972.
Février, J. G.: Histoire de l'écriture[2], Paris 1959.
Frey, G.: Die Mathematisierung unserer Welt, Stuttgart, Berlin, Köln, Mainz 1967.
Gadamer, H. G.: Wahrheit und Methode[2], Tübingen 1965.
Giesecke, M.: Schriftsprache als Entwicklungsfaktor in Sprache- und Begriffsgeschichte, Bielefeld 1977 (Mskpt.).
Giesecke, M.: Schriftspracherwerb und Erstlesedidaktik in der Zeit des »gemein teutsch« – eine sprachhistorische Interpretation der Lehrbücher Valentin Ickelsamers, in: Osnabrücker Beiträge zur Sprachtheorie 11, 1979, 48–73.
Glinz, H.: Textanalyse und Verstehenstheorie II, Wiesbaden 1978.
Grathoff, R.: Interaktion – Wissen – Sprache: Bemerkungen zum Datenbegriff und zur Datenkonstitution in der sprachsoziologischen Forschung. In: *Mackensen,* R., *Sagebiel,* F. (Hrsg.): Soziologische Analysen, Ber. 19. Deutscher Soziologentag, Berlin 1979, 437–450.
Gross, P.: Reflexion, Spontaneität und Interaktion. Zur Diskussion soziologischer Handlungstheorien, Stuttgart 1972.
Gross, P.: Produktion und Konstitution. Zum Verhältnis von politischer Ökonomie und phänomenologischer Soziologie, in: Internationales Jahrbuch für Wissens- und Religionssoziologie 9, 1975, 8–31.

Gross, P.: Gesprochenes verschriften und Miteinanderreden beschreiben. Einige Unterschiede und Probleme, in: Zeitschrift für Semiotik 1, 1979a, 153–159.
Gross, P.: Die unmittelbare Beziehung als Problem sozialwissenschaftlicher Analyse, in: *Soeffner,* H. G. (Hrsg.): Interpretative Verfahren in den Sozialwissenschaften, Stuttgart 1979b, 188–208.
Gross, P., *Müller,* J.: Zur Notation nonverbaler Phänomene, Konstanz 1976 (Mskpt.).
Gülich, E., *Raible,* W. (Hrsg.): Textsorten. Differenzierungskriterien aus linguistischer Sicht, Frankfurt am Main 1972.
Harris: Methods in Structural Linguistics, Chicago 1951.
Henne, H., *Rehbock,* H.: Einführung in die Gesprächsanalyse, Berlin, New York 1979.
Herder, J. G.: Ideen zur Philosophie der Geschichte der Menschheit, Darmstadt 1966.
Holländer, H.: Bilder als Texte, Texte als Bilder, in: *Zimmermann,* J. (Hrsg.): Sprache und Welterfahrung, München 1978, 269–301.
Imdahl, M.: Bildsyntax und Bildsemantik, in: *Schmidt,* S. J: text – bedeutung – ästhetik, München 1970, 176–189.
Ingendahl, W.: Sprechen und Schreiben, Heidelberg 1975.
Jorns, U.: Kodierung und Sinnzuschreibung bei der Notation nichtverbaler Phänomene dargestellt an Beispielen von Kopfhaltungen und Gesichtsbewegungen, in: Zeitschrift für Semiotik 1, 1979, 225–249.
Kallmeyer, W., *Schütze,* F.: Konversationsanalyse, in: Studium Linguistik 1, 1976, 1–28.
Katagoscina, N. A.: Die Rolle sozialer Faktoren bei der Formierung und Entwicklung von Schriftsprachen. In: *Kjolseth,* K., *Sack,* F. (Hrsg.): Zur Soziologie der Sprache, in: Kölner Zeitschrift für Soziologie und Sozialpsychologie, Sonderheft 15, 1971.
Katz, B. A., *Sharrock,* W. W.: Eine Darstellung des Kodierens, in: *Weingarten,* E. u. a. (Hrsg.): Ethnomethodologie, Beiträge zu einer Soziologie des Alltagshandelns, Frankfurt am Main 1976, 244–272.
Klages, L.: Grundlegung der Wissenschaft vom Ausdruck[8], Bonn 1964.
Klages, L.: Ausdrucksbewegung und Gestaltungskraft, München 1968.
Kneif, T.: Ist Musik eine Sprache? In: *Zimmermann,* J. (Hrsg.): Sprache und Welterfahrung, München 1978, 257–269.
Kneubühler, T.: Marcel Broodthaers. Der Gesellschaftsroman der Dinge – das Zeichensystem der Sprache (oder: Warum verbluten die Gefangenen des Prokrustes?), in: Kunstnachrichten 4, 1979, 85–99.
König, R.: Handbuch der empirischen Sozialforschung[3], Stuttgart 1973.
Krampen, M.: Das Verhältnis von Ausdruckseinheiten zu Bedeutungseinheiten in der Substitution von verbaler und nonverbaler Kommunikation, Berlin 1971 (Mskpt.).
Krüger, L.: Über das Verhältnis der hermeneutischen Philosophie zu den Wissenschaften, in: *Bubner,* R. u. a. (Hrsg.): Hermeneutik und Dialektik. Aufsätze I, Tübingen 1970, 3–31.
Kuhn, Th.: Die Struktur wissenschaftlicher Revolutionen, Frankfurt am Main, 1967.
Langer, S. K.: Philosophie auf neuem Wege. Das Symbol im Denken, im Ritus und in der Kunst, Frankfurt am Main 1965.
Lorenzen, P., *Inhetveen,* R.: Die Einheit der Wissenschaften, in: *Kambartel,* F., *Mittelstrass,* J. (Hrsg.): Zum normativen Fundament der Wissenschaften, Frankfurt am Main 1973, 70–79.
Löwith, K.: Miteinandersein als Miteinander-Sprechen, in: *Röhrs,* H. (Hrsg.): Bildungsphilosophie II, Frankfurt am Main, 1968, 233–252.
Luckmann, Th.: Aspekte einer Theorie der Sozialkommunikation, in: *Althaus,* H. P. u. a. (Hrsg.): Lexikon der germanistischen Linguistik, Tübingen 1973, 1–13.
Luckmann, Th.: Phänomenologie und Soziologie, in: *Sprondel,* W. M., *Grathoff,* R. (Hrsg.): Alfred Schütz und die Idee des Alltags in den Sozialwissenschaften, Stuttgart 1979, 196–206.
Luckmann, Th., *Gross,* P.: Analyse unmittelbarer Kommunikation und Interaktion als Zugang zum Problem der Konstitution sozialwissenschaftlicher Daten, in: *Bielefeld,* H.

K. u. a. (Hrsg.): Soziolinguistik und Empirie, Beiträge zu Problemen der Corpusgewinnung und Auswertung, Wiesbaden 1977, 198–208.
Luhmann, N.: Einführende Bemerkungen zu einer Theorie symbolisch generalisierter Kommunikationsmedien, in: Zeitschrift für Soziologie 3, 1974, 236–255.
Lüdke, H.: Die Alphabetschrift und das Problem der Lautsegmentierung, in: Phonetica 10, 1969, 177–192.
Lyons, J.: Einführung in die moderne Linguistik, München 1971.
Matthes, J.: Handlungstheoretisch-interaktionistisch-phänomenologisch orientierte Theorien, in: Lepsius, M. R. (Hrsg.): Zwischenbilanz der Soziologie, Stuttgart 1976, 53–60.
Mittelstrass, J.: Sprache und Mythen der Wissenschaften, Konstanz 1979 (Mskpt.).
Müller, J.: Alltagswissen über face-to-face-Situationen und Notationssysteme, Konstanz 1978 (Mskpt.).
Needham, J.: Wissenschaftlicher Universalismus. Über Bedeutung und Besonderheit der chinesischen Wissenschaft, Frankfurt am Main 1979.
Pederson, L.: Tape/Text and Analogues, in: Language 1974, 5–23.
Piirainen, I. P.: Graphematische Untersuchungen zum Frühneuhochdeutschen, Berlin 1968.
Plessner, H.: Zur Hermeneutik nichtsprachlichen Ausdrucks, in: *Gadamer,* H. G. (Hrsg.): Das Problem der Sprache, München 1967, 555–567.
Popper, K. R.: Logik der Forschung[2], Tübingen 1966.
Ricoeur, P.: Die Schrift als Problem der Literaturkritik und der philosophischen Hermeneutik, in: *Zimmermann,* J. (Hrsg.): Sprache und Welterfahrung, München 1978, 67–89.
Rickman, H. P.: Anmerkung zur sprachanalytischen Philosophie, in: Archiv für Geschichte der Philosophie 1, 1971, 58–72.
Riessman, D.: Wohlstand wofür?, Frankfurt am Main 1966, 377–411.
Roth, E.: Persönlichkeitspsychologie, Stuttgart, Berlin, Köln 1969.
Sahner, H.: Veröffentlichte empirische Sozialforschung. Eine Kumulation von Artefakten? Eine Analyse von Periodica, in: Zeitschrift für Soziologie 3, 1979, 267–278.
Savigny, E. v. (Hrsg.): Philosophie und normale Sprache. Texte der ordinary-language-Philosophie, Freiburg, München 1969.
Schelsky, H.: Die Arbeit tun die anderen, Opladen 1975.
Scheuch, E. K.: Die wechselnde Datenbasis der Soziologie – Zur Interaktion zwischen Theorie und Empirie, in: *Müller,* P. J. (Hrsg.): Die Analyse prozeß-produzierter Daten, Stuttgart 1977, 5–42.
Schnädelbach, H.: Erfahrung, Begründung und Reflexion, Frankfurt am Main 1971.
Schütz, A.: Der sinnhafte Aufbau der sozialen Welt. Eine Einleitung in die verstehende Soziologie[2], Wien 1960.
Schütz, A.: Phänomenologie und die Sozialwissenschaften, in: Gesammelte Aufsätze 1, Den Haag 1971, 136–161.
Schütz, A.: Wissenschaftliche Interpretation und Alltagsverständnis menschlichen Handelns, in: Gesammelte Aufsätze, Bd. 1, Den Haag 1971, 3–55.
Selltiz, C. u. a.: Untersuchungsmethoden der Sozialforschung II, Neuwied, Darmstadt 1972.
Seiffert, H.: Einführung in die Wissenschaftstheorie 1, München 1969.
Simmel, G.: Soziologie. Untersuchungen über die Formen der Vergesellschaftung, Tübingen 1918.
Soeffner, H. G.: Interaktion und Interpretation. Überlegungen zu Prämissen des Interpretierens in der Sozial- und Literaturwissenschaft, in: *Soeffner,* H. G. (Hrsg.): Interpretative Verfahren in den Sozial- und Textwissenschaften, Stuttgart 1979, 328–352.
Solla Price, D. J. de: Little Science, Big Science, Frankfurt am Main 1974.
Stempel, W. D. (Hrsg.): Beiträge zur Textlinguistik, München 1971.
Tillman: Akustische Phonetik und linguistische Akustik. Automatische Spracherkennung

(ASE) und die Möglichkeit einer automatischen Deskription gesprochener Texte, in: Phonetica 16, 1967, 143–155.
Tillmann, H. G.: Das individuelle Subjekt und seine persönliche Identität im phonetischen Kommunikationsprozeß, Hamburg o. J.
Truby, H. M.: A note on visible and invisible speech, in: Proc. 8th Int. Congr. Linguist., Oslo 1958, 393–400.
Ungeheuer, G.: Gesprächsanalyse und ihre kommunikationstheoretischen Voraussetzungen, in: *Wegner,* D. (Hrsg.): Gesprächsanalysen, Hamburg 1977, 27–65.
Weber, M.: Gesammelte Aufsätze zur Religionssoziologie, Bd. 1, Tübingen 1920.
Weber, M.: Gesammelte Aufsätze zur Wissenschaftslehre[3], Tübingen 1963.
Weber, M.: Wirtschaft und Gesellschaft, Tübingen 1976.
Wienold, G.: Textverarbeitung, in: Zeitschrift für Literaturwissenschaft und Linguistik 1, 1971, 59–90.
Wright, G. H. v.: Erklären und Verstehen, Frankfurt am Main 1974.
Wygotski, L.: Denken und Sprechen, Frankfurt am Main 1969.
Zapf, W.: Sozialberichterstattung: Möglichkeiten und Probleme, Göttingen 1976, 90–96.
Zimmermann, J.: Wissenschaft als Kommunikationsprozeß, Konstanz 1978 (Mskpt.).
Zürcher, J.: Graphetik – Graphemik – Graphematik, unter besonderer Berücksichtigung von Notkers Marcianus Capella, Diss. Zürich 1978.

J. E. Müller
Universität Bochum

Face-to-Face-Situation und narrativer Text –
Balzac: »La Bourse«

0.

Face-to-face-Situationen kommt als »Prototyp aller gesellschaftlichen Interaktion« ein ausgezeichneter Status sozialer Wirklichkeit zu, denn »... jede andere Interaktionsform ist von (ihnen) abgeleitet.«*(Berger, Luckmann* 1971, S. 31). Die unmittelbare Erfahrung des Gegenüber in der Wir-Einstellung (vgl. *Schütz, Luckmann* 1975, S.75 ff.) bildet die unabdingbare Voraussetzung für die mittelbare Erfahrung von Institutionen, Zeitgenossen und vorangehenden Generationen. In einer face-to-face-Situation sind mir meine Partner nicht nur als Typen, sondern in voller Symptomfülle, d. h. der Präsenz sämtlicher kommunikativer Dimensionen und Modi zugänglich. Diese intersubjektiv geteilte Wirklichkeit basiert auf der gemeinsamen Erfahrung zeitlicher und räumlicher Gegebenheiten, die im Prozeß der ›wechselseitigen Spiegelungen‹ den Ablauf unserer Erfahrungen gewährleistet. Als Rahmen der in face-to-face-Situationen ablaufenden Prozesse fungieren in der (voll-sozialisierten) natürlichen Einstellung die Idealisierungen der ›Vertauschbarkeit der Standpunkte‹, der ›Kongruenz der Relevanzsysteme‹ und damit der ›Generalthese der wechselseitigen Perspektiven‹ (vgl. *Schütz, Luckmann* 1975, S. 74). Das Individuum muß sich im Verlauf der Lebenssituationen seiner Biographie ständig des intersubjektiven Charakters der Erfahrung der Wirklichkeit von face-to-face-Situationen versichern; für Problemsituationen, in denen dieser Sachverhalt in Frage gestellt wird, gilt es Lösungen zu entwickeln, die in der Regel in der ›relativ natürlichen Weltanschauung‹ (S. 75) verankert werden. Die in spezifischen historischen Situationen auftretenden Störungen der intersubjektiven Auffassung der Wirklichkeit von face-to-face-Situationen können als Indiz für *Geltungsschwächen* der (drei) skizzierten Idealisierungen gewertet werden; sie verweisen auf problematische Aspekte von Sinnsystemen, die den Ablauf von Lebenssituationen steuern.[1]

1.

1.1 In Texten (sowohl pragmatischer als auch fiktionaler bzw. literarischer Art) [2] wird nun auf unterschiedliche Weise auf alltägliche face-to-face Situationen Bezug genommen. Das Verhältnis von (zumeist fiktionalem) Text und sozialer Wirklichkeit bildet den Gegenstand einer Vielzahl (textwissenschaftlicher) Erörterungen, deren Ausgangspunkt bereits in der griechischen Klassik – man denke etwa an die aristotelische Poetik und die dort angesprochenen

Funktionen des antiken Dramas[3] – zu suchen ist. Die Beziehung von fiktionalem Text und sozialer Wirklichkeit stellt sich auch heute noch als zentrales Problem text- und literaturwissenschaftlicher Theorien; uns stehen in jüngster Zeit allerdings eine Reihe von Modellen zur Verfügung, die über traditionelle Widerspiegelungs- oder Mimesistheorien hinausgehen.[4] Vor dem Hintergrund dieser Modelle wird deutlich, daß fiktionale Texte auf kommunikative und interaktive Prozesse, die in alltäglichen face-to-face-Situationen zu verorten sind, *verweisen*. Je nach Gattungszugehörigkeit des Textes wird dieser Verweisungszusammenhang einen unterschiedlichen Status besitzen. So lassen etwa die Aussagen eines in Diffussion begriffenen lyrischen Ichs – im Gegensatz zum Repertoire und den Strategien[5] sogenannter ›realistischer‹ Texte – oftmals nur mittelbar und rudimentär eine Rekonstruktion von alltäglichen face-to-face-Situationen zu; nichtsdestoweniger beziehen auch sie sich auf derartige Lebenssituationen. Wie *Iser* (1976, S. 114 ff.) gezeigt hat, zeichnet sich das Verhältnis von gesellschaftlich-historischer Wirklichkeit und fiktionalen Texten unter anderem dadurch aus, daß im Repertoire fiktionaler Texte keine Reproduktion herrschender Sinnsysteme geleistet wird, sondern daß es darauf Bezug nimmt, was von diesen Systemen negiert wird; fiktionale Texte verweisen damit auf Geltungsschwächen der Systeme.

1.2 Wenn sich die von uns skizzierten Beziehungen zwischen der gesellschaftlich-historischen Wirklichkeit von face-to-face-Situationen und dem Repertoire fiktionaler Texte als zutreffend erweisen (dieser Sachverhalt soll auch durch unsere exemplarische Analyse eines ausgewählten Textes eine weitere Klärung erfahren), dann gilt es der Frage nachzugehen, ob eine literaturwissenschaftliche Analyse fiktionaler Texte mit dem spezifischen Instrumentarium literaturwissenschaftlicher Methoden auch Ergebnisse erbringen kann, die für sozialwissenschaftliche Erkenntnisinteressen von Relevanz sein können. Diese Frage führt uns auf ein Feld, auf dem sich die Interessen von Literatur- und Sozialwissenschaftlern überlagern (vgl. *Müller* 1979c). Erinnern wir uns an die Bemerkungen von *Iser* zum Status literarischer Texte, dann wird die Chance ersichtlich, daß eine literaturwissenschaftliche Analyse dieser Texte unter Umständen Aufschluß darüber geben kann, welche historisch variierenden Geltungsschwächen der Sinnsysteme die alltäglichen kommunikativen und interaktiven Prozesse in face-to-face-Situationen zu gefährden drohen.

Da fiktionale Texte oftmals das einzige historische ›Material‹ darstellen, in dem face-to-face-Situationen thematisiert und konstituiert werden, kann die besondere Relevanz literaturwissenschaftlicher Untersuchungen gerade darin bestehen, daß sie – unter Berücksichtigung des diachronen Aspekts – historische Veränderungen der Geltung von Wissens- und Sinnsystemen, die face-to-face-Situationen regulieren, zutage fördern. In unserem Fall (wir legen unserer Untersuchung Balzacs realistischen Text *La Bourse*[6] zugrunde) wird die literaturwissenschaftliche Analyse der dem Leser im Akt des Lesens (*Iser* 1976) möglichen Sinnbildungsprozesse der Fragestellung nachgehen, welche Beziehung sich zwischen der historischen Kommunikations- und Interaktionsstruktur

»face-to-face-Situation im Frankreich des 19. Jahrhunderts« und den Strategien und dem Repertoire des Textes rekonstruieren lassen. Textwissenschaftliche Verfahren, die die Reflexion über den jeweils gewählten Zugang zum Text einschließen, gewinnen ihre Bedeutung nicht zuletzt vor dem Hintergrund sozialwissenschaftlicher Verfahren der Analyse von face-to-face-Situationen, in denen in der Regel das hermeneutische Problem der Perspektive des Analysierenden bzw. Interpreten des Textes ausgeklammert wird.

1.3 Bevor wir nun mit unserer Untersuchung des fiktionalen Textes *La Bourse* beginnen, empfiehlt es sich, unser Vorgehen und die zum Einsatz gelangenden literaturwissenschaftlichen Methoden zu skizzieren. Als Rahmen unserer Analyse fungieren Textmodelle, die wir als »Rezeptionstheorien« (vgl. *Müller* 1979b) bzw. handlungstheoretisch orientierte Paradigmen (vgl. *Gumbrecht* 1978b) bezeichnen wollen. Diese literaturwissenschaftlichen Paradigmen betrachten die Prozesse literarischer Produktion und Rezeption als besonderen Typ sozialen Handelns, der mittels der Kategorien der verstehenden Soziologie, wie sie von M. *Weber* und A. *Schütz* entwickelt wurden, zu rekonstruieren ist (vgl. *Gumbrecht* 1975). Die Aufgabe einer derartigen deskriptiven Literaturwissenschaft besteht in dem Bemühen, Produktionshandlungen des Autors und Verstehenshandlungen des Lesers sowie die jeweils gegebenen Bedingungen der Sinnbildung über Texte zu rekonstruieren, um auf diese Weise Aufschluß über die historische Funktion von Texten zu erhalten.

Wie *Gumbrecht* gezeigt hat, kann die historische Funktion von Texten durch folgenden – in Prozessen wechselseitiger Erhellung ablaufenden – methodologischen Dreischritt in den Blick gerückt werden: *Entwicklung einer Funktionshypothese, Strukturanalyse, Präzisierung der Funktionshypothese (Gumbrecht* 1978b). Dieses funktional-strukturai-funktionale Verfahren beinhaltet die Chance, literaturwissenschaftliche Ergebnisfindungen intersubjektiv nachvollziehbar zu gestalten, indem die einzelnen Schritte der Analyse transparent gemacht werden und die Ergebnisse vor dem Hintergrund der formulierten Hypothese auf deren Plausibilität befragt werden können. In unserer exemplarischen Analyse von Balzacs Erzählung *La Bourse* wird dieses Verfahren einer historischen Textpragmatik zur Anwendung gebracht.

Bei der Formulierung einer Hypothese über die (vom Autor) intendierte Sinnbildung und damit die intendierte Textfunktion (die als Folie der weiteren Schritte der Untersuchung dient) gilt es – vor dem Hintergrund unseres Lektüreerlebnisses und unseres Wissens über die historische Situation, in der der Text entstand –, auch den spezifischen Status des Textes zu berücksichtigen. In unserem Fall haben wir es mit einem realistischen Text zu tun. Dieser Sachverhalt impliziert eine besondere Beziehung zwischen (narrativem) Text und sozialer Wirklichkeit, die uns Anlaß zur Entwicklung folgender Funktionshypothese gibt: Die Vermutung liegt nahe, daß Balzacs Text den Leser zu Sinnbildungsformen führt, deren *spezifische Differenz* zur alltagsweltlichen Sinnbildung darin liegt, daß sie die dort (im Alltag) *erlebten und erfahrenen Schwierigkeiten bei der Erfassung und Benennung der Wirklichkeit negieren*.[7] Für unsere Frage der

Beziehung zwischen face-to-face-Situationen und fiktionalen Texten hieße dies, daß die besondere Leistung realistischer Texte darin zu sehen wäre, daß sie eine *Negation von Erkenntniskrisen bezüglich der Bewältigung von face-to-face-Situationen* vornehmen. Bei der Rekonstruktion des Leseaktes werden wir der Überprüfung dieser (nunmehr hinsichtlich des Sachverhalts »face-to-face-Situation« differenzierten) Funktionshypothese vorrangige Bedeutung zumessen. Daß sich die reziproke Versicherung der Intersubjektivität von face-to-face-Situationen auch als ein zentraler Mechanismus alltäglicher Interaktionen erweist, haben ethnomethodologische Analysen deutlich herausgestellt (vgl. *Schegloff, Jefferson, Sacks* 1975/76). In diesem Zusammenhang werden wir unser Augenmerk auch auf die Konstitution einer Geschichte von face-to-face-Situationen zu richten haben, wie sie im narrativen Text in der Sequenz und Verschränkung unterschiedlicher Lebenssituationen zum Vorschein gebracht wird.

Die vor dem Hintergrund unserer Funktionshypothese durchzuführende Analyse visiert eine Rekonstruktion des Leseaktes, d. h. der dem Leser im Fortlauf des Lektüreerlebnisses möglichen Sinnbildungsprozesse, an. Wir werden unsere Untersuchung aus diesem Grunde am Verlauf der Erzählung orientieren und eine Rekonstruktion der im Zusammenspiel von Text und Leser auftretenden Sinnbildungsverfahren versuchen. Dabei unterscheiden wir drei Konstitutionsebenen des Textes, *Erzählebene, Protagonistenebene* und *Systematisierungsebene*. Im Zusammenspiel je besonderer Textstrategien und je besonderer Formen des Textrepertoires werden auf den drei Ebenen die ebenenspezifischen Inhalte des Plot, des Protagonistensystems und eines zu vermittelnden Wissenssystems gebildet, die es zu rekonstruieren gilt.[8]

Bei der Durchführung der Untersuchung ist zu berücksichtigen, daß wir uns im Augenblick noch auf keine sozialwissenschaftlich fundierten Typologien von face-to-face-Situationen stützen können[9]; wir werden deshalb auch auf unsere – im Alltagswissen verankerten – Vorstellungen über (typische) Lebenssituationen[10] zu rekurrieren haben, indem wir z. B. die erste im Text thematisierte Situation als ›Kennenlernen-Situation‹ bezeichnen.[11] Die Rekonstruktion der ›face-to-*page*-Situation‹, d. h. der dem Leser vom Text in bezug auf die Konstitution von face-to-face-Situationen nahegelegten Sinnbildungen, soll vor dem Hintergrund unserer Funktionshypothese unter folgenden Fragestellungen vorgenommen werden:

— Welche textuellen Verfahren und Sinnbildungsverfahren auf seiten des Lesers sind im Zusammenhang mit der Konstitution von face-to-face-Situationen und deren Geschichte[12] zu sehen?
— Welche Typisierungen der Situation bzw. ›Situationsdefinitionen‹[13] werden in der Verschränkung der unterschiedlichen Erzählebenen nahegelegt?
— Wie werden die für face-to-face-Situationen konstitutiven Relevanzsysteme der Interaktionspartner (vgl. *Schütz, Luckmann* 1975, S. 186-228) in den unterschiedlichen Ebenen des Textes konkretisiert und welche Beziehungen zu alltäglichen Sinnbildungsprozessen lassen sich rekonstruieren?
— Welche Prozesse des Zusammenspiels von implizitem Leser[14] und Sinnbil-

dungsverfahren lassen sich in bezug auf räumliche Orientierung[15], nonverbale Kommunikationsmodi (vgl. *Scherer* 1970; *Gross, Müller* 1975), sowie deren Verhältnis zur verbalsprachlichen Kommunikation (als zentralen Elementen von Lebenssituationen) rekonstruieren?
— Wie konstituiert der Text eine Geschichte von face-to-face-Situationen und welche Konsequenzen ergeben sich daraus in Hinsicht auf den »realistischen« Status des Textes?

Im Rahmen der fünf skizzierten Fragen nimmt das Problem der Konstitution einer Geschichte von face-to-face-Situationen (und deren Stellenwert hinsichtlich des realistischen Status von *La Bourse*) eine Sonderstellung ein. Wir werden uns damit vor allem im Resümee unserer Analyse zu beschäftigen haben. Die einzelnen Fragen sind vor dem Hintergrund der im Text thematisch gemachten face-to-face-Situationen nicht immer von gleicher Relevanz; es werden sich deshalb im Fortlauf der Diskussion von implizitem Leser und Sinnbildungsverfahren unterschiedliche Schwerpunkte ergeben.

Zur Strukturierung unserer Analyse nehmen wir eine Sequenzierung der Erzählung in zehn Einheiten vor, die sich an den vom Leser zu bewerkstelligenden Sinnbildungsprozessen über face-to-face-Situationen orientiert; die einzelnen Sequenzen sind (aus verschiedenen Gründen, die im Verlauf der Untersuchung deutlich werden) nicht immer mit der Konstitution einer *einzelnen* face-to-face-Situation identisch, sie beinhalten zudem überleitende und um die jeweilige Situation gruppierte Kommentare. Die Abgrenzung der unterschiedlichen Sequenzen erfolgte sowohl vor dem Rahmen unserer eingangs vorgenommenen Bestimmung des Begriffs »face-to-face-Situation« als auch unseres Alltagswissens über den Verlauf von Lebenssituationen (das wohl einen unabdingbaren Bestandteil des subjektiven Wissensvorrats auch von Literaturwissenschaftlern darstellt); wir sind uns bewußt, daß die gezogenen Grenzlinien dieser Einteilung (insbesondere im Mittelteil der Erzählung) in der Einschätzung anderer Leser unter Umständen Verschiebungen erfahren könnten; glauben jedoch, daß dadurch keine einschneidenden Veränderungen unserer Ergebnisse bedingt wären. Unter die Textsequenz I fassen wir die einleitenden – in der Erzählperspektive gehaltenen – Passagen von *La Bourse* einschließlich der ersten face-to-face-Situation, der ›Kennenlernen-Situation‹, deren Ende durch das Verlassen des Ateliers von den Protagonisten markiert ist.

Festzuhalten bleibt fernerhin, daß wir unterscheiden zwischen: »*Hauptsituationen*« des Textes (d. h. face-to-face-Situationen, die eine breite narrative Ausfächerung erfahren und einen entscheidenden Schritt für die Entwicklung des Plot darstellen), »*Nebensituationen*« (d. h. Situationen, die eher den Charakter von Ihr-Beziehungen aufweisen und primär der retrospektiven ›Spiegelung‹ vorangegangener face-to-face-Situationen dienen) und ›*face-to-himself-Situationen*‹ (d. h. Situationen, in denen sich Protagonisten – zumeist in spezifischen emotionalen Spannungszuständen – in vorangegangenen Situationen gewonnenen und nunmehr sedimentierten Erfahrungen zuwenden und eine retrospektive Deutung von Situationen vornehmen).

2.

2.1 Die Erzählung *La Bourse* setzt ein mit dem Appell an die Emotionen des Rezipienten, welcher durch die Schilderung der mit dem Wechsel vom Tag zur Nacht verbundenen (typischen) Stimmungslagen an die spezifische (emotional besetzte) Situation des Malers in seinem Atelier herangeführt werden soll. Der unpersönliche Erzähler[16] wendet sich zunächst an die – im subjektiven Wissensvorrat des Lesers sedimentierten – Erfahrungen von Bewußtseins- und Seelenlagen (»Il est pour les âmes...« S. 328), um als Voraussetzung für die Konstitution des Plot das ›Nach‹-Empfinden einer bestimmten emotionalen Schwingung, des Sich-Selbst-Vergessens und der Diffusion persönlicher Identität[17] durch das Herauslösen des Subjekts aus zeitlichen und sozialen Beziehungen (»Où l'artiste oublie le monde positif...« S. 329), zu evozieren. Da die Funktion dieser einleitenden Textpassage primär in der Evokation einer bestimmten Gefühlslage – und nicht in der exakten zeitlichen und ›objektiven‹ Verortung der folgenden Lebenssituation »ein Maler in seinem Atelier« – zu sehen ist, werden im Repertoire auch keinerlei Elemente für die ›objektive‹ zeitliche Fixierung der später geschilderten Abläufe geliefert.

Im Fortlauf der Lektüre wird der Leser, wie bereits durch den Wechsel des Tempus und den Verweis auf »cette heure de magie« (S. 329) deutlich wird, auf spezifische situative Aspekte, die den Rahmen für die induzierte Gefühlslage des jungen Malers bilden, verwiesen. Die Schilderung des (in einer ›face-to-himself-Situation‹[18]) auf den Stufen seiner Leiter meditierenden Malers bildet einen unabdingbaren Bestandteil der *Vorgeschichte* der sich daran anschließenden face-to-face-Situation; im Gegensatz zu den späteren, in der Erzählung thematisierten Situationen des ›einsamen‹ (dann schon als Hippolyte Schinner bekannten) Malers, sind die Bewußtseinsleistungen in diesem Fall eher auf die Konstitution eines imaginären Gegenstands [19] gerichtet, während sie in den übrigen ›face-to-himself-Situationen‹ der retrospektiven Deutung sedimentierter Erfahrung (der Liebesgeschichte mit Adélaïde) dienen. Die Informationen des unpersönlichen Erzählers, der sich an den Bewußtseinslagen des Malers orientiert und somit in Ansätzen bereits in die Protagonistenperspektive umschlägt, übersteigen nicht das Wissen des ›Verunglückten‹ über die Ursachen seines Unfalls; sie nehmen Bezug auf das vom Leser als Interagierendem auch im Alltag beim Einstieg in face-to-face-Situationen immer eingebrachte Vor-Wissen, das den darauf folgenden kommunikativen und interaktiven Prozessen vorangeht und diese beeinflußt. Die Aufmerksamkeit des Lesers wird auf (für die Konstitution des Plot) relevante Elemente der Vorgeschichte der ersten ›Kennenlernen-Situation‹ gelenkt, um – ähnlich den alltäglichen Prozessen der Sicherung der Wirklichkeit von face-to-face-Situationen – vor dem Horizont vorgängiger Erfahrungen die Entwicklung kommunikativer und interaktiver Ereignisse nachvollziehen zu können.

Mit der Wahrnehmung und Thematisierung der »douce voix« (S. 329) wird die ›face-to-himself-Situation‹ des meditierenden Malers, die durch die Folgen des Unfalls zu einem Bewußtseinsverlust geführt hat, in eine face-to-face-Situation überführt. Der unpersönliche Erzähler orientiert sich bei der Konstruktion des Plot an den subjektiven Erfahrungen Schinners und appelliert gleichzeitig mit der Charakterisierung der Stimme als »douce« an das Wissen des historischen (und heutigen) Lesers hinsichtlich der konstitutiven Merkmale sozialer Typen. Durch diesen Hinweis wird eine Erwartungshaltung des Lesers in bezug auf mögliche Eigenschaften des im Augenblick nur durch seine Stimme typisierten und vermutlich weiblichen (männliche Stimmen werden entsprechend unserer sozialen Konventionen in der Regel wohl nicht als »süß« typisiert; vgl. *Helfrich* 1978) Interaktionspartners gesetzt. Die Deutung dieser *auditiven* Erfahrung wird durch Eindrücke anderer Sinnesorgane komplettiert.

»Lorsqu'il ouvrit les *yeux,* la vue d'une lumière les lui fit refermer promptement; mais à travers le voile qui enveloppait ses sens, il *entendit* le chuchotement de deux femmes, et *sentit* deux jeunes, deux timides mains entre lesquelles reposait sa tête.« (S. 329)

Die in der Perspektive des unpersönlichen Erzählers vorgenommene Konstitution der Situation erfolgt vor dem Hintergrund bestimmter – im Alltagswissen des Rezipienten verankerter – Annahmen über das Zusammenwirken von Erfahrungen in den verschiedenen Perzeptionsdimensionen bzw. Sinnesmodalitäten (vgl. *Gross, Müller* 1975); sie liefert mit der Interpretation der taktilen Erfahrung (vgl. *Knapp* 1972) (»deux jeunes, deux timides mains«) einen weiteren Anhaltspunkt für den zukünftigen Verlauf des Plot. Zudem wird die Vermutung nahegelegt, daß es sich um eine triadische Interaktionssituation – der Maler und »deux femmes« – handeln wird. Über das Anzitieren alltäglicher Typisierungen bezüglich des Sinns bestimmter physiognomischer Merkmale (»la plus délicieuse tête«, »le visage...«, »la fraîcheur des tempes«... S. 329) wird der Weg für die spätere (vom Relevanzsystem »Liebe« geprägte) Geschichte von face-to-face-Situationen bereitet, obgleich sich im anschließenden aus der *Protagonistenperspektive* vorgetragenen Diskurs noch keine Indizien für die Entwicklung einer Liebesgeschichte finden lassen. Nonverbale Kommunikationsmodi, d. h. die auf Elemente des Alltagswissens und der *Lavater*'schen Theorie rekurrierende Beschreibung der Physiognomie und der Kleidung des Mädchens, erweisen sich als zentrale Momente der Deutung und Versicherung der intersubjektiven Wirklichkeit der face-to-face-Situation; die Thematisierung dieser Phänomene wird – ähnlich dem routinemäßigen Verlauf alltäglicher Interaktionssituationen – dem Beginn einer (verbal-)sprachlichen Kommunikation der Partner vorangestellt.

Vor dem Hintergrund des von *Stierle* (1975b) skizzierten Verhältnisses von fiktionalem Text und sozialer Wirklichkeit, das sich durch wechselseitige Horizonthaftigkeit auszeichnet, und unseren Thesen zum Stellenwert dieser Untersuchung auch für Sozialwissenschaftler wird deutlich, daß wir durch die Analyse des Textes Informationen über die (historisch variierende) kommunikative Relevanz bestimmter nonverbaler Ausdrucksformen erhalten (in unserer Erzählung: über die Zuschreibung hinsichtlich des kommunikativen und interaktiven

›Sinns‹ von Gesichtsphänomenen und Kleidungsformen).[20] Narrative Texte wie *La Bourse* bieten sich für eine derartige Analyse in besonderem Maße an, da in diesen – im Gegensatz etwa zu dramatischen Texten, in denen eine Thematisierung situativer Rahmenbedingungen und nonverbaler Phänomene eher rudimentär und primär im Nebentext (*Ingarden* 1965) vorgenommen wird – zur Konstitution von face-to-face-Situationen im Textrepertoire auf relevante Elemente des jeweils gegebenen situativen Rahmens verwiesen werden muß. Als Textwissenschaftler können wir somit durch die Untersuchung der Texte Zugang zu den historischen Prozessen der Veränderung und Umbesetzung von Elementen des situativen Rahmens von face-to-face-Situationen gewinnen.[21]

Wir hatten festgestellt, daß, neben Elementen des Alltagswissens über die kommunikative Relevanz nonverbaler Erscheinungen, die *Lavater*'sche Physiognomie (in der noch keine Einbettung der klassifizierten Phänomene in interaktive Zusammenhänge erfolgt) (vgl. *Buser* 1973, S. 57 ff.) als Orientierungsrahmen für die in *La Bourse* konstituierten Lebenssituationen dient. Durch das Einbringen der *Lavater*'schen Kategorien in den narrativen Text mit seinen spezifischen Strukturen erfolgt nun eine Dynamisierung des (in bezug auf face-to-face-Situationen) eher statischen Modells; mit dieser Integration von Wissenselementen der Physiognomie *Lavaters* in die Konstitution von face-to-face-Situationen wird eine Ausweitung auf *kommunikative und interaktive* Prozesse vorgenommen. Mit anderen Worten: die besondere Leistung des realistischen Textes *La Bourse* ist auch darin zu sehen, daß die in der *Lavater*'schen Physiognomie zunächst noch isolierten nonverbalen Ausdrucksphänomene in kommunikative und interaktive Zusammenhänge eingerückt werden. Dies wird in der Erzählung z. B. dadurch erreicht, daß in die längere (in der unpersönlichen Erzählperspektive gehaltene) Textsequenz der Beschreibung des Äußeren des (dem Leser noch nicht namentlich bekannten) Mädchens und deren Mutter Handlungen des Malers ›eingeschoben‹ und thematisch gemacht werden (sein bewunderndes Erstaunen), die sich auf die vorgängige Schilderung der Schönheit des Mädchens beziehen und diese somit in *reziproke* Hinsichten einbettet.

»Ses vêtements (des Mädchens) n'annonçaient ni fortune ni misère. En reprenant possession de lui même, le peintre exprima son admiration par un regard de surprise et balbutia de confus remerciements. . . . (S. 329 f.)

Im Gegensatz zur Tochter erfährt die Mutter bei der Entwicklung des situativen Rahmens der ersten ›Kennenlernen-Situation‹ eine weitaus anonymere und kürzer gefaßte Typisierung. Für die Konstitution des anschließenden Diskurses und dessen Verstehen genügt auf der Ebene des unpersönlichen Erzählens offensichtlich der Appell an die Vorerfahrungen der zeitgenössischen Leser hinsichtlich physiognomischer Merkmale und äußerer Erscheinungsform adeliger Damen im Ancien Régime (»qui ressemblait aux marquises de l'ancien régime« S. 330). Erst in der späteren zweiten ›Hauptsituation‹ (der ›Besuchs-Situation‹ des Malers in der Wohnung der beiden Frauen, die wir der III. Sequenz des Textes zurechnen) wird deren Aussehen zum interpretationsrelevanten Phänomen, dem mehr Raum zugestanden werden muß.

Wurden dem Leser in der Erzählperspektive bereits Hinweise auf die weitere Entwicklung des Plot, d. h. der zukünftigen Liebesgeschichte gegeben, so wird nun in der Sequenz des auf unterschiedlichen Protagonistenperspektiven aufruhenden Dialogs gutnachbarliche Hilfe und Fürsorge thematisch.

»En trouvant la clef sur la porte, nous nous sommes heureusement permis d'entrer, et nous vous avons aperçu étendu par terre, sans mouvement. Ma mère a été chercher tout ce qu'il fallait pour faire une compresse et vous ranimer.« (S. 330)

Die Ebene des unpersönlichen Erzählens und die Ebene des Erzählens aus der Protagonistenperspektive konstituieren somit unterschiedliche Dimensionen ein und derselben face-to-face-Situation, indem sie – ähnlich der Schichtung unterschiedlicher Themata in alltäglichen face-to-face-Interaktionen – verschiedene Ebenen des situativen Rahmens, d. h. ›Tiefen‹- und ›Oberflächenstrukturen‹ zum Vorschein bringen. Inwieweit der vom unpersönlichen Erzähler angedeutete Sachverhalt der Zuneigung vom Mädchen als Interaktionspartner erwidert wird, bleibt zunächst – auch wenn deren Erröten (»rougissant« S. 331) als Indiz dafür gewertet werden könnte – offen. Beim Voranschreiten der Analyse der im Akt des Lesens zu konstituierenden Geschichte von face-to-face-Situationen werden wir auch der Frage nachzugehen haben, ob und in welcher Weise im Repertoire der verschiedenen Ebenen des Textes unterschiedliche Typisierungen von face-to-face-Situationen nahegelegt werden und ob das für die erste ›Kennenlern-Situation‹ rekonstruierte Verhältnis der Thematisierung von Tiefen- und Oberflächenstrukturen kommunikativer und interaktiver Prozesse in bezug auf die Ebenen des Textes beibehalten wird. Festzuhalten bleibt, daß die dem Leser suggerierte Interpretation der ›Kennenlern-Situation‹ als auslösendes Moment für eine Liebesgeschichte[22] bereits durch die in den Entwurf der face-to-face-Situation eingefügte *retrospektive Deutung* eine gewisse Bestätigung erfährt.

»Leurs manières (der Frauen) nobles et simples produisirent d'abord peu d'effet sur le peintre; mais plus tard, lorsqu'il se *souvint* de toutes les circonstances de cet événement, il en fut vivement frappé« (S. 331)

Den wohl eher antizipierbaren und konventionellen Handlungsweisen der beiden Frauen wurde – was deren Relevanz für die Bestimmung des Sinns der Lebenssituation betrifft (wechselseitige Zuneigung oder nicht?) – vom Maler offensichtlich ein geringerer Aussagewert als deren Aussehen und physiognomischen Merkmalen beigemessen, die einen tieferen Eindruck hinterließen.[23]

2.2 Das Verlassen des Raums durch die drei Protagonisten und das abschließende Gespräch im Treppenhaus markiert das Ende der ersten face-to-face-Situation, die wir als erste ›Hauptsituation‹ des Textes (die einen entscheidenden Schritt in der Entwicklung des Plot der Erzählung konstituiert)[24] bezeichnen wollen. In der anschließenden Passage wird dem Leser ein – vor dem Hintergrund seiner alltäglichen Typisierungen und Deutungsmuster zu konkretisierendes –Wissen über die Vorgeschichte der ersten ›Kennenlern-Situation‹ vermittelt, um die Reaktionen des Malers besser verstehen zu können (»de faire comprendre tout ce que cette scène pouvait avoir de piquant et d'inattendu pour le peintre...« S. 331). Im Gegensatz zur einleitenden Sequenz am Beginn des Textes, die, wie wir rekonstruiert haben, primär der *emotionalen* Einstimmung des Lesers in die ›ambiance‹ der ›face-to-himself-Situation‹ des in Kontemplation versunkenen Malers auf der Leiter diente, werden nun vom unpersönlichen Erzähler konkrete Informationen über seinen sozialen Status (la célébrité S. 331), seine Biographie, seinen familiären Hintergrund und seinen Namen »Hippolyte Schinner« vermittelt. Dieser Strukturzusammenhang von implizitem Leser und Sinnbildungsverfahren orientiert sich an alltäglichen Prozessen der Sicherung der Wirklichkeit von face-to-face-Situationen, die für Interagierende und Außenstehende durch die Annahme einer *Vorgeschichte* von Situationen, d. h. einer Geschichte kommunikativer und interaktiver Prozesse im Verlauf der Biographie der Interagierenden, gewährleistet wird; das Wissen um die Vorgeschichte von Lebenssituationen bildet den Horizont der Deutung aktueller face-to-face-Situationen. Das aufgezeigte Verfahren kann als Bestätigung unserer eingangs formulierten Funktionshypothese (des ›Antwortcharakters‹ des Textes auf das Erleben und Erfahren von Problemen im Umgang mit der Wirklichkeit und damit der Negation der zeitgenössischen Erkenntniskrise) angesehen werden.

Über die Verortung Hippolytes im sozialen Gefüge der französischen Gesellschaft des 19. Jahrhunderts hinaus appelliert der Text mit der Charakterisierung des Malers aber auch erneut an das historische Wissen seiner Leser hinsichtlich der kommunikativen und interaktiven Relevanz bestimmter nonverbaler und paralinguistisch-prosodischer (vgl. *Bolinger* 1972) Phänomene und verweist gleichzeitig auf die Schwierigkeiten einer eindeutigen Lexikalisierung dieses Wissens.

»Il avait été doué de ces manières douces et polies qui vont si bien à l'âme et séduisent ceux mêmes par qui elles ne sont pas comprises. Il était bien fait. Sa voix, qui partait du cœur, y remuait chez les autres des sentiments nobles, et témoignait d'une modestie vraie par une certaine candeur dans l'accent.« (S. 332 f.)

Mit dieser Typisierung der äußeren Erscheinung Hippolytes (dessen Aussehen dem Leser ja noch nicht bekannt war) wird in bezug auf das Mädchen die Möglichkeit reziproker Zuneigung bzw. des wechselseitigen Aneinander-Gefallen-Findens eröffnet, da der Erzähler eine Vielzahl *positiv* besetzter Typisierungen präsentiert und der Rezipient somit eine Bestätigung seiner Erwartungen (d. h. einer sich anbahnenden Liebesgeschichte zwischen zwei ›schönen‹ jungen Menschen) erfährt.

Die Information über biographische und familiäre Hintergründe des Malers sollen nicht nur die vom Leser zu bewerkstelligende (retrospektive) Deutung der ersten ›Kennenlernen-Situation‹ erleichtern, sondern gleichzeitig auch das Verstehen von Hippolytes Handlungen und seiner Motive in der anschließenden ›Nebensituation‹ »Gespräch mit der portière« steuern.

»Ces détails feront peut-être comprendre aux gens hardis ... pourquoi ... Hippolyte Schinner ne fit à la portière aucune question sur les deux personnes dont le bon cœur s'était dévoilé pour lui.« (S. 333)

Ließ sich die ›Kennenlernen-Situation‹ als ›Wir-Beziehung‹ charakterisieren, so besitzt die ›Nebensituation‹ zwischen Hippolyte und der portière eher den Status einer ›Ihr-Beziehung‹ (vgl. *Schütz, Luckmann* 1975, S. 75 ff. und S. 86 ff.). Im Repertoire dieser Textsequenz werden keine spezifischen physiognomischen Merkmale der Gesprächspartner in deren unmittelbarer zeitlicher Präsenz und wechselseitiger Verschränkung thematisiert, sondern es genügt der Verweis auf die (anonymen) Rollen der portière und des Mieters Schinner sowie des entsprechenden Spektrums an situationstypischen Handlungsmustern. Diese von anonymem Rollenverhalten geprägte Situation gewinnt ihre Bedeutung im Zusammenhang des Textes und im Fortlauf des Lektüreerlebnisses nicht zuletzt dadurch, daß in ihr auf die vorangehende ›Kennenlernen-Situation‹ Bezug genommen wird und diese somit zum Thema einer zweiten face-to-face-Situation wird. Anders gesagt, die face-to-face-Situation »Hippolyte und die portière« leistet eine ›Spiegelung‹ der ersten Situation zwischen dem Maler und den beiden Frauen, die in dieser zweiten Situation bereits zur (interpretierbaren) Geschichte geworden ist. Da die Funktion dieser ›Nebensituation‹ primär in der Thematisierung vorgängiger sedimentierter Erfahrungen eines der Interaktionspartner (und auch des Lesers) und deren Ergänzung durch neue Wissenselemente zu sehen ist, wird in der Ebene des unpersönlichen Erzählens auf eine ausführliche Beschreibung des situativen Rahmens, der durch die Rollenkonfiguration zureichend bestimmt scheint, verzichtet. Wurde der Leser auf den vorangehenden Seiten vom unpersönlichen Erzähler mit dem sozialen Hintergrund Hippolytes und dessen Biographie vertraut gemacht, so erfährt er nun aus der Perspektive der *portière* den Namen des Mädchens, Hinweise auf den Bekanntenkreis von Mutter und Tochter und deren sozialen Status, wobei mit dem Satz »nous ne savons pas encore ce que font ces dames« (S. 333) bereits ein zentrales Thema der zukünftigen face-to-face-Situationen zwischen dem jungen Maler und den beiden Frauen (d. h. die Frage nach deren Ehrbarkeit) anzitiert wird.

Nach der Rückkehr Hippolytes zur Mutter wird auch dieser das Abenteuer berichtet (»à laquelle il raconta son aventure« S. 333); im Gegensatz zur ›Nebensituation‹ ›Gespräch mit der portière‹ werden allerdings keine weiteren Einzelheiten des sozialen Status' der beiden Frauen, sondern der medizinischen Behandlung der »blessure« thematisiert. Der Aufenthalt im familiären Heim und die zur Genesung verordnete Ruhe bilden nun den Rahmen der Konstitution einer ›face-to-himself-Situation‹ in der die erste ›Kennenlernen-Situation‹ eine dritte Spiegelung erfährt. Wir wollen diese Lebenssituation (ebenso wie die Situation ›Gespräch mit der portière‹ und die nachfolgende ›face-to-himself-Situation‹ im Atelier) der II. Sequenz der Erzählung zurechnen, deren Funktion wir in der retrospektiven Deutung der einleitenden face-to-face-Situation sehen. Der Leser erfährt aus der Perspektive des Protagonisten, welchen Effekt die ›Kennenlernen-Situation‹ auf diesen hatte, wobei der Rückblick nicht in Form eines distanzierten Betrachtens erfolgt, sondern gewissermaßen ein Re-Aktualisieren der Gefühlslagen des Protagonisten in der ersten face-to-face-Situation beinhaltet.[25]

»Le profil de la jeune fille tranchait fortement sur les ténèbres de sa vision intérieure: il revoyait le visage flétri de la mère ou sentait encore les mains d'Adélaide, il retrouvait un geste ... dont les grâces exquises furent mises en relief par le souvenir ...« (S. 334)

Auch in der anschließenden ›face-to-himself-Situation‹ des Malers im (und auf dem Weg zu seinem) Atelier wird das Thema einer retrospektiven Deutung der ersten ›Kennenlernen-Situation‹ konstituiert. Der unpersönliche Erzähler lenkt den Rezipienten aber auch erneut auf den weiteren Verlauf des Plot, der – in dieser Sequenz der Erzählung – zunehmend den Charakter einer konventionellen Liebesgeschichte gewinnt (»... il se rencontre des plaisirs inexplicables que comprennent ceux qui ont aimé.« S. 334). Mit dem Hinweis auf die Grenzen der Lexikalisierung alltäglicher Typen (»plaisirs *inexplicables*«) werden nicht lexikalisierbare Elemente des Alltagswissens angesprochen, die im Fortlauf der Konstitution dieser Lebenssituation eine gewisse Konkretisierung erfahren (»Hippolyte se livra fort complaisamment à des pensées d'amour ...« S. 334) und als Motiv seines geplanten Besuchs bei den Damen präsentiert werden.

2.3 Der Besuch bei den Damen (der im Gegensatz zur ersten face-to-face-Situation eine ›exakte‹ zeitliche Fixierung erfährt – »vers sept heures« S. 334) markiert den Beginn der III. (zentralen) Sequenz des Textes. Diese Sequenz, die die zweite Hauptsituation der Erzählung konstituiert, bringt im Fortlauf des Leseaktes zwei in identischen räumlichen Verhältnissen ablaufende situative Konfigurationen, eine Triade (Hippolyte und die beiden Frauen) und eine Interaktion zwischen fünf Partnern (die ursprünglichen Teilnehmer und zwei vorerst noch unbekannte männliche Gäste der Damen) zum Vorschein. Wir werden unsere Analyse zunächst auf den ersten Abschnitt dieser Sequenz, auf die face-to-face-Situation ›Besuch des Malers bei Melle Leseigneur und deren Mutter‹, sowie deren Vorgeschichte richten.

Ähnlich den textuellen Verfahren, die wir in bezug auf die Konstitution der vorangehenden face-to-face Situationen herausgearbeitet haben, wird auch der ›Besuchs-Situation‹ ein einleitender Kommentar des unpersönlichen Erzählers vorausgeschickt, der durch die Evokation bestimmter Wissenselemente (z. B. typischer Merkmale des sozialen Klimas in Mietshäusern) das Nachvollziehen und Verstehen der nachfolgenden kommunikativen und interaktiven Akte der Protagonisten steuern soll. Um möglichen Einwänden des Lesers (»la peinture est trop franchement dessinée ...«, »si vous y trouvez des longueurs« S. 334) entgegenzutreten, wird dieses Verfahren explizit legitimiert durch den Verweis auf die Bedeutung der räumlichen Gegebenheiten für die Bewußtseinslagen des Malers:

»... la description ... fait pour ainsi dire, corps avec l'histoire; car l'aspect de l'appartement habité par ses deux voisines influa beaucoup sur les sentiments et les espérances d'Hippolyte Schinner.« (S. 334 f.)

Die Erkenntnis der Wirklichkeit des situativen Rahmens von face-to-face-Situationen erscheint – zumindest in dieser Phase des Leseaktes – noch nicht als problematischer Sachverhalt; räumliche Gegebenheiten der Wohnung der Melle

Leseigneur und ihrer Mutter werden als unhinterfragte (Garantie-)Instanzen präsentiert, die (im Sinne der Descartes'schen Erkenntnistheorie) ihren Eindruck auf der Matrize des Bewußtseins von Hippolyte hinterlassen. Im Fortlauf der Lektüre wird gerade diese Versicherung der Wirklichkeit von Lebenssituationen eine Problematisierung erfahren, indem dieses erkenntnistheoretische Konzept umgekehrt wird und die fundamentale Leistung des Bewußtseins in den Vordergrund gerückt wird.

Ebenso wie in den vorangehenden Passagen des Textes, in denen die Vorgeschichte von face-to-face-Situationen konstituiert wurde, liefert der unpersönliche Erzähler auch in diesem Segment bereits einen Hinweis (»Ces stigmates de misère...« S. 335) auf ein zentrales Thema der anschließenden Interaktionssituation (der Frage, ob die Mischung von »luxe« und »misère« eine zutreffende Auskunft über die »probité«, S. 338, der Frauen geben kann). Dieses Thema, d. h. die Frage der Ehrbarkeit Adélaides und ihrer Mutter wird in der folgenden Ausfächerung der ›Besuchs-Situation‹ vom unpersönlichen Erzähler anzitiert werden, wodurch die eingangs gesehene Chance der Erkenntnis sozialer Wirklichkeit fundamentalen Zweifeln ausgesetzt wird.

Der Einstieg in diese Hauptsituation des Textes wird – nach einem Verweis auf habitualisierte Grußformeln – durch die Beschreibung räumlicher Gegebenheiten der Wohnung von Madame und Melle Leseigneur vorbereitet. Die Konstitution des räumlichen Rahmens der nachfolgenden Kommunikations- und Interaktionssituation erfolgt in ständigem Wechsel zweier Erzählebenen: der Ebene des unpersönlichen Erzählers und der Ebene des Erzählens aus der Protagonistenperspektive. Während der unpersönliche Erzähler z. B. gleichsam ›von außen‹ und aus einer überschauenden Hinsicht Einzelheiten über das, was sich hinter der »cloison vitrée« (S. 335) verbirgt, vermittelt (Details, die dem Blick Hippolytes nicht zugänglich sind), wird in der Protagonistenperspektive die Orientierung H. Schinners und das Sich-selbst-im-Raum-Verorten nachvollzogen. Mit dem zuletzt angesprochenen Verfahren nimmt der Text ein weiteres Mal auf alltägliche Muster der Versicherung der Wirklichkeit von face-to-face-Situationen Bezug, indem er den jeder Wir-Beziehung vorangehenden und in jeder Wir-Beziehung wirkenden Prozeß der räumlichen Orientierung von Individuen (vgl. *Hall* 1967) thematisiert. Der Bewußtseinsprozeß der ›Ortsbestimmung des Subjekts‹ (im wörtlichen Sinne) und des Sich-in-Relation-zur-Umgebung-Setzens geht in der Erzählung – wie auch im Alltag – der Thematisierung von einzelnen Elementen der Umgebung z. B. des Mobiliars voran; ohne eine derartige Typisierung des Raums, die dann zum Horizont der thematisierten Gegenstände wird, könnten diese nicht als solche konstituiert werden. Im Verlauf der »peinture« der Räumlichkeiten wird der Leser vom unpersönlichen Erzähler nun auf Inkonsistenzen des Arrangements unterschiedlicher Elemente des Mobiliars gelenkt:

»Cette pièce servait de musée à certaines choses qui ne se rencontrent que dans ces sortes de ménages amphibies, objets innommés, *participant à la fois du luxe et de la misère*« (S. 336).

Die Interpretationsalternativen »luxe« oder »misère«, deren Beantwortung sich im weiteren Verlauf der vom Text konstituierten Geschichte von face-to-face-Situationen von zentraler Relevanz erweisen wird, stellen sich vor dem Hintergrund einer ›Alltagssemiotik‹ räumlicher Ausstattungen (vgl. *Ruesch, Kees* 1966). Festzuhalten bleibt fernerhin, daß auch – nur ungenügend lexikalisierbare – *olfaktorische* Erfahrungen des Protagonisten (vgl. *Knapp* 1972) zur Konstitution des situativen Rahmens beitragen.

Im Fortlauf der Lektüre wird die »peinture« der räumlichen Verhältnisse zum Horizont der Deutung und Situierung des anschließenden Diskurses zwischen Hippolyte und Madame Leseigneur, der den Leser erneut auf das (auf der verbalen ›Oberfläche‹ artikulierte) Thema gutnachbarschaftlicher Hilfe der ersten ›Kennenlernen-Situation‹ lenkt. Diese Brechung und Spiegelung einer Situation in einer neuen Lebenssituation ist als Strukturmerkmal der Konstitution einer *Geschichte* von face-to-face-Situationen in *La Bourse* anzusehen. Das Relevanzsystem »amour«, das wir als ›Tiefenstruktur‹ der Besuchs-Situation betrachten können, wird, analog den textuellen Verfahren, die wir bei der Analyse der ersten Sequenz des Textes herausgearbeitet haben, zunächst noch nicht aus der Protagonistenperspektive vorgeführt, sondern aus der Perspektive des unpersönlichen, die *nonverbalen* Akte der Protagonisten typisierenden Erzählers. In diesem Zusammenhang thematisiert der Erzähler einen – auch für Interaktionswissenschaftler des 20. Jahrhunderts – interessanten Sachverhalt. Ähnlich der Situation des jungen, in Zuneigung entbrannten *Rousseau*, der bei der (vermeintlich unbeobachteten und nonverbal ›bewerkstelligten‹) Offenlegung seiner Liebe zu Madame Basile von der Angebeteten im Spiegel beobachtet wird (vgl. *Rousseau* 1959, S. 74 ff.), treten Hippolyte und Adélaide (mit dem Motiv, den anderen unbemerkt zu betrachten) in eine *indirekte* Form des Blickkontakts (vgl. *Argyle* 1972). Vor dem Hintergrund der sozialen Konventionen für geziemendes Verhalten in Besuchssituationen (in denen man den Blick tunlichst »décemment«, S. 337, schweifen lassen sollte) haben sie sich damit allerdings in eine Lage manövriert, die nicht ohne eine gewisse Peinlichkeit für beide ist (». . . qu'à les embarrasser tous deux«, S. 337). Dem Rezipienten liefert die Beschreibung dieser nonverbalen Handlungseinheit einen weiteren Anhaltspunkt dafür, daß die Liebe des Malers erwidert werden könnte.

Fanden sich bereits im einleitenden Kommentar des unpersönlichen Erzählers in die Besuchs-Situation Hinweise auf Inkonsistenzen des Mobiliars, das sowohl »luxe« als auch »misère« suggerierte, so wird dieses – zur Typisierung des Rahmens der face-to-face-Situation äußerst relevante – Thema nun wiederum angesprochen und kontrastiv den Einschätzungen des Protagonisten gegenübergestellt.

»Pour un observateur, il y avait je ne sais quoi de désolant dans le spectacle de cette misère fardée comme une vieille femme qui veut faire mentir son visage; à ce spectacle *tout homme de bon sens* se serait proposé secrètement et tout d'abord cette espèce de dilemme: ou ces deux femmes sont la probité même, ou elles vivent d'intrigues et de jeu. *Mais* en voyant Adélaide, un *jeune homme aussi pur que Schinner* devait croire à l'innocence la plus parfaite, et prêter aux incohérences de ce mobilier les plus honorables causes.« (S. 338)

Die Relevanz alltäglicher Deutungsschemata, die in der Ebene des unpersönlichen Erzählers die Frage nach der Ehrbarkeit der beiden Damen nahelegen, wird durch die Protagonistenperspektive des liebenden Schinner negiert. Mit der Opposition von »tout homme de bon sens« und »un jeune homme aussi pur« (als Repertoireelement der Systematisierungsperspektive) erfährt die eingangs dieser Sequenz vom unpersönlichen Erzähler gegebene Versicherung der Möglichkeit einer intersubjektiven Erkenntnis von Wirklichkeit eine Relativierung. Hippolyte sieht die Welt auf *andere* Art und Weise als ein unvoreingenommener Beobachter; das Relevanzsystem »Liebe« führt ihn zu einer *eindeutigen* Typisierung des situativen Rahmens, die von ›normalen‹ Außenstehenden nicht nachvollzogen werden kann. Müßte das Interieur der Wohnung eigentlich, nach dem zuvor skizzierten erkenntnistheoretischen Prinzip, den Maler zu bestimmten, sich wechselseitig ausschließenden Sinnbildungen anleiten (»influa beaucoup sur les sentiments...«), so wird dem Leser nun vorgeführt, daß die Bewußtseinsleistungen des Subjekts konstitutiv für dessen Typisierung der Situation sind. Damit ist in bezug auf die Typisierung der face-to-face-Situation eine Dissoziation zwischen der Perspektive des unpersönlichen Erzählers und der Protagonistenperspektive eingetreten. Wir werden auf diesen Sachverhalt bei der Diskussion der im Fortlauf der Lektüre initiierten Sinnbildungsverfahren erneut eingehen.

Vor dem Hintergrund des nicht eindeutig zu interpretierenden situativen Rahmens und der sich wechselseitig negierenden Deutungen »luxe« und »misère« wird vom unpersönlichen Erzähler auch in bezug auf die Physiognomie der Madame Leseigneur die Alternative: das Gesicht als Zeichen für »vice« oder »probité« konstituiert.

»Les chagrins avaient prématurément flétri le visage de la vieille dame, sans doute belle autrefois; mais il ne lui restait plus que les traits saillants, les contours, en un mot le squelette d'une physionomie dont l'ensemble indiquait une grande finesse... Ces traits si fins, si déliés, pouvaient tout aussi bien dénoter des sentiments mauvais, faire supposer l'astuce et la ruse féminines à un haut degré de perversité que révéler les délicatesses d'une belle âme.... Il en était du visage de cette vieille dame comme de l'appartement qu'elle habitait: il semblait aussi difficile de savoir si cette misère couvrait des vices ou une haute probité, que de reconnaître si la mère d'Adélaide était une ancienne coquette... ou une femme aimante...« (S. 339 f.)

Die in dieser face-to-face-Situation (im Gegensatz zur ersten ›Kennenlernen-Situation‹) nun interpretationsrelevant gewordene Physiognomie der Mutter kann vom Rezipienten in ihrem kommunikativen und interaktiven ›Sinn‹ nur unter Rekurs auf sein Alltagswissen über die Bedeutungshaftigkeit bestimmter Gesichtszüge konstituiert werden. Dem Sozial- und Literaturwissenschaftler vermittelt diese Passage darüber hinaus – auch wenn in der Systematisierungsperspektive des Textes auf die Schwierigkeit hingewiesen wird, zu eindeutigen Interpretationen zu gelangen (»En effet le visage de la femme a cela d'embarrassant pour les observateurs vulgaires, que la différence entre la franchise et la duplicité ... y est inperceptible« S. 339) – Informationen über historische Zuschreibungen hinsichtlich der kommunikativen und interaktiven Relevanz physiognomischer Merkmale »traits fins, déliés« in der französischen Gesellschaft des 19. Jahrhunderts.

Wie bei der Beschreibung der räumlichen Verhältnisse, so werden auch die in der Erzählperspektive vorgestellten alternativen Deutungen des Aussehens von Madame Leseigneur in der Protagonistenperspektive negiert und vereindeutigt. Hippolyte Schinner stellt sich das Problem der sich wechselseitig ausschließenden Deutungen (noch) nicht: »Mais à l'âge de Schinner, le premier mouvement de cœur est de croire au bien.« (S. 340). Die unterschiedlichen Typisierungen von für den Verlauf der Interaktionssituation entscheidenden Merkmalen lenken den Leser auf den problematischen Charakter der intersubjektiven Erkenntnis der Wirklichkeit von face-to-face-Situationen. Sie konstituieren ein über die unmittelbare Lebenssituation hinausweisendes Thema: die zeitgenössische Erkenntniskrise ohne (zunächst) eine Lösung des problematischen Verhältnisses von Subjekt und sozialer Wirklichkeit anzubieten.

Im weiteren Verlauf der ›Übersetzung‹ der face-to-face Situation in einen narrativen Text (»Il serait assez difficile de traduire la conversation ...« S. 338)[26] werden Strukturen alltäglicher kommunikativer und interaktiver Prozesse thematisch, wie z. B. die beim Small Talk mögliche Spannung zwischen »pensées« und »paroles«. Diese Strukturen bilden den Horizont für den Vorschlag Hippolytes, das Gemälde des Gatten von Madame Leseigneur zu restaurieren, wobei sein Handlungsmotiv nicht in den expliziten Verbalisierungen der »parole«, d. h. im Wunsch ein wertvolles ›Kunstwerk‹ zu konservieren, sondern in der »pensée«, einen Anlaß für ein erneutes Treffen zu schaffen, zu sehen ist.

Wurde dem Leser in der Ausfächerung dieser ›Besuchs-Situation‹ vorgeführt, wie die Mitglieder der Triade im Fortlauf der kommunikativen und interaktiven Prozesse eine wechselseitige Stabilisierung von Erwartungen und Handlungsmustern erreichen – etwa durch den Wunsch des Malers, sich erkenntlich zu zeigen, der für die Anwesenden ein Element des intersubjektiv geteilten situativen Rahmens (vgl. *Goffman* 1974) konstituiert –, so wird mit dem Hinzukommen zweier (zunächst noch unbekannter) Interaktionspartner eine ›Neudefinition‹ der face-to-face-Situation (die zwar unter identischen räumlichen, aber unter veränderten *personellen* Voraussetzungen fortläuft) erforderlich. Die Konstitution dieser Lebenssituation mit fünf Partnern wollen wir als Teil b) der ›Besuchs-Situation‹ bezeichnen.

Der Kommentar des unpersönlichen Erzählers legt nahe, daß die Neuankömmlinge von den beiden Frauen erwartet wurden (»... se levant tout à coup au bruit d'une voiture ...« S. 341). Dieser Sachverhalt und die in der Protagonistenperspektive vorgestellte Interpretation des Begrüßungsrituals zwischen Adélaide und den Fremden (»Le bruit d'un baiser reçu et donné retentit jusque dans le cœur de Hippolyte« ... »conversation à voix basse ...« S. 342) lenkt das Interesse des Lesers auf die Frage der Identität und des sozialen Status' der

Unbekannten. Eine Antwort darauf wird in Form des nunmehr bereits konventionalisierten textuellen Verfahrens einer Typisierung des Äußeren der beiden Neuankömmlinge suggeriert (»Deux hommes dont le costume, la physionomie et l'aspect sont toute une histoire« S. 342). Mit dieser Einführung der neu hinzugekommenen Protagonisten orientiert sich der implizite Leser erneut in zweierlei Hinsicht an alltäglichen Strukturen der Sicherung der intersubjektiven Wirklichkeit von face-to-face-Situationen. Zum einen wird – analog den alltäglichen Prozessen der Erfahrung von Lebenssituationen – der Konstitution kommunikativer und interaktiver Akte ein Prozeß der *Typisierung des Partners* vorausgeschickt, zum anderen sind die in das Repertoire des Textes eingebrachten Typisierungen auch in einer ›Alltagshermeneutik‹ bezüglich der kommunikativen und interaktiven Relevanz nonverbaler Phänomene fundiert. Der erste der beiden Unbekannten wird nun folgendermaßen vorgestellt:

»Agé d'environ soixante ans, le premier portait un de ces habits inventés ... Cet habit que les jeunes gens d'aujourd'hui peuvent prendre pour une fable, n'était ni civil ni militaire ... Il semblait ne pas avoir plus de cinquante ans, et paraissait jouir d'une santé robuste. Tout en accusant le caractère loyal et franc des vieux émigrés, sa physionomie dénotait aussi les mœurs libertines et faciles, les passions gaies et l'insouciance de ces mousquetaires, jadis si célèbres dans les fastes de la galanterie.« (S. 342)

Läßt sich die vom Text suggerierte Sinnbildung in bezug auf die Identität dieses Fremden wohl am besten mit »noble royaliste« umschreiben, so ergeben sich bei der Charakterisierung des zweiten Neuankömmlings (der als ›abgewirtschaftetere Version‹ des Vorgängers präsentiert wird) Probleme der Vereindeutigung, die in der Perspektive des Hippolyte Schinner thematisch gemacht werden.

»Ce vieillard muet fut un mystère pour le peintre, et resta constamment un mystère. ... Etait-ce un ami, un parent pauvre, un homme qui restait près du vieux galant comme une demoiselle de compagnie près d'une vieille femme? Tentait-il le milieu entre le chien, le perroquet et l'ami? (S. 343)

Mit dem Verweis auf das Problem, die Identität des älteren der beiden Männer und dessen Verhältnis zum jüngeren Partner zu bestimmen, wird die Frage der Erkenntnismöglichkeit der sozialen Wirklichkeit von face-to-face-Situationen nun ein weiteres Mal (jedoch zum ersten Mal aus der *Protagonistenperspektive*) aufgegriffen. Da die Typisierung des nicht namentlich bekannten Mannes eine unabdingbare Voraussetzung zur ›Neudefinition‹ des situativen Rahmens, z. B. der Annahmen hinsichtlich der Beziehungen zwischen den Interaktionspartnern, darstellt, verweist deren Mißlingen auf das Problem, zu intersubjektiv geteilten Interpretationen sozialer Wirklichkeit zu gelangen. Dieser in der Protagonistenperspektive thematisierte Sachverhalt suggeriert im Zusammenhang der hier vom Text initiierten Sinnbildungen allerdings noch keine fundamentalen Zweifel an den Möglichkeiten der Erkenntnis der Wirklichkeit von face-to-face-Situationen. Die Typisierung des Alten ist vor dem Hintergrund der sich Hippolyte in der Besuchs-Situation stellenden Frage (»Lassen sich Indizien für die Erwiderung meiner Zuneigung durch Adélaide finden?«) eher von sekundärer Relevanz. Erst als Hippolyte in der weiteren Entwicklung des Plot der

Erzählung an der »probité« der Damen zweifelt, wird die ›Erkenntniskrise‹ auch als zentrales Thema der Protagonistenperspektive konstituiert.

Die Beziehung der Partner, d. h. die Frage »Est-il des nôtres?« (S. 344), bildet den Ausgangspunkt des anschließenden Small Talk, der von der Mutter zunächst auf die Rolle und den sozialen Stand des Malers gelenkt wird. Ähnlich der kommunikativen Struktur des triadischen Teils der Besuchs-Situation ist auch die Kommunikation zwischen den fünf Partnern – zumindest für Schinner – durch eine Dissoziation von »parole« und »pensée« gekennzeichnet, denn unser Bewußtsein verfügt, wie in der Systematisierungsperspektive festgestellt wird, über die »singulière faculté de notre âme dont la pensée peut en quelque sorte se dédoubler parfois.« (S. 344). Diese Doppelung des Bewußtseins situiert den Verlauf des Kartenspiels zwischen den Damen und den beiden »royalistes« im *Horizont* der Erfahrung Hippolytes, während Adélaide und seine Zuneigung zu ihr das *Thema* konstituieren. Der anschließende Diskurs und die Beschreibung der Handlungsmuster, aus denen hervorgeht, daß der »gentilhomme« ein beträchtliches Sümmchen Geld verliert, scheinen in diesem Moment aus der Perspektive Hippolytes von sekundärer Relevanz und nicht weiter interpretationsbedürftig. Im Fortlauf des Leseaktes wird der Blickstrahl des Lesers durch eine in der Perspektive des Protagonisten erfolgenden Reinterpretation dieses Sachverhalts erneut auf die Handlungssequenz »Spiel« gelenkt werden, deren Deutung dann ein entscheidender Stellenwert zugemessen wird.

Als Ergebnis unserer Analyse dieser zweiten und entscheidenden ›Hauptsituation‹ des Textes, deren Ende durch den konventionalisierten Hinweis auf die fortgeschrittene Tageszeit (»Et diantre! il est onze heures« S. 345) eingeleitet wird, können wir festhalten: Im Kontext von *La Bourse* ist die Funktion dieser Sequenz darin zu sehen, daß sie dem Leser mit der Thematisierung nonverbaler Verhaltensmuster der Protagonisten Anhaltspunkte für eine auf seiten Adélaides gegebene Reziprozität der Zuneigung des jungen Malers liefert, daß in ihr jedoch auch, durch das textuelle Verfahren der Dissoziation von Typisierungen der räumlichen Verhältnisse und der Physiognomie der Mutter in der Erzählperspektive und in der Protagonistenperspektive, die Frage nach der Möglichkeit einer eindeutigen und intersubjektiven Deutung der Wirklichkeit von face-to-face-Situationen thematisch wird, ohne eine Lösung dieses Problems anzubieten.

2.4 Im Fortlauf der Konstitution einer Geschichte von face-to-face-Situationen werden dem Leser, wie die Analyse der anschließenden IV. Sequenz (der Dyade Hippolyte und Adélaide, der ›Bildabhol-Situation‹) zeigen wird, zunehmend Indizien für eine Erwiderung der Liebe durch das Mädchen gegeben. Die ›Nebensituation‹ Hippolyte und Adélaide (in der die jungen Leute zum ersten Mal allein aufeinander treffen, ohne von der Mutter, Madame de Rouville, wie sie im Text nach der Bekanntgabe des Schicksals ihres Mannes nun genannt wird, beobachtet zu werden) greift somit ein zentrales Thema der vorangehenden ›Hauptsituation‹ auf, wobei ein ähnliches Verhältnis zwischen ›Oberflächenstrukturen‹, dem Abholen und von-der-Wand-Nehmen des Portraits, und ›Tiefenstrukturen‹, dem nicht explizit verbalisierten Verständnis der Liebenden, kommunikativer und interaktiver Prozesse konstituiert wird. Obgleich dem Leser nicht einmal der Versuch vorgeführt wird, einen »aveu« der gegenseitigen Zuneigung zu artikulieren[27], so erfährt diese Erwartung dennoch eine entscheidende Bestätigung. Die Bitte Adélaides an Hippolyte, für sie das Bild von der Wand zu holen, wird zwar verbal mit dem Satz »Je ne suis pas assez grande« legitimiert, von beiden Interaktionspartnern jedoch anders verstanden:

»Un sentiment de pudeur, dont témoignaient l'expression de sa physionomie et l'accent de sa voix, fut le véritable motif de sa demande; et le jeune homme la comprenant ainsi, lui jeta *un de ces regards intelligents qui sont le plus doux langage de l'amour*. En voyant que le peintre l'avait devinée, Adélaide baissa les yeux par un mouvement de fierté dont le secret appartient aux vierges. (S. 346)

Das von den Interaktionspartnern geteilte Wissen um den ›Sinn‹ bestimmter nonverbaler Akte bildet den Hintergrund der wechselseitig kongruenten Interpretation des Handlungsmotivs von Adélaide, das in diesem Fall vor dem Relevanzsystem »pudeur« (d. h. der Peinlichkeit für das Mädchen, vor den Augen Hippolytes auf einen Stuhl zu steigen) verortet wird. Die gemeinsame und identische Auslegung der Bitte und der face-to-face-Situation, somit das thematisch gemachte gegenseitige Verständnis, lenken den Leser erneut auf den Topos »amour« und bekräftigen dessen Annahmen hinsichtlich einer sich anbahnenden Liebesgeschichte zwischen zwei ›füreinander bestimmten‹ jungen Menschen. Mit der Typisierung des Abbruchs des Blickkontakts durch Adélaide als »mouvement de fierté«, ein Sachverhalt, der in der nachgeschalteten Systematisierungsperspektive mit »Jungfräulichkeit« assoziiert wird, bleibt die positiv besetzte Identität des Mädchens für den Rezipienten zunächst noch ohne jeden Makel. Diese IV. Sequenz des Textes, die ›Bildabhol-Situation‹ zwischen Hippolyte und Adélaide, suggeriert demzufolge – ohne die in der vorangegangenen Situation thematisierten Zweifel in bezug auf die Erkenntnismöglichkeiten der Wirklichkeit von face-to-face-Situationen aufzugreifen – die weitere Entwicklung einer vom Thema »Liebe« bestimmten Geschichte von Interaktionssituationen.

2.5 Auch in der anschließenden, in der V. Sequenz von *La Bourse* konstituierten Geschichte von face-to-face-Situationen zwischen Hippolyte, den beiden Frauen und den »nobles royalistes« werden die Erwartungen des Lesers hinsichtlich der wechselseitigen Zunahme der Liebe Adélaides und Hippolytes bestätigt. Im Gegensatz zum Entwurf der ersten ›Besuchs-Situation‹ finden sich im Repertoire dieser Sequenz keine Elemente, die eine Typisierung der räumlichen Gegebenheiten oder spezifischer physiognomischer Merkmale der Interagierenden leisten würden; das Wissen um die spezifischen situativen und biographischen Verhältnisse, das den Horizont der Deutungen der thematisierten Handlungen bildet, wird nun beim Rezipienten vorausgesetzt. Die Konstitution der Geschichte von ›Kartenspiel-Situationen‹, in denen die »secrets embarras que cause une première visite« (S. 339) nunmehr aufgrund der wechselseitigen

Stabilisierung von Verhaltensmustern und Erwartungen, damit durch Routinisierungen, hinfällig geworden sind, lenkt den Leser auf den Prozeß alltäglicher Habitualisierungen, die die Voraussetzung für die Entwicklung sozialer Institutionen darstellt (vgl. *Berger, Luckmann* 1971, S. 56 ff.). Wenn sich die beiden Liebenden auch noch nicht offen ihre Zuneigung gestehen, so wird durch die zunehmend routinisierte Bewältigung der face-to-face-Situation des Kartenspiels (bei dem Schinner ebenso wie die beiden Adeligen beständig Geld verliert) ein gemeinsamer Erfahrungshorizont konstituiert, der dazu führt, daß »deux mois après l'accident auquel le peintre avait dû le bonheur de connaître Adélaïde, leur *vie était devenue une même vie.*« (S. 348)

Was die Konstitution dieser Geschichte von face-to-face-Situationen betrifft, so scheint die Typisierung des situativen Rahmens und der Handlungsmuster der Partner für Hippolyte als *Teilnehmer* an den kommunikativen und interaktiven Prozessen noch nicht problematisch. Ernste Zweifel an der Richtigkeit seiner Typisierung tauchen erst in den anschließenden ›face-to-himself-and-his-memory-Situationen‹ auf, in denen aus der Protagonistenperspektive eine retrospektive Deutung der vorangehenden Sequenz von Lebenssituationen vorgeführt wird.

». . . il fut saisi par une pensée importune. Déjà plusieurs fois il s'était dit en rentrant chez lui: – Comment! vingt francs tous les soirs? Et il n'osait s'avouer à lui-même d'odieux soupçons.« (S. 348)

Die Zweifel richten sich nicht allein auf den Sachverhalt des ehrenrührigen Verhaltens von Madame de Rouville, jeden Abend zwanzig Francs von den Besuchern entgegenzunehmen, sie zielen darüber hinaus vielmehr auf die Frage der Beziehungen zwischen den »nobles royalistes« und den beiden Damen und thematisieren somit das Problem der Adäquanz der zuvor konstituierten Typisierung der Situation, die nun auch in der Protagonistenperspektive ihren eindeutigen Chrakter verliert. Noch werden die bis dahin lediglich vom unpersönlichen Erzähler geäußerten »odieux soupçons« nicht im *Fortlauf* der kommunikativen und interaktiven Prozesse thematisch; die Unklarheiten und Schwierigkeiten der retrospektiven Deutung der ›Kartenspiel-Situationen‹, die vor allem durch die Routinisierung einer bestimmten Handlungseinheit (dem ›vorprogrammierten‹ Verlieren des männlichen Spielpartner) verursacht werden, lassen dem Leser allerdings bereits jetzt ein ›Hinübernehmen‹ dieser Zweifel Hippolytes in zukünftige face-to-face-Situationen möglich erscheinen.

2.6 In der anschließenden ›Gegenbesuchs-Situation‹ Adélaides bei Hippolyte, die wir als VI. Sequenz der Erzählung bezeichnen, wird der Leser von den Verdachtsmomenten weggelenkt, die bei der Konstitution dieser Situation zu *sedimentierten* Elementen seines Wissens werden, und ein weiteres Mal auf das Thema »liebende Zuneigung zwischen zwei jungen Menschen« verwiesen. Diese ›Nebensituation‹ des Textes konstituiert – bevor in der darauffolgenden face-to-face-Situation fundamentale Zweifel an der Ehrbarkeit des Mädchens artikuliert werden – kontrastiv zum Thema vorangehender und folgender Lebenssituationen das wechselseitige Verständnis der Liebenden. Ähnlich dem Verlauf der ersten Dyade zwischen Adélaide und Hippolyte erfolgt auch in dieser Situation kein explizit und verbal vorgetragener »aveu«, sondern die Zuneigung wird durch den Verweis auf nonverbale (und hochgradig ritualisierte) Verhaltensmuster (»Hippolyte prit cette main, la couvrit de baisers . . .« S. 349) und verschlüsselte Sprechakte (»Vous allez rendre ma mère bien heureuse.« S. 349) suggeriert. Bürgerliche Wert- und Normvorstellungen der ›decency‹ bilden offensichtlich eine Barriere, in dieser vom Druck ständiger Beobachter entlasteten Situation explizite verbale Zeichen gegenseitiger Liebe zu geben (». . . voulant tous deux s'avouer leur amour, et ne l'osant pas.« S. 349), sie bedingen zudem den schnellen Abbruch der kommunikativen und interaktiven Prozesse, um »le danger de cette situation« zu beseitigen. Hier wird deutlich, auf welche Weise und in welchem Ausmaß zur Konstitution von face-to-face-Situationen im Repertoire der Erzählung auf Elemente der Ideologie bzw. des Wissens (vgl. *Berger, Luckmann,* 1971, S. 132 ff.) der französischen Gesellschaft des 19. Jahrhunderts Bezug genommen wird. Das Befremden, das ein Rezipient unserer Tage bei der Lektüre dieser Passage und der dort präsentierten Legitimation des Abbruchs der kommunikativen Prozesse empfinden mag, ist als Indiz für die historische Veränderung von Wissenssystemen und Wert- und Normvorstellungen, die face-to-face-Situationen regulieren, zu werten.

2.7 Wurden die »soupçons« bisher entweder aus der Perspektive des unpersönlichen Erzählers oder in der retrospektiven Rückschau des Protagonisten auf vergangene face-to-face-Situationen thematisch, so bilden diese nun in der dritten ›Hauptsituation‹ des Textes, der (»soupçons-Situation«, als VII. Sequenz des Textes) ein zentrales Moment der Konstitution der Situation. Diese Situation, deren besonderer Status auch durch den Hinweis auf das »premier dîner« Hippolytes bei Madame de Rouville (die von den künstlerischen Qualitäten des Malers, die er bei der Restauration des Portraits bewies, überaus beeindruckt ist) hervorgehoben wird, zeichnet sich in bezug auf die textuellen Verfahren dadurch aus, daß der problematische Charakter der Situation und die Schwierigkeiten deren Typisierung sowohl in der Perspektive des unpersönlichen Erzählers als auch in der Protagonistenperspektive thematisiert werden. Der Leser, dessen Blickstrahl bei der Konstitution vorangehender Situationen zwischen den Polen »eindeutige und unproblematische Typisierung der Situation durch Hippolyte« und »Schwierigkeit, eine adäquate Typisierung der Situation zu bewerkstelligen« (Erzählperspektive) ›oszillierte‹, wird nun *eindeutig* auf die Unmöglichkeit einer intersubjektiven Deutung von face-to-face-Situationen verwiesen.

»Madame de Rouville vivrait-elle donc du jeu? Ne jouait-elle pas en ce moment pour acquitter quelque dette, ou poussée par quelque nécessité? Peut-être n'avait-elle pas payé son loyer? Ce vieillard paraissait être assez fin pour ne pas se laisser *impunément prendre son argent.* . . . Me tromperait-on? (S. 350)

Auslösendes Moment für die in der Protagonistenperspektive artikulierten Zweifel sind Handlungsmuster, die die bürgerlichen Werte »Besitz« und »Eigentum« (und die entsprechenden Konventionen, wie man zu solchem zu gelangen hat) in Frage stellen. Als nun auch Hippolytes »bourse« gestohlen wird und dessen nochmaliges Nachfragen keine befriedigende Antwort nach sich zieht, verdichten sich die »mille incertitudes« des Protagonisten zur Gewißheit eines »vol nié«. Das Wissen, bestohlen worden zu sein, läßt nun keine Zweifel mehr am »caractère« (S. 351) der beiden Frauen zu. Nachdem dem Leser bei der Ausfächerung der ›soupçons-Situation‹ auf das Problem gelenkt wurde, zu *adäquaten* Typisierungen zu gelangen, so wird für ihn durch die Konstitution der anschließenden ›face-to-himself-Situation‹, in der Hippolyte eine retrospektive Deutung der vorangehenden Ereignisse vornimmt, eine Re- bzw. Neuinterpretation vergangener Lebenssituationen thematisch. Mit der Einsicht, daß die in der Protagonistenperspektive präsentierten (eindeutigen) Typisierungen des situativen Rahmens und der beiden Frauen sich offensichtlich als ›falsch‹ erwiesen haben, und damit die in bezug auf das Relevanzsystem »Liebe« von Hippolyte konstituierte Reziprozität der Perspektiven der Interagierenden nicht vorhanden war, erfährt das Thema »Erkenntniskrise der Wirklichkeit von face-to-face-Situationen« eine letzte Radikalisierung, indem es nun an die existentielle Verunsicherung des jungen Mannes gekoppelt wird.

»Combiné, le vol semblait encore plus odieux. Le peintre se souvint, pour son malheur, que, depuis deux ou trois soirées Adélaide, en paraissant examiner avec une curiosité de jeune fille le travail particulier du réseau de soie usé, vérifiait probablement l'argent contenu dans la bourse en faisant des plaisanteries innocentes en apparance, mais qui sans doute avaient pour but d'épier le moment où la somme serait assez forte pour être dérobée.« (S. 351)

In der Retrospektive erfolgt eine Umdeutung der Handlungsmotive Adélaides, aber auch des Interieurs der Wohnung, das in den vorangehenden Sequenzen des Textes unter dem Rekurs auf das Alltagswissen des Lesers typisiert wurde.

»Cependant cet appartement si misérable lui apparut dénué des poésies de l'amour qui embellit tout: il le vit sale et flétri, le considera comme la présentation d'une vie intérieure sans noblesse, inoccupée, vicieuse. Nos sentiments ne sont-ils pas, pour ainsi dire, écrits sur les choses qui nous entourent?« (S. 351)

Wurde bei der »peinture« der ›Besuchs-Situation‹ dem Rezipienten noch das Vorhandensein von Objekten und deren Anordnung als Garantieinstanz für adäquates Erkennen der Wirklichkeit von face-to-face-Situationen präsentiert, so erfährt dieses erkenntnistheoretische Prinzip – insbesondere durch die in der Systematisierungsperspektive formulierte Frage – eine radikale Umkehr. Nicht mehr die Existenz von Objekten außerhalb des Individuums und deren Einwirken auf die Psyche, sondern die Bewußtseinsprozesse des Subjekts werden als entscheidendes Moment der sozialen Konstruktion der Wirklichkeit thematisiert. Für den Rezipienten sind in dieser Phase des Lektüreerlebnisses die zuvor gegebenen Versicherungen der Möglichkeit der Erkenntnis einer intersubjektiven und reziprok geteilten Wirklichkeit von face-to-face-Situationen hinfällig geworden; die Liebe und Zuneigung wurde offensichtlich nicht von beiden jungen Leuten geteilt.

2.8 Die Typisierung der beiden Damen als ›zweifelhafte Individuen‹ erfährt durch die Konstitution der darauffolgenden ›Nebensituation‹ (dem ›Gespräch unter Freunden‹, das wir als VIII. Sequenz des Textes fassen) eine weitere Bestätigung. Das Gespräch unter Freunden, für dessen Situierung bereits der Hinweis auf den räumlichen Kontext »frais ombrages des Tuileries« (S. 352) und auf die Rolle »un de ses amis« (S. 352) ausreicht, vermittelt eine zusätzliche Hinsicht von Außenstehenden auf den Status und die Identität Adélaides und ihrer Mutter. In den vorangehenden face-to-face-Situationen wurde das Adelsprädikat »baronne« trotz der Armut der Madame de Rouville nicht als illegitimer Titel thematisch; nun wird der Leser aus der Perspektive der Freunde, die von sich behaupten, die Dame zu kennen (»nous la connaissons tous«, S. 352) auf die Diskrepanz von Titel und Lebensweise verwiesen und die Rechtmäßigkeit des Prädikats bezweifelt. »Est-ce que tu crois aux baronnes logées au quatrième? Brrr.« (S. 352) In der face-to-face-Situation ›Gespräch unter Freunden‹ erfolgt somit eine letzte Dissoziation des in der Protagonistenperspektive des Hippolyte Schinner konstituierten Konzepts der persönlichen Identität von Madame de Rouville und ihrer Tochter.

2.9 Obgleich die von den Freunden vorgebrachten Typisierungen der beiden Frauen ebenso wie das Handlungsmuster »Diebstahl« sehr plausibel scheinen und aus der Perspektive Hippolytes nicht entkräftet werden können, bleibt für diesen ein Rest an Ungewißheit bestehen; es tritt keine Ablösung seines vorgängigen ›Welterklärungsmodells‹ durch das Modell seiner Freunde ein, sondern er verharrt in seiner ›Erkenntniskrise‹. Diese Krise, die sich in »sentiments les plus contraires« (S. 353) und »une douleur de cœur« (S. 353) manifestiert, bildet das Thema der folgenden ›face-to-himself-Situationen‹, die zusammen mit den ›Vermeidungs-Situationen‹ der IX. Sequenz von *La Bourse* zugerechnet werden. Bei unserer Analyse der Erzählung hatten wir im Zusammenhang mit der ›face-to-himself-Situation‹ des in Liebe entbrannten einsamen Malers in seinem Atelier (vgl. Sequenz II) darauf hingewiesen, daß diese den Leser auf die weitere Entwicklung des Plot einer traditionellen Liebesgeschichte lenkt; nun, am Ende der Erzählung, wird in der (letzten) retrospektiven Deutung des Geschehens durch den Protagonisten nicht mehr Liebe und Hoffnung, sondern dessen Verzweiflung thematisch.

»Hippolyte s'assit dans son atelier, contempla son tableau sans y rien faire, n'en voyant les figures qu'à travers quelques larmes qui lui roulaient dans les yeux, tenant toujours la brosse à la main, s'avançant vers la toile comme pour adoucir une teinte, et n'y touchant pas. La nuit le surprit dans cette attitude.« (S. 354)

Der Tiefpunkt der Beziehung zwischen Hippolyte und Adélaide, d. h. die Negation der Erwartungen des Lesers hinsichtlich eines positiven Ausgangs der

Liebesgeschichte, korreliert mit der expliziten Thematisierung der Krise, zu intersubjektiven Deutungen sozialer Wirklichkeit zu gelangen. Als eine Konsequenz dieser Krise scheint es nur zu einleuchten, daß – wie vom Text in Analogie zu alltäglichen Formen des Umgangs mit face-to-face-Situationen zum Vorschein gebracht wird – Lebenssituationen, in denen keine reziproke Typisierung des situativen Rahmens und der Handlungsmuster der Partner möglich sind, gemieden werden. Hippolyte zeigt keinerlei Bereitschaft mehr, Kontakt mit Adélaide aufzunehmen; nichtsdestoweniger fühlt er sich, als er ihr unerwarteterweise begegnet, getroffen (»... il eut un tressaillement intérieur«, S. 354). Mit der Thematisierung dieser Stimmungslage, die auf eine immer noch nicht gebrochene Liebe verweist, wird dem Leser zugleich auch ein Indiz für den abschließenden Umschwung des Plot geliefert, indem diese (d. h. Hippolytes Zuneigung) das vom unpersönlichen Erzähler vorgeführte Motiv für eine »enquête« der beiden Damen bildet und somit den Horizont der ›Finalsituation‹ konstituiert.

2.10 Nachdem die die Entwicklung einer Liebesgeschichte hemmende Erkenntniskrise der Wirklichkeit von face-to-face-Situationen in der Konstitution der vorangehenden ›Nebensituationen‹ einen Höhepunkt erreicht hatte, wird diese in der letzten ›Hauptsituation‹ des Textes (der X. Sequenz als ›enquête‹- bzw. ›Familien-Situation‹) negiert und – zumindest dem Anschein nach – durch vereindeutigende Typisierungen gelöst. Die Relevanz physiognomischer Merkmale Adélaides erweist sich nun in bezug auf die Deutung der Situation stärker als die Relevanz sedimentierter Erfahrungen:

»Tous ses soupçons, toutes ses pensées mauvaises s'évanouirent à l'aspect de la jeune fille pâle et maigrie.« (S. 355)

Bereits die Konstitution dieser Einstiegsphase in die Kommunikations- und Interaktionssituation, die, wie wir in anderem Zusammenhang festgestellt haben, wiederum auf der Thematisierung nonverbaler Phänomene basiert, evoziert den Erwartungshorizont eines »happy end« und damit das Abweisen vorgängiger Zweifel an der Möglichkeit intersubjektiv zutreffender Typisierungen von face-to-face-Situationen. Im Fortlauf des Diskurses verdichtet sich die Annahme eines ›guten Endes‹; die Zweifel Hippolytes an der Ehrbarkeit der Frauen werden nun als inadäquat zurückgewiesen.

»En voyant ces deux figures si nobles, si calmes, il rougissait de ses soupçons, et attribuait la perte de sa bourse à quelque hasard inconnu.« (S. 355)

Physiognomie und äußere Erscheinung von Madame de Rouville und ihrer Tochter lassen keine alternativen Deutungen mehr zu, sie legen im Gegenteil eine weitere Reinterpretation der Handlungsabläufe vergangener face-to-face- Situationen nahe, der »vol nié« wird zur »perte à quelque hasard inconnu«. Als die Mutter zum Kartenspiel auffordert, droht dem sich bereits abzeichnenden ›großen Finale‹ aufgrund der bei Hippolyte (und dem Leser) geweckten Erinnerungen an den Verlauf des letzten Spiels noch eine gewisse Gefahr, doch die eindeutige Interpretation der Mimik des Mädchens weist jeden Zweifel zurück.

»... mais il ne vit sur ce visage que l'expression d'une bonhomie sans fausseté, nulle arrière-pensée n'en détruisait le charme, la finesse n'en était point perfide, la malice en semblait douce, et nul remords n'en altérait le calme.« (S. 356)

Die letzte Bestätigung für die Richtigkeit der Typisierung dieser face-to-face-Situation als »soirée délicieuse« wird dem Leser mit der Rückgabe des Geldes in einer neuen Geldbörse, die Adélaide in einer Reihe von Nächten gestickt hatte (»... pour achever un ouvrage de femme« S. 355), vermittelt. Der Leser, der durch die Konstitution einer Geschichte von face-to-face-Situationen zunächst auf das Problem der Erkenntnis der Wirklichkeit von Lebenssituationen gelenkt wurde, erhält nun eine ›Lösung‹ dieses Problems präsentiert, wobei sich jedoch die Voraussetzungen, die zur Problemkonstellation geführt haben, nicht verändert haben.

Die Physiognomien Adélaides und ihrer Mutter sind, obgleich sie nun adäquat und eindeutig interpretierbar geworden zu sein scheinen, eben doch (nahezu) konstant, d. h. offen für eine Vielzahl von Deutungen, geblieben; lediglich die zuvor negierte Dominanz des Deutungsschemas des Protagonisten legt in dieser abschließenden face-to-face-Situation eine eindeutige Interpretation nahe.

Mit dem Abweisen der »soupçons«, daß Madame de Rouville in dubiose Geschäfte verwickelt sei und darüber hinaus auch am Diebstahl der Börse beteiligt war, wird zudem aus dem Wissensvorrat des historischen Lesers das Ideologem abgerufen: »Der Adel korrumpiert sich nicht.«. Eng mit dieser Rehabilitation des comte de Kergarouet, des chevalier du Halga, der baronesse und ihrer Tochter verknüpft ist der Sachverhalt, daß von diesen die bürgerlichen Wert- und Normvorstellungen in bezug auf den Stellenwert von persönlichem Eigentum (im vorliegenden Fall: das Geld Schinners – »La bourse neuve qui contenait *ses* quinze louis«, S. 356 – wird zurückgegeben) nicht angetastet wurden, sondern im Gegenteil – trotz Armut von Madame de Rouville – den unhinterfragten Rahmen ihrer Handlungen bilden. Die nach dem Eintreffen der beiden alten Herren und der Mutter Hippolytes skizzierte und von allen geteilte Typisierung der Situation »*Il paraît que nous sommes en famille*« bietet zwar eine Lösung der Erkenntniskrise der Wirklichkeit von face-to-face-Situationen an, aber um welchen Preis?

3.

3.1 Was die in der Erzählung *La Bourse* konstituierte ›objektive Wirklichkeit‹ von face-to-face-Situationen betrifft, so können wir zusammenfassend festhalten: Der Text konstituiert in der Überblendung verschiedener Perspektiven eine Geschichte von face-to-face-Situationen, in deren Verlauf nicht allein eine traditionelle »Liebesgeschichte«, sondern das Problem der Erkenntnis der Wirklichkeit von Lebenssituationen thematisiert wird. Als Strukturmerkmal dieser

Konstitution einer Geschichte von face-to-face-Situationen ist zum einen das Abrufen von Wissenselementen des Lesers über die routinemäßige Bewältigung von Kommunikations- und Interaktionssituationen (z. B. das vorabgängige Typisieren räumlicher und physiognomischer Gegebenheiten), zum anderen die ›Spiegelung‹ und Brechung vorangegangener Situationen in neuen Lebenssituationen oder den ›face-to-himself-Situationen‹ der retrospektiven Deutung vorangegangener Ereignisse durch den Protagonisten zu erwähnen. Es finden sich verschiedene Bruchstellen, an denen die aktuellen Hinsichten auf face-to-face-Situationen in bewußte Rückwendung oder Reflexion über die gegenwärtige oder vergangene Situation umschlagen; so erfährt die ›Kennenlernen-Situation‹ eine dreifache ›Spiegelung‹, indem sie aus unterschiedlichen Perspektiven, z. B. der Rückschau Hippolytes, thematisiert wird. Auch in der ›Nebensituation‹ ›Gespräch unter Freunden‹ wird auf vorangegangene Interaktionssituationen und die dort (in den verschiedenen Ebenen des Textes) erfolgten Typisierungen verwiesen, wobei die in diesem Zusammenhang zum Vorschein gebrachte Reinterpretation vergangener Situationen den Leser auf die Frage der Relevanz und ›Objektivität‹ von Deutungsschemata, auf die wir bei der Typisierung von face-to-face-Situationen immer rekurrieren, lenkt.

War in den ersten Sequenzen der Erzählung in bezug auf die Typisierung von face-to-face-Situationen eine Kongruenz der in den unterschiedlichen Ebenen vermittelten Hinsichten und Typisierungen gegeben, so erfolgt im weiteren Verlauf der Konstitution einer Geschichte von face-to-face-Situationen eine Dissoziation; in Erzähl- und Protagonistenperspektive werden verschiedenartige Interpretationen der sozialen Wirklichkeit von face-to-face-Situationen konstituiert. Die auf diese Weise thematisch gemachte Erkenntniskrise der Wirklichkeit von Lebenssituationen wird durch die anschließende (sich im Repertoire sämtlicher Ebenen des Textes manifestierende) Radikalisierung der »soupçons« verstärkt, um am Ende der Erzählung aus der Perspektive des Protagonisten, die nunmehr zur ›Vorzugsperspektive‹ der Erkenntnis sozialer Wirklichkeit geworden ist, *negiert* zu werden. Die Antwort des Textes auf das Problem der adäquaten Typisierung von face-to-face-Situationen erscheint jedoch – zumindest für den heutigen Leser – unbefriedigend, da die Voraussetzungen der Krise (die primär in der Erzählperspektive thematisiert wurden), d. h. die Möglichkeit von sich wechselseitig ausschließenden Deutungen, trotz einer nunmehr vereindeutigenden Interpretation der Wirklichkeit auch weiterhin bestehen bleiben. Die Negation setzt – wie wir zu zeigen versuchten – den unhinterfragten Rekurs auf ›Welterklärungsmodelle‹ der bürgerlichen Gesellschaft im Frankreich des 19. Jahrhunderts voraus.

Vor dem Hintergrund unserer eingangs formulierten Funktionshypothese kommen wir nun zu dem Ergebnis, daß in *La Bourse* auf Geltungsschwächen des Sinnsystems »alltägliche Deutungsschemata zur Typisierung von face-to-face-Situationen« verwiesen wird und daß in dieser Erzählung – nachdem die alltäglichen Muster der Konstitution der Wirklichkeit von Lebenssituationen fundamentalen Zweifeln ausgesetzt wurden – die thematisierte Erkenntniskrise der Wirklichkeit von face-to-face-Situationen durch die abschließende Typisierung »nous sommes en famille« negiert wird. Ob die zuletzt präsentierte Lösung sämtliche Zweifel an der Möglichkeit der Erkenntnis sozialer Wirklichkeit beseitigen kann sei dahingestellt; deren für den heutigen Leser (in der Regel wohl) unbefriedigend erscheinender ›Beigeschmack‹ mag als Indiz für die Schwierigkeiten, denen wir bei der Typisierung und Deutung kommunikativer und interaktiver Prozesse gegenüberstehen, dienen.

3. 2. Erinnern wir uns an die eingangs gestellte Frage, welche Relevanz textwissenschaftliche Methoden für *sozialwissenschaftliche* Erkenntnisinteressen der Analyse von face-to-face-Situationen besitzen mögen, so können wir nunmehr vor dem Hintergrund unserer Untersuchung, die auch *literaturwissenschaftliches* ›Neuland‹ betreten hat, zusammenfassend festhalten: Die literaturwissenschaftliche Analyse fiktionaler (insbesondere »realistischer«) Texte kann Aspekte von historischen Sinnsystemen, die face-to-face-Situationen regulieren, zutage fördern. In unserer Erzählung fanden wir eine Vielzahl von – in den unterschiedlichen Ebenen des Textes thematisch gemachten – Elementen, die auf die soziale Relevanz bestimmter kommunikativer und interaktiver Phänomene (z. B. des Stimmklangs von Adélaide, des semiotischen Status' der Bekleidung von Protagonisten, deren Physiognomie, aber auch des Zusammenhangs von Raum und kommunikativen und interaktiven Prozessen) verweisen. Im Zuge der noch weiter auszubauenden interdisziplinären Zusammenarbeit von (sozialwissenschaftlich orientierten) Interaktionsforschern und Literaturwissenschaftlern böte sich nun die Entwicklung eines Forschungsprogramms an, in dem eine Systematisierung von Ergebnissen, wie wir sie gewonnen haben, geleistet wird, um somit eine verbalsprachlich formulierte Matrix zur Eingrenzung der sozialen Relevanz kommunikativer und interaktiver Phänomene zu erstellen. Eine derartige Matrix, die als Kontrast und wertvolle Ergänzung von Ansätzen und Verfahren etwa im Bereich der Nonverbal-Communication-Forschung (vgl. Artikel *Frey* et al. in diesem Band) dienen könnte, würde uns – mit gewissen Abstrichen, die wir auf den Status von (fiktionalen) Texten und deren Beziehung zur gesellschaftlichen Wirklichkeit zurückführen müssen – Auskunft über den historischen Sinn kommunikativer und interaktiver Erscheinungen geben.

Was die Relevanz literaturwissenschaftlicher Verfahren und Methoden für sozialwissenschaftliche Analysen von face-to-face-Situationen betrifft, so ist noch auf folgenden Sachverhalt hinzuweisen: Sozialwissenschaftliche Analysen von face-to-face-Situationen kommen nicht umhin, auf Verschriftlichungen (Texte), die sich in unterschiedlicher Art und Weise auf Lebenssituationen beziehen, zu rekurrieren, wobei diese Texte oftmals konstruiert werden, ohne nach den – aufgrund spezifischer Gattungsmerkmale – möglichen Sinnbildungsprozessen für den wissenschaftlichen oder alltagskompetenten Leser der Verschriftlichung zu fragen.[28] In diesem Zusammenhang werden nun Methoden der Literaturwissenschaft relevant, da in diesen der zeichentheoretische Status und der jeweils gewählte Zugang zum Text mitreflektiert wird. Eine Berücksichtigung dieser Gegebenheiten dürfte einige sozialwissenschaftliche Verfahren und

Analyseergebnisse (auch ethnomethodologischer und konversationsanalytischer Art) weniger arbitär erscheinen lassen.

Anmerkungen

1 Der Verfasser dankt Hans Ulrich Gumbrecht für wertvolle Anregungen und Kritik, die ihren Niederschlag auch in einer gemeinsam durchgeführten Analyse von Balzacs Text *La Bourse* (mit dem Titel: »Sinnbildung als Sicherung der Lebenswelt«) gefunden haben.
2 Wir wollen in Anlehung an den Vorschlag von H. U. Gumbrecht mit dem Begriff »fiktionale Texte« (wir verwenden diesen Terminus synonym zu dem traditionellen Begriff »literarische Texte«, ziehen jedoch ersteren vor) jene Texte ansprechen, »... die es dem Hörer (Leser) nahelegen, die Rezipientenrolle aus der fiktionalen Kommunikationssituation zu übernehmen«. (*Gumbrecht* 1976, S. 37–58, hier S. 41).
Die fiktionale Kommunikationssituation läßt sich nun – in Abgrenzung zur pragmatischen Kommunikationssituation – dadurch charakterisieren, daß in ihr die Hörerrolle (Leserrolle) *nicht* die Verpflichtung einschließt, die in einem Text entwickelte Sachlage unmittelbar oder mittelbar im Hinblick auf eine Handlungsdisposition abzuarbeiten.
3 Dies z. B. mit seinen Bemerkungen zur »Katharsis« oder zum Hervorrufen von »Furcht und Mitleid«; vgl. *Aristoteles,* S. 42.
4 Hier sei an G. Lukács' Ästhetik erinnert und an E. Auerbach. In diesem Zusammenhang sei auf den wegweisenden Vorschlag von *Jauß* (1970) und die darauf aufbauenden Paradigmen von *Gumbrecht* (1975) und *Stierle* (1975) hingewiesen.
5 Die Begriffe »Repertoire« und Strategien« werden in Anlehnung an *Iser* (1976, S. 87 ff. und S. 143 ff.) verwendet.
6 Die Erzählung *La Bourse* wird nach dem von M. Bouteron edierten ersten Band der *Comédie humaine,* Paris 1951 (Bibliothèque de la Pléiade), S. 328–357 zitiert. Kursive stammen, wenn nicht anders vermerkt, vom Verfasser.
7. Zum Stellenwert und zur Entwicklung dieser Funktionshypothese vgl. die ausführlicheren Erörterungen in *Gumbrecht, Müller* (1979).
8. *Gumbrecht, Müller (1979)* haben folgendes Analyseraster entwickelt, das unserer Untersuchung von *La Bourse* zugrundegelegt wird:

	IMPLIZITER LESER	→ SINNBILDUNGSVERFAHREN
1.	*Erzählebene*	→ *Implizites Motiv: Konstitution des Plots*
1.1.	Textstrategien	– Unterscheidung wichtiger / unwichtiger Elemente des Leserwissens
1.2.	Textrepertoire: Prädikate	– Abrufen von Typen des Alltagswissens

IMPLIZITER LESER	SINNBILDUNGSVERFAHREN
2. *Protagonistenebene*	→ *Implizites Motiv: Konstitution des Protagonistensystems*
2.1. Textstrategien	– Frage nach den Gründen der Verschiedenheit von Handlungen/Interpretationen der Protagonisten
2.2. Textrepertoire: Darstellung von Handlungen/Interpretationen der Protagonisten	– Abrufen von Wissen über die soziale Verteilung von Wissen
3. *Systematisierungsebene*	→ *Implizites Motiv: Konstitution von Teilen eines Wissenssystems*
3.1. Textstrategien	– Aufweisen der ungenügenden Bestimmtheit/wechselseitigen Unstimmigkeit von zuvor evozierten Elementen des Leserwissens
3.2. Textrepertoire: Verbalisierung/Zuordnung/ Vergleich	– Abrufen von uninterpretierten Lesererlebnissen/Grundelementen des Leserwissens/Leserwissens über das Wissenssystem

9 Die Entwicklung einer sozialwissenschaftlich fundierten Typologie von face-to-face-Situationen steht noch aus; bei dieser Aufgabe gilt es auch literaturwissenschaftliche Vorschläge einer derartigen Typologie von (kommunikativen oder face-to-face-) Situationen zu berücksichtigen. Zum Angebot literaturwissenschaftlicher Typologien vgl. *Gumbrecht* (1978a; bes. Kap. I) sowie *Jauß* (1977, S. 46/47).

10 Dieser Terminus wurde im Konstanzer Forschungsprojekt »Analyse unmittelbarer Kommunikation und Interaktion« (Leitung: Th. Luckmann, P. Gross) geprägt, damit sei die sich in unmittelbarer Erfahrung konstituierende Situation in ihrer hyletischen Fülle angesprochen.

11 Wie aus der folgenden Analyse ersichtlich wird, unterteilen wir die Erzählung in verschiedene Sequenzen, die sich an der Konstitution von face-to-face-Situationen orientieren. Zum besseren Verständnis dieser Sequenzierung nun eine Auflistung der einzelnen Einheiten:

Sequenz I Anfang – S. 331 (Mitte »le jeune homme en écoutant le bruit de ses pas«)
Sequenz II S. 331 (»Afin de faire comprendre...«) – S. 334 (Unten »descendit chez ses voisines«).
Sequenz III S. 331 (Unten »Aucun peintre de mœurs« – S. 345 (Mitte »sans chercher à s'analyser les petits événements de cette soirée«)
Sequenz IV S. 345 (Mitte »Le lendemain«) – S. 346 (Unten »H. revint dans son atelier«)
Sequenz V S. 346 (Unten »Déjà son chevalet«) – S. 348 (Unten »pendant une absence de madame de Rouville«)

Sequenz VI	S. 348 (Unten »Un jour donc«) – S. 349 (Mitte »mirent le portrait à sa place«)
Sequenz VII	S. 349 (Mitte »Hippolyte dîna pour la première fois«) – S. 352 (Mitte »il en fut ainsi du jeune peintre«)
Sequenz VIII	S. 352 (Mitte »Il sortit de grand matin) – S. 353 (Unten »quitta ses amis«)
Sequenz IX	S. 353 (Unten »En proie aux sentiments«) – S. 355 (Oben »il vint le soir même chez madame de Rouville«)
Sequenz X	S. 355 (Oben »Tous ses soupçons«) – S. 357

12 Unter dem Terminus »Geschichte« wollen wir mit Lübbe »Gemengelagen von Handlungen« verstehen, »... die in sich jeweils plausibel sind, aber in ihrem Gemenge nicht mehr der Rationalität eines übergeordneten Handlungs- oder Systemzusammenhangs gehorchen.« (Lübbe, 1973, S. 544 f.).

13 Damit seien die Typisierungen des situativen Rahmens von face-to-face- Situationen angesprochen, die Goffman (1974) in seinen sozialpsychologischen Analysen als »frames« bezeichnet.

14 Dieser ist als der im »Text vorgezeichnete Aktcharakter des Lesens« zu verstehen (vgl. Iser 1972, S. 9).

15 Zum Stellenwert räumlicher Orientierungsmuster in sozialer Interaktion vgl. Hall (1967).

16 Vor dem Hintergrund des Erwartungshorizonts des Lesers, der jeder Lektüre vorausgeht, könnte die unpersönliche Erzählperspektive hier auch in die Systematisierungsperspektive übergehen. Zum Verhältnis von »Erwartungshorizont« und Lektüreerlebnis vgl. Jauß (1975, S. 343–352).

17 Das unseren Ausführungen zugrundeliegende Verständnis persönlicher Identität orientiert sich an wissenssoziologischen Vorstellungen sowie dem Konzept von G. H. Mead (vgl. Luckmann 1977, sowie Mead 1972).

18 Wir entwickeln diesen Begriff ohne Anspruch auf dessen Verwertbarkeit für sozialwissenschaftliche Modelle zu erheben; im Rahmen unserer Analyse kommt dem damit beschriebenen Sachverhalt, d. h. der Konstitution von Situationen, in denen der Protagonist eine retrospektive Deutung sedimentierter Erfahrungen vornimmt, allerdings entscheidende Bedeutung zu. Die Besonderheit dieser ersten ›face-to-himself-Situation‹ des Textes besteht nun darin, daß sich das Bewußtsein des Protagonisten nicht auf seine sedimentierten Erfahrung richtet, sondern – in Meditation versunken – einen imaginären Gegenstand konstituiert.

19 Hier orientieren wir uns an den von J. P. Sartre in »L'imaginaire« vorgenommenen Analysen von Bewußtseinsprozessen (Sartre o. J.).

20 Der kommunikative und interaktive ›Sinn‹ ist im Fall von La Bourse nicht nur im Alltagswissen der Leser über kommunikative und interaktive Prozesse fundiert, sondern auch im Modell der Lavater'schen Physiognomie, das seinerseits wiederum als Versuch einer wissenschaftlichen Systematisierung dieses Alltagswissens aufgefaßt werden kann (vgl. Lavater 1859 und Buser 1973).

21 Eine diachrone Analyse literarischer Texte könnte demzufolge – unter Berücksichtigung des spezifischen Verhältnisses von fiktionalem Text und sozialer Wirklichkeit – Aufschluß über derartige Prozesse geben.

22 Dies vor dem Erwartungshorizont des historischen (und wohl auch heutigen) Lesers.

23 Wir können dies als einen der vielen Hinweise im Text für die kommunikative Relevanz nonverbaler Phänomene werten, die oftmals stärker ins Gewicht fallen als sprachliche Handlungsmuster.

24 Diese konstituiert – vor dem Hintergrund unserer Bestimmung des Begriffs »Geschichte« – somit ein entscheidendes Element der Geschichte von face-to-face-Situationen.

25 Ein ähnliches Verfahren erweist sich auch für eine Vielzahl von – modernen – Autobiographien als konstitutiv. Man denke etwa an Rousseaus »mémoire affective«.

26 Damit zeigt Balzac eine Problematik auf, die auch heute noch als zentrale Frage sozialwissenschaftlicher Analysen von face-to-face-Situationen einer Lösung harrt; nämlich die Notations- bzw. ›Übersetzungsproblematik‹, d. h. die Schwierigkeiten, die im Zusammenhang mit der Verschriftlichung von Lebenssituationen (die die Grundlage weiterer Analysen bilden) gegeben sind.

27 Und dies, obgleich der »aveu« als relevantes Element des innerliterarischen Erwartungshorizonts angesehen werden muß.

28 Dieser Sachverhalt wird in ethnomethodologischen und konversationsanalytischen Untersuchungen nur unzureichend berücksichtigt (vgl. etwa das von *Wootton* 1975, S. 59 ff. aufgezeigte Verfahren). Zur Problematik von Verschriftlichungen von face-to-face-Situationen und möglichen Sinnbildungsprozessen vgl. auch *Müller* 1979a.

Literatur

Argyle, M.: Soziale Interaktion, Köln 1972.
Aristoteles: Poetik, Stuttgart 1969.
Auerbach, E.: Mimesis, Bern/München 1977.
Balzac, H. de: Comédie Humaine, Paris 1951.
Berger, P., *Luckmann*, Th.: Die gesellschaftliche Konstruktion der Wirklichkeit, Frankfurt a. M. 1971.
Bolinger, D. (Hrsg.): Intonation, Middlesex 1972.
Buser, R.: Ausdruckspsychologie, München 1973.
Frey, S., *Pool*, J.: A New Approach to the Analysis of Visible Behavior, Bern 1976 (Mskpt.).
Goffman, E.: Frame Analysis, Harmondsworth 1974.
Gross, P., *Müller*, J. E.: Zur Notation nonverbalen Verhaltens, Konstanz 1975 (Mskpt.).
Gross, P., *Müller*, J. E.: Zur Objektivation nonverbaler Phänomene, Konstanz 1977 (Mskpt.).
Gumbrecht, H. H.: Konsequenzen der Rezeptionsästhetik oder Literaturwissenschaft als Kommunikationssoziologie, in: Poetica 7, H 3–4 1975, 388–413.
Gumbrecht, H. U.: Fiktion und Nichtfiktion, in: Funkkolleg Literatur (Studienbegleitbrief 3) Weinheim/Basel 1976, 37–58.
Gumbrecht, H. U.: Funktionen parlamentarischer Rhetorik in der französischen Revolution. Historische Vorstudien zur Entwicklung einer Textpragmatik, München 1978a.
Gumbrecht, H. U.: Reptie esthetika en handelingstheoretische literatuurwetenschap, in: *Grivel*, Ch. (Hrsg.): Methoden in de literatuurwetenschap, Muiderberg 1978b, 167–183.
Gumbrecht, H. U., *Müller*, J. E.: Sinnbildung als Sicherung der Lebenswelt, in: *Gumbrecht*, H. U., et al. (Hrsg.): Honoré de Balzac, München 1980, 339–390.
Hall, E. T.: Silent Assumptions in Social Communication, in: *Watson*, F. W. u. a. (Eds.): The human Dialogue: Perspectives on Communication, New York 1967.
Helfrich, H.: Age Markers in speech, in: *Scherer*, K. R., *Giles*, H. (Eds.): Social markers in speech, Cambridge 1978.
Ingarden, R.: Von den Funktionen der Sprache im Theaterschauspiel, in: *Ingarden*, R.: Das literarische Kunstwerk, Tübingen 1965, 403 ff.
Iser, W.: Der Akt des Lesens, München 1976.
Iser, W.: Der implizite Leser, München 1972.
Jauß, H. R.: Alterität und Modernität in der mittelalterlichen Literatur, München 1977.
Jauß, H. R.: Literaturgeschichte als Provokation der Literaturwissenschaft, Frankfurt a. M. 1970.
Jauß, H. R.: Zur Fortsetzung des Dialogs zwischen ›bürgerlicher‹ und ›materialistischer‹

Rezeptionsästhetik, in: *Warning*, R. (Hrsg.): Rezeptionsästhetik, München 1975, 343–352.
Knapp, M.: Nonverbal Communication in Human Interaction, New York 1972.
Lavater, J. C.: Physiognomische Fragmente zur Beförderung der Menschenkenntnis und Menschenliebe, in: *Lavater*, J. C.: Ausgewählte Schriften, Bd. I und II, Zürich 1859.
Luckmann, Th.: Persönliche Identität in der modernen Gesellschaft in: *Gadamer*, H. G., *Vogler*, P. (Hrsg.): Neue Anthropologie, Bd. 3 Stuttgart 1977, 168–198.
Lübbe, H.: Was heißt: ›Das kann man nur historisch erklären?‹, in: *Koselleck*, R. u. a. (Hrsg.): Geschichte – Ereignis und Erzählung, München 1973, 542–554.
Lukács, G.: Ästhetik, Neuwied/Berlin 1972.
Mead, G. H.: Mind, Self and Society, Chicago 1972.
Müller, J. E.: Alltagswissen über face-to-face-Situationen und Notationssysteme, in *Lange-Seidl*, A. (Hrsg.): Akten des 2. Semiotischen Colloquiums 1978, Regensburg 1979a.
Müller, J. E.: Literaturwissenschaftliche Rezeptionstheorien und empirische Rezeptionsforschung, in: *Voigt*, W. (Hrsg.): Akten des internationalen Semiotischen Kolloquiums »Semiotik Terminology« (Arbeitstitel), Budapest 1980.
Müller, J. E.: Unterschiede und Gemeinsamkeiten des wissenschaftlichen Umgangs mit face-to-face-Situationen und mit Texten, in *Soeffner*, H. G. (Hrsg.): Interpretative Verfahren in den Sozial- und Textwissenschaften, Stuttgart 1979, 195–213.
Rousseau, J. J.: Les Confessions, Autres Textes autobiographiques, Paris 1959.
Ruesch, J., *Kees*, W.: Nonverbal Communication. Notes on the Visual Perception of Human Relations, Berkeley/Los Angeles 1966.
Sartre, J. P.: L'Imaginaire, Paris o. J.
Schegloff, E., *Jefferson*, G., *Sacks*, H.: The Preference for self-correction in the organization of repair in conversation, Los Angeles/Irvine 1975–1976 (Mskpt.).
Scherer, K.: Nichtverbale Kommunikation, Hamburg 1970.
Schütz, A., *Luckmann*, Th.: Strukturen der Lebenswelt, Neuwied/Darmstadt 1975.
Stierle, K.: Text als Handlung, München 1975a.
Stierle, K.: Was heißt Rezeption bei fiktionalen Texten?, in: Poetica 7, 1975b, H. 3–4, 345–387.
Winkler, P.: Notationen des Sprechausdrucks, in: Zeitschrift für Semiotik 2, 1979, 211–224.
Wootton, A.: Dilemmas of Discourse, Plymouth 1975.

Teil III:
Nonverbale Analysen

S. Frey, H.-P. Hirsbrunner, J. Pool, W. Daw
Universität Bern

Das Berner System zur Untersuchung
nonverbaler Interaktion:
I. Die Erhebung des Rohdatenprotokolls*

0. Vorbemerkung

Der im folgenden dargestellte Analyseansatz ist das Ergebnis umfangreicher Entwicklungsarbeiten, die das Ziel verfolgten, die Erforschung des nonverbalen Verhaltens auf eine neue methodische Grundlage zu stellen. Wir haben deshalb auch der Darstellung der methodischen Probleme, die die Lage auf diesem Forschungsgebiet gegenwärtig kennzeichnen, besondere Aufmerksamkeit gewidmet. Die sich daran anschließenden Ausführungen über unsere eigene Untersuchungsstrategie gliedern sich in zwei Teile. Der hier vorliegende Teil I legt das Rationale für die Wahl des Konstruktionsprinzips sowie die Details des Notationssystems und des Notationsverfahrens dar. Teil II:»Die Auswertung von Zeitreihen visuell-auditiver Information« (*Hirsbrunner, Florin, Frey* in diesem Band) gibt einen Überblick über die Prinzipien der Weiterverarbeitung der erstellten Datenmatrizen, über die Auswertungsstrategien, die dabei angewandt werden können, und über einige der hierzu bisher entwickelten Verfahren.

Einige Aspekte des hier vorgestellten Ansatzes sind bereits an anderer Stelle von uns referiert worden. Die vorliegende Arbeit gibt jedoch die erste umfassende Darstellung des Kodes und des Kodierverfahrens. Es ist daher unser Bedürfnis, an dieser Stelle den zahlreichen Kollegen und Studenten zu danken, die durch ihre Kritik, ihre Vorschläge und aktive Mitarbeit an der Entwicklung dieses Systems mitgewirkt haben. Zu besonderem Dank verpflichtet sind wir Markus *Signer*, dessen Vorschläge die Spezifikationen des Notationssystems in beträchtlichem Umfange geprägt haben. Wesentliche Anregungen verdanken wir auch Mario *von Cranach*, Catherine *Darnaud-Frey*, Norman *Markel*, Martin *Miller*, Mansour *Naraghi* und Toni *Trischler*. Für ihre geduldige Kooperation bei den Modell-Versuchen zur Kodevalidierung danken wir Urs *Kalbermatten*, Georg *Pepping* und Josef *Stalder*.

Für die Entwicklung dieses Ansatzes haben uns verschiedene Institutionen finanzielle Unterstützung gewährt. Ganz besonders danken möchten wir dem Schweizerischen Nationalfonds, Bern, der den weitaus größten Teil der Entwicklungskosten getragen hat und dessen großzügige Unterstützung die Erarbeitung des Analyseansatzes in dieser Form überhaupt erst möglich gemacht hat. Der Foundations' Fund for Research in Psychiatry, New Haven, Connecticut, sowie das Max-Planck-Institut für Psychiatrie, München, ermöglichten die Zusammenarbeit mit Jeremy *Pool* an der University of California, San Francisco, in deren Rahmen die erste Version des Kodierungssystems entstand. Danken möchten wir auch der Hochschulstiftung Bern sowie der Fritz-Hoffmann-La Roche-Stiftung, Basel, die uns bei der Durchführung spezieller Forschungsarbeiten unterstützten.

---

* Herrn Prof. Dr. Richard *Meili* zum 80. Geburtstag gewidmet

1. Problemlage

Innerhalb der Kommunikationsforschung trat in den letzten Jahren immer mehr der nonverbale Aspekt des kommunikativen Geschehens in den Mittelpunkt des Forschungsinteresses. Die Ursache liegt primär in den vereinten Anstrengungen einer Reihe programmatisch orientierter Autoren, die keinen verbalen Aufwand scheuten, um den nonverbalen Verhaltensaspekt als eine schier unerschöpfliche Informationsquelle vorzustellen. Zwar waren es, wie etwa *Weitz* darlegt, zunächst vor allem »Best sellers like Julius *Fast*'s *Body Language* [which] have safely established the study of nonverbal communication in the popular mind as a short cut to an understanding of human motivation and interaction.« (1974, S. 3). Längst werden solche Thesen jedoch auch von der offzielleren Literatur vertreten, wobei die Autoren beim Zusammenstellen der Themen, zu denen nonverbales Verhalten Auskunft geben soll, inzwischen kaum noch eine der Fragen auslassen, mit denen Psychologen sich gegenwärtig beschäftigen. *Ekman, Friesen* beispielsweise suggerieren,

»... that information about affect, the on-going interpersonal relationship, and psychodynamics and ego defenses, are provided by nonverbal behavior, ... that there are complex interrelationships between nonverbal behavior and content and noncontent aspects of speech ... that nonverbal behavior reflects the changes over time in psychological functioning resulting from therapeutic intervention, and that it is sensitive to the individual differences between patients, even if they suffer from similar presenting complaints.« (1968, S. 213).

Key, eine Linguistin, argumentiert, daß das nonverbale Verhalten eine Schlüsselrolle selbst für das Verständnis von Sprachaussagen übernimmt:

»Recent thinking in linguistic theory ... would indicate that linguists are moving closer to acknowledging the dependence of meaning to syntax. If syntax is, indeed, undecipherable without reference to meaning, then we must consider that the understanding of meaning is also undecipherable without reference to the nonverbal component of the communication item« (1972, S. 2).

Im deutschsprachigen Bereich hat insbesondere *Scherer* in einer Reihe von Literaturreferaten (z. B. 1970, 1974, 1976, 1979a) die nonverbale Komponente des Kommunikationsverhaltens zu einer geradezu universellen Informationsquelle stilisiert. Einer von ihm jüngst publizierten Liste zufolge geben die im Gespräch auftretenden nonverbalen Verhaltensweisen Auskunft (unter anderem) über Persönlichkeitsmerkmale, Einstellungen, Gefühle, Reaktionen; sie gliedern den Sprachfluß und synchronisieren verschiedene Verhaltensebenen; sie vermitteln Bedeutung, widerspiegeln die Partnerbeziehung und regeln die zwischenmenschliche Beziehung (*Scherer* 1979a, S. 128).

Die unter den Autoren durchaus weit verbreitete Einsicht, derzufolge die nonverbale Kommunikation ein »field ... still in its infancy« (*Harper* et al. 1978, S. VII), ein Forschungsgebiet »only now gaining wide recognition as a field« (*Davis* 1972, S. 9), oder schlicht eine »terra incognita« (*Scherer* 1979b, S. 32) darstellt, hat die Inflation der Versprechungen auf diesem Gebiet nicht ernsthaft gebremst.

Dies ist kaum verwunderlich, denn die von der Literatur als »Entdeckung« ausgegebene Nachricht von der Bedeutsamkeit nonverbaler Verhaltensphänomene (z. B. *Argyle* 1972, S. 243, *Scherer* 1976, S. 683) reaktivierte in Wahrheit uralte und weithin populäre Glaubenssätze aus der Ausdruckspsychologie, einer Disziplin, die wegen einer zu offenkundigen Diskrepanz zwischen Anspruch und Leistung bereits Ende der vierziger Jahre weitgehend von der Bildfläche verschwand, und deren verwaiste Themen und Vorstellungen nun unter dem unverdächtigen Etikett »nonverbal behavior« erneut präsentiert wurden.

Da die scheinbar neue Forschungsrichtung an altvertraute Überzeugungen direkt anknüpfen konnte, tat sie sich mit der Legitimation keineswegs schwer. Da jedoch so viele populäre Argumente für die Wichtigkeit nichtverbalen Verhaltens existieren und es so leicht ist, in allen Lebensbereichen Beispiele dafür zu finden (etwa: die ›nervös‹ flatternden Hände, der ›verlegene‹ Blick, das ›entschuldigende‹ Lächeln, der ›wütende‹ Gesichtsausdruck, das ›ablehnende‹ Kopfschütteln usw.), nimmt das Begründen der *Wichtigkeit* nonverbalen Verhaltens offenbar kein Ende.

So leicht sich freilich Belege für die grundsätzliche Bedeutsamkeit dieses Verhaltensbereichs finden lassen, so schwierig ist es, diese Informationsquelle empirisch auszuschöpfen. Dies liegt in der Natur der Sache. Denn die Variabilität, die Komplexität und der Nuancenreichtum, durch den sich das nichtverbale Verhalten auszeichnet, begründen zwar einerseits dessen Relevanz als Ausdrucksmedium, andererseits resultieren aber gerade aus diesen Eigenschaften enorme Probleme bereits bei dem Versuch, die komplexen nichtverbalen Verhaltensabläufe in ein Datenprotokoll zu transkribieren. Anders als für den sprachlichen Aspekt des Kommunikationsverhaltens, den wir zumindest in seinen verbalen Anteilen mit Hilfe des Alphabetes zuverlässig und differenziert protokollieren können, steht uns für die Bewegungstranskription, d. h. für die schriftliche Fixierung der von einer Person spontan dargebotenen Bewegungsweisen, keine dem Alphabet an Leistungsfähigkeit auch nur annähernd vergleichbare Kodierungssprache zur Verfügung. Mit Hilfe der gegenwärtig gebräuchlichen Kodierschemata kann vielmehr nur ein ganz geringer Anteil der vom Auge wahrnehmbaren Bewegungsvariation in ein Datenprotokoll übertragen werden.

Es markiert denn auch das Dilemma dieses Forschungsgebiets, daß es zwar immer wieder als ungewöhnlich reiche Informationsquelle propagiert wird, daß jedoch andererseits die zu seiner Untersuchung gebräuchlichen Methoden den empirischen Zugang eher versperren als öffnen – ein Umstand, der gewiß mit ein Grund dafür ist, daß die Forschungsarbeit auf diesem Gebiet, trotz ihrer fast zwei Jahrtausende zurückreichenden Geschichte, noch immer in den Kinderschuhen steckt. Inwieweit die in dieser reichen Informationsquelle möglicherweise niedergelegten Informationen über Einstellungen, Gefühle, Persönlichkeitsmerkmale, Partnerbeziehungen usw. für die Fragestellungen einer psychologischen Analyse tatsächlich nutzbar gemacht werden können, hängt somit auch weitgehend davon ab, inwieweit die Transkriptionsprobleme gelöst werden können, die der empirischen Auswertung dieser wichtigen Informationsquelle seit je enge Grenzen setzten.

1.1 Transkription oder funktionale Klassifikation?

Angesichts der enormen methodischen Probleme, die wegen des Fehlens einer leistungsfähigen Kodierungssprache bereits bei der Verhaltens*deskription* auftreten, sind die Experimentatoren, die das nichtverbale Verhalten untersuchen wollten, seit den Tagen *Lavaters** immer wieder auf die Verhaltens*evaluation* ausgewichen. Offenbar an diese Praxis anknüpfend, haben *Scherer* et al. (1979) im Rahmen einer interdisziplinären Methodendiskussion (*Luckmann* 1979) den Vorschlag unterbreitet, man solle, angesichts der Probleme, die einer deskriptiven Erfassung nichtverbalen Verhaltens im Wege stehen, die Verhaltenstranskription einfach überspringen und statt dessen das nonverbale Verhalten direkt an funktionalen Gesichtspunkten evaluieren.

Die Idee scheint verlockend, zumal der Verzicht auf die Verhaltenstranskription, zumindest bei oberflächlicher Betrachtung, damit begründbar scheint, daß sich in Kommunikationsuntersuchungen das eigentliche Forschungsinteresse in der Regel ja gar nicht auf die Transkription des Verhaltens richtet, sondern vielmehr der Herausarbeitung der funktionalen Bedeutungen gilt, die die verschiedenen Bewegungsweisen erfüllen. Dementsprechend argumentieren nun auch *Scherer* et al.: ». . . das Ziel [ist] nicht eine erschöpfende Deskription von Bewegungsverhalten, sondern die *Analyse* dieses Verhaltens.« (1979, S. 179; Hervorhebung im Original).

Die Autoren übersehen freilich, daß es sich bei der direkten funktionalen Klassifikation nicht etwa um eine ›Analyse‹ des nichtverbalen Verhaltens handelt, sondern lediglich um eine Attribuierung funktionaler Etikette nach dem vertrauten Vorbild der Ausdrucksdeutung. Die Verwechslung von Attribution mit Analyse ist bemerkenswert, umso mehr als *Scherer* et al. in anderem Zusammenhang die Auffassung vertreten, es sei ein besonderer Vorzug nichtverbalen Verhaltens, daß man eben *nicht* eindeutig und *nicht* verbindlich angeben kann, was die in einer Interaktion dargebotenen Bewegungsweisen nun bedeuten:

»*Scherer* und *Scherer* (1977) haben darauf hingewiesen, daß eine der wichtigsten Eigenschaften nichtverbaler Verhaltensweisen ihre Negoziabilität zu sein scheint, d. h. *die Bedeutung dieser Verhaltensweisen ist ›verhandelbar‹.* Dadurch wird dem jeweiligen Akteur ein großes Maß an strategischer Flexibilität und unverbindlichem Versuchshandeln eingeräumt, was bei einklagbaren und den Akteur unmittelbar festlegenden verbalen Mitteilungen nicht der Fall ist.« (*Scherer* et al. 1979, S. 178; Hervorhebungen von uns).

---

* 1741–1801

Den angesichts solcher Überlegungen verblüffenden Vorschlag, nun doch einfach einen Kodierer mit der Zuschreibung funktionaler Bedeutungen zu betrauen, begründen die Autoren mit der Mitteilung, daß sie aufgrund vorgeordneter – in diesem Fall von *Ekman, Friesen* angestellter – Reflexionen nun doch schon vorweg wissen, was was bedeutet und deshalb in der Lage sind, dem Kodierer genaue Instruktionen zu erteilen:

»Zwar erfordert die Unterscheidung der [funktionalen] Kategorien eine recht große Interpretationsleistung von seiten der Kodierer, . . . doch erlauben die sorgfältig ausgearbeiteten theoretischen Grundlagen relativ eindeutige operationale Definitionen und Abgrenzungshinweise und können somit zur Schulung der Kodierer verwandt werden. Dementsprechend berichten *Ekman* und *Friesen* (mündl. Mitteilung 1977) über sehr gute Reliabilitäten« (*Scherer* et al. 1979, S. 181).

Nun scheint es uns – bei allem Respekt vor theoretischen Erwägungen – in der Tat ›negoziabel‹, inwieweit die von einer Person spontan dargebotenen komplexen Bewegungsweisen beispielsweise »das Gesprochene ergänzen, verdeutlichen oder pointieren« (und deshalb gemäß *Ekman*s Schema als ›Illustratoren‹ zu klassifizieren sind), oder aber (als ›Regulatoren‹) »den Kommunikationsfluß, den Ablauf von Sprecher- und Hörer-Wechseln und Redebeiträgen regeln, gliedern und strukturieren helfen«, oder (als ›Affekt-Darbietungen‹) »die Funktion des Affekt- und Stimmungsausdrucks innehaben«, oder auch (als ›Adaptoren‹) »der Erregungsabfuhr oder der Bedürfnisbefriedigung dienen« (alle Zitate: *Scherer* et al. 1979, S. 181).

Der Nachweis darüber, welche Funktionen die in einer Interaktion gezeigten Bewegungen nun wirklich erfüllen, kann natürlich nicht dadurch erbracht werden, daß man feststellt, wie oft der Kodierer welches funktionale Etikett verliehen hat. Die direkte funktionale Klassifikation erweist sich denn auch bei genauerem Hinsehen als eine den Forschungsprozeß unzulässig verkürzende Scheinlösung, bei der die gesuchte funktionale Bedeutung vom Experimentator zum Kodierer, und von diesem wieder im Kreis zurück zum Experimentator transportiert wird.

Dieser zirkuläre Forschungsprozeß ist nur durch die Erstellung detaillierter Verhaltenstranskriptionen zu durchbrechen, denn erst diese machen eine empirische Referenz verfügbar, aufgrund derer die Zuordnung funktionaler Etikette diskutierbar und überprüfbar wird. Die intensive Auseinandersetzung mit den Problemen der Verhaltenstranskription scheint uns denn auch unabweisbar. Und wir können auch nicht dem Vorschlag der Autoren zustimmen, diese Auseinandersetzung wenigstens auf später zu verschieben (vgl. *Scherer* et al. 1979 S. 191). Denn es gilt vielfach bereits heute als eine Minimalforderung wissenschaftlich sauberer Beweisführung, daß der Untersucher in der Lage ist, die Verhaltensphänomene auch zu beschreiben, über deren ›Funktionen‹ er Auskunft gibt.

1.2 Wie genau soll das Verhalten beschrieben werden?

Bei der Untersuchung der nonverbalen Interaktion ist es in den letzten Jahren immer mehr zu einer Selbstverständlichkeit geworden, das flüchtige Bewegungsgeschehen auf Film oder Videoband zu speichern. Indem diese Medien das komplexe Bewegungsgeschehen mit hohem zeitlichen und räumlichen Auflösungsvermögen abbilden, eröffnet sich, wie etwa *Harrison* vermerkt, die Möglichkeit, »that an increasing number of researchers will be able to do in-depth research on nonverbal phenomena« (1973, S. 104).

Während jedoch einerseits unter den Autoren weitgehend Einigkeit darüber besteht, daß es zweckmäßig ist, das komplexe Bewegungsgeschehen auf Videoband zu speichern, so haben sich andererseits nur wenige Autoren auch wirklich darum bemüht, die Vielfalt der auf Videoaufzeichnungen enthaltenen Informationen in ein Datenprotokoll zu übertragen. Vielmehr begnügten sich die meisten Autoren – oft unter Hinweis auf die Unmöglichkeit, ›Alles‹ zu transkribieren – von vorneherein mit einer Grobklassifikation des Bewegungsverhaltens, wobei die Vielfalt unterschiedlicher Bewegungsmuster meist nach dem Prinzip der generischen Kodierung (*Frey* et al. 1979, S. 196 f.) in einige wenige ›molare‹ Verhaltenskategorien eingeordnet wurde.

Dieses Vorgehen mag zwar gelegentlich dem speziellen Zweck einer speziellen Untersuchung durchaus angemessen sein. Es zeitigt jedoch verhängnisvolle Konsequenzen, wenn es als generelle methodische Strategie für die Untersuchung des nonverbalen Interaktionsverhaltens eingesetzt wird. Denn das nonverbale Verhalten gilt ja eben *wegen* seiner Komplexität, *wegen* seiner Variabilität und *wegen* seines Nuancenreichtums als eine so reiche Informationsquelle. Indem nun aber die Vielgestaltigkeit des nonverbalen Geschehens durch eine Grobklassifikation auf einige wenige Verhaltenskategorien reduziert wird, verwischt der Untersucher eben durch den Prozeß der Rohdatenerhebung bereits den Großteil der Unterschiede, die den Informationsreichtum nonverbalen Verhaltens ja erst begründen.

Da nun einer empirischen Untersuchung das Rohdatenprotokoll (nicht etwa die Videoaufzeichnung oder das Verhalten selbst) als die eigentliche Basis der Verhaltensanalyse fungiert, kann der Untersucher das Verhalten auch nur in dem Umfang einer empirischen Analyse unterziehen, in dem sein Datenprotokoll darüber Auskunft gibt. Je undifferenzierter dabei das reale Verhalten in den molaren Kategorien abgebildet ist, umso ›verschwommener‹ wird gewissermaßen auch das Bild, das sich der Untersucher vom nichtverbalen Verhalten seiner Versuchspersonen macht, und umso unsinniger wird die Erwartung, aus diesem Bild differenzierte Aussagen über die psychischen Zustände der so dürftig porträtierten Personen ableiten zu können.

Es ist daher auch zumindest widersprüchlich, daß die Autoren einerseits dem nonverbalen Verhalten immer wieder eine Schlüsselrolle für das Verständnis des sozialen Geschehens zuweisen, andererseits sich aber bei der empirischen Untersuchung dieses Verhaltensbereiches mit der Anwendung von Methoden begnügen, die eine nur ganz oberflächliche und undifferenzierte Erfassung dieser komplexen Verhaltensphänomene gestatten. Um hier wenigstens Konsistenz *innerhalb* der Argumentation zu erreichen, scheint es uns denn auch notwendig, daß man entweder die gegenwärtig gebräuchliche Methodologie beibehält und dann konsequenterweise auch den Anspruch aufgibt, aufgrund des nonverbalen Verhaltens Auskunft zu allen möglichen Fragen geben zu können, oder aber die Entwicklungsarbeit leistet, die notwendig ist, um die methodischen Voraussetzungen für eine differenziertere Erfassung des komplexen Bewegungsgeschehens zu schaffen.

Da wir, in Übereinstimmung mit der Literatur, der Ansicht sind, daß das nonverbale Verhalten tatsächlich eine außerordentlich reiche Quelle empirischer Information darstellt, haben wir uns für diese zweite Alternative entschieden und versucht, ein Kodierungsverfahren zu entwickeln, das es gestatten soll, die auf Videoband niedergelegten Informationen über das komplexe Bewegungsgeschehen in weitaus größerem Umfang als bisher möglich in ein Datenprotokoll zu transkribieren, um auf diese Weise die Information zu gewinnen, die für eine systematische Untersuchung des komplexen Bewegungsgeschehens erforderlich ist.

2. Die Wahl des Notationsprinzips

Für den Erfolg eines solchen Vorhabens ist die Wahl des Notationsprinzips, das der Verhaltenskodierung zugrunde gelegt wird, von entscheidender Bedeutung. Denn die Schwierigkeiten, die gegenwärtig bei der Transkription nonverbalen Verhaltens auftreten, resultieren nicht so sehr aus der Komplexität der zu beschreibenden Verhaltensphänomene, sondern, wie verschiedentlich dargelegt wurde (*Frey, Pool* 1976, S. 4 ff.; *Frey, Hirsbrunner, Bieri-Florin* 1979, S. 196 ff), direkt aus der Ineffektivität der Kodier*prinzipien,* die der Bewegungsbeschreibung zugrunde gelegt wurden. Die Ratlosigkeit, mit der die Literatur den Problemen der Bewegungsbeschreibung begegnet, ist in der Tat beeindruckkend:

»As of 1972, an annotated bibliography of body movement research, prepared by Martha Davis . . ., contained almost thousand entries. One of the major difficulties which confronts any researcher who wishes to approach this vast literature source, however, is an almost total lack of agreement on how movement should be described. It is almost as if each research project started from scratch with an arbitrary set of movement characteristics to be observed« (*Badler, Smoliar* 1979, S. 19).

Die Ursache dieses desolaten Methodenstatus liegt zweifellos darin, daß die ›nonverbale Kommunikation‹ dem Stadium einer prä-literarischen Wissenschaft noch nicht entwachsen ist:

»Anders als im Bereich des Verbalverhaltens, wo wir die jeweiligen Äußerungen der Vpn mit Hilfe des Alphabets notieren können, steht uns zur Erfassung sichtbarer Verhaltensverläufe kein dem Alphabet vergleichbares Beschreibungsinstrument zur Verfügung. Ein

Experimentator, der sich um eine Untersuchung sichtbarer Verhaltensverläufe bemüht, ist somit auch weitgehend in der Situation eines Analphabeten, der Sprachverhalten untersuchen will. Der Analphabet kann natürlich Sprachäußerungen sehr gut hören und sehr gut verstehen, die methodischen Mittel, die zur Protokollierung des Gehörten nötig wären, mußte er sich freilich erst erarbeiten« (*Frey* 1977, S. 328).

Die Tatsache, daß die Videoaufzeichnung selbst ein differenziertes Protokoll des realen Geschehens darstellt, bietet natürlich keine Lösung für das Problem der Verhaltensnotation. Denn, wie *Ekman* et al. (1969) erinnern, Film oder Video »... records are not data. While records may be the raw input for intriguing ideas and discovery, they must be converted into some digital form in order to be analyzed.« (*Ekman* et al. 1969, S. 298).

In Anbetracht der Tatsache, daß die Operationsprinzipien der Film- oder Videokamera seit langem allgemein bekannt sind, ist nun freilich die Hilflosigkeit, mit der die Literatur dem Problem der Bewegungsbeschreibung gegenübertritt, noch weitaus verwirrender als das Problem der Bewegungsbeschreibung selbst. Offenkundig ist es ja möglich, das Bewegungsverhalten in Form von Positionszeitreihen geradezu zu *buchstabieren*. Es besteht denn auch kein Grund, weshalb die Disziplin der nonverbalen Kommunikation weiterhin auf präliteratem Niveau operieren sollte.

Es ist in der Tat nur schwer zu verstehen, weshalb das Prinzip der Zeitreihen-Notation in diesem Forschungsbereich nicht schon längst eingesetzt worden ist. Denn dieses Prinzips bedienen sich ja seit langem praktisch sämtliche leistungsfähigen Verfahren zur Erfassung akustischer und optischer Phänomene: Tonbandgeräte, Schallplatten, digitalisierte Tonträger, Filmkameras, Videosysteme operieren alle auf der Basis des Prinzips der Zeitreihen-Notation. Und selbst der alphabetischen Sprachtranskription, wie auch der schriftlichen Niederlegung musikalischer Kompositionen, liegt dieses Notationsprinzip zugrunde.

Die Einführung des Zeitreihenprinzips für die Beschreibung der spontanen Bewegungsaktivität würde somit auch die Möglichkeit eröffnen, Sprache und Bewegung – die beiden wichtigsten Medien der Kommunikation – nach denselben Kodierungsregeln zu transkribieren. Es ist daher auch lohnend, sich zunächst einmal vor Augen zu führen, in welcher Weise sich die Effizienz der alphabetischen Sprachtranskription direkt aus der Verwendung des Prinzips der Zeitreihen-Notation ableitet. Im Anschluß daran werden wir zeigen, daß sich dieses Prinzip auch für eine differenzierte Beschreibung der sprachbegleitenden Bewegungsaktivität nutzbar machen läßt.

2.1 Zeitreihen-Notation als Prinzip der Sprachtranskription

Nach einer Übersicht von *Gair* (1971) sind weltweit gegenwärtig etwa fünfzig verschiedene alphabetische Notationssysteme in Gebrauch. Sie unterscheiden sich zwar voneinander im historischen Ursprung, im Erscheinungsbild und selbst in der Anzahl der Symbole, die sie für die Sprachtranskription bereitstellen. Sie basieren jedoch alle »... on the principle of one symbol, or letter, for each distinctive sound of a language« (*Gair* 1971, S. 588). Dieses Prinzip gilt allgemein als die effizienteste Art der Sprachtranskription, da hierbei eine sehr kleine Anzahl von Symbolen genügt, um Sprachaussagen von fast beliebiger Komplexität zuverlässig und differenziert zu protokollieren.*

Die beeindruckende Leistungsfähigkeit des Alphabets resultiert jedoch nicht aus der genauen Unterscheidung der einzelnen Sprachlaute, sondern, wie bereits an anderer Stelle dargelegt wurde, aus der »... Zerlegung der komplexen Sprachäußerungen in ihre phonetischen und zeitlichen Aspekte« (*Frey, Hirsbrunner, Bieri-Florin* 1979, S. 200). Tatsächlich bleibt die Sprachaussage durch die phonetische Komponente allein unterbestimmt – unabhängig davon, wie genau und differenziert die verschiedenen Sprachlaute im Symbolkatalog repräsentiert sind. Zur Erstellung eines alphabetischen Transkripts ist vielmehr, zusätzlich zu den phonetischen Symbolen, ein Zeitkode vonnöten, der die Reihenfolge der verschiedenen Laute festlegt. Dies bedeutet, daß bei der Sprachtranskription die komplexe Sprachaussage *bivariat* kodiert wird, und zwar in einer phonetischen und in einer zeitlichen Dimension. Für die Differenzierung der phonetischen Komponente genügt eine verhältnismäßig geringe Anzahl von Symbolen, beispielsweise die 26 Buchstaben des lateinischen Alphabets. Die zeitliche Differenzierung resultiert direkt aus der Konvention, Lautsymbole in Zeilen, von links oben nach rechts unten zu schreiben. Dadurch wird jeder Laut gewissermaßen mit einem Zeitvektor versehen, der die Reihenfolge seiner Darbietung auf Ordinalskalenniveau differenziert.

Die bivariate Fixierung der Sprachaussage im Transkript kann man sich leicht vor Augen führen, indem man die Information über jeweils eine der beiden Kodierungsdimensionen aus dem Transkript eliminiert. Bei Eliminierung der zeitlichen Information zerfällt das Transkript sofort in ein undefinierbares Aggregat von Lautsymbolen. Umgekehrt bleibt bei Eliminierung der phonetischen Information nur noch das im Transkript niedergelegte Wissen über die temporelle Struktur der Sprachäußerung erhalten – die Sprachaussage selbst ist durch diese Information natürlich ebenfalls unterdeterminiert. Abbildung 1 veranschaulicht diesen Sachverhalt am Beispiel der Aussage »NONVERBALES VERHALTEN«:

---

* Den Angaben von *Gair* (1971) zufolge enthalten die meisten Alphabete zwischen 20 und 30 Symbole, einige wenige kommen sogar mit nur 12 Symbolen aus. Das Internationale Phonetische Alphabet (IPA) als das weitaus differenzierteste Notationssystem stellt etwa 100 Symbole zur Verfügung (vgl. *Moses* 1964, S. 216 f.).

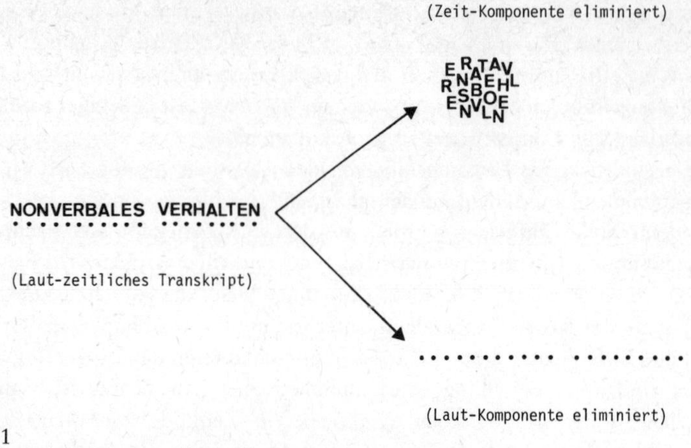

Abb. 1
Bivariate Kodierung der Sprachaussage als Laut-Zeitreihe

2.2 Zeitreihen-Notation als Prinzip der Bewegungstranskription

Obwohl die Anwendung des Prinzips der Zeitreihen-Notation für die Kodierung des Sprachverhaltens längst selbstverständlich ist, scheint sich die Literatur keineswegs darüber klar zu sein, daß dieses Prinzip ebenfalls für die Transkription komplexen Bewegungsgeschehens nutzbar gemacht werden kann. Die Untersucher betrachten in der Regel ›Bewegung‹ als ein komplexes Verhaltensphänomen, das zu bestimmten Zeitpunkten beginnt und endet, und versuchten zwischen den verschiedenen Bewegungen zu unterscheiden, indem sie verschiedene Bewegungen mit verschiedenen Etiketten belegten. Sie folgten somit einem Notationsprinzip, das Kodierungssymbole einem komplexen raum-zeitlichen Verhaltensmuster zuordnet. Die Ineffizienz dieses Kodierungsprinzips haben *Frey, Pool* (1976) an einem einfachen Rechenexempel illustriert:

»Selbst die elaboriertesten Systeme, die zur Etikettierung von Bewegungsmustern gegenwärtig zur Verfügung stehen ... können längst nicht so viele Etiketten zur Verfügung stellen, als man mit bloßem Auge Bewegungen unterscheiden kann. Es ist ziemlich einfach darzulegen, weshalb Systeme, die mit Bewegungsetiketten arbeiten, notwendigerweise Instrumente mit niedriger Auflösung sind. ›Bewegung‹ impliziert Positionsänderung über die Zeit. Würde man aus dem kontinuierlichen Verhaltensstrom einzelne Bewegungen herausgreifen und jede Bewegung als eine Sequenz von vier unterschiedlichen Positionen definieren, die ihrerseits aus einer Population von nur zehn verschiedenen Positionen ausgewählt werden können, so ergäben sich bereits mehr als 5000 unterscheidbare Bewegungen. Würde man die Sequenz auf fünf verschiedene Positionen erweitern, so vergrößerte sich die Anzahl unterscheidbarer Bewegungen auf über 30 000. Kein brauchbares System zur Bewegungsbeschreibung könnte aus 30 000 verschiedenen Zeichen bestehen. Andererseits ist klar, daß wir selbst bei einer einzigen Komponente der Körperbewegung (z. B. Bewegung der linken Hand) mit unserem Auge weit mehr als zehn verschiedene Positionen unterscheiden können, und wir sehen Bewegung zudem als kontinuierlichen Vorgang, der nicht etwa eingeschränkt ist auf eine Sequenz von fünf Meßzeitpunkten« (1976, S. 4).

Es ist denn auch nicht überraschend, daß das Prinzip der Etikettierung komplexer Verhaltensmuster bei der Sprachtranskription nicht verwendet wird. Tatsächlich kann man sich die Unzweckmäßigkeit des Prinzips, Verhalten durch Items zu kodieren, die jeweils komplexe Zustandsfolgen bezeichnen, besonders leicht vor Augen führen, indem man es auf die Sprachtranskription überträgt. Würde man Sprachäußerungen anstatt als Zeitreihe von Lauten durch Items kodieren, die jeweils eine komplexe Konfiguration von Lautfolgen bezeichnen, so müßte man, je nach dem gewählten Komplexitätsgrad, für jede Silbe, für jedes Wort, oder sogar für jeden Satz ein eigenes Symbol bereitstellen. Die Implikationen eines solchen Kodierungsprinzips macht das Beispiel der Chinesischen Schrift deutlich: »The K'anghsi (Kangxi) dictionary of 1716 lists 40 545 different characters; Morohashi's recent dictionary carries nearly fifty thousand ... If we were to take all the characters that have ever existed it is said, the total number would reach eighty thousand« (*Martin* 1972, S. 83).

Da natürlich keinesfalls derart viele Kodes in ein System zur Beschreibung nonverbalen Verhaltens aufgenommen werden können, haben die Untersucher bei der Konstruktion ihrer Kodeschemata in der Regel gleich von vornherein auf die Protokollierung des weitaus größten Teils der von der Kamera (und dem Auge) erfaßbaren Bewegungsvariationen verzichtet. Die so entstandenen Behelfslösungen haben *Frey, Pool* (1976) nach dem methodischen Prinzip, das der Datenreduktion zugrunde gelegt wurde, in drei Hauptklassen eingeteilt:

1. Verfahren, die die enorme Vielfalt unterschiedlicher Bewegungsverläufe in wenige globale Gattungskategorien einordnen (Generic Coding),
2. Verfahren, die sich auf die Erfassung einiger weniger, phänomenal prägnanter Verhaltensweisen beschränken (Restrictive Coding),
3. Verfahren, die auf die deskriptive Erfassung des Bewegungsgeschehens völlig verzichten und stattdessen, nach Art der Ratingverfahren oder der funktionalen Kodierung, das Verhalten direkt in psychologischen Dimensionen evaluieren (Direct Evaluation).

Die Probleme der Bewegungsnotation lassen sich nun natürlich nicht dadurch überwinden, daß man Kodeschemata entwirft, die auf die Beschreibung der spontanen Bewegungsaktivität mehr oder weniger vollständig verzichten. Mit jedem dieser drei Kodieransätze verbinden sich denn auch, wie verschiedentlich dargelegt wurde (*Frey, Pool* 1976; *Frey, Hirsbrunner, Bieri-Florin* 1979; *Frenz, Frey* 1980), charakteristische Nachteile, die sowohl das Auffinden als auch den Nachweis systematischer Beziehungen zwischen nonverbalem Verhalten und anderen Variablen erschweren und oft verunmöglichen.

Durch die Anwendung des Prinzips der Zeitreihen-Notation wird nun aber die differenzierte Beschreibung der sprachbegleitenden Bewegungsaktivität möglich – ohne daß deshalb eine unübersehbare Anzahl verschiedener Kodes gebildet werden müßte. Denn so wie sich komplexe Sprachaussagen in ›laut-zeitliche‹ Komponenten zerlegen lassen, kann das komplexe Bewegungsgeschehen in ›raum-zeitliche‹ Komponenten zerlegt werden. Und so wie sich durch die Anwendung des Zeitreihenprinzips das Problem der Verschriftlichung komplexer Sprachaussagen auf das vergleichsweise simple Problem reduziert, eine kleine Anzahl von Symbolen den verschiedenen Sprachlauten zuzuordnen, reduziert sich das Problem der Beschreibung komplexen Bewegungsverhaltens auf das Problem der Kodierung statischer Positionszustände; eine Aufgabe, die viel eher zu bewältigen ist.

Ein solcher Ansatz ist natürlich in ganz besonderem Maße für die Analyse von Film- und Videoaufzeichnungen geeignet, da diese das fließende Bewegungsgeschehen selbst in Positionszeitreihen aufbereiten und somit dem Kodierer das komplexe Bewegungsverhalten bereits in Form diskreter Positionszustände präsentieren. Dies bedeutet, daß dasselbe Prinzip, das bei der Registrierung des Verhaltens auf Band oder Film Anwendung findet, wiederverwendet werden kann, um die auf Band gespeicherte Bewegungsinformation in ein Datenprotokoll zu transkribieren.

3. Ein Kodierungssystem zur Zeitreihen-Notation des nonverbalen Interaktionsverhaltens

Das im folgenden dargestellte Notationssystem wurde entwickelt für die Auswertung von Videoaufzeichnungen interagierender Personen, die – wie bei Gesprächen zwischen Erwachsenen in unserem Kulturkreis meist der Fall – in sitzender Position miteinander kommunizieren. Es ist in seinem Anwendungsbereich weitgehend unspezifisch und läßt sich daher für zahlreiche Fragestellungen einsetzen. Im Rahmen der von unserer Arbeitsgruppe durchgeführten Forschungsarbeiten wurde es daher auch bereits für sehr verschiedenartige Fragestellungen nutzbar gemacht, beispielsweise für die Herausarbeitung der nonverbalen Cues, die für die Personwahrnehmung maßgebend sind (*Signer* 1975; *SNF* 1977), für die Untersuchung des Einflusses therapeutischer Maßnahmen auf das Verhalten depressiver Patienten (*Daw* 1978; *Fisch* et al. 1981), für die Untersuchung des Einflusses, den der Krankheitsgrad des Patienten auf das nonverbale Verhalten des *Arztes* ausübt (*Frey* et al. 1980), sowie für die Untersuchung der Veränderungen, die eine psychische Ausnahmesituation (in diesem Fall juristische Staatsprüfungen) im nonverbalen Interaktionsverhalten bewirkt (*Keller* et al. 1975). Andere Autoren (von den Universitäten Genf, Konstanz, Zürich) benützen das Verfahren zur Untersuchung des nonverbalen Verhaltens von Stotterern (Roland *Frei* et al. 1978)[*], für die Untersuchung des Einflusses von Statusdifferenzen (*Heller* 1979), sowie für die Herausarbeitung ideosynkratischer Verhaltensweisen (*Jorns* 1981) – ohne daß hierfür nennenswerte Modifikationen des Notationssystems erforderlich waren.

---

[*] Über einen Teil der Befunde dieser Autoren referiert *Krause* (1978, S. 188 ff.), wobei er freilich darauf verzichtete, die Quelle zu nennen.

3.1 Prinzip der Kodekonstruktion

Die Erfassung des zeitlichen Aspekts des Bewegungsgeschehens erfolgt unter Bezugnahme auf die Zeitreferenz, die in der Videoaufzeichnung direkt eingeblendet ist. Zur Bestimmung der räumlichen Komponente werden die Positionen der Körperteile ›Kopf, Rumpf, Schultern, Oberarme, Hände, Oberschenkel, Füße‹ in jeweils zwei oder mehr Dimensionen bestimmt. Tabelle 1 gibt einen Überblick über die Anzahl, die Art und das Skalenniveau der Kodierungsdimensionen, die bei der Bestimmung der Position der verschiedenen Körperteile berücksichtigt werden. Daß hierbei eine jeweils unterschiedliche Anzahl von Dimensionen berücksichtigt wird, trägt dem Umstand Rechnung, daß die verschiedenen Körperteile in unterschiedlichem Maße zu komplexer Bewegungsvariation fähig sind. Während beispielsweise die Bewegungsmöglichkeiten der Schultern sich in Heben/Senken und Vor-/Zurückschieben erschöpfen und deshalb nur in zwei Dimensionen kodiert werden müssen, sind für die genaue Erfassung der komplexen Bewegungsvariation der Hände Positionsbestimmungen in weit mehr Dimensionen erforderlich.

Die Positionen, die innerhalb der einzelnen Dimensionen unterschieden werden, sind – da das System für sitzende Personen konstruiert wurde – meist definiert als Abweichungen oder Flexionen von einer ›geradeaus‹ orientierten ›aufrechten‹ Körperhaltung. Die fünf Flexionsstufen, die beispielsweise in der Lateraldimension bei Kopf, Rumpf und Füßen unterschieden werden, sind definiert als ›stark rechts gekippt‹, ›rechts gekippt‹, ›aufrecht‹, ›links gekippt‹, ›stark links gekippt‹. Insoweit der Kode Positionsbestimmungen in den drei räumlichen Dimensionen vorsieht, sind die einzelnen Positionen, um eine einfache und reliable Positionsbestimmung zu gewährleisten, definiert unter Bezugnahme auf anatomische Charakteristika. Der Kode zur Bestimmung der Handposition in der Vertikaldimension lautet beispielsweise: Die Mitte der Hand befindet sich ›oberhalb des Kopfes‹ (Code 01); ›in Höhe des Kopfes‹ (Code 02); ›im Bereich von Kopf/Hals/Schulter‹ (Code 03); ›im oberen Bereich des Rumpfes‹ (Code 05); ... ›in Kniehöhe‹ (Code 10); ... ›am Boden‹ (Code 14). Eine vollständige Darstellung des Kodiersystems findet sich im Anhang.

3.2. Reliabilität und Auflösungsvermögen des Kodes

Für die Festlegung der Anzahl der Positionen, die in den einzelnen Kodierungsdimensionen unterschieden wurden, waren Reliabilitätsüberlegungen jeweils unmittelbar maßgebend. In jeder Kodierungsdimension sollten nur so viele Positionen unterschieden werden wie die Kodierer objektiv und reliabel differenzieren konnten. Insofern ist es nicht überraschend, daß die Reliabilitätswerte, die für die Intra- und Interbeobachter-Übereinstimmung ermittelt wurden, durchweg sehr hoch (zwischen 90 und 95 Prozent) lagen (vgl. *Frey, Pool* 1976, S. 13).

Tabelle 1. Zusammenfassung des Notationssystems zur Zeitreihenkodierung der Körperposition

Körperteil	Anzahl kodierter Dimensionen	Dimension	Skalenniveau / Anzahl Positionen	Erfaßbare Bewegungsvariation
(1) Kopf	3	Sagittal Rotational Lateral	Ordinal / 5 Ordinal / 5 Ordinal / 5	Heben/Senken des Kopfes Links-/Rechtsdrehung des Kopfes Links-/Rechtskippung des Kopfes
(2) Rumpf	3	Sagittal Rotational Lateral	Ordinal / 5 Ordinal / 5 Ordinal / 5	Vorbeugen/Zurücklehnen des Rumpfes Links-/Rechtsdrehung des Rumpfes Links-/Rechtskippung des Rumpfes
(3) Schultern *	2	Vertikal Tiefe	Ordinal / 3 Ordinal / 3	Heben/Senken der Schulter Vor-/Zurückschieben der Schulter
(4) Oberarme *	3	Vertikal Tiefe Berührung	Ordinal / 9 Ordinal / 9 Nominal / 7	Heben/Senken des Oberarms Vorwärts-/Rückwärtsbeugung des Oberarms Oberarmkontakt mit Tisch/Stuhl-/Körperregionen
(5) Hände *	9	Vertikal Horizontal Tiefe x/y Orientierung z Orientierung Drehung Öffnung Faltung Berührung	Ordinal / 14 Ordinal / 9 Ordinal / 8 Ordinal / 9 Ordinal / 5 Ordinal / 9 Ordinal / 4 Nominal / 2 Nominal / 52	Aufwärts-/Abwärtsverlagerung der Hand Links-/Rechtsverlagerung der Hand Vorwärts-/Rückwärtsverlagerung der Hand Richtungsänderung der Hand in der Vertikalebene Vorwärts-/Rückwärtsbeugung der Hand Aufwärts-/Abwärtsdrehung der Handfläche Öffnen/Schließen der Hand Finger ineinander gefaltet/nicht ineinander gefaltet Handkontakt mit Tisch/Stuhl-/Körperregionen
(6) Oberschenkel *	3	Vertikal Horizontal Berührung	Ordinal / 5 Ordinal / 5 Ordinal / 3	Heben/Senken des Oberschenkels Links-/Rechtsverlagerung des Oberschenkels Kontakt der Oberschenkel im Bereich der Knie
(7) Füße *	7	Vertikal Horizontal Tiefe Sagittal Rotational Lateral Berührung	Ordinal / 9 Ordinal / 7 Ordinal / 7 Ordinal / 5 Ordinal / 5 Ordinal / 5 Nominal / 10	Aufwärts-/Abwärtsverlagerung des Fußes Links-/Rechtsverlagerung des Fußes Vorwärts-/Rückwärtsverlagerung des Fußes Aufwärts-/Abwärtskippung des Fußes Einwärts-/Auswärtsdrehung des Fußes Einwärts-/Auswärtskippung des Fußes Fußkontakt mit Tisch/Stuhl-/Körperregionen
(8) Sitzposition	2	Horizontal Tiefe	Ordinal / 3 Ordinal / 3	Links-/Rechtsverlagerung der Sitzposition Vorwärts-/Rückwärtsverlagerung der Sitzposition

* Getrennte Kodierung für linken und rechten Körperteil

Indem man die Entscheidung darüber, wieviele Positionen in den einzelnen Kodierungsdimensionen unterschieden werden, direkt vom Reliabilitätskriterium abhängig macht, wird zwangsläufig die Reliabilität der Verhaltensdaten durch Verzicht auf die ›Genauigkeit‹ bzw. *Eindeutigkeit* der Verhaltensbeschreibung erkauft. Hohe Reliabilitätswerte sind somit auch noch keinerlei Indiz für die Leistungsfähigkeit einer Beschreibungsmethode, zumal hohe Reliabilitätswerte, wie *Frenz, Frey* dargelegt haben, ». . . vor allem dann leicht gewährleistet werden können, wenn das Verhalten besonders undifferenziert beschrieben wird« (1980, S. 11). Für die Leistungsfähigkeit einer Deskriptionsmethode ist denn auch nicht die Kodierer-Reliabilität, sondern das *Auflösungsvermögen* maßgebend, d. h. das Ausmaß, in dem das Kodierungssystem die Möglichkeit bietet, real existierende Verhaltensunterschiede im Datenprotokoll reliabel abzubilden.

Es ist nun aber gerade ein besonderer Vorzug der hier beschriebenen methodischen Strategie, daß sie eine außerordentlich differenzierte und detailgenaue Beschreibung des komplexen Bewegungsgeschehens ermöglicht, selbst wenn in den verschiedenen Kodierungsdimensionen jeweils nur einige wenige Positionskategorien unterschieden werden. Der Grund hierfür liegt darin, daß das Auflösungsvermögen des Kodes nach den Regeln der Kombinatorik mit dem Produkt der Anzahl kodierter Dimensionen und der darin jeweils unterschiedenen Positionen anwächst.

Die genaue Position eines Körperteils ergibt sich aus der Kombination der Positionswerte in den einzelnen Dimensionen. Die Anzahl der Positionen, die das Kodeschema für die einzelnen Körperteile unterscheiden kann, errechnet sich daher aus dem Produkt der Anzahl der Positionszustände, die in den verschiedenen Dimensionen jeweils unterschieden werden. Wenn beispielsweise bei der Kodierung der Kopfpositionen in jeder Dimension fünf Flexionsstufen unterschieden werden, so kann das Kodeschema zu jedem Meßzeitpunkt zwischen $5 \times 5 \times 5 = 125$ unterschiedlichen Positionen differenzieren. Dieses Beispiel macht klar, daß ein kleiner Zuwachs an Auflösungsvermögen in den einzelnen Kodierungsdimensionen das Auflösungsvermögen des Kodes insgesamt stark erhöht. Wird beispielsweise, wie etwa in der Untersuchung von *Jorns* (1981), in jeder Flexionsrichtung jeder Dimension ein weiterer Positionszustand unterschieden, so kann der Kode für den Kopf bereits zwischen $7 \times 7 \times 7 = 343$ verschiedenen Kopfpositionen differenzieren, wodurch das bereits hohe Auflösungsvermögen der fünfstufigen Differenzierung nochmals nahezu verdreifacht werden kann.

So ist es denn auch nicht überraschend, daß der hier dargestellte Kodieransatz eine nicht nur reliable sondern auch *detailgenaue* Transkription des Bewegungsgeschehens ermöglicht. Eine Illustration des Auflösungsvermögens des Kodes gibt Abbildung 2. Sie entstammt einer Untersuchung von *Frey, Pool* (1976), in der versucht wurde, die Originalpositionen von Versuchspersonen auf der Basis der Kodierungsdaten zu reproduzieren.

In diesem Experiment wurden bei 40 zufällig ausgewählten Photographien

Positions of original subjects

Positions of model, read back from the codings

Abb. 2
Vergleich der Originalpositionen mit den Positionen, die aufgrund der kodierten Daten rekonstruiert wurden. Die obere Hälfte der Abbildung zeigt die Positionen der ursprünglichen Versuchspersonen, die untere Hälfte die auf der Basis der Positionskodierungen rekonstruierten Positionen (aus *Frey*, 1976).

verschiedener Personen die Positionen von Kopf, Rumpf, Händen, usw. kodiert und einige Wochen später aufgrund der kodierten Daten reproduziert. Zu diesem Zweck wurden Kopf, Rumpf, Schultern, Oberarme, Hände, Oberschenkel und Füße eines menschlichen Modells in Positionen gebracht, die den Kodierungsblättern entnommen wurden. Von den auf diese Weise ›rekonstruierten‹ Positionen wurden, zum Zweck des Vergleichs mit den Originalphotos, wiederum Photographien angefertigt, die erneut kodiert wurden. Die Übereinstimmung zwischen den Kodierungen der ersten und der zweiten Photoserie (jeweils über 2400 Daten) lag über 98 Prozent.

4. Die Erstellung des Zeitreihenprotokolls

Videoaufzeichnungen registrieren das komplexe Bewegungsgeschehen als Positionszeitreihe mit einem zeitlichen Auflösungsvermögen von 50 (oder 60) Bildern pro Sekunde. Eine Bild-für-Bild Auswertung ist jedoch selbst dann nicht nötig, wenn der Untersucher sich dafür entscheiden sollte, das zeitliche Auflösungsvermögen der Videokamera voll auszunützen. Positionsbestimmungen brauchen vielmehr nur zu den Zeitpunkten erfolgen, zu denen sich die Person *bewegt*. Denn solange eine Person in Ruhe verharrt, gilt selbstverständlich derselbe Positionskode für sämtliche Zeitmarken. Da das Vorliegen einer Ruhephase ohne weiteres festgestellt werden kann, auch wenn der Videofilm in normaler Geschwindigkeit dargeboten wird, wäre es zweifellos eine Zeitverschwendung, die Existenz einer Ruhephase durch Bild-für-Bild Auswertung nachzuweisen*.

Um ein Datenprotokoll zu erstellen, das das zeitliche Auflösungsvermögen der Videoaufzeichnung voll ausschöpft, braucht daher auch nur während der Bewegungsphasen die Positionskodierung Bild-für-Bild erfolgen. Aber selbst die Bewegungsphasen können, wie verschiedene Untersuchungen zeigten, mit niedrigerem zeitlichen Auflösungsvermögen kodiert werden, beispielsweise jede viertel oder halbe Sekunde. Dies reduziert das Auflösungsvermögen des Datenprotokolls zu einem gewissen Grade, bedingt darüber hinaus jedoch keinerlei Veränderungen des Analyseansatzes und, wie sowohl unsere eigenen Untersuchungen als auch die der oben erwähnten anderen Autoren gezeigt haben, ergibt ein Kodierungsintervall von einer halben Sekunde, für die meisten Datenerhebungszwecke eine mehr als adäquate Datenbasis.

Die meisten der Untersuchungen, die den hier dargestellten Kode verwendeten, bedienten sich daher des folgenden Kodierungsprozedere: Das Videoband wurde bis zur ersten Zeitmarke transportiert und dort in ›Stop Motion‹ dargeboten, um dem Kodierer die Möglichkeit zu bieten, die Positionen des zu kodierenden Körperteils in den vom Kode vorgesehenen Dimensionen zu bestimmen. Danach wurde das Videoband wieder in normaler Geschwindigkeit dargeboten, bis sich der zu kodierende Körperteil bewegte. Solange sich dieser Körperteil nicht bewegte, galt der vorherige Positionskode weiter. Sobald eine Bewegung auftrat, wurde das Band gestoppt und etwas zurückgespult um den genauen Zeitpunkt der Positionsveränderung zu finden. Die neuen Positionen wurden nun in Zeitintervallen von einer halben Sekunde bestimmt, bis die Bewegung dieses Körperteils endete. Danach wurde das Videoband wieder in normaler Geschwindigkeit abgespielt, bis sich dieser Körperteil erneut bewegte.

Die Kosten, die bei der Rohdatengewinnung anfallen, stehen auf diese Weise unmittelbar in Relation zu der Informationsmenge, die man über das komplexe Bewegungsgeschehen gewinnt. Wenn das Verhalten während der Beobachtungszeit nur wenig variiert, müssen auch nur zu wenigen Zeitpunkten Positionsbestimmungen erfolgen und die Kodierungskosten sind dementsprechend niedrig. Wenn das Verhalten in komplexer Weise variiert, wachsen die Meßzeitpunkte

---

* Da die verschiedenen Körperteile in sehr unterschiedlichem Ausmaß an der gesamten Bewegungsaktivität des Körpers beteiligt sind (vgl. Frey et al. 1980, S. 244 f.), ist es in der Regel ökonomischer, jeden Körperteil in einem eigenen Durchgang zu kodieren.

an, wodurch die Kodierungskosten ansteigen wie auch die Informationen, die man über das komplexe Bewegungsgeschehen gewinnt.

Eine drastische Reduktion der Kodierungskosten bei gleichzeitiger weiterer Erhöhung des Auflösungsvermögens ist möglich, wenn elektronische Hilfsmittel zur Verfügung stehen, die eine halb-automatisierte Kodierung der Positionszeitreihen gestatten (*Frey, Hirsbrunner* 1977, 1979). Der Einsatz solcher Geräte ändert nichts an den Prinzipien der Datenerhebung, doch läßt sich mit ihrer Hilfe das Auflösungsvermögen der Positionsmessung innerhalb bestimmter Grenzen auf Intervallskalenniveau anheben. Außerdem eröffnen sich durch ihren Einsatz unmittelbar Möglichkeiten, den Kodieransatz auszuweiten auf die Untersuchung von Bewegungsweisen, für deren Erfassung der hier beschriebene Kode noch keine Items bereitstellt; etwa Lokomotion, Gesichtsbewegungen, Manipulation von Gegenständen. Eine Beschreibung der Spezifikationen der von uns entwickelten Transkriptionsanlage zur halb-automatisierten Auswertung von Videoaufzeichnungen findet sich in *Frey, Hirsbrunner, Bieri-Florin* (1979, S. 204 f.).

5. Schlußbetrachtung

Wir haben dargelegt, daß die genaue Beschreibung der spontanen Bewegungsaktivität keineswegs unüberwindliche methodische Probleme aufwirft. Die gegenwärtig übliche Grobklassifikation, die bewirkt, daß bereits bei der Rohdatenerhebung ein Großteil der Verhaltensunterschiede verwischt werden, die den Informationsreichtum des nonverbalen Verhaltens ja eben erst begründen, muß denn auch nicht etwa als unvermeidliche Folge der Komplexität und des Variantenreichtums nichtverbalen Verhaltens akzeptiert werden. Vielmehr lassen sich die Notationsprobleme, die die empirische Untersuchung des nonverbalen Verhaltens seit langem belasten, durch die Einführung des Prinzips der Zeitreihen-Notation weitgehend überwinden.

Nun ist ja aber die Leistungsfähigkeit dieses Notationsprinzips seit langem bekannt und es bildet, wie wir in Abschnitt 2 dieses Beitrags dargelegt haben, dementsprechend auch die methodische Grundlage von praktisch allen leistungsfähigen Verfahren zur Erfassung visueller und auditiver Information. Zu diskutieren bleibt denn auch die Frage, weshalb dieses Notationsprinzip für die Transkription nonverbalen Verhaltens bisher nicht nutzbar gemacht wurde bzw. welche Widerstände seine Einführung bisher verhinderten.

Den wichtigsten Grund sehen wir darin, daß die Anwendung dieses aufwendigen Kodierprinzips in direktem Widerspruch steht zu der Tendenz vieler Psychologen, möglichst schnell und unaufwendig Daten zu erhalten. Diese Tendenz findet sich nicht nur im nonverbalen Forschungsbereich, sie kennzeichnet vielmehr, wie *Frenz, Frey* (1980) dargelegt haben, die methodische Grundhaltung der psychologischen Forschung schon seit ihren frühen Anfängen*. Insofern ist es durchaus nicht ungewöhnlich, daß sich die Untersucher immer wieder der Illusion hingaben, sie könnten die komplexen nonverbalen Verhaltensprozesse erforschen, ohne den mit der Anwendung des Zeitreihenprinzips verknüpften Kodieraufwand leisten zu müssen.

Nun mag es verständlich sein, daß man zu Beginn der Forschungsarbeit auf diesem Gebiet zunächst einmal versuchte, diesen Verhaltensbereich mit ganz einfachen, ad hoc entworfenen Mitteln zu untersuchen. Die jahrzehntelange Perpetuierung dieser Praxis hat freilich bewirkt, daß man bei der Erforschung der nonverbalen Verhaltensphänomene noch immer auf der Stelle tritt. Auch war es der Methodenentwicklung auf diesem Gebiet gewiß nicht förderlich, daß, wie eingangs erwähnt, zahlreiche Autoren das nonverbale Verhalten immer wieder als eine Informationsquelle propagierten, die man nach der Devise »Tout Pour Tous Pour Rien« (*Goscinny, Uderzo* 1976, S. 25) nach Belieben ausschöpfen könne. Diese Art der Argumentation verschaffte zwar der nonverbalen Kommunikation innerhalb weniger Jahre eine große Popularität und brachte die alten Themata der Ausdruckspsychologie wieder in aller Munde. Die ernsthafte empirische Untersuchung dieser komplexen Interaktionsprozesse wurde dadurch freilich eher gehemmt als gefördert.

Es ist der Zweck der hier durchgeführten Methodenentwicklung, genau damit zu beginnen. Wir sind uns dabei völlig des Problems bewußt, daß unsere Forderung, das Bewegungsverhalten Position-für-Position niederzuschreiben, eben wegen des damit verbundenen Arbeitsaufwandes für viele Autoren zunächst befremdlich sein wird. Dies umso mehr, als es für eine Forschungsdisziplin vorgeschlagen wird, in der man es sich traditionsgemäß gerade bei der Datenerhebung meist besonders leicht gemacht hat.

Der Bruch mit dieser Tradition dürfte freilich nach einiger Reflexion nicht mehr allzu schwer fallen. Denn einmal sollte ja der von der Literatur ständig beschworene hohe Informationsgehalt des nonverbalen Verhaltens auch hohe Investitionen bei der Erstellung des Datenprotokolls eigentlich rechtfertigen. Zum anderen wäre es höchst inkonsistent, das Zeitreihenprinzip aus Kostengründen ausgerechnet für die Beschreibung der *nonverbalen* Kommunikation nicht einsetzen zu wollen, während es für die Beschreibung des verbalen Aspekts des Kommunikationsverhaltens längst selbstverständlich ist. Und Autoren, die einerseits vor der Idee zurückschrecken, das Bewegungsverhalten Position-für-Position niederzuschreiben, schrecken ja andererseits, wie man sich leicht überzeugen kann, keineswegs davor zurück, ganze Bücher darüber Buchstabe-für-Buchstabe niederzuschreiben.

Das Prinzip der Zeitreihen-Notation stellt seiner Natur nach ein aufwendiges Kodierprinzip dar. Dies zeigt sich nicht nur bei der alphabetischen Sprachtranskription, sondern auch in allen anderen Bereichen, in denen es verwendet wird.

---

* Eine ausführliche Darstellung dieser Problematik findet sich in *Frenz, Frey* (1981).

So nimmt man bei der Herstellung eines Films im Interesse einer differenzierten Abbildung des realen Geschehens ja bekanntlich in Kauf, daß immerhin *eintausendvierhundertvierzig* (bei Videoaufnahmen sogar 3000) Momentaufnahmen *pro Minute* vom Verhalten der Person angefertigt werden. Entsprechende Verhältnisse finden sich auch im Bereich der Tonbandaufzeichnung, wo üblicherweise fast sechs Meter Bandmaterial investiert werden, um akustische Phänomene von nur einer Minute Dauer zu registrieren – ein Aufwand, der sich zudem leicht verdoppeln oder vervierfachen kann, wenn auch nur ein bißchen höhere Ansprüche an die Qualität der Datenerhebung gestellt werden.

Wenn wir nun hier dafür plädieren, die Datenprotokolle, die für die Untersuchung des nonverbalen Verhaltens benötigt werden, nach dem Prinzip der Zeitreihen-Notation zu erstellen, so nicht etwa deshalb, weil wir darin eine Vereinfachung der Forschungsarbeit sehen. Vielmehr sollen durch die Einführung dieses Prinzips die methodischen Voraussetzungen überhaupt erst geschaffen werden, um einen Verhaltensbereich der systematischen Analyse zugänglich zu machen, dessen besondere Bedeutsamkeit für das Verständnis des sozialen Geschehens von Autoren aus fast allen Disziplinen der Verhaltenswissenschaften zwar immer wieder betont worden ist, der sich jedoch in Ermangelung leistungsfähiger Transkriptionsverfahren dem empirischen Zugriff bisher weitgehend entzogen hat.

Anhang

Kodierungsmanual zum Berner Notationssystem

Videomaterial. Der Kode wurde entwickelt für die Auswertung von Videoaufzeichnungen interagierender Personen, die in sitzender Position miteinander kommunizieren. Die speziellen räumlichen Charakteristika, die für das Sitzarrangement gewählt werden, sind für die Anwendbarkeit des Kodierungssystems unerheblich. Doch sollten die Videokameras so plaziert werden, daß die Interaktionspartner auf dem Bildschirm jeweils von vorne zu sehen sind. Die Videoaufzeichnungen sind mit starrer Kameraeinstellung vorzunehmen, die Wahl des Bildausschnitts (etwa Halb- oder Ganztotale) kann nach den Bedürfnissen des Untersuchers erfolgen. Dabei ist es von Vorteil, wenn die beiden Kameras über ein Video-Mischpult so zusammengeschaltet werden, daß auf der linken Bildhälfte die eine Person, auf der rechten Bildhälfte die andere Person (jeweils von vorne) zu sehen ist. Die gleichzeitige oder nachträgliche Einblendung einer Zeitreferenz, die jedes Bild mit einem digitalen Zeitkode (Auflösung 1/50 sec.) markiert, ist für die Anwendung des Notationssystems unerläßlich.

Kodespezifikationen. Die nachfolgenden Darstellungen geben die Spezifikationen des Kodes in der Form, wie er in den erwähnten Untersuchungen unserer Arbeitsgruppe verwendet wurde (vgl. S. 214). Für jede der in Tabelle 1 (vgl. S. 216) aufgeführten Kodierungsdimensionen werden die Definitionen der Positionszustände, die innerhalb einer Dimension jeweils unterschieden werden, angegeben und mehrheitlich durch Illustrationen erläutert. Wie wir im Abschnitt 3.2 darlegten, ließen wir uns bei der Festlegung des Auflösungsvermögens des Kodes von eher konservativen Meßgrundsätzen leiten. Neuere Untersuchungen machen denn auch deutlich, daß sich in einzelnen Dimensionen möglicherweise noch mehr Positionszustände reliabel unterscheiden lassen als der hier dargestellte Kode vorsieht. So haben beispielsweise *Heller* (1980) und *Jorns* (1981) bei der Bestimmung der Kopfpositionen in jeder Flexionsrichtung jeder Dimension eine weitere Position (»sehr starke Flexion«) unterschieden und differenzierten somit in der Sagittal-, Rotations- und Lateraldimension zwischen jeweils sieben statt fünf Positionszuständen. Ein solcherart vergrößertes Auflösungsvermögen berührt natürlich weder die Prinzipien des Vorgehens bei der Kodierung noch die der weiteren Datenverarbeitung, da es sich hier lediglich um eine weitere Verfeinerung des Auflösungsvermögens handelt. Um einen direkten Vergleich zwischen Datensätzen zu ermöglichen, die mit unterschiedlichem Auflösungsvermögen kodiert wurden, haben wir ein Computerprogramm entwickelt, das es gestattet, das Auflösungsvermögen eines Datensatzes so zu reduzieren, daß es dem eines Datensatzes, der mit niedrigerer Auflösung kodiert wurde, direkt entspricht.

Formblatt für die Datenerhebung. Das Prozedere für die Erstellung des Zeitreihenprotokolls ist bereits in Abschnitt 4 (S. 218) dargestellt worden und wird deshalb hier nicht wiederholt. Für die *Notation* der Positionskodierungen verwenden wir ein Standard-Formblatt von IBM (IBM Form 27 530), das gleichzeitig als Vorlage für die Übertragung der Daten auf Lochkarten fungiert. Bei einer zeitlichen Auflösung von einer halben Sekunde kann ein Formblatt die Information über die Bewegungsweise einer Person für ein Zeitintervall von jeweils 15 Sekunden aufnehmen. Die Zuordnung der Lochkartenspalten zu den einzelnen Kodierungsdimensionen sowie ein Beispiel eines Datenprotokolls (es entstammt der Untersuchung von *Jorns* 1981) findet sich in Tabelle 2. Wie daraus ersichtlich wird, sind die ersten vier Spalten der Lochkarte für den Identifikationskode reserviert. Die nächsten vier Spalten enthalten den Zeitkode, Spalte 5 die Minuten, Spalten 6/7 die Sekunden und Spalte 8 die Zehntel-Sekunden. Die Spalten 9 und 10 sind undefiniert. Sie bleiben entweder frei oder können für notwendig werdende Erweiterungen des Identifikationskodes oder der Zeitangaben verwendet werden. Die Spalten 11 bis 68 enthalten die Positionskodes für die verschiedenen Körperteile in den einzelnen Kodierungsdimensionen. Die Spalten 69 bis 80 sind für die alphabetische Sprachtranskription reserviert, für den Fall, daß das Verbalverhalten in eine Untersuchung miteinbezogen werden soll. Im Prinzip sollen hierbei die Sprachäußerungen, die während eines Halbsekunden-Intervalls erfolgen, in den dafür vorgesehenen zwölf Spalten eingetragen werden. Diese zeitliche Zuordnung ist mit den üblichen Verfahren nicht ganz einfach zu bewältigen. Zudem hängt die Genauigkeit, die hierbei möglich ist, in hohem Maße vom Bedienungskomfort des verwendeten Videorekorders ab. Als am besten geeignet erwies sich in unseren Untersuchungen das SONY-Spulengerät AV-3620CE, das eine Zuordnungsgenauigkeit von > 1 sec.

erlaubt. Ein Verfahren, das eine bildgenaue zeitliche Zuordnung von Sprache und Bewegung erlaubt, findet sich in *Hirsbrunner, Florin, Frey* in diesem Band.

Für die Notation der Positions-Zeitreihen gilt das Prinzip, daß immer nur dann Positionseintragungen vorgenommen werden, wenn ein Positionswechsel erfolgt. Leerstellen innerhalb der Datenmatrix bedeuten, daß der vorherige Positionskode weiter gilt. Redundante Kodierungen sind jedoch zulässig.

Tabelle 2: Beispiel eines Rohdatenprotokolls

Kodierungsschema für Kopfpositionen

(5 Flexionsstufen pro Dimension)

Sagittal

stark gehoben
(Code: 5)

gehoben
(Code: 3)

Rotational

| stark re. gedreht | rechts gedreht | aufrecht | links gedreht | stark li. gedreht |
| (Code: 4) | (Code: 2) | (Code: 1) | (Code: 3) | (Code: 5) |

gesenkt
(Code: 2)

stark gesenkt
(Code: 4)

Lateral

| stark re. gekippt | rechts gekippt | aufrecht | links gekippt | stark li. gekippt |
| (Code: 4) | (Code: 2) | (Code: 1) | (Code: 3) | (Code: 5) |

Kodierungsschema für Rumpfpositionen

(5 Flexionsstufen pro Dimension)

Sagittal

stark zurückgelehnt
(Code 5)

Rotational

rechts gedreht   aufrecht   links gedreht
(Code 4)   (Code 1)   (Code 5)

vorgebeugt
(Code 4)

Lateral

rechts gekippt   aufrecht   links gekippt
(Code 4)   (Code 1)   (Code 5)

Kodierungsschema für die Schulterorientierung

Vertikal		Tiefe	
Die Schulter ist:	Code	Die Schulter ist:	Code
waagerecht	1	in der Köperlinie	1
abgesenkt	2	nach vorne geschoben	2
hochgezogen	3	nach hinten gezogen	3

Kodierungsschema für Oberarmpositionen

Vertikaldimension

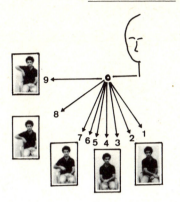

Tiefendimension

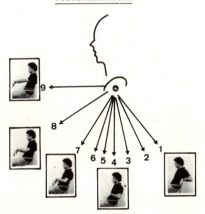

Berührung

Der Oberarm berührt:

	Code
nichts	1
den Oberkörper deutlich	2
den Oberkörper vielleicht	3
den Oberschenkel	4
die Hand	5
den Stuhl	6
Oberkörper und Hand	7

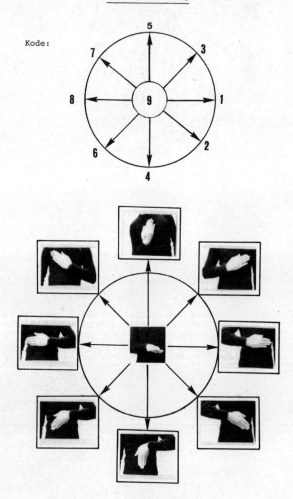

Kodierungsschema für Handpositionen

Z-Orientierung

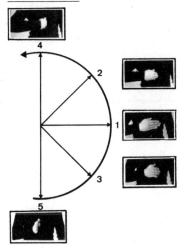

Drehung

Code 4	volle Pronation
Code 2	halbe Pronation
Code 1	nicht gedreht
Code 3	halbe Supination
Code 5	volle Supination

Kodierungsschema für Handpositionen

Oeffnung/Faltung

Code 4	Hand offen - Finger gestreckt
Code 3	Hand gelöst offen
Code 2	Faust leicht geöffnet
Code 1	Faust gepresst
Code 5	Faust gepresst/Finger gefaltet
Code 6	Faust leicht geöffnet/Finger gefaltet
Code 7	Hand gelöst offen/Finger gefaltet
Code 8	Finger gestreckt/Finger gefaltet

Kodierungsschema für Handpositionen

Vertikal

Die Mitte der Hand befindet sich:

	Code
oberhalb des Kopfes	01
in Höhe des Kopfes	02
im Bereich von Kopf/Hals/Schultern	03
im Bereich von Schultern/Rumpf	04
im oberen Bereich des Rumpfes	05
im mittleren Bereich des Rumpfes	06
im unteren Bereich des Rumpfes	07
in Höhe des Beckens	08
in Höhe des Oberschenkels	09
in Kniehöhe	10
im Bereich des Unterschenkels	11
im Bereich von Unterschenkel/Fuss	12
in Höhe des Fusses	13
am Boden	14

Horizontal

Die Mitte der Hand befindet sich:

	Code
eine volle Armlänge vom Körper entfernt	1
eine halbe Armlänge vom Körper entfernt	2
im Bereich der rechten Stuhlkante	3
an der rechten Körperkontur	4
innerhalb der rechten Körperhälfte	5
in der Körpermitte	6
innerhalb der linken Körperhälfte	7
an der linken Körperkontur	8
ausserhalb der linken Körperkontur	9

Tiefe

Die Mitte der Hand befindet sich:

	Code
eine Armlänge vor dem Körper	1
eine halbe Armlänge vor dem Körper	2
dicht vor dem Körper	3
an der vorderen Körperkontur	4
an der Seite des Körpers	5
an der hinteren Körperkontur	6
dicht hinter dem Körper	7
deutlich hinter dem Körper	8

Berührung

Die Hand berührt:

	Code
nichts	01
die rechte Seite des Gesichts	02
die linke Seite des Gesichts	03
die Gesichtsmitte	04
das Kinn	05
Hals und Kopf	06
den Hals	07
Hals und Schulter	08
im oberen Bereich des Rumpfes	09
den mittleren Bereich des Rumpfes	10
den unteren Bereich des Rumpfes	11
das Becken	12
den Oberschenkel	13
den Kniebereich	14
den Unterschenkel	15
Unterschenkel und Fuss	16
den Fuss	17
Fuss und Boden	18
den Boden	19
den Tisch	20
den Oberarm	21
Oberarm und Unterarm	22
den Unterarm	23
Unterarm und Hand	24
die Hand (bedeckend)	25
die Hand (bedeckt)	26
die Hand (nicht bedeckt/bedeckend)	27
den Stuhl	28
Bereiche von Code 12 und 27	29
Bereiche von Code 12 und 26	30
Bereiche von Code 12 und 25	31
Bereiche von Code 11 und 27	32
Bereiche von Code 11 und 26	33
Bereiche von Code 11 und 25	34
Bereiche von Code 10 und 22	35
Bereiche von Code 10 und 27	36
Bereiche von Code 26 und 28	37
Bereiche von Code 9 und 22	38
Bereiche von Code 13 und 27	39
Bereiche von Code .. und ..	40
etc. (nach Bedarf)	41

Kodierungsschema für Oberschenkelpositionen

(5 Flexionsstufen pro Dimension)

Vertikal

gehoben
(Code 5)

Horizontal

rechts gedreht   gerade   links gedreht
(Code 4)   (Code 1)   (Code 5)

gedreht
(Code 4)

Berührung

berührt   berührt   berührt nicht
(Code 3)   vielleicht   (Code 1)
               (Code 2)

Kodierungsschema für Fusspositionen

(5 Flexionsstufen pro Dimension)

Sagittal

Spitze gehoben
(Code 5)

Rotational

rechts gedreht   flach gera-   links gedreht
(Code 4)   deaus (Code 1)   (Code 5)

Ferse gehoben
(Code 4)

Lateral

nach aussen   flach gera-   nach innen
gekippt   deaus   gekippt
(Code 4)   (Code 1)   (Code 5)

Kodierungsschema für Fusspositionen

Vertikal

Die Mitte des Fusses befindet sich:

	Code
am Boden	1
dicht oberhalb des Bodens	2
in Höhe von Fuss/Unterschenkel	3
im unteren Bereich des Untersch.	4
in der Mitte des Unterschenkels	5
im oberen Bereich des Untersch.	6
in Kniehöhe	7
dicht oberhalb des Knies	8
deutlich oberhalb des Knies	9

Horizontal

Die Mitte des Fusses befindet sich:

	Code
ausserhalb der rechten Stuhlkante	1
am rechten Stuhlbein	2
innerhalb der rechten Stuhlhälfte	3
in der Stuhlmitte	4
innerhalb der linken Stuhlhälfte	5
am linken Stuhlbein	6
ausserhalb der linken Stuhlkante	7

Tiefe

Die Mitte des Fusses befindet sich:

	Code
im Bereich der Stuhlmitte	1
hinter den vorderen Stuhlbeinen	2
in der Linie der vord. Stuhlbeine	3
dicht vor den vord. Stuhlbeinen	4
deutlich vor den vord. Stuhlbeinen	5
in der Position ausgestreckter Beine	6

Berührung

Der Fuss berührt:

	Code
nichts	1
den Boden	2
Boden und Fuss	3
den Fuss	4
Fuss und Unterschenkel	5
den Unterschenkel	6
den Kniebereich	7
den Stuhl	8
den Tisch	9
etc. (Kombinationen nach Bedarf)	10

Kodierungsschema für die Sitzposition

Die Lokalisation des Beckens ist:

	Code
vorne links auf der Stuhlfläche	1
vorne Mitte	2
vorne rechts	3
Mitte links	4
Mitte Mitte	5
Mitte rechts	6
hinten links	7
hinten Mitte	8
hinten rechts	9

Stuhlfläche

9	8	7
6	5	4
3	2	1

Literatur

Argyle, M.: Non-verbal Communication in Human Social Interaction, in: *Hinde*, R. A. (Ed.): Nonverbal Communication, Cambridge 1972.
Badler, N. I., *Smoliar*, S. W.: Digital Representations of Human Movement, in: Computing Surveys 11, 1979, 19–38.
Davis, M.: Understanding Body Movement. An Annotated Bibliography, New York 1972.
Daw, W.: Nonverbale Interaktionsmuster im psychiatrischen Arzt-Patient Gespräch, Lizentiatsarbeit Bern 1978.
Ekman, P., *Friesen*, W. V.: Nonverbal Behaviour in Psychotherapy Research, in: *Shlien*, J. (Ed.): Research Psychotherapy, Vol 3, Washington 1968.
Ekman, P., *Friesen*, W. V., *Taussig*, T.: Vid-R and SCAN: Tools and Methods for the Automated Analysis fo Visual Records, in: *Gerbner*, G., *Holsti*, O., *Krippendorf*, K., *Paisley*, W., *Stone*, P. (Eds.): Content Analysis, New York 1969.
Fisch, H. U., *Frey*, S., *Hirsbrunner*, H. P.: Die Wirkung der Schlafentzugstherapie auf das nonverbale Interaktionsverhalten depressiver Patienten, Bern 1980 (Mskpt.).
Frei, R., *Hofmann*, J., *Huber*, E., *Limacher*, B., *Ritzmann*, M.: Vergleichende Untersuchung zum körperlichen Verhalten von Stotterern und Nichtstotterern in einer sozialen Interaktion, Lizentiatsarbeit Zürich 1978.
Frenz, H.-G., *Frey*, S.: Die Analyse menschlicher Tätigkeiten – Probleme der systematischen Verhaltensbeobachtung, in: *Frey*, F., *Ulrich*, E. (Hrsg.): Beiträge zur psychologischen Arbeitsanalyse, Bern 1980.
Frey, S.: The Assessment of Similarity, in: *Cranach*, M. v. (Ed.): Methods of Inference from Animal to Human Behaviour, The Hague 1976.
Frey, S.: Zeitreihenanalyse sichtbaren Verhaltens, in: Ber. 30. Kongreß Deutsche Gesellschaft für Psychologie, Göttingen 1977, 328–329.
Frey, S., *Hirsbrunner*, H. P.: Entwicklung eines halb-automatisierten, computerunterstützten Systems zur Analyse menschlichen Bewegungsverhaltens. Schlußbericht an den Schweizerischen Nationalfonds zur Förderung wissenschaftlicher Forschung, Projekt Nr. 1.913–0.73, Bern 1977 (Mskpt.).
Frey, S., *Hirsbrunner*, H. P.: Untersuchung des kommunikativen Verhaltens vermittels Zeitreihenanalyse visuell-auditiver Information. Zwischenbericht und Fortsetzungsgesuch für Projekt Nr. 1.467–0.76, Bern 1979 (Mskpt.).
Frey, S., *Hirsbrunner*, H. P., *Bieri-Florin*, A.: Vom Bildschirm zum Datenprotokoll: Das Problem der Rohdatengewinnung bei der Untersuchung nichtverbaler Interaktion, in: Zeitschrift für Semiotik 1979, 193–209.
Frey, S., *Jorns*, U., *Daw*, W.: A Systematic Description and Analysis of Nonverbal Interaction Between Doctors and Patients in a Psychiatric Interview, in: *Corson*, S. (Ed.): Ethology and Nonverbal Communication in Mental Health, New York 1980.
Frey, S., *Hirsbrunner*, H. P., *Jorns*, U.: Towards a Unified Approach to the Coding of Verbal and Nonverbal Behaviour in Communication Research (in Vorber.).
Frey, S., *Pool*, J.: A New Approach to the Analysis of Visible Behavior, Research Report University Berne 1976 (Mskpt.).
Gair, J. W.: Alphabet, in: Collier's Encyclopedia Vol. 1, New York 1971, 588–606.
Goscinny, R., *Uderzo*, A.: Obelix et Companie, Neuilly-sur-Seine 1976.
Harper, R. G., *Wiens*, A. N., *Matarazzo*, J. D.: Nonverbal Communication: The State of the Art, New York 1978.
Harrison, R. P.: Nonverbal Communication, in: *Sola Pool*, I. de, *Frey*, F. W., *Schramm*, W., *Maccoby*, N., *Parker*, E. B. (Eds.): Handbook of Communication, Chicago 1973.
Heller, M.: Dynamique Posturale et Interaction Sociale, Projet de Thèse Genève 1979 (Mskpt.).
Hirsbrunner, H. P. *Florin*, A., *Frey*, S.: Das Berner System zur Untersuchung nonverbaler

Interaktion. II: Die Auswertung von Zeitreihen visuell-auditiver Information, in: *Winkler*, P. (Hrsg.): Methoden der Analyse von Face-to-Face-Situationen, Stuttgart 1981.

Jorns, U.: Kopfbewegungen in der dyadischen Interaktion: Eine Explorationsstudie, in: *Winkler*, P. (Hrsg.): Methoden der Analyse von Face-to-Face-Situationen, Stuttgart 1981.

Keller, K., *Rufener*, R., *Sager*, S.: Das Bewegungsverhalten der Kandidaten der ersten juristischen Teilprüfung, Vorarbeit Bern 1975 (Mskpt.).

Key, M. R.: The Relationship of Verbal and Nonverbal Communication, in: Proc. 11th International Congreß of Linguistics, Bologna 1972.

Krause, R.: Nonverbales interaktives Verhalten von Stotterern und ihren Gesprächspartnern, in: Schweizerische Zeitschrift für Psychologie 37, 1978, 177–201.

Luckmann, T. Verhaltenspartituren: Notation und Transkription, in: Zeitschrift für Semiotik 1979, 149–249.

Martin, S. E.: Nonalphabetic Writing Systems: Some observations, in: *Kavanagh*, J. F., *Mattingly*, I. G. (Eds.): The Relationship between Speech and Reading, Cambridge 1972.

Moses, E. R., Jr.: Phonetics. History and Interpretation, Englewood Cliffs, N. J. 1964.

Scherer, K. R.: Nonverbale Kommunikation, Hamburg 1970.

Scherer, K. R.,: Persönlichkeit, Stimmqualität und Persönlichkeitsattribution: Pfadanalytische Untersuchungen zu nonverbalen Kommunikationsprozessen, in: Ber. 28. Kongreß Deutsche Gesellschaft für Psychologie, Göttingen 1974, 105–111.

Scherer, K. R.: Nichtverbales Verhalten in der sozialen Interaktion, in: Medizinische Klinik 1976, 683–688.

Scherer, K. R.: Wie bürgernah sind unsere Ämter?, in: Bild der Wissenschaft 5, 1979a, 122–136.

Scherer, K. R.: Die Funktion des nonverbalen Verhaltens im Gespräch, in: *Scherer*, K. R., *Wallbott*, H. G. (Hrsg.): Nonverbale Kommunikation, Weinheim 1979b.

Scherer, K. R., *Wallbott*, H. G., *Scherer*, U.: Methoden zur Klassifikation von Bewegungsverhalten: Ein funktionaler Ansatz, in: Zeitschrift für Semiotik 1979, 177–192.

Signer, M.: Struktur und Funktion nichtverbaler Kommunikation, Lazarus-Preis-Arbeit Bern 1975 (Mskpt.).

SNF: Erforschung nichtsprachlicher Verhaltensphänomene – ein Werkstattbericht, in: 26. Jahresbericht des Schweizerischen Nationalfonds zur Förderung der wissenschaftlichen Forschung – SNF 1977, 43–49.

Weitz, S.: Nonverbal Communication. Readings with Commentary, New York 1974.

H.-P. *Hirsbrunner,* A. *Florin,* S. *Frey**
Universität Bern

Das Berner System zur Untersuchung
nonverbaler Interaktion:
II. Die Auswertung von Zeitreihen visuell-
auditiver Information**

1. Einleitung

Im ersten Teil dieser Arbeit haben wir die Probleme und Möglichkeiten einer Transkription des komplexen Kommunikationsverhaltens untersucht und ein Kodierungssystem für die Zeitreihennotation nichtverbalen Interaktionsverhaltens vorgestellt. Die hier vorliegende Arbeit beschäftigt sich mit dem Problem der Auswertung dieser Daten. Unsere Analyse von Kommunikationsprozessen stützt sich dabei vor allem auf drei Datenquellen:

(a) auf den visuell beobachtbaren nonverbalen Anteil des Verhaltens, der, wie in Teil I dieser Arbeit beschrieben, in einem mehrdimensionalen Zeitreihenprotokoll erfaßt wird,
(b) auf ein alphabetisches Transkript, das die verbalen Anteile des Sprachverhaltens der Interaktionspartner wiedergibt,
(c) auf ein in das Videobild fest einkopiertes, zu charakteristischen Lautmustern verarbeitetes Sprachsignal, das die visuelle Erkennung von Sprachlauten und damit die genaue zeitliche Zuordnung von Sprache und Bewegung ermöglicht.

Der Umgang mit so großen Datenmengen macht zweifellos besondere Anstrengungen für die Aufbereitung der Daten und für das allgemeine Informationsmanagement erforderlich. Dies natürlich ganz besonders für den nonverbalen Verhaltensaspekt, da hier ja die Zeitreihennotation der Datenauswertung Phänomenbereiche erschließt, die den herkömmlichen Methoden der Verhaltensbeschreibung bisher meist noch gar nicht zugänglich waren.

Unsere gegenwärtig laufenden Entwicklungsarbeiten gelten denn auch vor allem den Problemen der Weiterverarbeitung von Zeitreihenprotokollen. Der eine Schwerpunkt dieser Arbeit liegt auf der Entwicklung der Computerprogramme zur Quantifizierung multipler abhängiger Variablen auf der Basis von Positionszeitreihen. Der andere Schwerpunkt gilt der Entwicklung der Hardware und Software für eine direkte interaktive Datenanalyse. Diese soll es dem Untersucher ermöglichen, durch einige wenige Befehle Information über die

---

* Wir danken dem Schweizerischen Nationalfonds für großzügige finanzielle und ideelle Unterstützung bei der Entwicklung der hier dargestellten Analysesysteme. Hans-Georg *Frenz* und Catherine *Darnaud-Frey* danken wir für wichtige Vorschläge bei der Ausarbeitung des Analysekonzepts.

** Herrn Prof. Dr. *Richard Meili* zum 80. Geburtstag gewidmet.

verschiedenen Verhaltensaspekte aus der Datenmatrix wahlfrei abzurufen, graphisch aufzubereiten und zeitgenau verknüpft miteinander in Beziehung zu setzen – ein unschätzbarer Vorteil sowohl für die Hypothesenbildung, für das schnelle Überprüfen theoretisch oder empirisch postulierter Zusammenhänge, wie auch für das Aufspüren bisher verborgener Relationen im komplexen Interaktionsgeschehen.

2. Informationsabwehr oder Informationsmanagement?

Die Entwicklung einer effizienten Methodik zur *Auswertung* der in Zeitreihenprotokollen niedergelegten Information stellt denn auch zweifellos eine weitere methodische Herausforderung dar. Wie schon die im Teil I dieser Arbeit besprochenen Probleme der Rohdatenerhebung sind auch die mit der Datenauswertung zusammenhängenden Aufgaben nicht etwa einfach zu bewältigen. Und natürlich stehen auch hier wieder Autoren bereit, die dem Untersucher sogleich anraten, sich die Sache leicht zu machen.

In seinen »Guidelines for Interactional Research« empfiehlt beispielsweise *Cairns* (1979) dem Untersucher, bei der statistischen Analyse des Interaktionsverhaltens die Augen vor der realen Verhaltensvielfalt möglichst weit zu verschließen:

»The statistical analysis of interchange is not necessarily complex or even difficult ... there are a few common problems that one should be aware of, including:
1. *Data tyranny*. Because interactional techniques are open-ended with regard to dependent variables, enormous amounts of data are generated in even small scale studies. The compulsion to attempt to analyze all of the data all of the time has tyrannized virtually all researchers who have explored the method. The tyranny should be resisted. If it isn't, numerous problems are created with regard to interpretation, description, and analysis. This pitfall can be avoided by the testing of hypotheses that have been formulated beforehand or, in some instances, during the course of the data analysis itself.« (*Cairns* 1979, S. 204; Hervorhebung im Original).

Es scheint uns freilich eine allzu simple Lösung des Analyseproblems, dem Untersucher anzuraten, sich einfach gegenüber all jenen Verhaltensdaten blind zu stellen, für die er keine fertigen Erklärungen parat hat. Denn der Umfang der Verhaltensdaten, die der Untersucher in seiner Analyse berücksichtigt, ist ja gleichbedeutend mit dem Umfang, in dem er das Verhalten, das er erklären will, überhaupt zur Kenntnis nimmt. Und man kann sich tiefere Einsichten in diese komplexen Verhaltenszusammenhänge gewiß nicht dadurch verschaffen, daß man sich von vorneherein in möglichst bescheidenem Umfang über das tatsächliche Verhalten informiert.

Ein Untersucher, der diese komplexen Interaktionsprozesse erforschen will, sollte seine Aufgabe daher auch nicht in der Informations*abwehr* sehen, sondern im Informations*management*. Inwieweit er von Verhaltensdaten in die Defensive gedrängt oder gar ›tyrannisiert‹ werden kann, hängt außerdem nicht von der

Datenmenge ab, sondern einzig davon, ob er sich den Aufgaben der Informationsverarbeitung gewachsen fühlt. Und sollte ein Untersucher angesichts einer großen Menge von Detailinformation tatsächlich vor lauter Bäumen den Wald nicht mehr sehen, so ist gerade dies nicht ein Problem der Datenmenge, sondern ein Problem der Datenverarbeitung: Dadurch, daß man die Bäume beseitigt, kann man diesem Untersucher den Wald auch nicht sichtbar machen.

Daß das menschliche Kommunikationsverhalten ein außerordentlich komplexes Geschehen darstellt, ist ja seit langem bekannt. Es ist daher auch längst klar, daß die Entwicklung der Auswertungsmethoden, die zu dessen Analyse benötigt werden, eine langwierige und methodisch anspruchsvolle Aufgabe darstellt. Man kann sich dieser Aufgabe ohne weiteres dadurch entziehen, daß man die Erforschung dieser komplexen Verhaltensstrukturen gar nicht erst zu seinem Untersuchungsprogramm macht. Wenn man jedoch den Anspruch erhebt, diese vielschichtigen Verhaltenszusammenhänge aufklären zu wollen, so kann man sich auch an den methodischen Problemen, die bei der Verarbeitung der anfallenden Datenmengen auftreten, nicht einfach dadurch vorbeimogeln, daß man die empirische Datenbasis so lange ausdünnt, bis das zu untersuchende Verhalten schließlich in das Prokrustesbett vorhandener Vorstellungen und Auswertemethoden hineinpaßt.

3. Die Datenmatrix als Ausgangspunkt der Verhaltensanalyse

Der Untersucher kann das Verhalten nur in dem Umfang einer empirischen Analyse unterziehen, in dem sein Datenprotokoll darüber Auskunft gibt. Das Rohdatenprotokoll ist daher auch die eigentliche Basis der Verhaltensanalyse, es »... bildet die Grundlage für die Beantwortung von Fragestellungen, für die Bestätigung oder Revision von Theorien bzw. für das Entdecken bis dahin unbekannter Sachverhalte« (*Frenz, Frey* 1980, S. 31). Der außerordentlich hohe Informationsgehalt, der gerade für Zeitreihenprotokolle charakteristisch ist, macht es nun möglich, die Verhaltensdaten im Hinblick auf eine große Zahl verschiedener Gesichtspunkte zu analysieren und mit immer wieder neuen Fragestellungen zu dieser Datenbasis zurückzukehren.

Inwieweit diese Möglichkeiten in der Praxis tatsächlich ausgeschöpft werden können, hängt natürlich in hohem Maße von der Qualität der Lösungen ab, die für das *Informationsmanagement* gefunden werden. Im Rahmen der von unserer Arbeitsgruppe durchgeführten empirischen Untersuchungen haben wir bisher etwa 50 Computerprogramme entwickelt, die eine visualisierte Datenaufbereitung sowie die Quantifizierung und inferenzstatistische Analyse komplexer Verhaltensparameter auf der Basis von Zeitreihenmatrizen ermöglichen. Diese Programme stellen eben wegen des hohen Informationsreichtums der Datenmatrizen und der Vielfalt der Analysemöglichkeiten gleichwohl erst den Grundstock der von uns anvisierten Programmbibliothek zur Analyse von Kommunikationsprozessen dar. In Abhängigkeit von den jeweiligen Fragestellungen zukünftiger Untersuchungen müssen weitere Programme entwickelt werden, die es gestatten, die Datensätze nach weiteren Gesichtspunkten zu analysieren.

Da der Ausgangspunkt all dieser Bemühungen immer wieder die Datenmatrix ist, lohnt es sich, zunächst die Organisation dieser Datenmatrizen im Detail zu betrachten, um dann anschließend zu erläutern, nach welchen Prinzipien und Auswertestrategien die darin enthaltene Information ausgewertet werden kann.

3.1 Die Organisation der in der Datenmatrix enthaltenen Information

Im Zeitreihenprotokoll ist die Information über die räumlichen, zeitlichen und phonetischen Komponenten des komplexen Kommunikationsverhaltens in einer Vielzahl von Detailinformationen niedergelegt. Im Anschluß an die Verhaltenskodierung wird nun diese vielfältige Information in eine Datenmatrix aus d Kodierungsdimensionen mal t Meßzeitpunkten integriert, auf die der Untersucher direkt Zugriff hat. Tabelle 1 gibt ein Beispiel einer solchen Datenmatrix. Sie entstammt einer Untersuchung von *Jorns* (1981) und enthält die Information über das verbale und nonverbale Verhalten zweier Interaktionspartner, einem Studenten und einer Studentin, während der ersten Minute ihres Gesprächs.

Wie aus der obersten Zeile der Tabelle 1 ersichtlich, enthält die linke Hälfte der Tabelle die Information über das Verhalten des »Interlokutors A« (hier: die Studentin), die rechte Hälfte das Verhalten des »Interlokutors B«. Die Zahlen und Buchstaben in den beiden Zeilen darunter (oberhalb der eigentlichen Datenmatrix) geben an, welchen Körperteilen und Kodierungsdimensionen die einzelnen Spalten des Datenfeldes zugeordnet sind. Die Zahlen in der oberen der beiden Zeilen indizieren, um welchen Körperteil es sich dabei jeweils handelt*, die Buchstaben in der Zeile darunter, um welche Kodierungsdimensionen**.

Die Verhaltensprotokolle der beiden Interaktionspartner sind durch den gemeinsamen Zeitkode miteinander verknüpft, der sich in der Mitte der Tabelle befindet (Spalten »TIME«). Im vorliegenden Beispiel wurden die Positionszeitreihen in Halbsekunden-Intervallen ermittelt, die Zeitmarken »0005«, »0010«, »0015« entsprechen demnach einer halben Sekunde, einer Sekunde, eineinhalb Sekunden, etc. Die beiden Spalten neben dem Zeitkode geben, zum Zweck einer

---

* Die Reihenfolge der Datenfelder wurde wie folgt festgelegt: Kopf (1); Rumpf (2); Schultern (3); Oberarme (4); Hände (5); Oberschenkel (6); Füße (7); Sitzposition(8). Die Buchstaben »R« und »L« geben an, ob es sich um den rechten oder linken Körperteil handelt.

** Die Buchstaben und Zeichen repräsentieren die Kodierungsdimensionen, die im Teil I dieser Arbeit in Tabelle 1 sowie im Anhang dazu dargestellt sind. Die Symbole der Datenmatrix sind wie folgt zu interpretieren: (S)agittal, (R)otational; (L)ateral; (V)ertical; (H)orizontal; (D)epth; (/)x/y-orientation of hand; (Z)z-orientation of hand. Die Symbole »T« und »C« sind mehrdeutig. »T« bedeutet stets »Touch«; außer bei den Händen in der Position neben »Z«, wo es die Handdrehung (T)urn repräsentiert. »C« bedeutet im Datenfeld 5 (C)losure of hand, im Feld 8 (C)hair-position. Das Symbol »–« bedeutet, daß die Dimension zweispaltig kodiert wird.

Das Berner System zur Untersuchung nonverbaler Interaktion II   241

Tabelle 1
Beispiel einer Datenmatrix, wie sie aus der Zeitreihennotation des Kommunikationsverhaltens resultiert. Sie enthält die Information über das verbale und nonverbale Verhalten zweier Gesprächspartner für einen Zeitraum von einer Minute.

schnellen Übersicht, jeweils an, wieviele Körperteile sich während aufeinanderfolgender Zeitmarken bewegt hatten (♯ P) und wieviele Dimensionen in dieser Bewegung jeweils involviert waren (♯ D).

An diese Spalten direkt angrenzend findet sich der Raum für ein alphabetisches Transkript des Sprachverhaltens (Spalten »SPEECH«). Die Tabelle stellt dabei für jeden Interlokutor je Halbsekundenintervall zwölf Spalten zur Verfügung. Wie bereits in Teil I dieser Arbeit ausgeführt wurde, sollen die Sprachäußerungen, die während eines Halbsekundenintervalls erfolgen, in diese Spalten eingetragen werden. Falls dieser Platz nicht ausreicht, so wird das Transkript in der nächsten Zeile weitergeführt und mit einem drei-stelligen Zeitkode, der jeweils durch einen Schrägstrich initialisiert ist, zeitlich definiert. Ein Beispiel dafür findet sich in Tabelle 1 in der Zeit-Zeile »0130«: Das Symbol »/125« zeigt an, daß die mit dem Wort »SCHON« abschließende Äußerung des Interlokutors A bereits bei der Zeitmarke »0125« zu Ende ging*.

Die aufeinanderfolgenden Zeilen der Tabelle 1 geben die Information über das komplexe Kommunikationsverhalten in Zeitintervallen von einer halben Sekunde. Die oberste Reihe der Datenmatrix (Zeitmarke »0005«) enthält die vollständigen Positionskodes für jeden der beiden Interaktionspartner zu Beginn ihres Gesprächs. Die Zahlen in den verschiedenen Spalten repräsentieren die spezifische Position, die ein Gesprächspartner in jeder der kodierten Dimensionen einnimmt. Eintragungen werden in dieser Datenmatrix nur dann vorgenommen, wenn sich Positionen verändern. Leerstellen bedeuten, daß die vorherige Position unverändert blieb. Die spezielle Art und Weise, in der sich die Interaktionspartner im Verlaufe ihres Gesprächs bewegten und/oder in Ruhe verharrten, dokumentiert sich somit in der vertikalen Aufeinanderfolge der Eintragungen und der Leerstellen in der Datenmatrix.

3.2 Wie liest man eine Datenmatrix?

Die Datenmatrix widerspiegelt die enorme Komplexität und Variabilität des in der Videoaufzeichnung registrierten Kommunikationsverhaltens. Allein schon das nonverbale Verhalten, das die Interaktionspartner während einer einzigen Minute zeigen, ist in dieser Matrix durch 12'480 Datenpunkte dokumentiert (6'240 pro Vp). Auf diese Vielzahl von Detailinformationen hat der Untersucher direkt Zugriff, was wiederum die Möglichkeit eröffnet, mit einer Vielzahl von Fragen an das Material heranzutreten. Die eigentliche Funktion der Datenmatrix ist denn auch darin zu sehen, daß sie dem Untersucher eine empirische Informationsbasis bereitstellt, aus der er je nach seiner Fragestellung all jene Informationen *selektiv* abruft, die er für die Quantifizierung der Parameter benötigt, die in seiner Untersuchung als abhängige Variable fungieren sollen.

Bevor man jedoch diesen Schritt unternimmt, lohnt es sich meist, die Datenmatrix in ihrem vollen Informationsgehalt zu betrachten. Tatsächlich ist es in der Regel erstaunlich leicht, aus diesem »Berg« von Information, den die Datenmatrix dem Auge präsentiert, interessante Einblicke in die Organisation des nonverbalen und verbalen Interaktionsverhaltens zu gewinnen.

Um nur einige Möglichkeiten zu nennen:

---

* Die Methode, mit deren Hilfe die genaue zeitliche Zuordnung der Sprach- und Bewegungsdaten erfolgte, wird in Abschnitt 6.1 dieses Beitrags beschrieben.

- Durch den Vergleich der »weißen Flecken« in der Datenmatrix mit den durch die Eintragungen geschwärzten Bereiche läßt sich auf einen Blick das relative Ausmaß der Bewegungsaktivität der beiden Interaktionspartner abschätzen.
- Durch den Vergleich der *Dichte* der Eintragungen lassen sich unmittelbar Stellen besonders hoher oder besonders niedriger Bewegungs*komplexität* ausmachen. (Die Visualisierung dieses Aspekts ist zusätzlich erleichtert durch die neben dem Zeitkode lokalisierten Spalten ♯ P und ♯ D, die jeweils angeben, wieviele Körperteile bzw. Dimensionen in die Bewegung involviert sind.)
- Durch den Vergleich der Eintragungshäufigkeit in den Datenfeldern Nr. 1 bis 8 kann man sich einen unmittelbaren Eindruck von dem Ausmaß verschaffen, zu dem die verschiedenen Körperteile in die Gesamtbewegung des Körpers involviert sind.
- Durch eine Inspektion der vertikalen Aufeinanderfolge von Eintragungen und Leerstellen gewinnt man einen ersten Eindruck von der rhythmischen Struktur und der jeweiligen Dauer von Bewegungs- und Ruhephasen.
- Durch den Vergleich der Anzahl der Eintragungen bei symmetrischen Körperteilen, etwa der linken und der rechten Hand, läßt sich unmittelbar die Frage nach einer eventuell vorliegenden lateralen Dominanz abschätzen.

Da zudem die Daten der beiden Interaktionspartner durch einen gemeinsamen Zeitkode miteinander verknüpft sind, lassen sich all diese Vergleiche auch auf die Dyade als Ganzes ausdehnen. Insbesondere erlaubt ein Vergleich der Eintragungen in der linken und rechten Hälfte der Datenmatrix einen ersten Überblick über den Grad der interaktiven Koordination, d. h. das Ausmaß, in dem die Gesprächspartner ihre Bewegungs- und Ruhephasen zeitlich aufeinander abstimmen. Wenn zudem die Information über das Sprachverhalten der Interaktionspartner in die Datenmatrix integriert ist, sind eine Vielzahl weiterer Einblicke in die Organisation des Kommunikationsablaufs aus der Datenmatrix ableitbar. Insbesondere bieten sich Vergleichsmöglichkeiten im Zusammenhang mit Vokalisationsphasen, Sprachpausen, Turn-taking einerseits und der rhythmischen Koordination des Bewegungsverhaltens andererseits.

Es ist selbstverständlich, daß eine solche visuelle Inspektion der Datenmatrix lediglich heuristischen Zwecken dienen kann. Interdependenzen, die hier aufscheinen, bedürfen – wie auch alle anderen hierbei zutage tretenden Verhaltenscharakteristika – einer Substantiierung durch die nachfolgende quantitative Analyse. In einem Gebiet wie dem der nonverbalen Kommunikation, in dem der Untersucher wegen des Fehlens empirischen Wissens über die faktischen Verhaltensabläufe bei der Begründung und Formulierung seiner Hypothesen auf wenig mehr als auf gängige Klischeevorstellungen zurückgreifen kann, ist jedoch die systematische Beachtung der aus einer reichen Datenbasis hervortretenden Hinweise auf mögliche Verhaltenszusammenhänge von größter Wichtigkeit. Und dies sowohl für die Effizienz der empirischen Forschungsarbeit als auch für den theoretischen Fortschritt auf diesem Gebiet.

3.2.1 Das Beispiel der Daten von Tabelle 1

Um sich die Möglichkeiten einer solchen heuristischen Auswertung von Datenmatrizen weiter zu veranschaulichen lohnt es sich, noch einmal kurz zu Tabelle 1 zurückzukehren.

Die Inspektion der Datenmatrix zeigt, daß bereits in dieser ersten Minute des Gesprächs deutliche Unterschiede im Bewegungsstil der beiden Interaktionspartner hervortreten. Während der männliche Gesprächspartner (Interlokutor B, rechte Hälfte der Datenmatrix) sein Bewegungsverhalten eher abrupt initiiert und beendet, ist das Verhalten der Partnerin (Interlokutor A, linke Hälfte der Datenmatrix) durch einen weitaus flüssigeren Bewegungsstil gekennzeichnet. Dies zeigt sich in der Dichte und in dem seriellen Arrangement der Daten-Cluster in den beiden Hälften der Datenmatrix. Die Bewegungsaktivität des männlichen Interaktionspartners strukturiert sich in etwa neun, meist abrupt einsetzenden und endenden Bewegungsphasen, die klar voneinander abgrenzbar sind und jeweils nur kurz andauern (ungefähr drei Sekunden pro Cluster). Im Gegensatz hierzu ist das serielle Arrangement der Eintragungen in der linken Hälfte der Datenmatrix weitaus weniger zu kompakten Clustern strukturiert. Die gleichwohl auch hier hervortretenden Stellen hoher Dichte (z. B. bei den Zeitmarken »0240« oder »0380«) sind in ihren Ausläufern nicht scharf voneinander abgegrenzt, was wiederum auf ein viel flüssigeres Auf und Ab der Bewegungsaktivität hinweist.

Wie aus Tabelle 1 ebenfalls unmittelbar ersichtlich, scheinen die Unterschiede in der rhythmischen Struktur der Bewegungsaktivität eine Entsprechung in der Sprachaktivität zu finden. Die Eintragungen im Datenfeld »SPEECH« machen deutlich, daß die Sprachäußerungen des Interlokutors B jeweils nur kurz andauern, mit relativ langen Pausenintervallen zwischen einzelnen Äußerungen. Im Gegensatz hierzu nehmen die Sprachäußerungen der weiblichen Versuchsperson jeweils eine viel längere Zeitspanne in Anspruch und folgen einander zudem – zumindest während der ersten vierzig Sekunden des Gesprächs – in schneller Folge.

Ebenfalls unmittelbar deutlich ist die enge zeitliche Beziehung zwischen Sprach- und Bewegungsaktivität: Bei beiden Gesprächspartnern koinzidieren Sprachphasen in der Regel mit Bewegungsphasen. Bereits in der kurzen Zeitspanne dieser ersten Gesprächsminute finden sich jedoch für beide Partner auch schon Ausnahmen von dieser Regel: Da gibt es Bewegungsaktivität ohne gleichzeitige Sprachaktivität und Sprachaktivität ohne gleichzeitige Bewegungsaktivität. Es wäre gewiß interessant, solche Ausnahmen im Detail weiter zu studieren, um zu prüfen, ob ihnen möglicherweise eine spezielle Funktion innerhalb des Kommunikationsablaufs zukommt, beispielsweise ob es sich um »back-channel responses« handeln könnte, um Unterbrechungen, um Versuche, den Turn zu übernehmen usw. Zu diesem Zweck wäre es notwendig, die Gemeinsamkeiten und Unterschiede zwischen solchen Phänomenen herauszuarbeiten, und zwar durch eine Berücksichtigung der Information, die in den Zahlenwerten selbst niedergelegt ist. Dies freilich läßt sich durch eine direkte visuelle Inspektion der Datenmatrix nicht mehr leisten.

Ohne weiteres ablesbar sind dagegen noch Antworten zu einer Reihe anderer Fragen, beispielsweise über die laterale Dominanz oder die unterschiedliche Bewegungsaktivität der verschiedenen Körperteile. Wie etwa ein Vergleich der

Eintragungen in den Datenfeldern für die linke und rechte Hand zeigt, besteht (in dem vorliegenden Daten-Sample) weder bei der weiblichen noch bei der männlichen Vp eine laterale Dominanz in der Bewegungsaktivität der Hände: Wenn sich die eine Hand bewegt, bewegt sich die andere meist auch. Unmittelbar anschaulich werden natürlich auch die großen Unterschiede in der Bewegungsaktivität der verschiedenen Körperteile. Dabei scheint die Rangordnung der Körperteile bezüglich ihrer Bewegungs-Aktivität für beide Personen sehr ähnlich: Der Kopf ist jeweils der weitaus aktivste Körperteil, gefolgt von den Händen, während Beine und Füße jeweils am wenigsten an der Gesamtbewegung beteiligt sind.

4. Graphisches Datenmanagement

Obwohl eine Inspektion der Datenmatrix oft erstaunlich differenzierte Einblicke in die Organisation des Interaktionsgeschehens geben kann, so ist doch klar, daß bei solchen Vergleichen tatsächlich nur ein kleiner Teil der in der Datenmatrix enthaltenen Information verwertet werden kann. Dem Auge des Untersuchers weitgehend verschlossen bleiben dabei insbesondere die in den verschiedenen Positions*zahlen* niedergelegten Informationen, die ja über die spezifischen Charakteristika der verschiedenen Positionszustände und Bewegungsmuster Auskunft geben. Diese Informationen sind aber für die Analyse von Interaktionsprozessen besonders wichtig, da sich gerade darin widerspiegelt, in welcher Weise die Interaktionspartner aufeinander reagieren und wie sie ihre kommunikativen Aktivitäten koordinieren.

Um diese komplizierten Wechselbeziehungen aus der in der Datenmatrix niedergelegten Information herausarbeiten zu können, haben wir ein Verfahren zur graphischen Aufbereitung von Zeitreihendaten entwickelt, mit dessen Hilfe der Untersucher Verlaufscharakteristika des Verhaltens visualisieren kann, indem er beispielsweise die Kodierungen für eine bestimmte Verhaltensdimension aus der Datenmatrix abruft und entlang der Zeitdimension abbildet.

Um eine größtmögliche Flexibilität und Unmittelbarkeit in der Auswahl der Daten zu gewährleisten, wurde das System so konzipiert, daß es eine direkte interaktive Datenverarbeitung im Dialogbetrieb mit einem Kleinrechner erlaubt. Grundlage ist hierbei ein von uns modifiziertes Texas Instruments TM 990-System, das auch die vorübergehende Speicherung der Datenmatrizen übernimmt. Über ein Interface werden die interessierenden Zeitreihendaten auf dem Bildschirm eines Oszillographen (oder auf einem XY-Recorder) in ihrer zeitlichen Abfolge sichtbar gemacht. Der direkte Zugriff auf einen Massenspeicher gibt dem Untersucher die Möglichkeit, durch einige wenige Befehle die jeweils gewünschte Information aus der Datenmatrix abzurufen, in variabler Weise graphisch aufzuarbeiten und zu beliebigen anderen Zeitreihendaten, die entweder der Datenmatrix derselben Person oder der ihres Interaktionspartners entnommen sind, zeitgenau in Beziehung zu setzen*.

Die für das nonverbale Verhalten ermittelten Daten eignen sich dabei in ganz besonderem Maße für die graphische Verlaufsanalyse, da die verschiedenen Positionen, die in den einzelnen Kodierungsdimensionen jeweils unterschieden werden, fast durchweg Ordinalskalen konstituieren (vgl. Teil I, S. 216 u. S. 225 ff.). Dadurch bietet sich die Möglichkeit, diese Positionen jeweils als Positions-*Werte* auf der vertikalen Achse eines Bildschirms anzuordnen, während ihre zeitliche Sukzession auf der horizontalen Achse abgebildet wird. Auf diese Weise läßt sich für jede ordinal kodierte Dimension sowohl der Bewegungsfluß als auch die Haltungscharakteristik darstellen. Da außerdem sämtliche Kodierungsdimensionen (inklusive der in der Datenmatrix enthaltenen Sprachinformation) über denselben Zeitkode miteinander verknüpft sind, ist es möglich, die temporellen Kontingenzen herauszuarbeiten, die zwischen den einzelnen Kodierungsdimensionen bzw. zwischen den Verhaltensdaten der beiden Interaktionspartner existieren.

4.1. Bewegungsverlauf in einzelnen Kodierungsdimensionen

Die Abbildungen 1.1 bis 2.2 geben ein Beispiel für die Verwendung dieses Verfahrens zur Untersuchung der interaktiven Koordination von Kopfhaltungen und Kopfbewegungen. Die Daten entstammen einer Untersuchung über das nonverbale Interaktionsverhalten in Arzt-Patient-Gesprächen (*Frey* et al. 1980). Insbesondere galt diese Arbeit der Frage, welche Aspekte des nonverbalen Verhaltens von Ärzten und depressiven Patienten sich als Folge des Therapiefortschritts systematisch verändern.

Die Abbildungen enthalten die Positionszeitreihen für die Sagittaldimension (Heben-Senken) des Kopfes, eines Verhaltensaspekts, der ja gerade bei depressiven Patienten von besonderem Interesse ist, da sich diese, einer weitverbreiteten Vorstellung zufolge, durch eine tiefe gesenkte Kopfhaltung ausweisen**. Die Abbildungen 1.1 und 1.2 geben die Daten für einen Zeitpunkt, zu dem der Patient von seinem Arzt als schwer depressiv eingestuft worden war, die Abbildungen 2.1 und 2.2 für den Zeitpunkt unmittelbar vor der Entlassung, als der Patient als völlig geheilt eingeschätzt wurde.

---

* Die Wahl einer bestimmten Darstellungsart oder eine Modifikation der Darstellung erfolgt in unserem Fall über einen BASIC-Interpreter. Dies hat den Vorteil, daß sich gegenüber Compiler- oder Assemblersprachen der Zeitaufwand bei der Programmentwicklung und in der Testphase erheblich verringert, während sich ein Nachteil, die relativ begrenzte Ausführungsgeschwindigkeit des Interpreters, leicht dadurch neutralisieren läßt, daß einige wenige, immer wiederkehrende und zeitkritische Programmschritte nach der Testphase in Assembler umgeschrieben werden, die dann als Subprogramme vom Interpreter aufgerufen werden können.

** Anschauungsmaterial hierzu findet sich in *Scheflen* (1972, S. 16 f.).

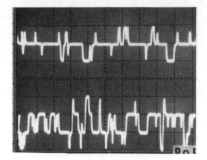 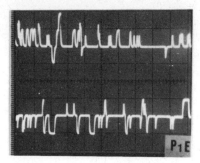

Abb. 1.1   Abb. 2.1
Temporelle Struktur sagittaler Kopfhaltung und Kopfbewegung für Arzt und Patient während eines Interviews, in dem sich der Patient in einem schwer depressiven Zustand befand (Abbildung 1.1) und während eines Interviews zu einem Zeitpunkt vollständiger Rehabilitation (Abbildung 2.1). Die horizontale Achse repräsentiert die Zeit; jede Abbildung gibt die Daten für die ersten drei Minuten des Gesprächs. Die obere Kurve repräsentiert jeweils die Positionswerte des Patienten, die untere Kurve die des Arztes. Die Kurven sind gegeneinander invertiert, Werte nahe der Mittellinie indizieren für beide Interaktionspartner eine »stark gehobene« Kopfposition.

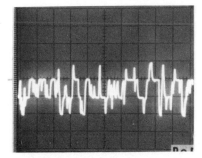 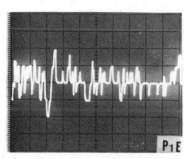

Abb. 1.2   Abb. 2.2
Summenkurve der Abbildungen 1.1 und 2.1. Die Abbildungen zeigen, für die Sagittaldimension des Kopfes, die Momentanwerte interaktiver Orientierung. Die Mittellinie repräsentiert gleiche Höhe der Kopfhaltung. Werte oberhalb der Mittellinie zeigen an, daß der Arzt den Kopf relativ höher, Werte darunter, daß er ihn relativ tiefer hält.

Die horizontale Achse repräsentiert stets die Zeitdimension, die Abbildungen enthalten die Daten für die jeweils ersten drei Minuten des Gesprächs. Die vertikale Achse gibt die Positionswerte für die Kopfhaltung von Arzt und Patient, wobei in den Abbildungen 1.1 und 2.1 die untere Kurve die Daten des Arztes, die obere Kurve die Daten des Patienten zeigt. Die fünf Positionen, die gemäß unseres Kodierungssystems in der Sagittaldimension unterschieden werden, sind auf der vertikalen Achse, von unten bis zur Mitte des Bildes, wie folgt angeordnet: »stark gesenkt«, »gesenkt«, »aufrecht«, »gehoben«, »stark gehoben«. Die Skala für die Positionswerte des Patienten reicht von der Mittellinie bis zum oberen Rand des Bildes. Die Anordnung der Positionen ist dabei gegenüber der unteren Skala invertiert, dies bedeutet, daß die Mittellinie für beide Personen die Position »stark gehoben« repräsentiert. Entsprechend repräsentiert der obere Rand des Bildes eine »stark gesenkte« Kopfhaltung des Patienten.

Bei den Abbildungen 1.2 und 2.2 handelt es sich um die Summenkurven der Abbildungen 1.1 und 2.1. Aus diesen Kurven läßt sich für jeden Zeitpunkt direkt ablesen, welcher der beiden Interaktionspartner den Kopf *tiefer* hält. Wenn die Kurve *unterhalb* der Mittelachse des Bildes verläuft, hält der *Arzt* den Kopf tiefer als der Patient; wenn die Kurve *oberhalb* der Mittelachse verläuft, hält der *Patient* den Kopf tiefer als der Arzt. Das relative Ausmaß, in dem der Arzt oder der Patient den Kopf tiefer hält, mißt sich an der jeweiligen Distanz zur Mittelachse: Je größer diese Distanz, umso deutlicher sind die Unterschiede in der Kopfhaltung der Interaktionspartner.

Die in den Abbildungen 1.1 bis 2.2 enthaltenen Daten geben eine Reihe interessanter Einblicke in die dynamische Organisation von Kopfhaltungen und Kopfbewegungen. So wird aus 1.1 und 2.1 deutlich, daß die Interaktionspartner einige bestimmte Positionen relativ langfristig einnehmen, während andere stets nur während kurzer Momente eingenommen werden, gewissermaßen als kurzfristige Auslenkung aus einer bevorzugten ›Grundhaltung‹, in die der Kopf anschließend sofort wieder zurückkehrt. Auffällig ist weiterhin, daß der Patient sowohl während des ersten als auch während des zweiten Interviews als bevorzugte Position die »aufrechte Kopfhaltung« einnimmt, während der Arzt diese Position nur während des zweiten Gesprächs bevorzugt zeigt. Im ersten Gespräch, also zu einem Zeitpunkt, zu dem er den Patienten als »schwer depressiv« eingestuft hatte, werden beim Arzt zwei zeitstabile Positionen deutlich: die »aufrechte« und die »gesenkte« Kopfhaltung. Die Daten geben zudem einen wichtigen Unterschied auch bei den nur kurzfristig eingenommenen Positionen zu erkennen: Im ersten Interview wird die Position »stark gesenkte« Kopfhaltung vom Arzt insgesamt neunmal eingenommen, vom Patienten dagegen überhaupt nicht. Im zweiten Interview, zu einem Zeitpunkt, zu dem der Arzt den Patienten als rehabilitiert eingestuft hatte, tritt diese spezielle Kopfhaltung auch beim Arzt nicht mehr auf.

Dieser Sachverhalt wird durch die Abbildungen 1.2 und 2.2 weiter veranschaulicht. Wie bereits oben vermerkt, geben diese Kurven die Information für die Dyade als *Ganzes*: Wenn die Kurve an der Mittellinie verläuft, halten beide Gesprächspartner den Kopf in derselben Höhe, wenn sie *unterhalb* der Mittellinie verläuft, hält der Arzt den Kopf *tiefer*; *oberhalb* der Mittellinie bedeutet, daß der Arzt den Kopf *höher* hält als der Patient. Wie aus Abbildung 1.2 unmittelbar ersichtlich, hielt der Arzt während des ersten Gesprächs den Kopf meist tiefer als der Patient. Positionskonfigurationen, in denen der Arzt seinen Kopf höher hält, finden sich nur achtmal, keine davon hielt länger an als ungefähr drei bis vier Sekunden. Im zweiten Interview dagegen ist, wie die Abbildung 2.2 zeigt, sowohl das relative Ausmaß als auch die Häufigkeit, mit der mal der eine und mal der andere Interaktionspartner den Kopf höher oder tiefer hält, nahezu balanciert*.

4.2. Zeitgraphik für komplexe Parameter

Bei der graphischen Aufbereitung der in den Datenmatrizen niedergelegten Information braucht sich der Untersucher natürlich nicht etwa auf die quasi isolierte Betrachtung und Gegenüberstellung einzelner Datenspalten zu beschränken. Er kann vielmehr ohne weiteres auch Maße formulieren, die mehrere Datenspalten (und damit mehrere Kodierungsdimensionen) übergreifen, und die so gebildeten Parameter anhand der Zeitgraphik in ihrer dynamischen Veränderung und in ihrer interaktiven Wechselwirkung studieren. Ein Beispiel hierfür gibt der in den Abbildungen 3, 4 und 5 dargestellte Parameter »Komplexität der Körperbewegung«. Der Parameter gibt an, wieviele Dimensionen in eine Bewegung jeweils involviert sind, d. h., in wievielen Kodierungsdimensionen sich die Positionswerte gleichzeitig verändern.

Die Daten entstammen wiederum der Untersuchung von *Frey* et al. (1980). Abbildung 3 gibt die Werte der Bewegungskomplexität für die ersten drei Minuten eines Gesprächs zwischen einem Arzt (untere Kurve) und einem vollständig rehabilitierten Patienten (obere Kurve). Die horizontale Achse repräsentiert die Zeit, die vertikale Achse die Anzahl der Dimensionen, die in die Bewegung involviert sind. Die Kurve des Arztes ist gegenüber der des Patienten invertiert, Werte nahe der Mittellinie repräsentieren daher für beide Gesprächspartner niedrige Bewegungsaktivität. Je größer die Distanz von der Mittellinie, umso höher sind die Werte der Bewegungskomplexität.

Eine Inspektion der beiden Kurven in Abbildung 3 ermöglicht eine Reihe interessanter Einblicke in die interaktive Organisation des Bewegungsgeschehens in dieser Arzt-Patient-Dyade. So zeigt sich unmittelbar ein hohes Maß an rhythmischer Koordination im Wechselspiel von Bewegung und Ruhe: Die Gesprächspartner bewegen sich fast nie gleichzeitig, sondern verzahnen ihre Aktivitätsphasen so ineinander, daß eine Bewegungsphase des einen Gesprächspartners mit einer Ruhephase des anderen zusammentrifft. Ruhe- und Bewegungsphasen sind dabei auch in ihrer zeitlichen Ausdehnung meist genau ineinander eingepaßt: die Ruhephase des einen Gesprächspartners dauert gerade so lange wie die Bewegungsphase des anderen und umgekehrt. In zwei Fällen nur

---

* Eine anschließende inferenzstatistische Analyse der Daten für 28 Arzt-Patient-Dyaden ergab einen statistisch bedeutsamen Unterschied in der sagittalen Kopfhaltung der Ärzte in Abhängigkeit vom Krankheitsgrad des Patienten: Im ersten Interview, wenn der Patient als schwer depressiv klassifiziert worden war, hielten die Ärzte (N = 10) ihren Kopf systematisch tiefer als im zweiten Interview, wenn sie den Patienten als nahezu geheilt eingestuft hatten. Interessanterweise ergaben sich aber keine systematischen Veränderungen in der sagittalen Kopfhaltung der Patienten (vgl. *Frey et al.* 1980, S. 246 ff.). Diese Befunde indizieren möglicherweise, daß das kognitive Schema des Arztes vom Patienten als einem »Depressiven« sich in des Arztes eigener Kopfhaltung widerspiegelt.

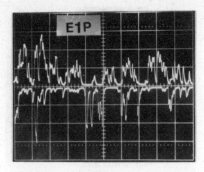

Abb. 3
Temporelle Struktur der Bewegungskomplexität für die ersten drei Minuten eines Gesprächs zwischen einem Arzt (untere Kurve) und einem Patienten (obere Kurve). Die untere Kurve ist gegenüber der oberen invertiert, Wert nahe der Mittellinie indizieren niedrige Komplexität.

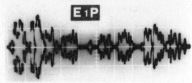 

Abb. 4.1   Abb. 4.2
Spiegelbildliche Verdoppelung der in der Abbildung 3 enthaltenen Information. Abbildung 4.1 entspricht der oberen Kurve in Abbildung 3 (Patient), Abbildung 4.2 der unteren Kurve (Arzt).

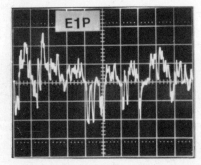

Abb. 5
Summenkurve der beiden Kurven in Abbildung 3. Sie zeigt die Momentwerte der Bewegungsaktivität für die Dyade als Ganzes: Werte nahe der Mittellinie indizieren gleiche Bewegungskomplexität, bei Werten oberhalb der Mittellinie überwiegen die Komplexitätswerte des Patienten, bei Werten unterhalb der Mittellinie die des Arztes.

werden sie zum selben Zeitpunkt aktiv (nach ca. 20 und nach ca. 110 sec*) und beide Male ist es der Arzt, der seine Bewegungsaktivität rasch reduziert. Phasen in denen beide Partner gleichzeitig in Ruhe verharren finden sich dagegen nicht – ein Phänomen, das auf eine bemerkenswerte Lebendigkeit des Interaktionsablaufs verweist.

Während sich somit in diesen Daten ein erheblicher Grad interaktiver Abstimmung zeigt, so wird andererseits aber auch deutlich, daß gerade in bezug auf die Komplexität der Körperbewegung Arzt und Patient sich ganz erheblich voneinander unterscheiden. Ein Vergleich der beiden Kurven in Abbildung 3 zeigt, daß die Komplexitätswerte des Patienten über die Zeitdimension hinweg eher *lang-*

---

* Die Zeitachse in Abbildung 3 entspricht 180 Sekunden, die Distanz zwischen zwei vertikalen Linien entspricht daher jeweils 18 Sekunden.

sam ansteigen und abfallen, während die Bewegungsphasen des Arztes durch eine fast stets steil ansteigende und steil abfallende Bewegungskomplexität gekennzeichnet sind. Diese Unterschiede werden noch erheblich anschaulicher durch eine graphische Aufbereitung, bei der, wie in Abbildungen 4.1 und 4.2 der Fall, die Information über die Komplexitätswerte spiegelbildlich verdoppelt wird. Diese Darstellungen machen deutlich, daß sich die Komplexität des Bewegungsverhaltens im vorliegenden Fall quasi als Verhaltensstil äußert: Selbst kleinere Zeitabschnitte aus dem Bewegungsstrom scheinen in ihrer jeweiligen Personzugehörigkeit nahezu unverwechselbar.

Die Abbildung 5 ist die Summenkurve aus den beiden gegeneinander invertierten Kurven aus Abbildung 3. Diese Kurve gibt eine Zeitgraphik der Bewegungskomplexität für die Dyade als *Ganzes*. Sie macht unmittelbar deutlich, daß ständig mindestens einer der beiden Gesprächspartner in Bewegung ist – die Dyade als Ganzes kommt praktisch nicht zur Ruhe, was wiederum die Lebendigkeit des nonverbalen Interaktionsablaufs veranschaulicht. Darüber hinaus gibt Abbildung 5 mindestens drei weitere interessante Sachverhalte zu erkennen: Die Kurve zeigt, daß (a) – zeitlich gesehen – die Bewegungsaktivität des Patienten die des Arztes weit übersteigt, (b) die Bewegungen des Patienten meist in ›bursts‹ von etwa 15 bis 20 Sekunden Dauer hervortreten, während ein Übergewicht in der Bewegungsaktivität des Arztes meist nur etwa halb so lange andauert, und (c) die Verlagerung der Bewegungsaktivität von einem Gesprächspartner zum anderen außerordentlich rhythmisch erfolgt, in nahezu konstanten Zeitintervallen.

4.3 Graphische Verknüpfung von Sprach- und Bewegungsdaten

Da Sprache und Bewegung in der Datenmatrix über einen gemeinsamen Zeitkode miteinander verknüpft sind, bietet sich selbstverständlich auch die Möglichkeit, diese beiden Kommunikationskanäle in einer Zeitgraphik miteinander zu verbinden zum Zweck der Herausarbeitung möglicherweise bestehender temporeller Kontingenzen. Die Abbildungen 6 und 6.1 geben ein Beispiel für Möglichkeiten der graphischen Aufbereitung dieser Information.

Abbildung 6 gibt die Daten für Bewegungskomplexität und Vokalisation während der ersten zwei Minuten einer Mutter-Kind Interaktion*. Die Abbildung macht unmittelbar deutlich, daß im Verhalten der Mutter die verbale Aktivität dominiert, während im Verhalten des Kindes die Bewegungsaktivität überwiegt. Betrachtet man die temporelle Struktur von Sprache und Bewegung für jede Person getrennt, so wird weder in den Verhaltensdaten der Mutter noch in denen des Kindes eine intraindividuelle zeitliche Koordination von Sprach- und Bewegungsaktivität deutlich. Auch läßt sich keine zeitliche Abstimmung zwischen dem Bewegungsverhalten von Mutter und Kind erkennen, und auch die Vokalisationsphasen scheinen zeitlich unkoordiniert.

---
* Die Rohdaten in dieser Darstellung entstammen einer Untersuchung, die Gerd *Simons* am Forschungsprojekt für Entwicklungspsychobiologie in Bonn durchführte.

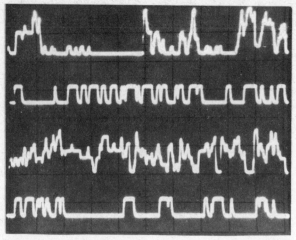

Abb. 6
Zeitgraphik der Bewegungskomplexität und der Vokalisationen für die ersten zwei Minuten einer Mutter-Kind-Interaktion.

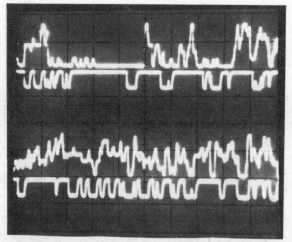

Abb. 6.1
Dieselbe Information wie in Abbildung 6. Zum Zweck einer besseren Veranschaulichung der temporellen Kontingenzen zwischen dem Sprachverhalten des Kindes und dem Bewegungsverhalten der Mutter sind jedoch die Sprachkurven hier invertiert und jeweils den Bewegungskurven des Partners direkt gegenübergestellt.

Dagegen enthalten diese Daten, wie Abbildung 6.1 deutlich macht, Hinweise auf eine kanalüberkreuzende zeitliche Beziehung zwischen der Sprachaktivität des Kindes und der Bewegungsaktivität der Mutter – möglicherweise ein erstes Indiz dafür, daß hier die Sprachäußerungen des Kindes die Bewegungsaktivität der Mutter initiieren.

4.4 Graphisches Management von Nominaldaten

Die vorangehend besprochenen Möglichkeiten des graphischen Datenmanagements betrafen durchweg ordinal skalierbare Ereignisfolgen. Der Ansatz läßt sich jedoch auch für die Untersuchung nominal skalierter Ereignisse und somit für die Repertoireanalyse nutzbar machen. Das Positions- und Bewegungsrepertoire konstituiert ja zunächst einmal eine *Nominalskala* jedenfalls insoweit, als Positionszustände und Bewegungsmuster *mehrdimensional* definiert sind. So können beispielsweise die 5 x 5 x 5=125 Kopfpositionen, zwischen denen das in Teil I dieser Arbeit vorgestellte Kodierungssystem differenziert, nicht ohne weiteres ordinal angeordnet werden. Dasselbe gilt auch für spezielle Bewegungsmuster, insoweit sie verschiedene Dimensionen involvieren. So lassen sich ja beispielsweise »Kopfnicken«, »Kopfschütteln«, »Kopfwiegen«, eben weil sie eine Bewegung in *verschiedenen* Dimensionen involvieren, nicht ohne weiteres in eine bestimmte Ordinalbeziehung zueinander stellen.

Bei der Repertoireanalyse mehrdimensional definierter Verhaltensereignisse sieht sich der Untersucher daher auch notwendigerweise in erheblichem Umfange mit Nominaldaten konfrontiert. Grundsätzlich muß man bei der Untersuchung nominal skalierter Verhaltensphänomene in Betracht ziehen, daß ihnen eine jeweils unterschiedliche Funktion, oder ein unterschiedlicher Stellenwert im Kommunikationsgeschehen zukommt. Zur Herausarbeitung dieser verborgenen Bedeutungen ist es daher außerordentlich wichtig, daß diese Ereignisse in den sie umgebenden Verhaltenskontext gestellt werden können. Dies aber ermöglichen gerade Zeitreihenmatrizen in ganz besonderem Maße. Im Prinzip läßt sich dabei jeder Punkt im Verhaltenskontinuum (z. B. ein Momentanwert in einer Dimension des Zeitreihenprotokolls) im Kontext des zeitlich Vorangegangenen oder Kommenden betrachten und/oder in eine Beziehung zu Momentanwerten oder Ereignissequenzen in anderen Dimensionen stellen. Auf diese Weise lassen sich auch erste Informationen darüber gewinnen, welche Verhaltensereignisse systematische Veränderungen im Verhalten des Interaktionspartners hervorrufen.

Die Abbildungen 7 bis 10 illustrieren, wie eine graphische Datenaufbereitung für eine solche *Ereignis*-bezogene Analyse nutzbar gemacht werden kann. Abbildung 7 gibt ein Beispiel für die Darstellung der Zeitcharakteristik des Auftretens eines mehrdimensional definierten Verhaltensereignisses. Die Daten entstammen der bereits erwähnten Untersuchung von *Jorns* (1981), sie repräsentieren eine spezielle dreidimensional definierte Kopfhaltung, die sich durch eine stark partnerorientierte Richtungscharakteristik auszeichnet. Die obere Kurve gibt das Auftreten dieser Position für den männlichen, die untere Kurve für den weiblichen Interaktionspartner. Die horizontale Achse repräsentiert die Zeit, die Abbildung umschließt einen Zeitraum von zehn Minuten. Die vertikale Auslenkung indiziert das Auftreten des nominalen Ereignisses als on-off-pattern. Die Dauer des Auftretens ist redundant kodiert; sie spiegelt sich einmal direkt auf der horizontalen Achse als zeitliche Auslenkung der Kurve, zum andern in der

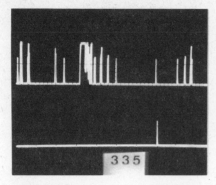 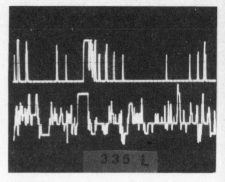

Abb. 7
Zeitcharakteristik für das Auftreten eines mehrdimensional definierten, nominalen Verhaltensereignisses (hier: eine bestimmte, stark partnerorientierte Kopfhaltung). Die obere Kurve enthält die Daten für den männlichen, die untere Kurve die Daten für den weiblichen Gesprächspartner. Die Abbildung umschließt einen Zeitraum von 10 min.

Abb. 8
Zeitliche Verknüpfung zwischen einem nominalen und einem ordinalen Verhaltensaspekt. Die obere Kurve enthält dieselbe Information wie Abbildung 7. Die untere Kurve repräsentiert, für die Partnerin, Positionswerte und Bewegungsverlauf in der Lateraldimension des Kopfes. Werte nahe der Mittellinie indizieren eine »sehr starke seitliche Kippung in Richtung auf den Partner«.

Höhe der Auslenkung. Sehr kurzfristiges Auftreten ist durch eine niedrigere Höhe der Auslenkung angezeigt.

Abbildung 8 stellt die in Abbildung 7 gegebene spezielle Kopfhaltung des männlichen Gesprächspartners in den Kontext eines ordinal kodierten Verhaltensaspekts, in diesem Fall zu der Lateraldimension der Kopfbewegung der Partnerin. Wie aus der Abbildung unmittelbar ersichtlich, steht ein besonders häufiges Auftreten dieser Kopfhaltung in zeitlicher Übereinstimmung mit einer auffallend langandauernden Lateralflexion der Partnerin, die von ihr während des hier dargestellten Zeitraumes von zehn Minuten sonst nur sehr selten und jeweils nur relativ kurzfristig eingenommen wurde.

Die Abbildungen 9 und 10 illustrieren eine Möglichkeit, Zusammenhänge, wie sie in Abbildung 8 aufscheinen, über mehrere Personen und/oder Ereigniswiederholungen hinweg zu systematisieren und graphisch zu veranschaulichen. Anhand der Daten aus 15 Arzt-Patient-Dyaden veranschaulicht Abbildung 9 den zeitlichen Zusammenhang zwischen dem Auftreten einer bestimmten speziellen Art der Kopfabwendung bei depressiven Patienten und den sich daran anschließenden Veränderungen in der Kopfhaltung der mit ihnen interagierenden Ärzte. Die Abbildung gibt für einen Zeitraum von zehn Sekunden *vor* und zehn Sekunden *nach* dem Auftreten des kritischen (nominalen) Ereignisses die durchschnittlichen Positionswerte für die Kopfhaltung der Ärzte, jeweils in der Sagittal-, Rotational- und Lateraldimension des Kopfes.

Die horizontale Achse repräsentiert die Zeit, der Zeitpunkt des Auftretens des kritischen Ereignisses markiert jeweils den Zeitpunkt »Null«, der in Abbil-

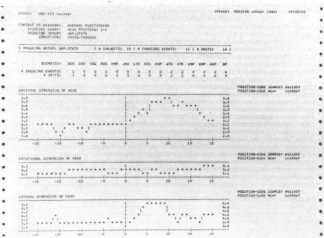

Abb. 9
Mehrdimensionale, ereignisbezogene Analyse der Zeitreihenmatrizen für 15 Arzt-Patient-Dyaden. Die horizontale Achse repräsentiert die Zeit, das Auftreten des kritischen Ereignisses (hier: eine bestimmte Kopfhaltung der *Patienten*) markiert den Zeitpunkt NULL. Links davon ist in Halbsekundenschritten die Zeit *vor*, rechts davon die Zeit *nach* dem Auftreten des kritischen Ereignisses abgetragen. Die vertikale Achse repräsentiert die durchschnittlichen *Momentanwerte* für die Kopfhaltung der *Ärzte*, jeweils in der Sagittal-, Rotations- und Lateraldimension.

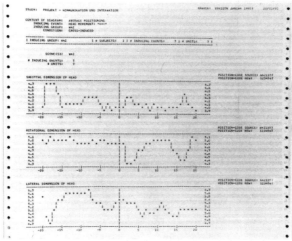

Abb. 10
Mehrdimensionale, ereignisbezogene Analyse der Zeitreihenmatrix für eine Dyade. Die horizontale Achse repräsentiert die Zeit, das Auftreten des kritischen Ereignisses (hier: eine bestimmte Kopfbewegung des weiblichen Gesprächspartners) markiert den Zeitpunkt NULL. Links davon ist in Halbsekunden-Schritten die Zeit *vor*, rechts davon die Zeit *nach* dem Auftreten des kritischen Ereignisses abgetragen. Die vertikale Achse repräsentiert die durchschnittlichen *Momentanwerte* der Kopfposition des *männlichen* Interaktionspartners, jeweils in der Sagittal-, Rotations- und Lateraldimension.

dung 9 jeweils in der Mitte der Kurven an der vertikalen Linie plaziert ist. Links davon sind die Zeitmarken für die Zeit *vor* dem Auftreten des kritischen Ereignisses abgetragen, rechts davon für die Zeit *danach*. Die Zeitangaben entsprechen Halbsekundenschritten, »-20« bedeutet also zehn Sekunden vor dem Auftreten des Ereignisses. Die vertikale Achse repräsentiert die durchschnittlichen Positionswerte, die für die Kopfhaltung der Ärzte in den einzelnen Kodierungsdimensionen zu den jeweiligen Meßzeitpunkten ermittelt wurden. Je höher die Werte in der Sagittaldimension, umso höher die Kopfhaltung; je höher die Werte in der Rotations- bzw. Lateraldimension, umso stärker ist der Kopf in Richtung auf den Partner gedreht bzw. gekippt. Die Skalen sind so normiert, daß der Wert 4 in der Sagittaldimension der »aufrechten«, in der Rotationsdimension der »geradeaus-orientierten«, in der Lateraldimension der »geraden, seitlich nicht gekippten« Kopfhaltung entspricht.

Aus der Kurve wird unmittelbar deutlich, daß sich an das Auftreten des kritischen Ereignisses bei den Patienten unmittelbar eine Veränderung in der Kopfhaltung der Ärzte anschloß, und zwar wurde der Kopf in der Sagittaldimension angehoben und in der Lateraldimension in Richtung auf den Patienten gekippt. Die Kopfhaltung in der Rotationsdimension blieb dagegen vom Auftreten des kritischen Ereignisses unberührt. Die Realisierung dieser Verhaltensänderung erstreckt sich, wie die Abbildung ebenfalls deutlich macht, auf einen Zeitraum von ungefähr zehn Sekunden.

Die Möglichkeiten für den Einsatz solcher *Ereignis*-bezogener Analyseprogramme sind außerordentlich vielfältig. Sie gestatten nicht nur eine Überprüfung der Frage, welche Verhaltensereignisse eine systematische Verhaltensänderung beim Partner hervorrufen, sondern können natürlich auch verwendet werden, um die *intra*-individuelle Koordination der komplexen Bewegungsaktivität herauszuarbeiten. Sie lassen sich zudem ohne weiteres sowohl für Gruppen- als auch für Einzelfalluntersuchungen heranziehen und sind auch bezüglich der Wahl des kritischen Ereignisses völlig offen. Während es sich beispielsweise bei dem nominalen Ereignis in Abbildung 9 um eine spezifische *Position* handelte, deren Relation zum Verhalten des Partners gleich für *mehrere* Dyaden dargestellt wurde, zeigt die Abbildung 10 den zeitlichen Zusammenhang zwischen dem Auftreten einer bestimmten *Bewegung* und dem Verhalten des Partners für *eine* Dyade. Die Daten entstammen der erwähnten Untersuchung von *Jorns* (1981); kritisches Ereignis ist eine bestimmte Kopfbewegung, die von Beurteilern übereinstimmend als ›kokett herausfordernd‹ empfunden wurde. Im Verlaufe des zehnminütigen Gesprächs trat diese Kopfbewegung bei der Partnerin insgesamt siebenmal auf. Wie die Abbildung 10 zeigt, affizierte sie das Verhalten des männlichen Gesprächspartners hauptsächlich in der Rotationsdimension, und zwar beantwortete er diese Kopfbewegung regelmäßig mit einem abrupten ›Wegdrehen‹ des Kopfes, an das sich, nach einer kurzen Zuwendung, ein erneutes Wegdrehen anschloß.

5. Quantitative Analyse

Die quantitative Analyse der Daten soll die Frage beantworten, ob Verhaltenscharakteristika, wie sie aus der vorangehend beschriebenen Datenverarbeitung sichtbar werden, eine systematische Beziehung zu den unabhängigen Bedingungen aufweisen. Zu diesem Zweck ist es erforderlich, daß der Untersucher auf der Basis der in der Datenmatrix niedergelegten Information Parameter definiert, die in seiner Untersuchung als abhängige Variable fungieren.

Bedingt durch den außerordentlich hohen Informationsreichtum der Datenmatrizen ist es möglich, auf ihrer Basis eine Vielzahl von Parametern zu definieren und zu quantifizieren, wobei jeder Parameter einen bestimmten Verhaltensaspekt oder eine bestimmte Eigenschaft des Verhaltensstroms kennzeichnet. Die Komplexität dieser Verhaltensparameter kann außerordentlich stark variieren. Je nach Fragestellung mag eine abhängige Variable so spezifisch sein, wie beispielsweise eine bestimmte Kopfhaltung, die im Anschluß an eine bestimmte Sprachäußerung eingenommen wird. Sie kann so summarisch sein, wie beispielsweise die durchschnittliche Körperzuwendung oder das durchschnittliche Ausmaß, in dem eine Person während der Beobachtungszeit den Kopf gesenkt, die Arme ausgebreitet, die Hände zur Faust geballt, den Oberkörper zurückgelehnt, die Beine verschränkt hält, usw. Als abhängige Variable kann aber auch eine bestimmte interaktive Positionskonfiguration oder Bewegungssequenz der beiden Gesprächspartner fungieren. Und schließlich mag es die Fragestellung einer Untersuchung erforderlich machen, außerordentlich komplex definierte Parameter, wie beispielsweise »Interaktive Koordination«, »Ansprechbarkeit«, »Expansion«, »Impulsivität«, »Offenheit«, »Bewegungskomplexität« usw. als multiple abhängige Variable in Betracht zu ziehen.

Das methodische Paradigma, das die Definition und Quantifizierung derart komplexer Parameter auf der Grundlage der Zeitreihenmatrizen möglich macht, ist das Paradigma der *Konstruktiven Verhaltensmessung* (vgl. Frey et al. 1979, S. 167 ff.; *Frenz, Frey* 1981, S. 21 ff.) Dieses Meßprinzip verlangt die genaue Explikation des Parameterkonzepts in einer formalisierten Parameterdefinition sowie die systematische *Trennung der Deskriptions- und Evaluationsaspekte an der Meßoperation.* In Kommunikationsuntersuchungen ist der deskriptive Aspekt repräsentiert durch den Prozeß der Erstellung des Zeitreihenprotokolls, in dessen Folge die real auftretenden verbalen und nonverbalen Verhaltensverläufe in die Datenmatrix transkribiert werden. Der Evaluationsaspekt in diesem Meßverfahren beinhaltet die Definition und Quantifizierung von Parametern. Die Parameterdefinitionen bestimmen dabei jeweils, (a) welche Aspekte aus der vorliegenden Datenmatrix selegiert, (b) in welcher Weise sie miteinander verknüpft und (c) in welcher Weise die verschiedenen selegierten Detailphänomene numerisch zu gewichten sind.

Indem der hier vorgestellte Untersuchungsansatz den Forderungen der *Konstruktiven Verhaltensmessung* nach einer vollständigen Trennung der Deskriptions- und Evaluationsaspekte an der Meßoperation genügt, rückt eine Quantifizierung von Verhaltensparametern selbst dann in den Bereich des Möglichen, wenn allgemeinverbindliche Definitionen für diese Parameter noch gar nicht vorliegen. Dies scheint überraschend, und da in der Psychologie das gravierende Problem existiert, daß allgemeinverbindliche Definitionen für komplexe Verhaltensphänomene fast durchweg fehlen, werden Versuche, diese vermittels Verhaltensbeobachtungen zu quantifizieren, ja auch zu Recht beargwöhnt. Dies freilich nur deshalb, weil in der gegenwärtig üblichen Kodierpraxis die Deskriptions- und Evaluationsaktivitäten des Untersuchers in den Rohdaten unentwirrbar konfundiert werden. Jede Veränderung der Definition eines Parameters macht daher auch stets eine erneute Rohdatenerhebung, d. h. eine Wiederholung des mühsamen und teuren Kodierungsvorganges erforderlich.

Durch das hier angewendete zweistufige Verfahren der Deskription und Evaluation entgeht man aber dem Risiko, das Videomaterial erneut kodieren zu müssen, wenn sich die für einen Parameter gewählte Definition als unhaltbar oder als empirisch unergiebig herausstellen sollte. Dies einfach deshalb, weil Änderungen der Parameterdefinitionen im hier vorliegenden Fall die Rohdaten selbst völlig unangetastet lassen. Die Offenlegung des jeweiligen Parameterkonzepts in einer formalisierten Evaluationsvorschrift macht zudem auch ein subjektives Parameterkonzept intersubjektiv kommunizierbar, wodurch wiederum die Frage der *Benennung* eines Parameters zu einem zweitrangigen Problem wird.

In Anwendung dieses Konzepts haben beispielsweise *Frei* et al. (1978), die das nonverbale Verhalten von Stotterern und Nichtstotterern untersuchen wollten, es unternommen, konzeptuell komplexe Parameter wie »Expansivität«, »Offenheit«, »Komplexität der Körperbewegung«, »Symmetrie«, »Zuwendung«, »Variabilität« aufgrund der in den Zeitreihenmatrizen zur Verfügung stehenden Information zu quantifizieren. Die gewählten Parameterdefinitionen dürfen dabei gewiß nicht Allgemeingültigkeit beanspruchen, sondern reflektieren ein subjektives *Evaluationskonzept,* wobei es grundsätzlich ebensoviele Möglichkeiten gibt, einen Parameter zu definieren, als verschiedene subjektive Konzepte für diesen Parameter existieren. Da jedoch die von uns entwickelte methodische Strategie die deskriptiven und evaluativen Aktivitäten des Untersuchers strikt trennt, beeinflußt die jeweilige »Theorie«, die sich in der Parameterdefinition niederschlägt, in keiner Weise die Gewinnung der Rohdaten. Dieselben Datensätze können auch die empirische Basis für anders definierte Parameterkonzepte liefern, insoweit diese in der Lage sind, auf die in den Datenmatrizen niedergelegte Information Bezug zu nehmen. Die Evaluation der Verhaltensdaten im Lichte eines bestimmten Parameterkonzepts ist denn auch, aufgrund der strikten Trennung der Deskriptions- und Evaluationsaspekte an der Meßoperation, jederzeit reversibel.

6. Die Verknüpfung von Sprach- und Bewegungsdaten im Zeitreihenprotokoll

Wie wir im Teil I dieser Arbeit dargelegt haben, macht es die Verwendung des Zeitreihenprinzips möglich, Sprache und Bewegung nach denselben methodischen Prinzipien zu transkribieren. Die genaue zeitliche Zuordnung der Sprach- und Bewegungsprotokolle bleibt jedoch ein Problem. In der Videoaufzeichnung selbst wird Sprache und Bewegung in zwei verschiedenen Kanälen registriert, beide Kanäle sind jedoch über eine gemeinsame Zeitskala fest miteinander verknüpft. Die *Transkripte* von Sprach- und Bewegungsverhalten sind jedoch nicht mehr in einem gemeinsamen Zeitkode verankert. Wie in Kapitel 2.1. des ersten Teils dieser Arbeit dargelegt wurde, differenzieren alphabetische Transkripte die Zeitdimension nur auf Ordinalskalenniveau. Dies bedeutet, daß die Sprachprotokolle keine Auskunft darüber geben, wie lange die einzelnen Sprachlaute und Sprachpausen innerhalb einer Lautzeitreihe jeweils andauerten.

Im Gegensatz hierzu differenzieren die nach unserem Kodieransatz erstellten Bewegungsprotokolle die Zeitdimension auf Intervallskalen-Niveau. Die Datenprotokolle geben daher (innerhalb der Grenzen des zeitlichen Auflösungsvermögens von einer halben Sekunde) genaue Auskunft darüber, wie lange die einzelnen Bewegungen und Positionen jeweils andauerten.

Bedingt durch diese Unterschiede im Skalenniveau der Zeitdifferenzierung, können alphabetische Transkripte des Sprachverhaltens den Bewegungsprotokollen nicht direkt zeitlich zugeordnet werden. Um die Zeitreihenprotokolle des Sprachverhaltens mit den Zeitreihenprotokollen des Bewegungsverhaltens verknüpfen zu können, muß daher zuerst die Zeitreferenz des Sprachprotokolls auf das Skalenniveau angehoben werden, das bei der zeitlichen Differenzierung des Bewegungsverhaltens Verwendung findet.

Eine bestimmte, für Tonfilmaufzeichnungen verwendbare Technik, die Zeitreferenz alphabetischer Transkripte zu verbessern, ist von *Condon* (1970) vorgeschlagen worden. Er transportierte einen Tonfilm auf manuelle Weise

»... forward (with a back-and-forth motion) until the next sound change is detected. There is some sound distortion because of the manual operation that varies with speed. With some practice, however, one learns to transport the film at approximately normal speed and can detect points of sound change and the frame number at which they occur ... the investigator can often corroborate this segmentation by lip changes; /P/ and /b/ should occur when the lips are together, etc.« (*Condon* 1970, S. 51).

Obwohl ein solches Verfahren weit davon entfernt ist, eine genaue Zeitreferenz für die verschiedenen Laute zu liefern, so ermöglicht es doch eine ziemlich genaue Bestimmung der Zeitpunkte, zu denen Sprachäußerungen beginnen und enden – insbesondere wenn diese von Sprechpausen ›eingerahmt‹ sind. *Condon* verwendete dieses Verfahren zwar für Filmauswertungen, doch läßt sich ein äquivalentes Verfahren auch für Videoaufzeichnungen anwenden. *Simons* (1980) beispielsweise verwendete ein Videomischpult, um eine oszillographische Darstellung des Sprachsignals in eine Ecke des Videobildes einzukopieren. Mit dieser Technik ist es sehr einfach, exakt zu bestimmen, zu welchen Zeitpunkten gesprochen wird und zu welchen Zeitpunkten Sprechpausen auftreten: Wenn das in das Videobild verankerte Oszillogramm eine gerade horizontale Linie zeigt, so herrscht Ruhe, jede andere Verlaufsform indiziert akustische Aktivität.

6.1. Die visuelle Erkennung von Sprachlauten

Eine genaue Zeitmarkierung einzelner Sprachlaute läßt sich durch das obige Verfahren freilich nicht erreichen. Die wäre nur möglich, wenn man angeben könnte, welchen speziellen Sprachlaut eine oszillographische Abbildung jeweils repräsentiert. Diese Aufgabe berührt natürlich das alte und ungelöste Problem der Erkennung von Sprachlauten auf der Basis des akustischen Signals – ein Problem, das nun schon seit mehr als drei Jahrzehnten ein unüberwindliches Hindernis in der akustischen Forschung darstellt.

Die Schwierigkeiten, die hierbei auftreten, resultieren aus dem Problem, daß zwei akustische Manifestationen des *gleichen Sprachlautes* sehr verschieden sein können, und sie sind niemals genau gleich, selbst wenn sie von demselben Sprecher artikuliert werden. Nachdem insbesondere die Arbeiten von *Potter* et al. (1947) zu Beginn der fünfziger Jahre eine rasche Lösung dieses Problems versprochen und zunächst großen Optimismus geweckt hatten, zeichnete *Pierce* vor einer Dekade ein ziemlich dunkles Bild von den Möglichkeiten der modernen Analyseverfahren, mit den Ambiguitäten im Sprachsignal fertigzuwerden:

»In general, it appears that recognition around 95 % correct can be achieved for clearly pronounced, isolated words from a chosen small vocabulary (the digits, for instance) spoken by a few chosen takers. Better results have been attained for one talker. Performance has gone down drastically as the vocabulary was expanded, and appreciably as the number and variety of talkers were increased. It is not easy to see a practical, economically sound application for speech recognition with this capability« (*Pierce* 1969, S. 1050).

Pierce äußerte diese Ansicht in einem berühmten Brief, dieser wurde »... the most debated Letter to the Editor of the Journal of the Acoustical Society of America ever published« (*Fant* 1975, S. IX). Wie *Neuburg* (1975) vermerkt, wird vielfach angenommen, »... that this letter caused many researchers, especially those at Bell, to drop work on the subject« (*Neuburg* 1975, S. 83).

Zu der Zeit, zu der *Pierce* diese Auffassung kundtat, basierte die Spracherkennung hauptsächlich auf der Information, die in der Form des ›spectral envelope‹ der Sprachkurve niedergelegt war. In den darauffolgenden Jahren, als Folge der Fortschritte in der Technologie zur Kompression der Bandbreite,

»... a great variety of other methods, some using time domain others frequency domain analysis have also been tried. They included among others, numerous techniques for spectral analysis and for formant extraction, autocorrelation techniques, zero-crossing density counts, and linear prediction analysis« (*Denes* 1975, S. 76).

Die Verbesserungen waren jedoch nicht dramatisch. In seiner Literaturübersicht kommt *Denes* zu dem Schluß:

»The overwhelming impression given by the mass of available literature is that present techniques can offer 90 % scores or better for recognizing *twenty to fifty words* spoken in isolation, regardless of which of a number of techniques has been employed« (*Denes* 1975, S. 78; Hervorhebung von uns).

In Anbetracht dieser Schwierigkeiten mutet es rätselhaft und provozierend zugleich an, daß der menschliche Hörer keinerlei Schwierigkeiten hat, die Sprachäußerungen verschiedener Sprecher unter den verschiedensten akustischen Umgebungsbedingungen zu verstehen. Es ist oft vermutet worden, daß die hohe Erkennungsleistung des menschlichen Hörers dadurch zustande kommt, daß er nicht nur akustische Information, sondern auch linguistischen und semantischen Inhalt für die Spracherkennung nutzbar macht. Tatsächlich gibt es viele Beispiele, die zeigen, daß solche Information die Erkennungsaufgabe erleichtert. Es ist andererseits jedoch ebenfalls klar, daß derartige Kontext-Information in keiner Weise eine ›conditio sine qua non‹ der Spracherkennung darstellt. So ist ja durchaus möglich, einen beispielsweise in Lateinisch gesprochenen Text, auch wenn wir ihn nicht verstehen sollten, so gut zu protokollieren, daß man ihn aufgrund des Transkripts verbal reproduzieren könnte. Zudem bietet der Hinweis auf den semantischen Kontext wenig Hilfe für die Erklärung, weshalb der menschliche Hörer in der Lage ist, aus dem mehrdeutigen Sprachsignal noch zusätzlich akustische Feinheiten zu abstrahieren, die es ihm ermöglichen, beispielsweise das Geschlecht des Sprechers, seinen Akzent oder gar seine persönliche Identität treffsicher anzugeben. Gerade die Leichtigkeit, mit der wir solche Information aus einer Sprachäußerung entnehmen können, macht es wahrscheinlich, daß der Hörer bereits auf der akustischen Ebene einen Modus der Signalverarbeitung verwendet, der von den in der automatischen Spracherkennung bisher eingesetzten Algorithmen völlig verschieden ist.

Die Beobachtung, daß der menschliche Hörer einerseits außerordentlich sensitiv auf *Änderungen* in der Periodizität von Signalen reagiert und zum anderen normalerweise denselben akustischen Eindruck erfährt, solange ein periodisches Signal *unverändert* wiederholt wird, hat verschiedentlich die Vermutung angeregt, daß der Hörer für die Spracherkennung möglicherweise irgendeinen Algorithmus der Redundanzunterdrückung nutzbar macht (vgl. etwa *Barlow* 1961, S. 331 ff.). Tatsächlich ist ja leicht vorstellbar, daß es die Spracherkennung außerordentlich erleichtern würde, wenn es möglich wäre, die Redundanz zu unterdrücken, die aus der periodischen Wiederholung der Lautsignale resultiert. In diesem Fall bräuchte sich die Signalverarbeitung nur mit jenen Charakteristika des akustischen Signals zu beschäftigen, die ein Lautmuster tatsächlich definieren. Durch die Redundanzunterdrückung würden gleichzeitig die Unterschiede zwischen einzelnen Lautmustern weitaus prägnanter, wodurch wiederum die Segmentierung kontinuierlicher Sprache sehr erleichtert würde.

Es war daher unser Ziel, einen Weg für die Signalverarbeitung zu finden, der es ermöglichen würde, die redundanten Aspekte im Sprachsignal zu unterdrücken, um auf diese Weise die charakteristischen Merkmale der Periode herauszuarbeiten, die den jeweiligen Laut definiert. Da die Redundanz eines Sprachsignals darin besteht, daß es in der Zeitdimension periodisch wiederholt abgebil-

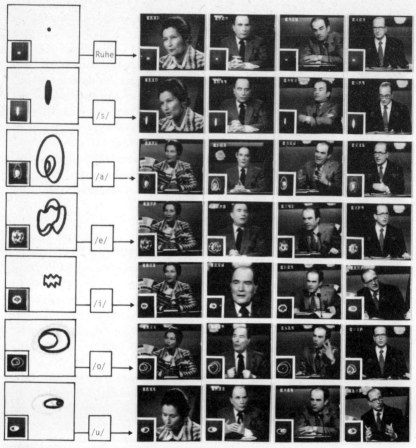

Abb. 11
Sprachlaute, die der natürlichen Sprache von vier verschiedenen Sprechern entnommen, nach dem Verfahren der Sequel-Analyse visuell aufbereitet und in die *linke untere Ecke jedes Bildes* der obigen Photoserie einkopiert sind. Die linke Spalte der Abbildung zeigt, in schematischer Darstellung, Laut-Sequels, wie sie für die verschiedenen Kardinalvokale und, als Beispiel für einen Frikativlaut, für den Laut /s/ charakteristisch sind. Die Photoserien daneben geben die Variationen dieser Lautmuster in der natürlichen Sprache verschiedener Sprecher. (Die Photos wurden von Videoaufzeichnungen angefertigt, in die die Sequel-analysierten Lautmuster von uns zeitgenau einkopiert wurden. Die Videoaufzeichnung selbst entstammt einer Podiumsdiskussion des Französischen Fernsehens.)

det wird, läßt sich die Aufgabe der Redundanzunterdrückung präzisieren als die Aufgabe, *eine* Periode eines periodischen Signals abzubilden. Wir haben dies durch ein Verfahren realisiert, bei dem die Zeitfunktion des ursprünglichen Signals auf der y-Achse und ein um 90 Grad phasenverschobenes Signal derselben Zeitfunktion auf der x-Achse eines Oszillographen dargestellt werden. Durch dieses Vorgehen wird die Zeitachse gewissermaßen nach vorne gedreht, was wiederum bewirkt, daß periodische Signale über die Zeit hinweg genau hintereinander zu liegen kommen und auf diese Weise als zeitstabiles Pattern hervortreten, wenn man sie gegen die Zeitdimension, also hier *von vorne*, betrachtet.

Die technischen Details dieses Verfahrens sind außerhalb der Fragestellung des hier vorliegenden Beitrags, detaillierte Angaben darüber finden sich in *Hirsbrunner* (1979). An dieser Stelle ist es ausreichend zu sagen, daß diese Methode es ermöglicht, völlig stationäre Lautbilder für periodische Lautsignale zu produzieren – unabhängig von deren Komplexität. Werden diese Lautmuster auf einem Oszillographen dargestellt, so bleiben sie solange unverändert, solange keine Änderungen in der Periodizität des Signals auftreten. Wenn sich dagegen der Laut ändert, verändert sich auch das visuelle Lautbild, und zwar wiederum nur in jenen Anteilen, die gegenüber der vorangegangenen Periode verschieden sind.

Die Signalverarbeitung, d. h. Redundanzunterdrückung und Musterbildung, erfolgt in Echtzeit, die Zeitskala selbst wird durch diese Analyse in keiner Weise verändert. Die visualisierten Lautmuster periodischer Signale erscheinen nur deshalb zeitstabil, weil wegen der Redundanzunterdrückung keinerlei neue Information im Zeitverlauf hinzukommt. Die Zeitskala des ursprünglichen Signals bleibt aber vollständig erhalten und kann daher, beispielsweise durch Abfilmen des Oszillographen, zusätzlich abgebildet werden. Betrachtet man die Lautmuster über die Zeitdimension hinweg, etwa indem man sie mit einer Videokamera abfilmt, so wird der in die Tiefendimension der Abbildung hineinreichende ›Lautmusterblock‹ gewissermaßen in einzelne Zeit-Scheiben aufgeschnitten, die man, wie dies in Abbildung 12 realisiert wurde, wieder als Lautmuster-Zeitreihe nebeneinanderlegen kann. Periodische Signale präsentieren sich dann als eine Folge gleichartiger Lautmuster oder »Sound-Sequels«. Dies Phänomen gab den Anlaß, dem Datenaufbereitungs-Verfahren den Namen »Sequel-Analysis« zu geben (vgl. *Hirsbrunner* 1979, S. 62 ff.).

Die Anwendung dieses Verfahrens auf kontinuierliche Sprache generiert eine Zeitreihe diskreter Muster, die auf einem Oszillographen visualisiert, von dort abgefilmt und zeitgenau in die Videoaufzeichnung einkopiert werden kann. Die so gewonnenen ›Laut-Bilder‹ sind in hohem Maße charakteristisch für die jeweiligen Sprachlaute und sind dabei weitgehend unabhängig vom jeweiligen Sprecher. Abbildung 11 zeigt, wie die sequel-analysierten Lautbilder der Kardinalvokale aussehen und wie diese in der natürlichen Sprache von vier verschiedenen französisch-sprachigen Sprechern variieren. Als Beispiel für einen Frikativlaut wird das Laut-Bild für /s/ gegeben (es entstammt jedesmal der Äußerung »la France«), sowie das Laut-Bild für Sprechpausen*.

---

* Die zeitliche Verankerung der akustischen und visuellen Information erfolgte nach dem folgenden Verfahren: Die auf einem SONY-High-Density *Video*band aufgezeichneten Sprachsignale wurden vom Videorecorder abgenommen, in Echtzeit sequel-analysiert, auf einem Oszillographen visualisiert, von dort mit einer Videokamera abgefilmt und mit einer von uns zu diesem Zweck entwickelten speziellen Mischpulttechnik in die linke untere Ecke jedes Videobildes einkopiert.

Durch die Einblendung der sequel-analysierten Sprachlaute in die Videoaufzeichnung wird die Identifikation von Sprachlauten wie auch die Segmentierung kontinuierlicher Sprache in geradezu dramatischem Umfang erleichtert. Die Abbildung 12 illustriert dies am Beispiel des Wortes »doigt« (ausgesprochen [dwa]). Diese Laut-Zeitreihe ist aus zwei Gründen für die hier diskutierten Fragen von besonderem Interesse. Der eine Grund ist, daß alle drei Laute, die an der Artikulation dieses Wortes beteiligt sind, ineinander überfließen, wodurch die zeitliche Segmentierung der einzelnen Laute besonders schwierig wird. Der andere Grund ist, daß dieses Wort den etwas komplizierten Laut /w/ enthält. Langenscheidts Enzyklopädisches Wörterbuch macht darüber folgende Angaben: Der Laut /w/

» existiert im Deutschen nicht. Keinesfalls deutsches w oder v. Zungenstellung und Lippenrundung wie bei [u]. Aus dieser Mundstellung heraus wird [ein] flüchtiges /u/ gesprochen mit einem Hinübergleiten zum folgenden Vokal des betreffenden Wortes« (*Muret, Sanders* 1962, S. XXXII).

Dieser Laut wird, wegen der besonders kurzfristigen Artikulation und des direkten Hinübergleitens in den folgenden Vokal, von ungeübten Hörern leicht mit einem /o/ wie etwa in »Protest« verwechselt.

Abbildung 12 zeigt die Zeitreihe der sequel-analysierten Laut-Bilder für das Wort »doigt«. Die Bildserie wurde mit einer normalen Videokamera (SONY AVC-3250CE) in den üblichen Zeitintervallen von 0.02 Sekunden aufgenommen, was fünfzig Bildern pro Sekunde entspricht. Die 32 Laut-Bilder in Abbildung 12 umschließen daher einen Zeitraum von 0.64 Sekunden. Das erste und das letzte Bild in dieser Zeitreihe (links oben und rechts unten) repräsentiert »Stille«. Die Artikulation des Wortes »doigt« [dwa] nahm deshalb 0.60 Sekunden in Anspruch.

Wie die Abbildung unmittelbar deutlich macht, ist die zeitliche Segmentierung der Laute aufgrund der sequel-analysierten Laut-Bilder selbst dann kein Problem, wenn, wie im vorliegenden Fall, die einzelnen Sprachlaute direkt ineinander überfließen. Auch die Phase, in deren Verlauf sich das /w/ in ein /a/ umstrukturiert, ist in ihrem zeitlichen Ablauf aufgrund der Laut-Bilder ohne weiteres nachvollziehbar. Ebenfalls deutlich wird, daß die Lautsignale durch die Redundanzunterdrückung eine so erhebliche Prägnanz gewinnen, daß eine Bestimmung der Zeitdauer einzelner Laute durch einfaches Abzählen der Bilder mit demselben Lautmuster möglich wird. So geht aus der Abbildung 12 hervor, daß das /d/ während 0.14 Sekunden gehalten wird, während das /w/ nur etwa halb so lange andauert. Das /a/ wiederum bleibt über einen Zeitraum von nahezu 0.32 Sekunden erhalten – eine Zeitspanne, die mehr als die Hälfte der Artikulationszeit für das ganze Wort umschließt.

Vergleicht man die durch die Sequel-Analyse für das Wort »doigt« [dwa] ermittelten Lautbilder mit den in Abbildung 11 dargestellten Laut-Bildern für die verschiedenen Kardinalvokale, so zeigt sich, daß das Laut-Bild für /w/ tatsächlich dem für ein /u/ charakteristischen Lautbild entspricht – genau wie dies aus phonetischer Sicht behauptet wurde. Und wie die Abbildung 12 eben-

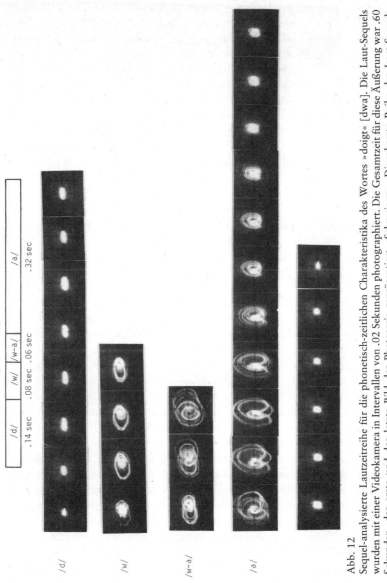

Abb. 12
Sequel-analysierte Lautzeitreihe für die phonetisch-zeitlichen Charakteristika des Wortes »doigt« [dwa]. Die Laut-Sequels wurden mit einer Videokamera in Intervallen von .02 Sekunden photographiert. Die Gesamtzeit für diese Äußerung war .60 Sekunden, das erste und das letzte Bild der Photoserie repräsentiert »Schweigen«. Die oberste Reihe der Laut-Sequels repräsentiert das /d/. Dieser Laut geht in der zweiten Reihe in den Laut /w/ über, der wie ein sehr kurzes »u« ausgesprochen wird. Das /w/ beginnt in der dritten Reihe in ein /a/ überzugleiten. Die vierte und die fünfte Reihe repräsentiert den Laut /a/. Er erreicht seine größte Prägnanz nach etwa .06 Sekunden und verklingt danach über einen Zeitraum von etwa .26 Sekunden.

falls bestätigt, wird das /w/ nur sehr kurzfristig, über einen Zeitraum von nur etwa 0.08 Sekunden artikuliert – das Hinübergleiten in den darauffolgenden Vokal /a/ dauert beinahe genau so lange. Interessanterweise zeigt sich am Ende der Übergangsphase, unmittelbar bevor das Muster für /a/ erscheint, für einen kurzen Moment ein Laut-Bild, das dem eines /o/ am ähnlichsten ist. Unmittelbar danach erfolgt die Weiterentwicklung der Laut-Zeitreihe in ein charakteristisches Lautbild für /a/ (vgl. Abbildung 11). Die Qualität der Videokamera, die wir zum Abfilmen der Laut-Sequel verwendeten, läßt gewiß viel zu wünschen übrig. Doch selbst bei diesem schlechten Auflösungsvermögen wird noch deutlich, daß das Laut-Bild für /a/ seine strukturelle Charakteristik beibehält, solange dieser Laut (hier über einen Zeitraum von etwa 0.26 Sekunden hinweg) verklingt.

Mit Hilfe des Verfahrens der Sequel-Analyse ist es denn auch nicht länger ein Problem, alphabetische Transkripte des Sprachverhaltens mit den Positions-Zeitreihen, die das komplexe nonverbale Geschehen abbilden, in den Datenmatrizen zeitgenau zu verknüpfen. Während die Anwendung der Sequel-Analyse für diesen Zweck in unserem Laboratorium bereits Routine ist, befindet sich seine Anwendung für eine Reihe anderer Forschungsprobleme gegenwärtig noch im Versuchs-Stadium.

7. Ausblick

Wir haben in den beiden Teilen dieser Arbeit dargelegt, daß erhebliche methodische Anstrengungen notwendig sind, wenn die im Kommunikationsverhalten niedergelegten Informationen über Partnerbeziehungen, Einstellungen, Gefühle, Persönlichkeitsmerkmale usw. für die Fragestellungen einer psychologischen Analyse tatsächlich nutzbar gemacht werden sollen. Dabei scheint sowohl im Hinblick auf die für die Rohdatenerhebung eingesetzten Verfahren als auch für die weitere Datenverarbeitung eine grundlegende methodische Neuorientierung erforderlich. Wichtigste Voraussetzung einer solchen Neuorientierung scheint uns die Abkehr von einer Kodierpraxis, die bereits in den Rohdaten deskriptive und evaluative Aktivitäten des Untersuchers konfundiert. Wir haben daher eine methodische Strategie gefordert, die – im Sinne der konstruktiven Verhaltensmessung – auf dem Grundsatz der strikten Trennung der Deskriptions- und Evaluationsaspekte an der Meßoperation basiert.

Eine solche Forschungsstrategie ist freilich erst dann realisierbar, wenn eine Kodierungssprache zur Verfügung steht, mit deren Hilfe sich das komplexe Interaktionsverhalten in einem Datenprotokoll deskriptiv abbilden läßt. Unsere methodischen Anstrengungen richteten sich daher auch von Anfang an auf die Entwicklung eines Notationsverfahrens, mit dessen Hilfe das komplexe Bewegungsverhalten in ein Datenprotokoll transkribiert werden kann.

Wir haben vorgeschlagen, das Prinzip der Zeitreihen-Notation, das seit langem bei der Sprachtranskription Anwendung findet, für eine differenzierte Beschreibung des Bewegungsverhaltens nutzbar zu machen. Wie am Beispiel des in Teil I dieser Arbeit dargestellten Notationssystems deutlich wird, kann auf der Basis dieses Prinzips das komplexe Bewegungsgeschehen differenziert, zuverlässig und detailgenau in ein Datenprotokoll transkribiert werden. Auf diese Weise eröffnen sich nun dem Untersucher Phänomenbereiche, die bisher, wegen des Fehlens leistungsfähiger Deskriptionsverfahren, der empirischen Analyse zum größten Teil noch gar nicht zugänglich waren.

Das hier vorgestellte Kodiersystem wurde so ausgelegt, daß es in seinem Anwendungsbereich weitgehend unspezifisch ist und dadurch für eine Vielzahl unterschiedlicher Fragestellungen in unveränderter Form eingesetzt werden kann. Es wurde aber auch gleichzeitig so konzipiert, daß es jederzeit ausbaufähig ist, wenn die Sachfragen einer Untersuchung dies erforderlich machen sollten. So ließe sich – unter der Voraussetzung, daß das Auflösungsvermögen der Videoaufzeichnung ausreicht – die Verhaltenskodierung durchaus ausweiten, beispielsweise auf die Beschreibung der Bewegungsaktivität der Augen, der Finger oder bestimmter Partien im Gesicht. In diesem Fall müßten dem Kodierungssystem und der Datenmatrix eine entsprechende Anzahl zusätzlicher Kodierungsdimensionen angefügt werden. Die bereits festliegenden Spezifikationen des Notationssystems blieben dadurch aber unberührt.

In Anbetracht des ungewöhnlich hohen Informationsgehalts, den die nach unserem System gewonnenen Datenmatrizen bereits jetzt bieten, sind die Fragen, die mit der Ausweitung des Kodieransatzes zusammenhängen, freilich nicht unmittelbar aktuell. Im Interesse einer effizienten Nutzung der schon jetzt bestehenden Analysemöglichkeiten, scheint vielmehr die Auseinandersetzung mit der Frage der Weiterverarbeitung der in den Zeitreihenprotokollen enthaltenen Daten die vordringliche Aufgabe. Der hohe Informationsgehalt, der gerade für Zeitreihenmatrizen charakteristisch ist, macht es möglich, die Verhaltensdaten im Hinblick auf eine große Anzahl verschiedener Analysegesichtspunkte zu untersuchen. Die im hier vorliegenden Teil II dieser Arbeit beschriebenen Analyseverfahren betrachten wir daher auch erst als den Grundstock der von uns anvisierten Programmbibliothek zur Auswertung von Zeitreihenmatrizen. In Abhängigkeit von den Fragestellungen zukünftiger Untersuchungen müssen weitere Programme erstellt werden, die es gestatten, die Datensätze aus anderen Perspektiven und im Hinblick auf weitere Fragestellungen zu analysieren.

Bedingt durch die für unseren Ansatz charakteristische Trennung von Deskription und Evaluation, ist jedes dieser Programme in verschiedenen Untersuchungen verwendbar. Auf diese Weise eröffnet sich die Möglichkeit, die Erstellung der Programmbibliothek als eine kooperative Unternehmung zu planen, bei der eine beliebige Anzahl von Untersuchern mitwirken kann. Der Nutzen der Investition für die Erstellung eines Programms erschöpft sich dabei nicht etwa in der Möglichkeit des Programmaustauschs. Der Untersucher kann vielmehr das im Zusammenhang mit seiner speziellen Fragestellung entwickelte Programm direkt auf Datensätze anwenden, die aus früheren Untersuchungen bereits vorliegen. Dies wiederum gibt ihm die Möglichkeit, die empirische Basis für die Beantwortung seiner Fragestellung ohne zusätzlichen Kodieraufwand ganz erheblich zu verbreitern, indem er direkt prüft, wie der ihn interessierende Verhaltensaspekt mit der Variation unabhängiger Bedingungen variiert. Durch die auf diese Weise mögliche Integration der in verschiedenen Untersuchungen ermittelten Befunde sind erhebliche Fortschritte auch im Hinblick auf ein besseres theoretisches Verständnis des nonverbalen Interaktionsverhaltens zu erwarten.

Literatur

Barlow, H. B.: The Coding of Sensory messages, in: *Thorpe,* W. H., *Zwangwill,* O. L. (Eds.): Current Problems in Animal Behavior, Cambridge 1961.
Cairns, R. B.: Towards Guidelines for Interactional Research, in: *Cairns,* R. B. (Ed.): The Analysis of Social Interactions, Hillsdale 1979.
Condon, W. S.: Method of Micro-Analysis of Sound Film Behavior, in: Behavior Research Methods and Instrumentation 1970, 51–54.
Denes, P.: Speech Recognition: Old and New Ideas, in: *Reddy,* D. R. (Ed.): Speech Recognition, New York 1975.
Fant, G.: Key-Note Address, in: *Reddy,* D. R. (Ed.): Speech Recognition, New York 1975.
Frei, R., *Hofmann,* J., *Huber,* E., *Limacher,* B., *Ritzman,* M.: Vergleichende Untersuchung zum körperlichen Verhalten von Stotterern und Nichtstotterern in einer sozialen Interaktion, Universität Zürich 1978 (Mskpt.).
Frenz, H.-G., *Frey,* S.: Die Analyse menschlicher Tätigkeiten – Probleme der systematischen Verhaltensbeobachtung, in: *Frei,* F., *Ulich,* E. (Hrsg.): Beiträge zur psychologischen Arbeitsanalyse, Bern 1981.
Frey, S., *v. Zerrssen,* D., *Hansen,* W., *Harders,* S.: Probleme der Verhaltensmessung in Einzelfalluntersuchungen, in: *Petermann,* F., *Hehl,* (Hrsg.): Einzelfallanalyse, München 1979.
Frey, S., *Hirsbrunner,* H. P., *Pool,* J., *Daw,* W.: Das Berner System zur Untersuchung nonverbaler Interaktion: I. Die Erhebung des Rohdatenprotokolls, in: *Winkler,* P. (Hrsg.): Methoden der Analyse von Face-to-Face-Situationen, Stuttgart 1980.
Frey, S., *Jorns,* U., *Daw,* W.: A Systematic Description and Analysis of Nonverbal Interaction between Doctors and Patients in a Psychiatric Interview, in: *Corson,* S. (Ed.): Ethology and Nonverbal Communication in Mental Health, New York 1980.
Hirsbrunner, H. P.: Sequel-Analysis. Ein zeitgenaues Verfahren zur visuellen Verlaufsanalyse des Sprachsignals, Diss. Universität Bern 1979.
Jorns, U.: Kopfbewegungen in der dyadischen Interaktion: Eine Explorationsstudie, in: *Winkler,* P. (Hrsg.): Methoden der Analyse von Face-to-Face-Situationen, Stuttgart 1981.
Muret, E., *Sanders,* D.: Langenscheidts enzyklopädisches Wörterbuch der englischen und deutschen Sprache, Berlin 1962.
Neuburg, E. P.: Philosophies of Speech Recognition, in: *Reddy,* D. R. (Ed.): Speech Recognition, New York 1975.
Pierce, J. R.: Wither Speech Recognition, in: Journal of the Acoustical Society of America 1969, 1049–1051.
Potter, P. K., *Kopp,* G. A., *Green,* H. C.: Visible Speech, New York 1947.
Scheflen, A.: Körpersprache und soziale Ordnung, Stuttgart 1976.
Simons, G.: Untersuchung zur *Condon'schen* Theorie linguistisch-motorischer Synchronizität, Forschungsbericht Projekt EPB, Wissenschaftszentrum Bonn 1980 (Mskpt.).

U. S. Jorns
Universität Konstanz

Kopfbewegungen in der dyadischen Interaktion:
Eine Explorationsstudie

0. Einleitung

In den letzten Jahren ist das Interesse an den nonverbalen Aspekten des Kommunikationsverhaltens in der face-to-face-Interaktion stark gestiegen. Dabei haben sich eine Reihe von Autoren mit Problemen der Beschreibung bzw. Klassifikation einer Vielzahl z. T. ganz spezieller nonverbaler Verhaltensweisen auseinandergesetzt und Vermutungen über ihre möglichen Funktionen bzw. Bedeutungen in der face-to-face-Kommunikation angestellt. Zahlreiche Autoren haben sich beispielsweise mit der Beschreibung von Kopfhaltungen und Kopfbewegungen befaßt und dazu eine Anzahl von Behauptungen aufgestellt, die sich auf ihre kommunikative Bedeutung (Funktion) beziehen: hier wird vermutet, daß Kopfbewegungen eine illustrierende Funktion übernehmen (*Scherer, Wallbott, Scherer* 1979), zur Mitteilung ganz spezifischer Bedeutungen als Embleme eingesetzt werden (*Ekman, Friesen* 1969), als Signale zur Verteilung von Redezügen dienen (*Duncan, Fiske,* 1977; 1979) oder bestimmte intentionale Zustände ausdrücken, wie z. B. dem Interaktionspartner drohen oder aber ihm ausweichen (*Brannigan, Humphries* 1972). Ferner wird unterstellt, daß Kopfhaltungen sich auf kommunikative Dimensionen wie Dominanz, Statuseinschätzung, Wichtigkeit des jeweiligen Kommunikationspartners, Gefühlsausdruck, Aufmerksamkeit und vieles mehr beziehen (siehe *Mehrabian* 1972; *Argyle* 1975; *Harper, Wiens, Matarazzo* 1978; *Scheflen* 1976).

Ein Blick auf die von diesen und einer Reihe weiterer Autoren verwendeten Notationssysteme (siehe *Key* 1977) zeigt allerdings, daß es bei ihnen keine systematische Klassifikation möglicher Kopfhaltungen und Kopfbewegungen gibt, die ja die Grundlage bildet, auf der alle Interpretationen über vermutbare kommunikative Zustände, Bedeutungen und Funktionen aufbauen. Die Autoren begnügen sich in der Regel vielmehr mit der Untersuchung jener Kopfhaltungen und Kopfbewegungen, für deren Beschreibung die Alltagssprache bereits fertige Etiketten zur Verfügung stellt, wie z. B. Kopf zur Seite geneigt, Schütteln oder aber mit dem Kopf wiegen. Diese Beschränkung überrascht, zeigen doch verschiedene Untersuchungen, die eine systematische Beschreibung von Kopfhaltungen und Kopfbewegungen vorlegen, daß der Kopf von allen Körperteilen die größte Bewegungsaktivität aufweist und dabei eine überwältigende Vielfalt unterschiedlicher Haltungen und Bewegungsmuster realisiert wird (siehe *Daw* 1978; *Frey, Jorns, Daw* 1980). Wird weiterhin bedacht, daß Kopfhaltungen Blickausschnitte eingrenzen, die von einem Interaktionspartner wahrgenommen werden können, so wäre zu erwarten, daß Studien zum Blickverhalten Kopfhaltungen als eine eigene Variable systematisch miteinbeziehen. Bis auf wenige Ausnahmen (*v. Cranach, Ellgring* 1973) ist dies jedoch nicht der Fall.

In Untersuchungen, die sich mit dem Thema befassen, wie Gesichter durch Gesichtsbewegungen unterschiedliche Gefühlszustände ausdrücken bzw. in einem Interaktionspartner indizieren, zeigt sich ebenfalls, daß Kopfhaltungen und Kopfbewegungen als mögliche konfundierende Variablen unberücksichtigt bleiben (siehe z. B. *Leathers* 1976, S. 22–30; *Ekman, Friesen* 1978). Erst neuere Untersuchungen (*Frey* et al. 1977) haben die volle Problematik dieser Unterlassung aufgedeckt.

Angesichts dieses Forschungsstandes befaßt sich der folgende Artikel mit der Beschreibung und Analyse von Kopfbewegungen. Diese sind bestimmt als Änderungen von Kopfhaltungen über die Zeit, und deswegen werden wir als erstes die Beschreibung von Kopfhaltungen erörtern. Es folgen Ausführungen über Kopfbewegungen und ihrer Aufgliederung, die anhand einer Datenmatrix erläutert werden.

1. Kopfhaltungen

Wie können nun Kopfhaltungen systematisch beschrieben werden? Als naheliegender Ausgangspunkt hierfür bieten sich die Dimensionen an, in denen sich der Kopf bewegt: Heben–Senken (Sagittaldimension), Drehen (Rotationsdimension) und seitliches Kippen (Lateraldimension). Auf diesen Überlegungen bauen *Frey, Pool* (1976) ihr Klassifikationssystem* für Kopfhaltungen auf. Dabei gehen sie von einer geradeaus orientierten aufrechten Kopfhaltung (= »Kopf gerade«) aus und unterscheiden für jede der drei Dimensionen Abweichungen oder Flexionsgrade von diesem Positionszustand. Für die Rotationsdimension ergibt sich beispielsweise, werden in jeder Richtung zwei Flexionsgrade unterschieden, eine Ordinalskala mit fünf Positionszuständen: »stark nach rechts gedreht«, »nach rechts gedreht«, »Kopf gerade«, »nach links gedreht«, »stark nach links gedreht«. Für die Sagittal- und die Lateraldimension können entsprechende Ordinalskalen gebildet werden. Wird nun in jeder der drei Dimensionen (zu einem Meßzeitpunkt) der Positionszustand festgestellt, dann ergibt sich aus der Kombination dieser drei Angaben die jeweilige Kopfhaltung einer Person. Das Produkt aus der Anzahl der Positionszustände, die in den Ordinalskalen jeder der drei Dimensionen aufgeführt sind, legt die Anzahl unterschiedlicher Kopfhaltungen fest, die mit Hilfe dieses Beschreibungssystems differenziert werden können, und bestimmt damit sein jeweiliges Auflösungsvermögen. Werden z. B. in jeder Dimension drei Positionszustände aufgeführt, dann können 3 x 3 x 3 = 27 verschiedene Kopfhaltungen unterschieden werden; bei fünf Positionszuständen sind es 125 und bei sieben Positionszuständen in jeder

---

* Die Termini Klassifikationssystem, Klassifikationsschema, Kodiersystem, Beschreibungssystem und Notationssystem werden synonym verwendet.

Dimension sind es bereits 343 unterschiedliche Kopfhaltungen, die differenzierbar sind.

Hieran wird deutlich, daß eine nur geringfügige Erhöhung des Auflösungsvermögens innerhalb der einzelnen Dimensionen das Auflösungsvermögen des Kodierschemas um ein Vielfaches erhöht. Der für die einzelnen Dimensionen gewählte Auflösungsgrad richtet sich danach aus, was ein Beobachter auf der Aufzeichnungsebene (Videoband bzw. Film) zuverlässig unterscheiden kann. Mit dieser »Anpassung des Auflösungsvermögens« wird garantiert, daß sich die Bandbreite verschiedener Kopfhaltungen, die sich auf der Aufzeichnungsebene manifestiert, ebenfalls auf der des kodierten Datenprotokolls widerspiegelt. Beispielsweise konnten wir bei unserer Videoaufzeichnung (siehe 3.) zuverlässig zwischen sieben Positionszuständen des Kopfes in jeder der drei Dimensionen differenzieren.

2. Kopfbewegungen

Verlagerungen von einer Kopfhaltung in eine andere stellen sich als Kopfbewegung dar. Auf welche Weise lassen sich nun die vielfältigen Aspekte dieses Bewegungsverhaltens systematisieren? Dazu kann man wie folgt verfahren:

1. Erfassung der *Anzahl* der Dimensionen, die an einer Bewegung beteiligt sind: Hier wird festgestellt, ob es sich um eine ein-, zwei- oder dreidimensionale Bewegung handelt. Dabei kann die Anzahl der beteiligten Dimensionen als Indikator für die Komplexität von Bewegungen angesehen werden (siehe *Frey, Jorns, Daw* 1980).

2. Bestimmung der *Dimensionen,* die an einer Bewegung konkret teilhaben: Es wird aufgeschlüsselt, ob es sich bei einer Bewegung um eine sagittale, rotationale, laterale oder aber um Kombinationen davon handelt.

Mit dieser Aufgliederung können beispielsweise Bewegungen wie Schütteln (reine Rotationsbewegung), Bewegungen, mit denen eine Deixis vollzogen wird (Kopf zur Seite gedreht und simultan damit gehoben = Kombination von Rotations- und Sagittaldimension), und Bewegungen, mit denen ein Interaktionspartner dem anderen ausweicht (Kopf vom Partner weggedreht und weggekippt sowie simultan damit gesenkt = Kombination aller drei Dimensionen) beschrieben werden.

3. Klassifikation von Bewegungen nach ihrer *Richtung*: In jeder der drei Dimensionen kann eine Verlagerung der Kopfhaltung in eine Richtung oder aber ihre Gegenrichtung erfolgen. Wird für jede der drei Dimensionen (einzeln, in Zweierkombinationen und in einer Dreierkombination) im Falle einer Positionsverlagerung festgestellt, in welcher Richtung sie erfolgt ist, dann können auf dieser Basis $(3 \times 3 \times 3) - 1 = 26$ Bewegungen* unterschieden werden, die sich

---

* Das -1 trägt der Tatsache Rechnung, daß, wenn keine der drei Dimensionen eine Positionsveränderung zeigt, die Definition für »Bewegung« nicht erfüllt ist.

jeweils in ihrer Richtung unterscheiden. Angaben zur Richtung von Bewegungen sind recht nützlich, wenn z. B. Änderungen in der Art, wie zwei sitzende Interaktionspartner ihre Köpfe aufeinander ausrichten, untersucht werden.

4. Neben diesen vielfältigen Aufschlüsselungen können Bewegungen, die ja als Positionszustands-Veränderungen in der Zeit bestimmt sind, natürlich auch mit dem für Untersuchungen gewählten Auflösungsvermögen differenziert werden.

Hier kann z. B. die Art des Bewegungsablaufes länger andauernder Kopfbewegungen eines Sprechers untersucht werden; anschließend können diese detaillierten Bewegungsabläufe auf das zeitlich entsprechende Sprachverhalten bezogen werden. Zur Illustration des gerade Ausgeführten wird in unserer Explorationsstudie das Beispiel einer Datenmatrix (Tab. 1) herangezogen.

Tab. 1 zeigt eine Datenmatrix von einer Minute Dauer. Der Gesprächsverlauf der Person F und J ist links bzw. rechts von einer Zeitachse (Halbsekunden-Intervalle) angeordnet und darin verankert; die Serie von Kopfhaltungen über die Zeit (Kopfpositions-Zeitreihe) findet sich für F links und für J rechts vom Gesprochenen (Speech). Verlagerungen von einer Kopfhaltung in eine andere sind durch Zahlen markiert; ein weißes Feld bedeutet, daß keine Verlagerung in einer entsprechenden Dimension stattgefunden hat. Damit lassen sich Stillstände (= bestimmte Kopfhaltungen) und Bewegungen recht plastisch aus den jeweiligen Positionszeitreihen ablesen. So fällt unmittelbar auf, daß der Kopf von F wesentlich bewegter ist als der von J.

Die beschriebene Aufgliederung von Kopfbewegungen kann an den Kopfpositions-Zeitreihen in dieser Matrix illustriert werden: Im Zeitintervall 0400 vollzieht F eine eindimensionale Kopfbewegung und zwar in der Lateraldimension. Die Richtung dieser Bewegung ist ein starkes seitliches Kippen zum Partner. Diese Bewegung ist Teil einer längeren Bewegungskette, die sich von 0360–0405 erstreckt. In 0400 vollzieht J ebenfalls eine eindimensionale Bewegung, wobei es sich hier um eine Rotationsbewegung handelt (der Kopf wird vom Partner weggedreht). Diese Bewegung ist ebenfalls in einer längeren Bewegungskette angeordnet, die bei 0385 mit einer reinen Sagittalbewegung ihren Anfang nimmt (0385–0395) und bei 0420 endet. Während F's Bewegung fast am Ende des Redezugs angeordnet ist, vollzieht J seine Bewegung, nachdem er zwei back-channel Signale (Nicken und HM) gegeben hat.

Im folgenden werden weitere Ergebnisse aus der Explorationsstudie referiert, wobei eine Reihe bisher ungeklärter Fragen zu speziellen nonverbalen Verhaltensweisen in der face-to-face-Kommunikation diskutiert werden wie z. B.: Wie verschieden sind die Kopfbewegungen, die zwei sitzende Interaktionspartner während der Gesamtdauer eines Gesprächs vollzogen haben? Unterscheiden sie sich in der Komplexität ihres Bewegungsverhaltens? Welche Dimensionen werden zur Veränderung von Kopfhaltungen benutzt und in welche Richtung wird dabei der Kopf bewegt? Welche »kommunikativen Funktionen« erfüllen dabei Bewegungen mit bestimmter Richtung und welche Zeitcharakteristika weisen sie auf?

Kopfbewegungen in der dyadischen Interaktion 273

Interaktionspartner
Person F   Person J

		INTERLOCUTOR A						INTERLOCUTOR B		
SRL	SC	SPEECH	#D	#P	TIME	#P	#D	SPEECH	SC	SRL
1134					10005					1535
1352		MP		3	110010	2	61	WARUM		5
123				1	110015	2	61	HAST DU DICH		
15				2	110020	2	71	HIERFUER		
3				1	110025	1	21	GEMELDET		133
511		ACH SO		5	310030	1	11	WAS HAT DICH		11
3 1		NA JA		4	310035			SO DARAN INT		
1321		HM		5	310040			ERESSIERT		
		DAS WAR GANZ		2	210045					
11		SPONTAN		1	110050	7	191			171
5 1				1	110055	4	71			13
7 1		VON EZ		1	110060	2	21			15
		VON EM TOBIA			100065	1	11			
331		S		2	110070	1	31			
11		GEHOERT		1	110075					
13		DASS		1	110080	2	21			11
13 31		BEZIEHUNGSWE		3	210085	1	11			13
13		ISE VON DER		9	510090					
11 11		XENIA ICH		10	510095					
1352		SOLL DAS MAC		4	210100					
113		HEN WEIL SIE		4	310105					
1 1		KEINE ZEIT		11	410110			JA		
		HAT N*KAB IC		2	110115					
511		H GESAGT JA		14	510120					
321		JA MACH ICH		10	410125					
41		SCHON /125		1	110130	1	21	HAST GAR KEI		251
		MP		1	110135	1	11	NE BEDENKEN		11
					101140	1	11	GEHABT		13
111		ACH NE		8	510145	1	21	SO		
331		MIR WAR		4	310150					
11		DAS IM		3	310155					
21		PRINZIP		5	510160					
31		EGAL ICH HAB		1	510165					
11		MIR HALT GED		3	310170					
521		ACHT NAJA		6	510175					
		WARUM NICHT		5	510180	1	21	MHM		111
311		ICH HAB IRGE		7	410185	1	11			13
551		NDWANN MAL		3	210190	1	21			113
711		SCHON MAL SO		5	410195					
1253		N KOMISCHEN		6	310200					
113		VERSUCH MITG		3	102205	1	31			
111		EMACHT		2	110210	2	71			1253
					102215	2	21			14
5 1		DA MUSST ICH		2	210220	2	41			123
13		IMMER SAGEN		6	410225	2	21			11
331		OB N ER		7	310230					
		RICHTIG RUM		9	410235					
511		ODER VERKEHR		17	610240					
1321		T RUM STEHT		15	510245					
11		ODER SO		13	510250	1	51			
					102255	10	171	WAS MUSSTEST		11
12				6	310260	6	71	DA		
15		HA DA MAN SE		2	110265	2	21			
3 1		MIR LAUTER		6	410270	2	21			
5 1		ERKS		3	310275	1	11			
12		GEZEIGT		2	210280	2	21	MHM		12
11		UND PAL WARS		8	410285	4	51			11 31
		RECHTS RUM		11	310290	1	11			51
3 1		UND PAL WARS		14	510295	1	11			12
		LINKS RUM		12	410300	1	11			11
5 1		UND		7	310305	1	11			12
31		DA MUSST ICH		1	110310	1	11			11
11		SAGEN OB DAS		10	310315					
13				2	110320					
1321		SPIEGEL		13	310325					
		BILDLICH IST		3	110330					
71		ODER NICHT		8	510335	8	181			
5 1		DAS		8	510340	9	191			21
11		WAR ALLES		8	310345	7	101			41
				11	210350	4	51			13 21
				1	110355	6	141	AHAM		11 31
21				1	110360	9	121			13 51
311		UND DA DACHT		3	210365	4	41			11
31		ICH DAS SEI		2	110370	1	11			13
1212		VIELLEICHT		16	710375					
14		SO WAS AEHNL		1	510380	1	11			
1131		ICHES ODER H		22	710385	2	21			11
1252		AS WEISS ICH		6	410390	1	11			13
1311		HA HA		7	510395	1	11	HM		11
51		DAS WAR SO		2	110400	1	11			
12				1	110405	3	101	IST DOCH WAS		011
					104010	3	111	WAS ANDER		131
					104015	3	31	ES HIER		13
					104020	2	21			51
11 31				3	210425	1	11			
12		CAS MACHT		5	310430					
11		JA NICHTS		3	310435	3	41			14 31
					104040	1	11	MM		10
				7	210445					
				3	210450					
				3	210455					
				6	210460	3	41			12 51
21				1	110465	4	81	JA SOLLN MIR		11 31
11				1	110470	3	61	UEBER DIE		11
12				1	110475	1	11			13
					10480	2	21	UEBER DIE SA		
					10485			ENE SPRECHEN		
					10490					
11 11		NA VON VORHE		2	110495	1	11	MHM		14
		R			105000	2	21			13
					105005	2	21			11
					105010	2	21			51
					105015	3	51			11
		NA JA			105020	5	161			71
12		DAS IS		1	110525	2	21			11
					105030	5	141			
		GANZ LUSTIG		1	110535	7	121			13 51
		GEWESEN			105040	1	11			11
		HA		1	110545	2	21			
				1	110550	2	51			
				2	210555					
					105060					
				2	210565	2	21			31
				1	110570	2	41	DIE		1273
11				1	110575	5	141	ALSO ICH		
				1	110580	5	111	FIND HA		311
					10585	5	121	HA		13 21
					10590	2	81	HA DIC		
51				3	310595	4	151	SASSEN GENAU		112
					110600	3	41	SO STEIF		1 311

Tab. 1
Datenmatrix: Sprachverhalten und Kopfbewegungen von zwei Interaktionspartnern für den Zeitraum von einer Minute.

3. Untersuchungsgegenstand

Das Untersuchungsmaterial stammt aus dem Konstanzer Projekt und besteht aus der Ton- und Bildaufzeichnung eines Gesprächs zweier Studenten (Dauer 585 Sek.). Beide Studenten hatten in einer speziellen Bedingung dieses Experiments kurz vorher eine längere Unterhaltung zwischen einem Abiturienten und einem Industriekaufmann in ihrem Gesamtablauf verfolgt und sollten anschließend darüber ein Gespräch führen. Sie saßen sich im Raum eines Filmstudios in 1 m Entfernung auf seitlich parallelversetzten Stühlen frontal gegenüber. Die Details zeigt das folgende Foto:

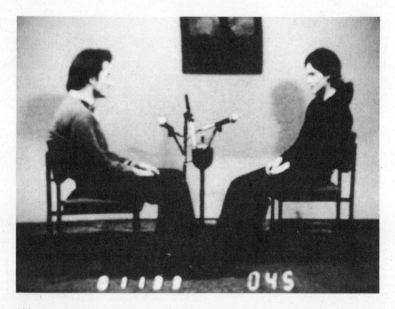

Abb. 1
Sitzanordnung im Studio

Eine stationäre Kamera zeichnete das Bewegungsverhalten des Studenten, eine andere das der Studentin auf und zwar frontal von vorne; im Bildausschnitt sind Kopf, Arme, Hände, Schultern, Rumpf und Oberschenkel zu sehen. Eine dritte Kamera filmte die beiden Gesprächspartner von der Seite in einem Winkel von 90° zur Stuhlanordnung. Das Material wurde auf 16 mm Farbfilm erstellt (25 Bilder/Sek.), anschließend auf Videoband kopiert und mit einer Zeitmarkierung versehen.

Für die Kodierung wurde das beschriebene Notationssystem verwendet (siehe dazu *Frey* et al. in diesem Band). Die Kopfhaltungen des Studenten J und seiner Partnerin F wurden für die Gesamtdauer des Gesprächs mit einem Kodierintervall von einer halben Sekunde notiert. In jeder der drei Bewegungsdimensionen des Kopfes konnten sieben Positionszustände zuverlässig unterschieden werden und somit zu jedem Meßzeitpunkt zwischen 343 verschiedenen Kopfhaltungen differenziert werden. Das Rohmaterial für die Analyse besteht daher aus einer Zeitreihe von Kopfhaltungen, die sich für jede Person aus 1170 Meßpunkten zusammensetzt. Ein Beispiel für eine Zeitreihe, die die erste Minute des Gesprächs der beiden Studenten umfaßt und aus 120 Meßpunkten besteht, ist in Tab. 1 gegeben worden.

4. Ergebnisse

4.1 Ausmaß der Bewegungsaktivität des Kopfes

Als erstes Analyseergebnis dieser Studie zeigt sich, daß der Kopf bei jedem der beiden Interaktionsteilnehmer ein sehr hohes Maß an Bewegungsaktivität aufweist. Der Student bewegt seinen Kopf 40,9 % und die Studentin 45,3 % der Beobachtungszeit, m. a. W., während des knapp zehnminütigen Gesprächs war der Kopf der beiden Teilnehmer praktisch fünf Minuten lang in Bewegung. Dieses Resultat, das sich auch in anderen Untersuchungen ergeben hat (siehe *Daw* 1978, *Frey, Jorns, Daw,* 1980, *Signer* 1975)*, macht deutlich, wie lohnend eine eingehendere Beschäftigung mit dem Bewegungsverhalten des Kopfes ist. Weder die Umgangssprache, die ja nur ein sehr kleines Repertoire an Etiketten zur Beschreibung von Kopfbewegungen zur Verfügung stellt, noch die auf diesem Hintergrund entworfenen Kodiersysteme legen dies nahe.

Als zweites Ergebnis zeigt sich, daß sich, bei dem von uns gewählten Auflösungsvermögen für Kopfhaltungen, 519 der insgesamt 1009 von J und F vollzogenen Bewegungen empirisch voneinander unterscheiden. Von diesen 519 Bewegungen finden sich nur 47 Bewegungen, die beiden Interaktionspartnern *gemeinsam* waren, was einem Anteil von 9,1 % entspricht.

Während sich die beiden Studenten nur geringfügig im zeitlichen Ausmaß ihres Bewegungsverhaltens unterschieden, so demonstriert sich doch nun eindrücklich, daß sich dieses Verhalten aus ganz unterschiedlichen Arten von Kopfbewegungen zusammensetzt. Es ist somit keinesfalls so, daß Menschen ihren Kopf, fast einer Maschine gleich, nach nur wenigen Mustern bewegen, wie es z. B. das zur Zeit detaillierteste Kodierungssystem für Kopfbewegungen, das zwölf Bewegungen unterscheidet (siehe *Brannigan, Humphries* 1972), nahezulegen scheint.

Was ergibt nun eine weitere Systematisierung der Kopfbewegungsvielfalt der beiden Studenten?

---

* Obgleich sich in diesen Studien eine geringe Bewegungsaktivität des Kopfes findet, so zeigt sich doch, daß er von allen Körperteilen (Schultern, Rumpf, Oberarme, Hände, Oberschenkel und Füße) das höchste Maß an Bewegungsaktivität aufweist; ein weiterer Grund, sich mit ihm zu beschäftigen.

4.2 Bewegungsaktivität des Kopfes nach Art und Anzahl der beteiligten Dimensionen

Kopfbewegungen können, wie bereits ausgeführt, nach der Art der an ihnen beteiligten Dimensionen aufgeschlüsselt werden. Unter diesem Aspekt ergibt sich die dimensionale Struktur der Bewegungsaktivität des Kopfes, die sich aus Bewegungen in der Sagittal-, der Rotations- und der Lateraldimension und den Kombinationen dieser Dimensionen miteinander zusammensetzt. So handelt es sich z. B. beim Nicken um eine »reine« Sagittalbewegung, die von fast jeder Haltung des menschlichen Kopfes ihren Ausgangspunkt nehmen kann, bei der sich aber nicht gleichzeitig auch Positionsverlagerungen in der Rotations- und/oder Lateraldimension ereignen. Sagittalbewegungen, die mit Positionsverlagerungen in einer dieser Dimensionen kombiniert werden, werden von einem menschlichen Beobachter nicht mehr als Nicken interpretiert, sondern vielleicht als Zeigebewegung oder aber als rhythmische Akzentuierung einer sprachlichen Aussage verstanden*. Kopfbewegungen können weiterhin nach der Anzahl der

Tab. 2
Kopfbewegungen zweier Interaktionspartner für die Gesamtdauer des Gesprächs (in Prozent) nach Anzahl und Art der beteiligten Dimensionen

Anzahl beteiligter Dimensionen und Bewegungen	Art der beteiligten Dimensionen	Gesprächspartner	
		Person J	Person F
Eindimensionale	S*	36,5 %	23,0 %
	R	16,7 %	15,6 %
	L	10,3 %	26,4 %
	insgesamt:	63,5 %	65,0 %
Zweidimensionale	SR	13,6 %	9,1 %
	SL	8,1 %	8,3 %
	RL	8,3 %	10,8 %
	insgesamt:	30,0 %	28,2 %
Dreidimensionale	SRL	6,5 %	6,8 %

*S: Sagittaldimension
R: Rotationsdimension
L: Lateraldimension

---

* Unsere Umgangssprache scheint vor allem Bezeichnungen für eindimensionale Bewegungen bereitzustellen und Bewegungen mit zwei bzw. drei beteiligten Dimensionen zu vernachlässigen. Anders dagegen »verfährt« sie mit den sieben Bewegungsmöglichkeiten der Augenbrauen, die in zwei große Klassen (Heben bzw. Zusammenziehen der Brauen) aufgegliedert werden.

beteiligten Dimensionen (Komplexität des Bewegungsverhaltens) klassifiziert werden.

Tab. 2 schlüsselt die insgesamt 1009 Kopfbewegungen (J:479 und F:530) nach *Art* und *Anzahl* der beteiligten Dimensionen auf. Die Ergebnisse in Tab. 2 machen deutlich, daß Kopfbewegungen, bei denen eine Positionsverlagerung des Kopfes in allen drei Dimensionen gleichzeitig erfolgt, bei jedem der beiden Interaktionsteilnehmer außerordentlich selten sind (J:6,5 % und F:6,8 %).

Zusätzlich ist bemerkenswert, daß mehr als die Hälfte dieser Bewegungen bei jedem der beiden Gesprächspartner durch Veränderungen von 15 verschiedenen Kopfhaltungen hervorgerufen werden, die ebenfalls sehr selten auftreten (während weniger als 0,68 % der Beobachtungszeit). Im Vergleich zu den dreidimensionalen Kopfbewegungen treten Bewegungen mit zwei beteiligten Dimensionen bei jedem der beiden Interaktionspartner fünfmal häufiger, Bewegungen mit nur einer Dimension zehnmal häufiger auf. Hieran zeigt sich, daß diese Bewegungen bei beiden Gesprächsteilnehmern eine *hierarchische* Struktur ausbilden, in der die Seltenheit der dreidimensionalen Kopfbewegungen besonders ins Auge sticht*. Ob diese Bewegungen eine besondere kommunikative Funktion erfüllen, oder aber ob sie reicher sind an »Informationsgehalt« als die ein- und zweidimensionalen Bewegungen, bleibt zu prüfen**.

Obwohl beide Interaktionspartner in der Komplexität ihres Bewegungsverhaltens (Anzahl bewegter Dimensionen) in einem hohen Maß übereinstimmen, variiert doch recht stark die Art und Weise, in der sie die drei Dimensionen, einzeln und in Kombination miteinander, für Kopfbewegungen einsetzen. So zeigt ein Vergleich zwischen den beiden Studenten, daß der Student J weitaus häufiger als seine Partnerin »reine« Sagittalbewegungen, hingegen die Studentin F sehr viel häufiger »reine« Lateralbewegungen vollzieht als ihr Partner. Das Bewegungsprofil für die drei eindimensionalen Kopfbewegungen macht deutlich, daß sie den Kopf bevorzugt in der Lateraldimension bewegt, wobei die höchsten Werte überhaupt realisiert werden; ihr Partner dagegen präferiert die Sagittaldimension und weist hier die höchsten Anteile auf. Für eindimensionale Rotationsbewegungen unterscheiden sich beide Interaktionspartner nur sehr geringfügig voneinander.

Bei den zweidimensionalen Bewegungen ergibt sich für Kombinationen, die die Lateral- und Sagittaldimension enthalten, eine ähnliche Tendenz wie bei den

---

* Ein Vergleich dieser Daten mit denen, die *Frey, Jorns, Daw* (1980) in einer sehr viel größeren Stichprobe (n = 25; 174 Min. Beobachtungszeit) für 30 Arzt-Patient-Gespräche erhoben haben, zeigt, daß sich die Anteile für ein-, zwei- und dreidimensionale Bewegungen von Ärzten und Patienten nicht systematisch voneinander unterscheiden und eine unseren Daten ganz ähnliche Verteilung aufweisen (Durchschnittswerte für Ärzte und Patienten: 6,1 % drei-, 25,4 % zwei- und 68,5 % eindimensionale Bewegungen).
** Hierin liegt eine Erklärungsmöglichkeit für die hierarchische Struktur dieser Bewegungen.

eindimensionalen Bewegungen: Kombinationen der Rotations- mit der Sagittaldimension ergeben höhere Werte für den Studenten, die der Rotations- mit der Lateraldimension liegen höher für seine Partnerin.

Für die Kombination der Sagittal- mit der Lateraldimension finden sich dagegen etwa gleich hohe Werte; die starken Unterschiede, die für jede der zwei Dimensionen einzeln auftraten, heben sich auf.

4.3 Richtungscharakter von Kopfbewegungen

Das Bewegungsverhalten des Kopfes kann, wie bereits dargelegt, nach seiner Richtung (Richtungscharakteristik) in 26 Bewegungstypen aufgegliedert werden. Diese Differenzierung erscheint aus mehreren Gründen sinnvoll:
– Die Richtung von Kopfbewegungen sagt etwas über die Stimuli aus, die ein Interaktionspartner als wichtig erachtet (*Frey* 1975).
– Die Richtung von Kopfbewegungen zweier Interaktionspartner bestimmt die Art und Weise, wie sie ihre Köpfe über die Zeit aufeinander zuorientieren (*Frey, Jorns, Daw* 1980).
– Die Richtung von Kopfbewegungen indiziert beim anderen Interaktionspartner bestimmte Zuschreibungen, wie z. B. daß man ihm Beachtung schenkt, ihm aufmerksam zuhört, ihm zustimmt oder aber ihn ablehnt.
– Die Richtung von Kopfbewegungen »erzeugt« Kopfhaltungen, die bestimmte emotionale Zustände im anderen Partner oder Beobachter hervorrufen (*Signer* 1975).

Tab. 3
Richtung von eindimensionalen Kopfbewegungen und ihr Bewegungsausmaß (in Prozent) für die Gesamtdauer des Gesprächs zweier Interaktionspartner

Beteiligte Dimension	Richtung der Kopfbewegung	Gesprächspartner	
		Person J	Person F
Sagittal	Heben	17,7 %	10,6 %
	Senken	18,8 %	12,4 %
Rotation	Seitliches Drehen zum Partner	7,5 %	8,1 %
	Seitliches Drehen weg vom Partner	9,2 %	7,5 %
Lateral	Seitliches Kippen zum Partner	6,3 %	12,8 %
	Seitliches Kippen weg vom Partner	4,0 %	13,6 %

Die »kommunikative Bedeutung« eindimensionaler Kopfbewegungen wird im folgenden, nach ihrem Richtungscharakter aufgegliedert, untersucht. Das Ausmaß dieser einzelnen Bewegungen, das sich für jeden der beiden Studenten ergibt, findet sich in Tab. 3.

In dieser Tabelle wird unmittelbar deutlich, daß die beiden Partner sich nur geringfügig im Ausmaß ihrer seitlichen Drehbewegungen unterscheiden. Dagegen treten ganz erhebliche Variationen im Ausmaß der sagittalen »Auf-und-Ab-Bewegungen« und der seitlichen Kippbewegungen auf.

Die Ähnlichkeit in den seitlichen Drehbewegungen interessiert zunächst, da diese in besonderer Weise die Orientierung der beiden Partner zueinander determinieren*. Bereits kleine Drehbewegungen des Kopfes führen den Partner in das Blickfeld hinein oder aber aus ihm heraus. Nun sollte man für den »erfolgreichen« Ablauf kommunikativen Geschehens zwischen zwei sich gegenübersitzenden Interaktionspartnern erwarten, daß der eine dem anderen Partner kundtut, daß er ihm Aufmerksamkeit schenkt. Dabei kommt den seitlichen Drehbewegungen des Kopfes eine ganz besondere Rolle zu. Durch Variierung dieser Bewegungen, einmal in Richtung auf den Partner zu, das andere Mal von ihm weg, kann ihm ein breites Spektrum von Aufmerksamkeitszuwendungen indiziert werden. Die Art und Weise, wie zwei Interaktionspartner während des Gesprächsverlaufs ihre Köpfe zur Signalisierung von Aufmerksamkeit einsetzen, sagt etwas über die Qualität ihrer Beziehung aus. So würden wir in symmetrischen Beziehungen für das Ausmaß seitlicher Drehbewegungen keine größeren Unterschiede erwarten, eher hingegen in asymmetrischen Interaktionsbeziehungen. Demnach kann in unserem Fall angenommen werden, daß eine symmetrische Beziehung zwischen den beiden Interaktionspartnern besteht**.

Wie können nun die großen Unterschiede erklärt werden, die sich für das Ausmaß sagittaler »Auf-und-Ab« bzw. seitlicher Kippbewegungen zeigten?

---

* Für den »erfolgreichen« Ablauf kommunikativen Geschehens sind eine Reihe von Aufgaben zu bewältigen: (a) *interaktionale Ausrichtung* auf den Partner, die durch verschiedene Körperteile, wie z. B. den Rumpf, Schultern, Oberschenkel, Füße und den Kopf hergestellt und variiert werden kann; (b) Signalisierung von *Aufmerksamkeit*, z. B. durch Drehbewegungen des Rumpfes und/oder Kopfes zum Partner; (c) Realisierung der *Hörerrolle*, z. B. durch Nickbewegungen des Kopfes oder aber durch verbale Äußerungen (MHM, JA etc.); und (c) Mitteilungen von *Gefühlseinstellungen*, die auf den Partner, das von ihm Gesagte oder aber auf die Beziehung verweisen, z. B. durch Gesichts- bzw. Kopfbewegungen.

** Symmetrische Interaktionsbeziehungen zeichnen sich dadurch aus, daß die Verteilung, Abfolge, Länge und Art von *Redezugtypen* nicht im voraus festliegt, sondern daß sie sich immer erst im Verlaufe eines Gesprächs »ergibt«. In asymmetrischen Interaktionsbeziehungen wie z. B. in Arzt-Patient-Gesprächen liegt die Verteilung, Abfolge und Art bestimmter Redezugtypen in einem hohen Maß als eine »Formhülle« vor. Die Ergebnisse von *Frey, Jorns, Daw* (1980, Fig. 8) zeigen, daß sich Ärzte und Patienten systematisch im Ausmaß ihrer seitlichen Drehbewegungen unterscheiden. Es sind in diesem speziellen institutionellen Kontext (psychiatrisches Krankenhaus) die Ärzte, die den Patienten mehr Aufmerksamkeit schenken.

Da wir weiter oben behauptet haben, daß eindimensionale sagittale Bewegungen in der Regel als Nickbewegungen interpretiert werden, wäre es in diesem Zusammenhang interessant zu untersuchen, ob Unterschiede im Ausmaß dieser Bewegungen im »back-channel« Verhalten (*Duncan*) liegen*. Hier wäre zu prüfen, wer von den beiden Studenten mehr spricht bzw. mehr zuhört.

Es zeigt sich, daß der Student während ca. 60 % der Gesamtzeit des Gesprächs als Hörer fungiert. In einer symmetrischen Interaktionsbeziehung wäre nun zu erwarten, daß der Zuhörer die Hörerrolle bereitwillig übernimmt und dementsprechend häufiger durch Nickbewegungen bzw. verbale MHM'S, HM oder JA'S signalisiert, daß er versteht, was sein Partner sagt, es aufnimmt oder ihm zustimmt.

Die Unterschiede, die wir im Ausmaß von Nickbewegungen und verbalem »back-channel« Verhalten bei beiden Studenten finden, deuten auf eine bereitwillige Übernahme und Realisierung der Hörerrolle hin. So findet sich für den verbalen Bereich, daß beim Studenten bestätigende MHM'S dreimal häufiger auftreten als bei seiner Partnerin; eine große Anzahl von ihnen ist begleitet von Kopfnicken oder aber diese Bewegungen gehen ihnen unmittelbar voraus, schließen mit ihrem Beginn ab oder aber sind ihnen sofort nachgeschaltet. Daneben treten Nickbewegungen auch separat auf.

Ein Blick auf Tabelle 1 (siehe Person J, Spalte 1 S) illustriert diese Resultate recht plastisch für die erste Minute des Gesprächs. Hier agiert der Student für mehr als 60 % der Zeit in der Hörerrolle, wobei er insgesamt sieben »Hörersignale« produziert (zwei Nickbewegungen, zwei MHM's, ein MHM, das von einer Nickbewegung begleitet wird, ein HM mit vorgeschalteter Nickbewegung und ein JA).

Komplizierter zu verstehen sind die großen Unterschiede zwischen den Interaktionspartnern, die sich für das Ausmaß ihrer seitlichen Kippbewegungen zeigen. Die Studentin bewegt – anders als der Student – ihren Kopf überhaupt am häufigsten in dieser Dimension (26,4 %), wobei sich seitliches Kippen zum Partner und von ihm weg in etwa die Waage halten.

Eine mögliche Erklärung für diese Unterschiede bieten die Ergebnisse neuerer Untersuchungen von *Frey* (siehe z. B. *Frey* et al. 1977): Positionszustände bzw. -veränderungen in der Lateraldimension hängen eng mit Zuschreibungen zusammen, die auf affektive Einstellungen zum Partner bzw. auf affektiven Rapport (emotionales Beziehungsklima) verweisen. Dies würde bedeuten, daß die Studentin in einem sehr viel höheren Maß als ihr Partner affektiven Rapport

---

* Es ist anzumerken, daß bei der Interpretation der Unterschiede und Ähnlichkeiten im Ausmaß der Bewegungsaktivität für jede der drei nach ihrer Richtung aufgeschlüsselten Dimensionen es natürlich nicht ausreichend ist, sich nur die jeweiligen Häufigkeitswerte anzuschauen. Wichtig ist, daß die zeitlichen Chrakteristika dieser Bewegungen (wie z. B. Heben, dann Senken und dann wieder Heben = Nickbewegung) mit in die Analyse eingehen. Sie sind bei den hier angestellten Überlegungen einbezogen worden (siehe auch Teil 5).

»ausdrückt« (signalisiert). Ob diese erhöhte Expressivität geschlechtsrollenspezifisch ist, bleibt zu prüfen.

Unsere bisherigen Befunde lassen es zu, ein Modell des eindimensionalen Kopfbewegungsverhaltens zu formulieren, in dem die drei Bewegungsdimensionen des Kopfes unterschiedliche Funktionen realisieren; die Sagittaldimension dient als Regulativ für den sprachlichen Kommunikationsfluß, die Rotationsdimension spiegelt die vielfältigen Aufmerksamkeitsverlagerungen wider, und die Lateraldimension schließlich ist ein Indikator für die affektive Einstellung der Partner zueinander (das emotionale Klima in einer Beziehung).

Angesichts der erheblichen Unterschiede im Richtungscharakter eindimensionaler Kopfbewegungen erscheint es zum Schluß dieses Abschnitts wichtig, nochmals auf die Ergebnisse in Tab. 2 zu verweisen, die zeigten, daß das Ausmaß von Kopfbewegungen mit einer beteiligten Dimension erstaunlich konstant ist.

5. Strukturierung seitlicher Kipp- und Drehbewegungen

Die in Tab. 3 aufgeführten Resultate beziehen sich auf aggregierte Bewegungen. Im vorangehenden Abschnitt wurde bereits implizit auf die Zeitcharakteristika eindimensionaler Kopfbewegungen Bezug genommen. Es liegt nun nahe, zu zeigen, wie verschiedene dieser Bewegungen über den Gesamtverlauf des Gesprächs zwischen den beiden Studenten organisiert (verteilt) sind. Die Abbildungen 2.1 und 2.2 demonstrieren diese Angaben für die seitlichen Kipp- und Drehbewegungen des Kopfes.

Abbildung 2.1 zeigt recht plastisch, daß die Studentin eine wesentlich höhere Aktivität in der Lateralflexion aufweist als ihr Partner. Ihre Bewegungen verlaufen in Form eines Hin- und Herwiegens des Kopfes, was in dem Auf und Ab auf dieser Kurve deutlich wird. Sie erscheinen als rhythmisch über die Zeit strukturiert und sind in unterschiedlich großen Zeitsegmenten angeordnet. Die Lateralbewegungen des Studenten dagegen gehen vorwiegend in eine Richtung, nämlich die eines seitlichen Kippens zu seiner Partnerin. Diese Bewegungen sind dergestalt über die Gesamtzeit verteilt, daß mehrere von ihnen (zwei bis vier) sich zeitlich kurz hintereinander abspielen, worauf dann ein relativ großes Zeitintervall folgt.

Auffallend ist weiterhin, daß das Hin- und Herwiegen des Kopfes bei der Studentin 15mal in weiträumigeren seitlichen Kippbewegungen erfolgt (z. B. seitliches Kippen zum Partner geht aus von »Kopf gerade« nach »Kopf sehr stark zum Partner gekippt«), die vor allem während der ersten acht Minuten des Gesprächs in Richtung zum Partner, in der verbleibenden Zeit des Gesprächs aber weg vom Partner verlaufen. Ob sich in diesem Verhalten (oder aber in der Aufeinanderfolge unterschiedlich weitläufiger seitlicher Kippbewegungen) wechselnde Grade emotionalen Rapports widerspiegeln, bleibt noch eingehender zu prüfen.

Abb. 2.1
Zeitcharakteristik des Auftretens eindimensionaler lateraler Kopfbewegungen (seitliches Kippen) für zwei Personen im Verlauf eines Gesprächs (9,75 min.)

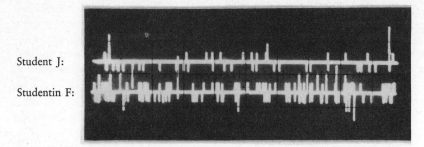

Student J:

Studentin F:

Die untere Kurve enthält die Daten für die Studentin. Auslenkungen der Kurve nach oben indizieren ein Kippen des Kopfes in Richtung zum Partner, Auslenkungen nach unten eine Bewegung in die Gegenrichtung. Die Intensität einer Bewegung läßt sich am Betrag der Auslenkung ablesen. Die obere Kurve enthält die Daten für den Studenten und ist gegenüber der unteren invertiert. Auslenkungen der Kurve nach unten indizieren eine Kopfkippung zum Partner. Beide Kurven sind zeitlich exakt parallelisiert.

Abb. 2.2
Zeitcharakteristik des Auftretens eindimensionaler rotationaler Kopfbewegungen (seitliches Drehen) für zwei Personen im Verlauf eines Gesprächs (9,75 min.)

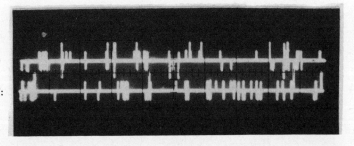

Student J:

Studentin F:

Die untere Kurve enthält die Daten für die Studentin. Auslenkungen der Kurve nach oben indizieren ein seitliches Drehen des Kopfes zum Partner, Auslenkungen nach unten eine Bewegung in die Gegenrichtung. Die Stärke der Bewegungen läßt sich am Betrag der Auslenkung ablesen. Die obere Kurve enthält die Daten für den Studenten und ist gegenüber der unteren Kurve invertiert. Auslenkungen der Kurve nach unten indizieren ein seitliches Drehen des Kopfes zum Partner. Beide Kurven sind zeitlich exakt parallelisiert.

In Abbildung 2.2. wird deutlich, daß jeder der beiden Interaktionspartner seinen Kopf sowohl auf den Partner zu- als auch von ihm wegdreht. Auffallend ist, daß der Student sich im Unterschied zu seiner Partnerin mehrmals (15mal) sehr viel stärker von ihr weg bzw. auf sie seitlich zudreht; ihre seitlichen

Drehbewegungen wirken dagegen sehr viel ausgeglichener. Bei beiden Personen treten über die Gesamtzeit die Drehbewegungen in unterschiedlich großen Clusters auf. Vor allem aber zeigt sich, daß diese Clusters interaktiv miteinander verzahnt sind (Bewegungen des einen fallen zusammen mit Stillständen oder reduzierter Bewegungsaktivität des anderen Partners). Darin deutet sich, wie bereits erörtert, eine rhythmisch organisierte Abfolge wechselnder Aufmerksamkeitsverlagerungen bei beiden Interaktionsteilnehmern an.

6. Schluß

In dieser wie auch in anderen Untersuchungen mit unterschiedlichen situativen Bedingungen hat sich gezeigt, daß die Anteile (in Prozent) von ein-, zwei- und dreidimensionalen Kopfbewegungen nicht nur bei beiden Gesprächsteilnehmern nahezu gleich hoch ausfallen, sondern noch zusätzlich eine hierarchische Struktur ausbilden, in der die Seltenheit, mit der die dreidimensionalen Kopfbewegungen auftreten, besonders auffällt. Diese Ergebnisse legen nahe, daß in dyadischen Gesprächssituationen die jeweiligen Proportionen für ein-, zwei- und dreidimensionale Kopfbewegungen so etwas darstellen wie zu »*erzeugende Sollwerte*«, wobei allerdings die Art und Weise, in der sie von jedem der beteiligten Individuen hergestellt werden, eine Vielzahl recht *persönlicher* Bewegungsstile zuläßt, in denen die in den ein-, zwei- und dreidimensionalen Bewegungen vorkommenden Dimensionen in den unterschiedlichsten Proportionen zueinander verwendet werden können.

Literatur

Argyle, A. M.: Bodily Communication, London 1975.
Brannigan, C. R., *Humphries*, D. A.: Human Nonverbal Behavior, A Means of Communication, in: *Blurton Jones,* N. (Ed.): Ethological Studies in Child Behaviour, Cambridge 1972, 37–64.
Cranach, M. v., *Ellgring*, H.: Problems in the Recognition of Gaze Direction, in: *Cranach,* M. v., *Vine,* I. (Eds.): Social Communication and Movement, London, New York 1973.
Daw, W.: Nonverbale Interaktionsmuster im Psychiatrischen Arzt-Patient-Gespräch, Bern 1978 (Manuskript).
Duncan, S., *Fiske,* D. W.: Face-to-Face Interaction, Hillsdale 1977.
Duncan, S., *Fiske,* D. W.: Dynamic Patterning in Conversation, American Scientist 67, 1979, 90–98.
Ekman, P., *Friesen,* W. V.: The Repertoire of Nonverbal Behavior: Categories, Origins, Usage, and Coding, in: Semiotica 1, 1969, 49–98.
Ekman, P., *Friesen,* W. V.: Investigator's Guide to the Facial Action Coding System, Palo Alto 1978.
Frey, S.: Tonic Aspects of Behavior in Interaction, in: *Kendon,* A., *Harris,* R. M., *Key,* M. R. (Eds.): Organization of Behavior in Face-to-Face Interaction, Chicago 1975, 127–150.
Frey, S. et al.: Erforschung Nichtsprachlicher Verhaltensphänomene – ein Werkstattbe-

richt. Schweizerischer Nationalfond zur Förderung der Wissenschaftlichen Forschung, 26. Jahresbericht, Bern 1977.

Frey, S., *Pool*, J.: A New Approach to the Analysis of Visible Behavior, Forschungsberichte Psychologisches Institut, Universität Bern 1976.

Frey, S., *Hirsbrunner*, H. P., *Bieri-Florin*, A.: Vom Bildschirm zum Datenprotokoll: Das Problem der Rohdatengewinnung bei der Untersuchung Nichtverbaler Interaktion, in: Zeitschrift für Semiotik 1, 1979, 193–209.

Frey, S., *Jorns*, U. S., *Daw*, W.: A Systematic Description and Analysis of Nonverbal Behavior between Doctors and Patients in a Psychiatric Interview, in: *Corson*, S. A. (Ed.): Ethology and Nonverbal Communication in Mental Health, New York, 1980.

Harper, R. G., *Wiens*, A. N., *Matarazzo*, J. D.: Nonverbal Communication: The State of the Art, New York 1978.

Key, M. R.: Nonverbal Communication: A Research Guide and Bibliography, Metuchen 1977.

Leathers, D. G.: Nonverbal Communication Systems, Boston 1976.

Mehrabian, A.: Nonverbal Communication, Chicago 1972.

Scheflen, A.: Körpersprache und Soziale Ordnung, Stuttgart 1976.

Scherer, K. R., *Wallbott*, H. G., *Scherer*, U.: Methoden zur Klassifikation von Bewegungsverhalten: Ein Funktionaler Ansatz, in: Zeitschrift für Semiotik, 1, 1979, 177–192.

Signer, M.: Struktur und Funktion Nichtverbaler Kommunikation, Bern 1975 (Mskpt.).

H. G. Wallbott
Universität Gießen

*Subjektive und objektive Aspekte gestischen Verhaltens:
Pilotuntersuchungen an psychiatrischen Patienten**

0. Einleitung

Nonverbales Verhalten gilt als ein wichtiger Indikator psychischer Störungen. In der psychiatrischen Literatur wie auch in der alten deutschen Ausdruckspsychologie findet man verbreitet Bewegungsbeschreibungen wie »rund«, »eckig«, »abgehackt«, »hölzern«, »steif« usw. Diese Bewegungscharakteristika werden dabei mit der Art psychischer Störungen (vgl. beispielsweise *Kretschmer* 1930) oder auch mit Persönlichkeitseigenschaften und Persönlichkeitstypen in Verbindung gebracht (vgl. *Breitkopf* 1939; *Kiener* 1962; *Kietz* 1956; *Strehle* 1960). Auch in der Alltagspsychologie werden nicht selten Bewegungscharakteristika mit der Persönlichkeit einer Person assoziiert.

Was allerdings weitgehend fehlt, sind Versuche, solche Bewegungsbeschreibungen zu systematisieren und objektive Korrelate für Aspekte wie beispielsweise die »Rundheit« einer Bewegung aufzufinden. In der Literatur finden sich höchstens vereinzelt Hinweise, wie bei *Strehle* (1960), der Eckigkeit durch exakte Bewegungsgrenzen, zwischen den Teilabschnitten der Bewegung auftretende Pausen und Übergänge »... in eine neue Richtung scharf abgesetzt im Winkel..« (S. 69) verstanden wissen will.

In einem Forschungsprojekt versuchen wir, (1) objektive Korrelate von subjektiven Bewegungsbeschreibungen zu finden, (2) die Struktur subjektiver Bewegungsbeschreibungen zu untersuchen und (3) der Frage nachzugehen, inwieweit objektive und subjektive Bewegungsbeschreibungen in Zusammenhang stehen mit psychischen Zuständen, Störungen und Persönlichkeitseigenschaften. Es werden also Fragen aufgegriffen, die die Ausdruckspsychologie – allerdings mit anderen, phänomenalen Mitteln – anzugehen versuchte. Über einige Ergebnisse aus diesem Fragenkomplex soll hier berichtet werden.

---

* Teile der hier vorgestellten theoretischen Konzeption wurden in Zusammenarbeit mit Paul *Ekman* entwickelt. Die berichtete Beurteilungsuntersuchung wurde von Hans-Jürgen *Porath* im Rahmen einer Semesterarbeit am Fachbereich 06 Psychologie der Justus-Liebig-Universität in Gießen durchgeführt. Für die Überlassung von Videokopien der Interviews mit psychiatrischen Patientinnen möchte ich Paul *Ekman* und Wallace V. *Friesen* vom Human Interaction Laboratory der University of California in San Francisco danken.

1. Untersuchungsgegenstand

Es soll untersucht werden, inwieweit sich für objektive und subjektive Maße der menschlichen Expressivität Unterschiede im nonverbalen Verhalten psychiatrischer Patienten vor und nach erfolgreicher Therapie finden lassen. Zum anderen steht die Frage im Mittelpunkt, ob sich Zusammenhänge zwischen subjektiven und objektiven Bewegungsmaßen nachweisen lassen. Quantitativ meßbare Bewegungscharakteristika und subjektive Bewegungsbeschreibungen sollen also auf ihre Reliabilität und Validität hin überprüft werden.

Der Untersuchung liegen Video-Aufnahmen 20 psychiatrischer Patientinnen zugrunde, die von *Ekman, Friesen* (1975) im Rahmen eines anderen Projekts erstellt wurden. Für jede Patientin liegt die Aufnahme eines halb-standardisierten Interviews vor der Therapie (bei Einlieferung in die Klinik, Interview A) und nach erfolgreich abgeschlossener Therapie (kurz vor der Entlassung, Interview F) vor.

Expressive Aspekte sollen hier am Beispiel illustrierender Handbewegungen untersucht werden. Illustratoren sind Handbewegungen, die das Gesagte unterstreichen, verdeutlichen oder untermalen (vgl. *Ekman, Friesen* 1972). Handbewegungen wurden herangezogen, da es sich dabei um meist relativ großräumige, gut beobachtbare Verhaltensäußerungen handelt, die sowohl objektiver Messung wie subjektiver Beurteilung zugänglich sind. Zum anderen stehen Illustratoren mit kognitiven Aktivitäten der Sprachproduktion in Zusammenhang und sind so auch von theoretischem Interesse, nicht zuletzt, weil sie durch ihren engen Zusammenhang mit der gesprochenen Sprache auch interaktiv relevant sind. Schließlich konnten in vorangegangenen Untersuchungen schon Unterschiede in Anzahl und Dauer der Illustratoren bei den auch unserer Untersuchung zugrunde liegenden depressiven Patientinnen gesichert werden (vgl. *Ekman, Friesen* 1972). Dabei zeigten Depressive nach der Therapie verstärkte Illustrator-Aktivität. Es soll hier überprüft werden, ob sich neben diesen Veränderungen in der Quantität auch Veränderungen in der Qualität des Bewegungsverhaltens nachweisen lassen.

Welche objektiven, meßbaren und subjektiv beurteilbaren Aspekte gestischen Verhaltens können nun aber untersucht werden? Nach einer Durchsicht der relevanten Literatur, einem Vergleich der Operationalisierungen und Abgrenzungen und einer systematischen Integration vorhandener Arbeiten hat *Wallbott* (1980) folgendes Schema von Aspekten expressiven Verhaltens postuliert:

Untersuchte Dimension	Zustandsmaße	Maße der quantitativen Änderung oder Variation	Maße der qualitativen Änderung oder Variation
kategorial	Anzahl	Frequenz	Variabilität Ausdrucksgrad
spatial	Weglänge Größe Richtung	Form Änderungen der Richtung	Variabilität der Form Genauigkeit
temporal	Dauer	»timing«	–
spatio-temporal	Weg-Zeit-Kurven	Geschwindigkeit Beschleunigung	Dynamik Ablauf
»Gestalt«	–	Koordination Rhythmus Takt	Bewegungsstil
Energie, Kraft	kinetische Energie, Kraft	Innervations- Denervations- ablauf	Aufwand Elastizität

Diese Variablen wurden in der Vergangenheit mit einer Vielzahl von Methoden untersucht, die von phänomenaler, qualitativer Beschreibung bis hin zu hochtechnisierten Verfahren der Bewegungsanalyse durch Bestimmung quasiphysikalischer Parameter auf der Grundlage von Weg-Zeit-Kurven (Änderungen von Bewegungskoordinaten in den drei räumlichen Dimensionen und der Zeit) reichen (vgl. Abbildung 1).

Bisher wurden von uns funktionale Klassifikationen zur Untersuchung von Handbewegungsverhalten und eine halbautomatische Methode zur Ermittlung und Weiterverarbeitung von Weg-Zeit-Kurven erarbeitet. Einen Überblick über in der Literatur vorgeschlagene funktionale Klassifikationen gestischen Verhaltens gibt Abbildung 2. Die bei allen Autoren aufweisbare Trennung zwischen das Gesprochene illustrierenden und untermalenden Gesten und selbstmanipulative Funktionen der Bedürfnisbefriedigung und Erregungssteuerung erfüllenden Handbewegungen wurde auch in unseren Arbeiten übernommen.

Auf diese Techniken soll hier nicht eingegangen werden, ihre Grundlagen und erste Ergebnisse werden an anderer Stelle dargestellt (vgl. *Scherer, Wallbott, Scherer* 1979; *Wallbott* 1981).

Hier sollen andere Techniken vorgestellt werden, von denen angenommen wird, daß sie eher als funktionale Klassifikation Zugang zu qualitativen Bewe-

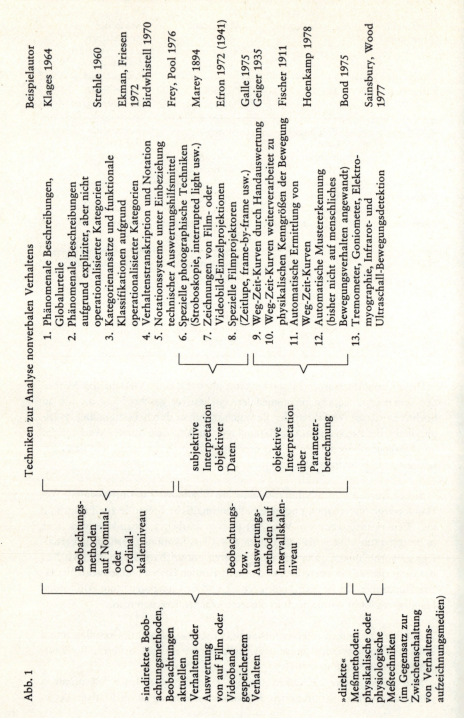

Abb. 1. Techniken zur Analyse nonverbalen Verhaltens

Abb. 2 Funktionale Klassifikationen gestischen Verhaltens

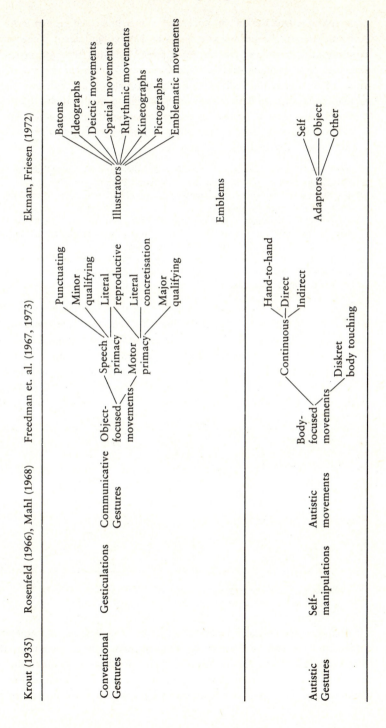

gungscharakteristika erlauben, andererseits aber nicht den großen technischen Aufwand, der zur Ermittlung von Weg-Zeit-Kurven und deren Weiterverarbeitung nötig ist, erfordern. Dazu wurden zwei Methoden herangezogen: Einmal soll versucht werden, illustrative Handbewegungen in verschiedene, diese Bewegungen konstituierende Teilkomponenten aufzuteilen. Zum anderen sollen subjektive Eindrücke von Bewegungen auf Beurteiler erfaßt werden.

Zur Gewinnung von Bewegungskomponenten wird davon ausgegangen, daß jede illustrative Handbewegung in mehrere Komponenten, die diese Bewegung konstituieren, aufgeteilt werden kann:

(1) der *Onset* einer Bewegung, d. h. der Weg, den die Hand von einer Ruheposition aus zurücklegt, bis die eigentlich illustrative Aktivität beginnt;
(2) der *Kern einer Bewegung*, d. h. die eigentliche illustrierende, die Sprache untermalende oder akzentuierende Bewegung;
(3) *Pausen* innerhalb einer Bewegung, die den Bewegungsablauf unterbrechen. Diese Pausen innerhalb von Bewegungen müssen dabei von Pausen unterschieden werden, die zwischen verschiedenen Bewegungen auftreten.
(4) der *Offset* einer Bewegung, d. h. der Teil einer Bewegung, wo die Hand ihre illustrative Aktivität beendet und wieder in eine Ruhelage zurückkehrt oder nach der eine andere Bewegung sich anschließt.

Natürlich muß nicht jede Handbewegung alle diese Komponenten beinhalten. So sind Bewegungen ohne Onset denkbar, bei denen sich die Hand nicht erst zum Ort der illustrierenden Bewegung begibt, sondern sofort mit dieser beginnt. Theoretisch lassen sich folgende Bewegungstypen unterscheiden (andere Bewegungstypen, die nur aus Onset oder Offset bestehen, sind nicht möglich).

Typ	Onset	Kern vorhanden	Pausen	Offset
1a	+	+	+	+
1b	+	+	−	+
2a	+	−	+	+
2b	+	−	−	+
3a	+	+	+	−
3b	+	+	−	−
4a	−	+	+	+
4b	−	+	−	+
5a	−	+	+	−
5b	−	+	−	−

+ = Bewegungskomponente vorhanden
− = Bewegungskomponente fehlt

Die hier vorgeschlagene Operationalisierung von Bewegungscharakteristika bildet nur eine von verschiedenen Möglichkeiten. Mit gleicher theoretischer Berechtigung könnte auch die Ausladendheit einer Bewegung (durch Koordinatenfeststellung) oder deren Geschwindigkeit (durch Ermittlung von Koordinatenänderungen) gemessen werden. Diese Möglichkeiten sollen in späteren Arbeiten verfolgt werden. In der vorliegenden Arbeit steht also eine Binnen-Segmentierung von Bewegungen und die Messung der zeitlichen Anteile der gewonnenen Segmente im Mittelpunkt.

2. Datengewinnung

Aus den oben erwähnten Interviews mit depressiven psychiatrischen Patientinnen wurden nach Zufallsauswahl und in zufälliger Reihenfolge 40 Illustratoren auf Videoband zusammengeschnitten. Dabei wurde Sorge getragen, daß jeweils 20 Illustratoren aus Interview A und F ausgewählt wurden. Es wurden nur Illustratoren zusammengeschnitten, die von zwei unabhängigen Kodierern übereinstimmend als solche definiert wurden. Zusätzlich wurden nur Bewegungen ausgewählt, die nicht unmittelbar einer anderen Bewegung folgten oder ihr vorausgingen, um zu gewährleisten, daß in jedem der 40 Videoclips nur jeweils eine durch Perioden der Bewegungslosigkeit abgegrenzte Bewegung auftrat.

Zur Binnen-Segmentierung in Onset, Kern, Pausen und Offset wurde ein Kodierungs-Manual mit Definitionen und Abgrenzungen erarbeitet. 20 der mit Zeitmarken versehenen Szenen wurden von zwei geschulten Beobachtern kodiert, um eine Reliabilitätsprüfung zu ermöglichen. Die restlichen 20 Szenen kodierte ein Beobachter. Verlangt war dabei, die einzelnen vorkommenden Bewegungsteile zu identifizieren und deren exakte Beginn- und Endpunkte festzulegen. Aufgrund dieser Kodierungen wurden folgende Datensätze ermittelt:

- Vorkommenshäufigkeit der einzelnen oben dargestellten Bewegungstypen
- Länge der einzelnen Bewegungskomponenten
- Gesamtdauer einer Bewegung
- zeitlicher Anteil der einzelnen Bewegungskomponenten (als: Länge der Komponenten/Gesamtdauer der Bewegung).

Die 40 Szenen wurden außerdem von 12 Beurteilern (Studenten, sechs weiblich, sechs männlich) auf fünf neun-stufigen Skalen beurteilt:

wenig intensiv	– intensiv	(Energie der Bewegung)
schnell	– langsam	(Geschwindigkeit)
ausladend	– eng	(Größe der Bewegung)
flüssig	– abgehackt	(Form der Bewegung)
rund	– eckig	(Form der Bewegung)

Einige der Skalen sind umgepolt, um Antworttendenzen möglichst entgegenzuwirken. Zur Beurteilung jeder Szene standen 15 Sekunden zur Verfügung. Die Beurteiler erhielten keine Erläuterungen zur Definition der Skalen, hatten allerdings bei sechs »Probeszenen« die Möglichkeit, den Umgang mit den Skalen zu lernen.

3. Ergebnisse

3.1 Reliabilität der Binnen-Segmentierung

Reliabilitätsdaten wurden aufgrund der 20 von zwei Beobachtern kodierten Szenen berechnet. Die Kodierungen wurden alle 50 msec verglichen und diese Vergleiche in Übereinstimmungs-Nichtübereinstimmungsmatrizen tabelliert. Aus diesen Matrizen wurde die mittlere prozentuale Übereinstimmung und der mittlere Kappa-Koeffizient (vgl. *Asendorpf, Wallbott* 1979) ermittelt. Eine mittlere prozentuale Übereinstimmung von .831 und ein mittleres Kappa von .714 zeigen die recht befriedigende Übereinstimmung beider Kodierer. Produkt-Moment-Korrelationen für die Übereinstimmung der Ermittlung der Dauer der einzelnen Bewegungskomponenten ergeben folgende Werte:

Dauer der Komponente	r_{xy}
Onset	.73
Kern	.40
Pausen	.60
Offset	.76
Gesamtdauer der Bewegung	.69

Auch diese Daten zeigen die generell recht befriedigende Reliabilität der Kodierungen (der relativ niedrige Wert für die »Kerndauer« konnte nach Inspektion der Daten auf einen systematischen Kodierungsfehler eines der beiden Beobachter zurückgeführt werden).

3.2 Beurteilerübereinstimmung für die Beurteilungsskalen

Zur Bestimmung der Beurteiler-Übereinstimmung wurden Kenngrößen auf varianzanalytischer Grundlage ermittelt (vgl. *Asendorpf, Wallbott* 1979). Dabei fanden sich folgende Werte:

Skala (jeweils der rechte Pol angegeben)	R_u	R_a	Intraclass-Korrelation unjustiert	adjustiert
intensiv	.91	.93	.45	.52
langsam	.89	.91	.41	.45
eng	.95	.95	.60	.63
abgehackt	.92	.93	.49	.53
eckig	.94	.95	.57	.60

Die Übereinstimmung der Beurteiler ist für alle Skalen überraschend hoch, vor allem wenn man in Rechnung stellt, daß keine Skalendefinitionen vorgegeben wurden, um wirklich den subjektiven Eindruck der Beurteiler erfassen zu können.

3.3 Unterschiede zwischen Interview A und Interview F

Zur Ermittlung von Unterschieden im objektiv gemessenen und im subjektiv wahrgenommenen Bewegungsverhalten der depressiven Patientinnen zwischen dem Interview vor und dem Interview nach erfolgreicher Therapie wurden t-Tests für unabhängige Stichproben berechnet. Der Berechnung für die Beurteilungen wurden pro Szene Mittelwerte über die 12 Beurteiler zugrunde gelegt. Folgende Ergebnisse fanden sich:

Variable		$\bar{X}_{\text{Interview A}}$	$\bar{X}_{\text{Interview F}}$	df	t	sign.
Onset-Dauer	(sec.)	.18	.24	38	1.06	n.s.
Kern-Dauer	(sec.)	.96	.89	38	.21	n.s.
Pausen-Dauer	(sec.)	.41	.31	38	.42	n.s.
Offset-Dauer	(sec.)	.44	.32	38	.98	n.s.
Gesamtdauer	(sec.)	2.00	1.71	38	.61	n.s.
Onset-Anteil	(%)	.11	.17	38	1.64	(*)
Kern-Anteil	(%)	.50	.54	38	.40	n.s.
Pausen-Anteil	(%)	.15	.08	38	1.35	n.s.
Offset-Anteil	(%)	.24	.21	38	.44	n.s.
intensiv	(= 9.0)	4.27	5.14	38	2.52	*
langsam	(= 9.0)	5.66	3.84	38	4.34	**
eng	(= 9.0)	5.96	5.89	38	.15	n.s.
abgehackt	(= 9.0)	4.86	4.99	38	.28	n.s.
eckig	(= 9.0)	5.27	5.74	38	1.35	n.s.

* = alpha kleiner .05
** = alpha kleiner .01
(*) = Trend

Es zeigen sich also relativ wenige signifikante Differenzen zwischen beiden Interviews. Illustrative Bewegungen werden bei weniger depressiven Personen als eher intensiver und schneller beurteilt. Objektive Korrelate finden sich dazu nur wenig: Der Onset scheint nach erfolgreicher Therapie einen relativ größeren Anteil der Bewegungen einzunehmen. In der zeitlichen Dauer unterscheiden sich die einzelnen Komponenten wie auch die durchschnittliche Gesamtdauer der Bewegungen vor und nach der Therapie nicht signifikant.

Während die Betrachtung der einzelnen Bewegungskomponenten also keinen Aufschluß über den Therapieerfolg zu geben scheint, zeigen sich in der Verteilung der einzelnen Bewegungstypen (vgl. 1.) Unterschiede zwischen beiden Interviews:

Bewegungstyp	Häufigkeit	
	Interview A	Interview F
1	10	14
2	2	–
3	–	1
4	2	1
5	6	4

bzw. wenn man die »vollständigen« Bewegungen (Typ 1) allen anderen Typen gegenüberstellt:

Bewegungstyp	Häufigkeit	
	Interview A	Interview F
vollständig	10	14
alle anderen Typen	10	6

$Chi^2 = 3.60$ für $f_e = f_{Interview\ A}$
alpha kleiner .10

Vollständige Bewegungen, bei denen Onset, Kern und Offset vorhanden sind, treten also in Interviews nach der Therapie häufiger auf. Untersucht man diese Bewegungen vor und nach der Therapie bzgl. Dauer und Anteil der einzelnen Bewegungskomponenten, so ergibt sich folgendes Bild:

Variable	$\overline{X}_{Interview\ A}$	$\overline{X}_{Interview\ F}$	df	t	sign.
N	9	9			
Onset-Dauer	.32	.33	16	.20	n.s.
Kern-Dauer	.88	.86	16	.07	n.s.
Pausen-Dauer	.37	.10	16	.67	n.s.
Offset-Dauer	.66	.25	16	2.78	*
Gesamtdauer	2.23	1.52	16	1.29	n.s.
Onset-Anteil	.17	.26	16	1.95	(*)
Kern-Anteil	.41	.52	16	1.70	(*)
Pausen-Anteil	.13	.03	16	1.93	(*)
Offset-Anteil	.30	.20	16	1.77	(*)

* = alpha kleiner .05
(*) = Trend

Die Vorkommenshäufigkeit und die innere Struktur der vollständigen Bewegungen scheinen also eng mit dem Therapieerfolg zusammenzuhängen. Diese Bewegungen treten nach erfolgreicher Therapie häufiger auf. Nach erfolgreicher Therapie ist bei diesen Bewegungen der Offset kürzer und hat einen geringeren Anteil an der gesamten Bewegungsdauer, der Pausenanteil ist geringer und – umgekehrt – der Anteil von Onset und Bewegungskern größer.

3.4. Die Struktur subjektiver Bewegungsbeurteilungen

Um Aufschluß über die Zusammenhänge der subjektiven Beurteilungsskalen zu erhalten, wurden die Daten über alle 40 Szenen interkorreliert. Die Matrix zeigt recht enge, signifikante Korrelationen zwischen verschiedenen Skalen:

	intensiv	langsam	eng	abgehackt	eckig
intensiv	1.00				
langsam	−.56**	1.00			
eng	−.63**	.22	1.00		
abgehackt	.02	−.10	.46**	1.00	
eckig	.26	−.43**	.21	.74**	1.00

(Zur Kennzeichnung der Skalen ist jeweils der rechte Pol angegeben.)
** = alpha kleiner .01

Intensive Bewegungen werden also als schneller und ausladender beurteilt. Schnelle Bewegungen wirken gleichzeitig eckig, abgehackte Bewegungen dagegen eng. Schließlich werden abgehackte Bewegungen gleichzeitig als eher eckig beurteilt. Ein clusteranalytisches Verfahren (wiederholte Interkorrelationen der Spalten der Korrelationsmatrix) ergibt nach der vierten Iteration zwei deutlich voneinander abgehobene Cluster:

$$\left.\begin{array}{c}\text{intensiv}\\ \text{abgehackt}\\ \text{eckig}\end{array}\right\} \text{gegenüber} \left\{\begin{array}{c}\text{langsam}\\ \\ \text{eng}\end{array}\right.$$

Diese Daten geben einen Hinweis auf die Validität des oben postulierten theoretischen Ordnungsrahmens zur Klassifikation von Bewegungscharakteristika. Denn Beurteiler stellen die einfacheren, physikalische Bewegungscharakteristika widerspiegelnden Skalen (langsam = Geschwindigkeit; eng = Größe) den komplexeren gestalthaften Bewegungsaspekten (intensiv = Energie; abgehackt und eckig = Form) gegenüber.

In weitergehenden Untersuchungen soll versucht werden, solche »Impliziten Bewegungstheorien« umfassender zu untersuchen und vor allem zu überprüfen, inwieweit das theoretisch abgeleitete Klassifikationsschema subjektive Beurteilungen widerspiegeln kann.

3.5. Zusammenhänge zwischen subjektiven und objektiven Aspekten gestischen Verhaltens

Inwieweit hängen subjektive Beurteilungen von Bewegungen mit den hier gewählten Operationalisierungen gestischen Verhaltens (d. h. der Binnen-Segmentierung) zusammen? Lassen sich subjektive Beurteilungen von beispielsweise der »Eckigkeit« einer Bewegung aus objektiv meßbaren Charakteristika dieser Bewegung erklären?

Da die Korrelationen der relativen Anteile der einzelnen Bewegungskomponenten mit den Beurteilungen durchweg niedriger ausfielen als die Korrelationen der Beurteilungen mit der Dauer der Komponenten, sollen hier nur letztere berichtet werden. Diese niedrigeren Korrelationen beinhalten, daß die relativen Anteile in den Urteilsstrategien recht wenig berücksichtigt werden. Umgekehrt scheint die Zeitdauer, wie die folgende Korrelationsmatrix zeigt, eine wichtige Rolle zu spielen. Die Korrelationen basieren hier wiederum auf allen 40 Szenen:

	Dauer von				
	Onset	Kern	Pausen	Offset	Gesamtdauer
intensiv	.46**	.17	.18	.05	.26
langsam	−.20	.32*	.25	.20	.39*
eng	−.54**	−.29	−.27	−.24	−.46**
abgehackt	−.40**	−.24	.01	−.22	−.30
eckig	−.22	−.35*	−.12	−.23	−.42**

* = alpha kleiner .05
** = alpha kleiner .01

Intensive Bewegungen zeichnen sich also vor allem durch einen längeren Onset aus. Langsame Bewegungen haben einen längeren Kern und dauern insgesamt länger. Enge Bewegungen beinhalten einen kürzeren Onset und sind insgesamt kürzer, dasselbe gilt für abgehackte Bewegungen. Eckige Bewegungen schließlich haben — wie schnelle Bewegungen — einen kurzen Kern und eine geringere Gesamtdauer.

Diese Aussagen werden auch durch schrittweise multiple Regressionsanalysen bestätigt. Die jeweilige Rolle der verschiedenen Bewegungskomponenten wird schließlich verdeutlicht, wenn man Beurteilungen von Bewegungen, denen einzelne Bewegungskomponenten fehlen, mit Bewegungen vergleicht, die diese Komponenten beinhalten.

Es sollen die Ergebnisse dreier Vergleiche für Bewegungen mit und ohne Onset, für Bewegungen mit und ohne Offset und für Bewegungen mit bzw. ohne Pausen innerhalb der Bewegung dargestellt werden.

	$\bar{X}_{\text{Bewegungen}}$ ohne Onset	$\bar{X}_{\text{Bewegungen}}$ mit Onset	df	t	sign.
N	13	27			
intensiv	3.77	5.16	38	4.22	**
langsam	5.45	4.42	38	2.03	*
eng	7.34	5.24	38	1.30	n.s.
abgehackt	5.41	4.69	38	2.10	*
eckig	5.10	5.70	38	.22	n.s.

	$\bar{X}_{\text{Bewegungen}}$ ohne Offset	$\bar{X}_{\text{Bewegungen}}$ mit Offset	df	t	sign.
N	11	29			
intensiv	3.95	4.99	38	2.75	**
langsam	5.33	4.53	38	1.42	n.s.
eng	7.12	5.47	38	3.13	**
abgehackt	5.62	4.66	38	2.79	**
eckig	5.72	5.42	38	.76	n.s.

	$\bar{X}_{\text{Bewegungen}}$ ohne Pause	$\bar{X}_{\text{Bewegungen}}$ mit Pause	df	t	sign.
N	23	17			
intensiv	4.71	4.71	38	.00	n.s.
langsam	4.19	5.51	38	2.82	**
eng	6.36	5.34	38	1.97	(*)
abgehackt	5.09	4.70	38	1.18	n.s.
eckig	5.27	5.74	38	1.86	(*)

** = alpha kleiner .01
* = alpha kleiner .05
(*) = Trend

Diese Ergebnisse machen die Rolle der verschiedenen Bewegungskomponenten für die subjektiven Beurteilungen noch deutlicher als die oben angeführten Daten, da hier »Extreme« (Bewegungen, denen die entsprechende Komponente ganz fehlt) verglichen werden.

Die Daten, aus Korrelationsanalysen und t-Tests zusammengefaßt, ergeben – nur signifikante Ergebnisse berücksichtigt – folgende Beziehungen zwischen der Dauer der Bewegungskomponenten und subjektiven Beurteilungen der Bewegungen:

Bewegungs-charakteristik	Onset fehlt	kurzer Onset	langer Onset	kurzer Kern	langer Kern	Pausen fehlen	Offset fehlt	Gesamtdauer kurz	Gesamtdauer lang
wenig intensiv	*	*					*		
intensiv			*						
langsam	*			*					*
schnell			*		*	*			
eng		*					*	*	
ausladend			*						*
flüssig			*						
abgehackt	*	*					*		
rund					*	*			*
eckig				*			*		

Aus dieser Matrix können in der vorliegenden Arbeit gefundene Zusammenhänge zwischen objektiven Bewegungscharakteristika und subjektiven Beurteilungen abgelesen werden. Weiterhin können Vorhersagen gemacht werden, die dann an anderem Material überprüfbar sind. So wird durch unsere Ergebnisse beispielsweise nahegelegt, daß eher als »abgehackt« beurteilte Bewegungen einen kurzen oder keinen Onset beinhalten und daß ihnen der Offset oft fehlt. Runde Bewegungen sollten einen langen Kern und selten Pausen beinhalten und insgesamt eher länger dauern.

4. Diskussion

Die Ergebnisse zeigen, daß vor allem der Onset einer illustrativen Handbewegung und ihr Kern eine wichtige Rolle bei subjektiven Beurteilungen zu spielen scheinen. Eine Inspektion der oben angegebenen Matrix zeigt aber darüber hinaus, daß nicht der Onset oder ein anderer Bewegungsteil an sich die Beurteilungen determiniert, sondern daß ganz spezifische Charakteristika dieser Bewegungssegmente für bestimmte Beurteilungen verantwortlich zu machen sind. Bewegungen mit kurzem oder ganz fehlendem Onset werden als eher wenig intensiv, langsam, eng und abgehackt beurteilt. Der Onset bildet aber – gerade bei illustrierenden Handbewegungen – eine Bewegung der Hand aus einer Ruhelage am Körper in den Raum hinaus. Je länger nun dieser Onset zeitlich ist, desto größer ist die Wahrscheinlichkeit, daß die Hand sich in seinem Verlauf weiter in den Raum hinaus bewegt. Daher ist anzunehmen, daß sich die Beurteilungen letztlich auf die Ausladendheit des Onsets gründen. Bei längerem Onset legt die Hand einen durchschnittlich längeren Weg zurück, dadurch werden die Bewegungen als ausladend, intensiv, schnell und flüssig beurteilt. Anscheinend trägt ein längerer Onset deshalb zum Eindruck von »Flüssigkeit« bei, weil Handbewegungen ohne Onset unvermittelt, ohne Einleitungsphase, d. h. abgehackt beginnen.

Plausibel erscheint auch, daß Bewegungen mit langem Kern, insgesamt langer Dauer und keinen Pausen als eher rund beurteilt werden (damit ist ein Kriterium, das *Strehle* (1960) für Eckigkeit postulierte, verifiziert).

Ein fehlender Offset schließlich führt – allerdings nicht so eindeutig – zu ähnlichen Beurteilungen wie ein fehlender Onset. Auch dann erscheinen Bewegungen als weniger intensiv, enger und abgehackter. Wahrscheinlich liegt auch hier die (physikalische) Ausladendheit der Bewegungen zugrunde. Bewegungen mit längerem Offset beinhalten eine längere Bewegung der Hand zur Ruhelage und damit unter Umständen einen längeren Weg, den die Hand zurücklegt.

Die Ergebnisse zeigen also vielversprechende Zusammenhänge zwischen objektiven Bewegungsmaßen und subjektiven Beurteilungen, die zumindest plausibel sind. Sie zeigen aber gleichzeitig, daß bei der von uns hier zur Operationalisierung herangezogenen Binnen-Segmentierung nicht stehengeblieben werden darf. Physikalische Maße, vor allem der Ausladendheit und des zurückgelegten Wegs, müssen in die Analysen einbezogen werden, um die Struktur subjektiver Bewegungsbeurteilungen weiter aufklären zu können.

Die Interkorrelationen der Skalen zusammen mit den Daten zur Beurteilerübereinstimmung zeigen zwei wichtige Aspekte. Zum einen sind menschliche Beurteiler auch ohne Schulung durchaus in der Lage, Skalen zur Bewegungsbeurteilung übereinstimmend und reliabel zu benutzen. Dies gibt einen Hinweis darauf, daß die phänomenologischen Aussagen der Ausdruckspsychologie und verwandter Gebiete durchaus in quantitativen Untersuchungen herangezogen werden können und daß es möglich ist, solche phänomenologischen Aspekte zu operationalisieren. Zum anderen zeigen die korrelativen Zusammenhänge der hier verwendeten (kleinen) Auswahl von Skalen, daß das zu Beginn dieser Arbeit postulierte theoretische Schema zur Klassifikation von Bewegungsaspekten durchaus valide zu sein scheint bzw. die Struktur subjektiver Beurteilungen widerspiegelt. Wie erwähnt, sind dazu weitere Untersuchungen nötig, die vor allem weitere Skalen bzw. Beurteilungsdimensionen einbeziehen.

Die letzte Frage, die in dieser Arbeit gestellt wurde, war die nach der diagnostischen und klinischen Relevanz der einbezogenen Variablen. Auch diese Ergebnisse stützen den theoretischen Ansatz und die Validität der verwandten Variablen. So werden im Einklang mit phänomenalen Beschreibungen Handbewegungen Depressiver nach erfolgreicher Therapie als intensiver und schneller beurteilt, die Bewegungen scheinen also insgesamt mehr »Dynamik« zu zeigen. Keine Unterschiede finden sich in der Dauer und im relativen Anteil der einzelnen von uns unterschiedenen Bewegungskomponenten. Dies ändert sich allerdings, wenn man vollständige Bewegungen (mit Onset, Kern und Offset) unvollständigen (denen eine dieser Komponenten fehlt) gegenüberstellt. Es zeigt sich, daß die Patienten nach der Therapie mehr vollständige Bewegungen zeigen, während der Anteil der in irgendeiner Weise »fragmentarisierten« Bewegungen abnimmt. Zusätzlich sind diese vollständigen Bewegungen nach der Therapie anders strukturiert als vollständige Bewegungen vor der Therapie. Vor der Therapie nehmen Pausen und Offset einen relativ großen Anteil der Bewegung ein, während der Anteil von Onset und core nach der Therapie signifikant größer ist.

Diese Ergebnisse legen eine wichtige Rolle vollständiger Bewegungen im Zusammenhang mit psychischen Störungen nahe. Unter Umständen sind solche vollständigen Bewegungen, die nicht abrupt beginnen (kein Onset), bei denen der Bewegungskern vorhanden ist und die auch nicht abrupt enden (kein Offset), ein Indikator von »Normalität« bzw. psychischer Störungsfreiheit. Auch dieser Frage müßte weiter nachgegangen werden.

Wie mehrfach angedeutet, wurden in der vorliegenden Arbeit nur einzelne, relativ willkürlich aus einem größeren theoretischen Rahmen ausgewählte Aspekte des Bewegungsverhaltens untersucht. Es wird Aufgabe weiterer Untersuchungen sein, die hier gefundenen Ergebnisse zu kreuzvalidieren und vor allem das Untersuchungsspektrum aufgrund des vorgestellten theoretischen Konzepts zu erweitern und zu differenzieren. Die hier gefundenen Ergebnisse deuten bereits an, daß die Untersuchung objektiver und subjektiver qualitativer Bewegungscharakteristika ein fruchtbares Forschungsgebiet darstellen könnte, nicht zuletzt, weil sich so eine Möglichkeit bietet, ausdrucks- und eindruckspsychologische Konzepte wieder zu beleben und zu objektivieren. Mit Techniken der Verhaltensanalyse, wie sie hier dargestellt wurden, wird es vielleicht möglich, einer Forderung von *Kretschmer* (1953) Genüge zu tun, der beklagte: »Landläufige Lehrbuchbeschreibungen begnügen sich ... mit Ausdrücken wie »läppisch«, »bizarr«, »manieriert« usw. Diese schildern in vorwissenschaftlichen populären Ausdrücken die Art des Eindrucks, die bestimmte psychomotorische Phänomene auf den Beschauer machen, nicht aber die Phänomene selbst« (*Kretschmer* 1953, S. 1). Hier wurde ein erster Versuch dargestellt, solche »Eindrücke auf den Beschauer« in Verbindung zu bringen mit quantitativ bestimmbaren Aspekten »psychomotorischer Phänomene«.

Literatur

Asendorpf, J., *Wallbott*, H. G.: Maße der Beobachterübereinstimmung: Ein systematischer Vergleich, in: Zeitschrift für Sozialpsychologie 10, 1979, 243–252.
Birdwhistell, R. L.: Kinesics and context, Philadelphia 1970.
Bond, C. P.: Television image analysis, in: Research Film 8, 1975, 439–443.
Breitkopf, A.: Großbewegungen und Kleinbewegungen, in: Zeitschrift für angewandte Psychologie und Charakterkunde 58, 1939, 1–93.
Efron, D.: Gesture and environment, New York 1941.
Efron, D.: Gesture, race, and culture, Den Haag 1972.
Ekman, P., *Friesen*, W. V.: Hand movements, in: Journal of Communication 22, 1972, 353–374.
Ekman, P., *Friesen*, W. V.: Nonverbal behavior in psychopathology, in: *Friedman*, R. J., *Katz*, M. M. (Eds.): The psychology of depression. Contemporary theory and research, New York 1975, 203–224.
Fischer, O.: Methodik der speziellen Bewegungslehre, in: *Tigerstedt*, R. (Hrsg.): Handbuch der physiologischen Methodik, Leipzig 1911, 120–316.
Freedman, N., *Hoffman*, S. P.: Kinetic behavior in altered clinical states: Approach to

objective analysis of motor behavior during clinical interviews, in: Perceptual and Motor Skills 24, 1967, 527–539.

Freedman, N., *Blass*, R., *Rifkin*, A., *Quitkin*, F.: Body movements and the verbal encoding of aggressive affect, in: Journal of Personality and Social Psychology 26, 1973, 72–83.

Frey, S., *Pool*, J.: A new approach to the analysis of visible behavior, Universität Bern 1976.

Galle, H. K.: Die Methodik der herkömmlichen Filmauswertung, in: Research Film 8, 1975, 409–420.

Geiger, E.: Zur Psychomotorik der Konstitutionstypen bei industriellen Hämmerarbeiten, Würzburg 1935.

Hoenkamp, E. C. M.: Perceptual cues that determine the labelling of human gait, in: Journal of Human Movement Studies 4, 1978, 59–69.

Kiener, F.: Hand, Gebärde und Charakter, München 1962.

Kietz, G.: Der Ausdrucksgehalt des menschlichen Ganges, Leipzig 1956.

Klages, L.: Grundlegung der Wissenschaft vom Ausdruck, Bonn 1964.

Kretschmer, E.: Medizinische Psychologie, Leipzig 1930.

Kretschmer, E.: Der Begriff der motorischen Schablonen und ihre Rolle in normalen und pathologischen Lebensvorgängen, in: Archiv für Psychiatrie und Zeitschrift für Neurologie 190, 1953, 1–3.

Krout, M. H.: Autistic gestures: An experimental study in symbolic movement, in: Psychological Monographs 46, 1935, 119–120.

Mahl, G. F.: Gestures and body movements in interviews, in: *Shlien*, J. (Ed.): Research in psychotherapy, Washington 1968, 295–346.

Marey, E. J.: Le mouvement, Paris 1894.

Rosenfeld, H. M.: Instrumental affiliative functions of facial and gestural expressions, in: Journal of Personality and Social Psychology 4, 1966, 65–72.

Sainsbury, P., *Wood*, E.: Measuring gesture: Its cultural and clinical correlates, in: Psychological Medicine 7, 1977, 63–72.

Scherer, K. R., *Wallbott*, H. G., *Scherer*, U.: Methoden zur Klassifikation von Bewegungsverhalten: Ein funktionaler Ansatz, in: Zeitschrift für Semiotik 1, 1979, 177–192.

Strehle, H.: Mienen, Gesten und Gebärden, München 1960.

Wallbott, H. G.: The measurement of human expression, in: *Raffler-Engel*, W. v. (Ed.): Aspects of nonverbal communication, Lisse 1980, 203–228.

Wallbott, Z. G.: Ein System zur quantitativen, halbautomatischen Analyse von Handbewegungen, in: *Raffler-Engel*, W. v. (Hrsg.): Aspekte der nonverbalen Kommunikation, München 1981 (im Druck).

K. Ehlich, J. Rehbein
Universität Düsseldorf, Universität Bochum

Zur Notierung nonverbaler Kommunikation für diskursanalytische Zwecke

(*Erweiterte halbinterpretative Arbeitstranskriptionen* [HIAT 2])

0. Einleitung

Im folgenden Beitrag diskutieren wir einen Transkriptionsvorschlag für nonverbale Kommunikation (NVK), der im Zusammenhang diskursanalytischer Arbeiten entwickelt wurde. Wir beziehen uns auf das bereits früher vorgestellte Verfahren der »halbinterpretativen Arbeitstranskriptionen (HIAT)« (s. *Ehlich, Rehbein* 1976, 1979). Es dient einer möglichst informationsreichen, gleichwohl relativ leicht herstellbaren und lesbaren Wiedergabe mündlicher Kommunikation in der Vielfältigkeit ihrer unterschiedlichen Dimensionen.

Die Arbeitstranskriptionen können einfache (HIAT 1, *Ehlich, Rehbein* 1976) bzw. im Blick auf einzelne dieser Dimensionen hin spezifizierte Form haben (HIAT 2, vgl. für die Intonation *Ehlich, Rehbein* 1979).[1]

Die halbinterpretativen Arbeitstranskriptionen sind Partiturschreibungen, deren Ausgestaltung sich durch den oben beschriebenen Zweck ergibt.[2]

Das Transkriptionsverfahren, das zur Verschriftlichung mündlicher Kommunikation verwendet wird, enthält immer bereits zentrale methodologische und analytische Vorentscheidungen, die die Untersuchungsergebnisse beeinflussen.[3]

Je nach der Reflexion dieses Zusammenhangs wird das Determinationsverhältnis methodologisch relativiert und so analytisch fruchtbar gemacht werden – oder aber es wirkt stillschweigend und ohne daß die Einzeleinflüsse, die dem Verfahren geschuldet sind, als solche erkannt würden.

Wir geben deshalb nicht einfach einen Verfahrensvorschlag bzw. ein Transkriptionsformular, sondern versuchen, u. E. zentrale kategoriale Bestimmungen der nonverbalen Kommunikation zu erörtern und ihren Bezug zu der von uns verwendeten Notation offenzulegen.[4]

1. Zur handlungspraktischen und theoretisch-analytischen Rolle von NVK bei mündlicher Kommunikation

Die Linguistik hat sich in ihrer langen Geschichte meistens schwer getan mit mündlicher Kommunikation, weil sie ihre sozusagen vorgegebenen Objekte in schriftlichen Dokumenten fand. Diese Affinität zum Schriftlichen tangiert die

Erkenntnis der verschiedenen Dimensionen mündlicher Kommunikation unterschiedlich stark: die verbale Kommunikation, *sofern* sie ohnehin durch orthographische Systeme in schriftliche Form gebracht werden kann, relativ am wenigsten; paralinguistische Kennzeichen schon mehr; am meisten jedoch die nonverbale, visuell vermittelte Dimension. Mit dieser haben wir es hier zu tun.

NVK erscheint nichtablösbar gebunden an die unmittelbare Sprechsituation (dieser Terminus im strengen Bühlerschen Sinn verstanden, vgl. *Bühler* 1934 passim und *Ehlich* 1979; *Rehbein* 1977, § 11). Die im angelsächsischen Sprachraum übliche Bezeichnung »face-to-face-communication« benennt die Sprechsituation gerade unter Bezug auf diese ihre visuelle Dimension.

NVK benutzt also die visuellen Möglichkeiten für kommunikative Zwecke und unterscheidet sich darin von der verbalen Kommunikation, die auf die akustische Dimension der sinnlichen Wahrnehmbarkeit bezogen ist; diese wird in sprachlicher und parasprachlicher Weise funktionalisiert.

Verschriftlichungen sind für viele Sprachsysteme – wenngleich keineswegs für alle – auf die akustisch vermittelte Dimension von Sprache bezogen.[5]

Für die visuelle Dimension der Kommunikation scheint sich demgegenüber die visuell-eikonische Verschriftlichung anzubieten.[6] Doch ist sie mit all den Schwierigkeiten behaftet, die hieroglyphischen und ähnlichen Systemen eignet. Die visuell-eikonische Verschriftlichung ist besonders dadurch behindert, daß die Zeichen vergleichsweise komplex und nur relativ schwer reproduzierbar sind. Grundsätzlich liegt ihre Problematik jedoch darin, daß die scheinbare Analoghaftigkeit, die sich desselben sinnlichen Mediums bedient, in Wahrheit die komplexen analytischen Problemstellungen eher verdeckt als löst. Die Wiedergabe im Medium der Eikonizität knüpft zwar an bestimmten visuellen Erscheinungsformen der kommunikativen Einheiten an, doch ist diese Verbindung oberflächlich und führt nicht dazu, daß die kommunikativ komplexe Zeichenstruktur der Kommunikationseinheiten analytisch durchschaut wird.

Von einer solchen Form der durchgängigen visuell-eikonischen Repräsentation zu unterscheiden ist die unmittelbare Wiedergabe von NVK-Phänomenen durch Bilder (Filme, Videofilme, Photographien, Zeichnungen), die gleichfalls die Oberfläche des Erscheinenden in wiederholbarer Weise sichtbar machen. Diese Art der Wiedergabe beschränkt sich auf genau diesen Zweck der Repräsentation und stellt nicht den Anspruch, die Phänomene hinreichend in ihrer Zeichenqualität analysiert zu haben und zu kategorisieren. Sie ist also illustrierend.

Die nonverbale Kommunikation im alltäglichen Diskurs ist ein *Aspekt* des kommunikativen Gesamtablaufs. Das heißt, daß sie auf andere Dimensionen der Kommunikation systematisch bezogen ist (und zwar gerade auch dann, wenn sie als eigenständig erscheint; vgl. unten § 3.). Darin unterscheidet sich NVK von rein visuellen Sprachsystemen, in denen die optische Dimension so verwendet wird wie die akustische bei der Lautsprache (also in Taubstummensprachen wie »American Sign Language« usw.). Hier wird die visuelle Dimension die Hauptdimension der Kommunikation. Die Darstellungsprobleme für solche Verfahren sind z. T. anderer Art als die, die sich für die Wiedergabe von NVK im oben beschriebenen Sinn ergeben.

Nonverbale Kommunikation ist auf die visuellen Möglichkeiten der menschlichen Ausdrucksgestaltung bezogen. Die Lautsprache verdankt ihre spezifische Leistungsfähigkeit der systematischen Unterscheidung der *zwei Gliederungen (Artikuklationen)* [7], die die Vielfältigkeit ihrer Anwendung für kognitive und kommunikative Zwecke erst ermöglicht. Demgegenüber erscheint NVK als weniger komplex, d. h. als unmittelbarer den Ausdrucksmöglichkeiten des Visuellen verhaftet. Wieweit diese Auffassung zu Recht besteht, bedarf weiterer Untersuchung; sie hat aber die Erforschung von NVK in starkem Maß beeinflußt und bestimmt. Deren Untersuchung wird häufig in einer ähnlichen Weise betrieben wie die der Onomatopöie in der Lautsprache, also desjenigen ihrer Gebiete, für das das Prinzip der zwei Artikulationen gleichfalls aufgehoben zu sein scheint. [8]

Z. T. werden bestimmte optische Eigenschaften von Objektbereichen in analoghafter Weise verwendet, um für diese Objektbereiche als ganze zu stehen. Sofern es sich um dieselben Eigenschaften der Objekte handelt und sofern diese in verschiedenen Sprachgruppen in derselben oder in einer ähnlichen Weise visualisiert werden, ist das nonverbal-kommunikative Verfahren in verschiedenen Kulturbereichen identisch, so daß der Eindruck eines nonverbalen Universalismus entsteht, wie er sich z. B. in der folgenden Äußerung von *Ekman* (1977) artikuliert: »... wir erwarten ... immer dann für denselben Inhalt die gleiche Gebärde, wenn die Embleme ›eine körperliche Tätigkeit zum Inhalt haben, die aus anatomischen Gründen nur in gleichartiger Weise ausgeführt werden kann‹« (S. 187). Eine ähnliche Auffassung, die jedoch etwas komplexer ist, zeigt sich in der von *Darwin* (1872) am ausführlichsten vertretenen, sozusagen etymologischen Variante dieser Argumentation. Aufgrund bestimmter physiologischer Reaktionen (wie dem Ausspucken oder der Bitter-Reaktion) ergeben sich z. B. im Gesicht des Menschen bestimmte optisch wahrnehmbare Veränderungen. Diese werden rudimentarisiert und als solche zu Ausdrücken transformiert. Auch so entstehen Ausdrucksformen, die universalen Charakter haben. NVK wird mit Hilfe derartiger Grundannahmen eng mit bestimmten tierischen Kommunikationsformen, wie sie von der Verhaltensbiologie und der Ethologie untersucht werden, verbunden.

Erscheint NVK in derartigen Grundkonzeptionen häufig als nahezu universale Kommunikationsform, so wird demgegenüber z. T. auf ihre Kulturspezifik bzw. ihre Eigensprachlichkeit hingewiesen. Die Arbeiten von *Ekman, Friesen* [9] enthalten auch dafür viele Beispiele. Zum Teil finden sich auch soziokulturell spezifische Ausprägungen von NVK. [10] Diese Differenzierungen weisen bereits darauf hin, daß die Untersuchung nonverbaler Kommunikation spezifiziert und daß die jeweilige Bedeutungscharakteristik erarbeitet werden muß. Erst auf ihrem Hintergrund läßt sich die Universalitätsfrage detailliert und empirisch exakt beantworten.

Die nonverbale Kommunikation ist auf die verbale bezogen. Beide kommunikativen Dimensionen sind nicht gleichwertig, die Relation ist asymmetrisch. Dies wirkt sich in der Ablösbarkeit der verbalen Kommunikation aus: die letztere kann situationsentbunden und orthographisch verschriftlicht werden (vgl. *Bühler* 1934, Teil III und IV und *Ehlich* 1979, § 6.). NVK hingegen ist, als ganze gesehen, von der verbalen Kommunikation dependent. Die Situationsentbindung entfällt weitgehend.

Dieses Abhängigkeitsverhältnis wirkt sich auch auf die Verschriftlichung mündlicher Kommunikation aus. Entsprechend der Ablösbarkeit verbaler Kommunikation kann diese als *eigengewichtige Transkriptionsbasis* dienen. Nur für Teilbereiche der NVK hingegen gilt etwas Entsprechendes; im allgemeinen jedoch ist nonverbale Kommunikation im Zusammenhang mit verbaler Kommunikation zu verschriftlichen.

Die Verschriftlichungsformen, die entwickelt werden, sind Ausdruck von theoretisch-analytischen Positionen und Grundauffassungen zum Status und zur Struktur nonverbaler Kommunikation. Diese entscheiden direkt oder indirekt, was als nonverbale Kommunikation zählt, wie die einzelnen Bereiche der NVK aufgebaut sind und in welchem Einzelverhältnis sie zur verbalen Kommunikation stehen.

2. *Bewegungspotentiale und Ausdrucksrepertoires von Körperpartien*

Die Aktanten bedienen sich bei nonverbaler Kommunikation einzelner Teile des Körpers, indem sie diese in ihrer spezifischen Ausdrucksqualität einsetzen. Die Ausdrucksqualität der Körperteile ist wahrscheinlich ähnlich verallgemeinert wie eine Sprache; die Analyse der nonverbalen Kommunikationsmittel muß jedoch noch immer als relativ wenig entwickelt angesehen werden. Die Ausdrucksqualitäten sind erst als verallgemeinerte fähig, Kommunikationsmittel zu sein: die Reziprozität des praktischen Wissens der Aktanten ist im Ausdruck und im Verstehen des Ausdrucks immer schon enthalten. Die Verallgemeinerung der Ausdrucksqualitäten bietet zugleich Voraussetzung und Folie für individuelle Varietäten. Trotz der bisher noch immer unzureichenden theoretischen Erfassung nonverbaler Kommunikation erscheint als klar, daß verschiedene Teile des Körpers in unterschiedlicher Weise und in unterschiedlichem Umfang dafür eingesetzt werden.

Ausdruck ist an Veränderung gebunden, diese impliziert *Bewegung,* mit dem Grenzfall des Innehaltens bzw. der *Fixierung* (Stellungen). Die einzelnen Körperteile können in einer für sie spezifischen Weise bewegt werden, sie haben ein *Bewegungspotential*.

So gehört es z. B. zum Bewegungspotential des Mundes, daß die Lippen und das Umgebungsfeld der Lippen durch die Mundmuskulatur in drei Dimensionen verändert werden können. Das Bewegungspotential bezieht sich auf einen Raum, der drei qualitativ unterschiedliche Bereiche umfaßt: den Umgebungsraum des Mundes, den Lippenbereich und den von den Lippen umschlossenen Bereich, der sich aus einer Fläche bis hin zur bloßen Linie verändern kann.

Die Hauptbewegung wird durch die Bewegungsmöglichkeiten der Lippen bestimmt, die durch eine sehr entwickelte Muskulatur in differenzierter Weise ihre Position innerhalb des Raums verändern können. Dabei sind die zweidimensionalen Bewegungen wichtiger als die dreidimensionalen. Diese beziehen sich vor allem auf ein Vorschieben und Zurückziehen der Lippen. Die zweidimensionalen Veränderungen ergeben flächige Modifikationen, die in für den gesamten Bewegungsbereich charakteristischen unterschiedlichen Flächeneinnahmen der drei Teile Mund-Umgebung, Lippen, Mundöffnung resultieren. Eine topologische Beschreibung würde sich nahelegen. Die Flächenausfüllungen sind optisch sehr gut wahrnehmbar. Durch die Konstitution unterschiedlicher Mundöffnungsflächen werden zudem Körperteile des Mundinnenraums, also vor allem Zähne, Zunge und Mundhöhle, sichtbar gemacht oder verborgen, so daß die Fläche der Mundöffnung weitere Differenzierungen enthält.

Die Bewegungspotentiale sind größtenteils den spezifischen Funktionen der einzelnen Körperteile verbunden, und zwar zunächst einmal den physischen bzw. psychophysischen Funktionen. Die *Hand* in ihrer komplexen Organisation dient den haptischen Zwecken, das *Auge* denen der Wahrnehmung, der *Mund* denen der Nahrungsaufnahme. Die Bewegungspotentiale sind also auf einen *psychophysischen Zweckbereich* bezogen.

Der Einsatz von Teilen des Körpers für kommunikative Ausdruckszwecke funktionalisiert diese und die Bewegungspotentiale, die ihnen zugehören, für einen *zweiten Zweckbereich*.

Dabei werden aus den Bewegungspotentialen spezifische Ausdrucksformen abgeleitet, die unter Verwendung der Bewegungsmöglichkeiten zu einem Repertoire zusammengeschlossen sind: dem *Ausdrucksrepertoire*.

Das Bewegungspotential des Mundes wird z. B. so verwendet, daß das Ziehen der Mundwinkel nach oben oder nach unten oder das weite und abrupte Öffnen des Mundraums bei Freilegung der Mundhöhle eine Ausdrucksqualität bekommen.
Die Positionen von Mundöffnung, Lippen, Umgebungsfeld und die Überführungen der Positionen ineinander, bezogen auf die Grundfläche bzw. den Grundraum, konstituieren das Ausdrucksrepertoire, zu dem beim Beispiel des Mundes gehören: Lachen, Skepsis, Betrübnis, Staunen und vieles andere.

Schon im psychophysischen Zweckbereich ergeben sich aus den Zwecken spezifische Ziele der Tätigkeiten; diese sind also zielgerichtet. Dadurch erhalten die Bewegungen charakteristische *Konturen*.

Zum Beispiel hat eine haptische Bewegung in ihrer reinen Form den Ausgangspunkt in einer *Ruhelage*; sie vollzieht sich auf der tendenziell *kürzesten Strecke,* wenn nicht irgendwelche Hindernisse anderes erforderlich machen, zum zu ergreifenden Objekt, das ihr Ziel ist. Sie hat eine zentrale Zwischenetappe beim *Berühren* des Objekts, geht in eine andere Form über, um es zu *ergreifen*, und findet ihr Ende, wenn sie eine *Lokomotion* des ergriffenen Objekts zu einem neuen Ort vollendet hat, so daß sie anschließend wieder in die *Ruhelage* zurückgehen kann. Würde etwa die Bewegung hin zum Objekt spiralenförmig oder ruckartig in mehreren stochastischen Zügen erfolgen, so wäre die charakteristische, zweckvolle Bewegungsstruktur in diesen Hinsichten verletzt (man vergleiche clownesque Bewegungen).

Die Bewegungspotentiale, die bestehen, werden in spezifischen Weisen zu eigenen *Ausdruckseinheiten* organisiert; diese verwenden das Bewegungspotential eines oder auch mehrerer Körperteile in kommunikativ erkennbarer Weise.

Die Bewegungen im weitesten Sinn, also unter Einschluß von *Ruhelagen* oder *Stellungen,* haben Strukturen, die ausgeführt werden, um die Ausdrücke zu realisieren. Wichtig ist dabei das Bewegungspotential selbst, das zur Verfügung steht; es ist freilich lediglich die materielle Voraussetzung, ähnlich wie bei der Lautsprache die Artikulationsmöglichkeiten des Lautproduktionsapparates die Voraussetzungen für die Produktion diskreter Einheiten, der Phoneme und ihrer Realisierungen bilden.

Die genaue Erforschung der Ausdrucksrepertoires stellt u. E. eine der wichtigsten Aufgaben für die Analyse nonverbaler Kommunikation dar. Dabei ist das Verhältnis von anthropologischen Eigenschaften einerseits, gruppenspezifisch geprägten Eigenschaften andererseits zu berücksichtigen. Die Bewegungspotentiale sind in weitem Umfang der Gattung selbst zu eigen. Für einige Elemente der Ausdrucksrepertoires gilt das wahrscheinlich gleichfalls, für andere kann die Gruppenspezifik hingegen sehr weit gehen (vgl. oben § 1.).

Die Ausdrucksrepertoires werden beim sprachlichen Handeln in unterschiedlicher Weise eingesetzt. Die Systematik der nonverbalen Kommunikation ist dadurch determiniert. Sie ergibt sich über die Verhältnisse der nonverbalen Kommunikation zu anderen Formen von Kommunikation, besonders zur verbalen, und über deren Gesamtverhältnisse zu den Zwecken der Kommunikation. Auch, um *einzelne* Teile der Repertoires und ihrer Verwendungsmöglichkeiten und -wirklichkeit zu untersuchen, ist ein Verständnis der Systematik als ganzer erfordert. Dies ist zunächst nur vorgreifend und ändert sich in dem Maße, wie die Einzelerkenntnisse wachsen.

3. Zur Systematik der nonverbalen Kommunikation

3.1 Komitative vs. selbständige nonverbale Kommunikation

Nonverbale Kommunikation konstituiert eine spezifische Dimension von Kommunikation. Sie hat eine lange biologische Vorgeschichte (vgl. z. B. zum Blick *Argyle, Cook* 1976, § 1; allgemein *Hinde* 1959; *Eibl-Eibesfeldt* 1969, 1972; *Ekman* 1971; die bedeutendste ältere Arbeit zu diesem Thema ist die schon genannte von *Darwin* 1877). In zahlreichen Zusammenhängen tritt sie hinter die verbale Kommunikation in ihrer Bedeutung zurück (§ 1.). In anderen freilich wirkt sie als eine Art Klammer um die verbalen kommunikativen Tätigkeiten, mittels derer die Aktanten den Stellenwert der verbalen Interaktion determinieren.

Die differenzierte Funktion der nonverbalen Kommunikation im Verständigungshandeln schlägt sich nieder in ihrer *Systematik,* die unterschiedliche Typen erkennen läßt.

Häufig *begleitet* nonverbale die verbale Kommunikation (sie begleitet übrigens teilweise auch *Aktionen,* die ihrerseits keine kommunikative Qualität haben). Dieses Verhältnis von verbaler und nonverbaler Kommunikation erfordert u. E. eine eigene Bezeichnung, für die wir den Ausdruck ›*komitativ*‹ vorschlagen (*Ehlich, Rehbein* 1981, § 1.1). Dieser Typ der nonverbalen Kommunikation kontrastiert systematisch zu einem anderen, *verselbständigten Typ,* der am klarsten seinen Ausdruck dann findet, wenn nonverbale Kommunikation explizit *inszeniert* wird. In diesem Fall werden die Ausdrucksmöglichkeiten der nonverbalen Kommunikation mit solcher Deutlichkeit verwendet, daß die Aufmerksamkeit des Adressaten ohne Ausweichmöglichkeit innerhalb der kommunikativen Kooperation darauf fixiert wird. Die nonverbale Kommunikation hat hier eine völlig eigene Qualität innerhalb des kommunikativen Spektrums. Sie wird als eine diskrete Handlungseinheit ausgeführt. Wir nennen diesen Typ der nonverbalen Kommunikation *selbständig.*

3.2 Neutrale vs. eigenlinige nonverbale Kommunikation

Der Begleitcharakter der komitativen nonverbalen Kommunikation drückt sich in einer Reihe von standardmäßigen Formen aus, die *üblicherweise* mit spezifischen verbalen Handlungen zusammengehen.

Der Begriff des Üblichen, des Usus[11], den wir hier anwenden, erfordert selbstverständlich weitgehend kultur- und sprachspezifische Spezifikationen. Die Üblichkeit des gerade behandelten Subtyps der komitativen nonverbalen Kommunikation ist abhängig u. a. vom Grad der Beteiligung nonverbaler Elemente an der Kommunikation überhaupt (vgl. u. a. *Morris* 1977, S. 24 ff.). Die Bedeutung der üblichen nonverbalen Kommunikation ist als konventionell in ihrem charakteristischen Ausmaß unterstellt und dient in ihren routinisierten Formen u. a. auch als Bemessungsgrundlage für die handlungspraktische identifikation der *Differenzen* zur Üblichkeit beim sprachlichen Handeln (ein Umstand, aus dem eine Reihe von vieldiskutierten Mißverständnissen von Aktanten aus unterschiedlichen Kulturen resultieren [vgl. die proxemischen Divergenzen der Nord-vs. Südamerikaner]). Die Relevanz dieser Art von nonverbaler Kommunikation kann wahrscheinlich mittels *Garfinkel*scher Krisenexperimente verdeutlicht werden.

Zum Beispiel ist der Kopf eines Sprechers üblicherweise – mit einem bestimmten Abweichungspotential – dem Hörer zugewandt. »Freundliche Kommunikation« ist durch Abwesenheit von Wut- bzw. Ärger-Indikatoren begleitet usw.. Normale Assertionen, die keinen spezifischen emotionalen Effekt weder auf seiten des Sprechers noch des Hörers erfordern, werden von einer Standard-Gesichtsmorphologie begleitet.

Diesen Subtyp der komitativen nonverbalen Kommunikation nennen wir *neutrale nonverbale Kommunikation.* Da sie standardmäßig innerhalb einer Kommunikationsgruppe mit einer kommunikativ valenten Sprache die verbale Kommunikation begleitet, hat ihre Anwesenheit keinen eigenen kommunikativen Wert. Anders steht es mit *ihrem Ausbleiben,* das durchaus kommunikativen Wert hat, als *Abwesenheit* des Usus ihrerseits jedoch nicht mehr Bestandteil der neutralen nonverbalen Kommunikation ist. Die Abwesenheit von neutraler nonverbaler Kommunikation kann bis zur Ostentation gehen (s. § 3.3).

Im Gegensatz zur neutralen nonverbalen Kommunikation steht diejenige komitative nonverbale Kommunikation, der eigenständige kommunikative Werte zukommen. Hier gewinnt Kommunikation ihre volle *Vieldimensionalität*. Der kommunikative Zweck wird z. T. durch Kombination von verbaler und nonverbaler Tätigkeit realisiert. Die nonverbale Kommunikation erhält eine eigene »*Linie*« innerhalb des kommunikativen Spektrums. Wir nennen solche nonverbale Kommunikation daher *eigenlinige nonverbale Kommunikation*. Ein Beispiel ist die Kombination des *Kopfschüttelns* (bzw. des *Kopfhebens* und *-senkens*) zusammen mit einem ›nein!‹.

3.3 Präsentative vs. ostentative nonverbale Kommunikation

Auch die selbständige nonverbale Kommunikation weist mindestens zwei Subtypen auf, den präsentativen und den ostentativen. Die *präsentative nonverbale Kommunikation* liegt z. B. in der Verwendung einer Zeigegeste als Antwort auf die Frage vor, wo sich ein bestimmter Gegenstand befindet. (In Kombination mit ›da!‹ ist dieselbe Geste dagegen eigenlinige komitative nonverbale Kommunikation). Ein großer Teil der sogenannten gestischen und mimischen Symbole oder Embleme (*Ekman, Friesen* 1969, *Ekman* 1977), die ihrerseits wiederum kultur- bzw. sprachspezifisch geregelt sind, gehört dieser Gruppe zu (vgl. *Morris* 1977 passim).

Die *ostentative nonverbale Kommunikation* ist eine hypermarkierte Form. Ein Aktant inszeniert ein nonverbales kommunikatives Verhalten, er »übertreibt es«, um unter Bezug auf spezifisches nonverbal-kommunikatives Aktantenwissen den Hörer zu bestimmten Schlußleistungen zu führen. Zu diesem Zweck können sogar Tätigkeiten, die sonst der Gruppe der Aktionen zuzurechnen sind, einen nonverbal-kommunikativen Wert bekommen (*Türzuschlagen*).

3.4 Zusammenfassung

Die bisherigen Überlegungen zeigen die folgende Systematik nonverbaler Kommunikation: *Nonverbale Kommunikation* zerfällt in *komitative* und *selbständige*. Die komitative nonverbale Kommunikation zerfällt in *neutrale* und *eigenlinige*; die selbständige nonverbale Kommunikation zerfällt in *präsentative* und *ostentative* (s. Diagramm A).

Die Unterscheidung von eigenliniger und präsentativer nonverbaler Kommunikation ist wichtig, und zwar besonders für die Analyse konkreter kommunikativer Handlungen. Die Erscheinungsarten beider sind zum Teil gleich. Ihre analytische Identifikation ergibt sich aus den jeweiligen *Umgebungen*. Der

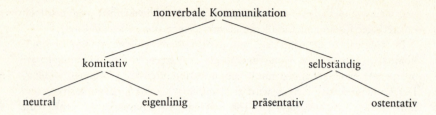

Diagramm A

präsentative Subtyp ist vielleicht am ehesten geeignet, den Ausgangspunkt für die Analyse nonverbaler Kommunikation abzugeben, da ihr in ihm die direkteste und umfassendste Realisierung eines kommunikativen Zwecks zukommt. Andererseits ist er auf einen wahrscheinlich relativ kleinen Bereich von möglichen Anwendungsfällen beschränkt, die durch spezifische Bedingungen der Konstellation bestimmt sind, nämlich solche Bedingungen, die den Einsatz akustischer Medien ausschließen.

Die neutrale nonverbale Kommunikation ist am wenigsten auffällig und daher analytisch am schwierigsten zugänglich. Die ostentative nonverbale Kommunikation eröffnet der individuellen, ad-hoc- und verallgemeinerten Variation wahrscheinlich den größten Spielraum.

Die Kunstform der Pantomime treibt die selbständige nonverbale Kommunikation am weitesten, indem sie andere Formen der Kommunikation systematisch durch die nonverbale ersetzt. Diese verbindet sie mit einer ostentativen Variante der symbolischen Ausführung von *Aktionen*.

3.5. Konkordanz vs. Diskordanz von verbaler und nonverbaler Kommunikation

Aus der Systematik der nonverbalen Kommunikation, in die deren Verhältnis zur verbalen Kommunikation bestimmend mit eingeht, ergibt sich die Frage, wie dieses Verhältnis im einzelnen konkretisiert ist. Die komitative nonverbale Kommunikation macht, verbunden mit den paralinguistischen Erscheinungen und der verbalen Kommunikation, das komplexe kommunikative Gesamtgeschehen aus. Ihr Begleitverhältnis zur verbalen Kommunikation äußert sich in der einzelnen kommunikativen Handlung so, daß nonverbale, verbale und paralinguistische Tätigkeiten gemeinsam die komplexe Einheit der Handlung formieren. Der kommunikative Zweck der Handlung manifestiert sich in ihren verschiedenen Dimensionen.

Wenn sich auf solche komplexe Weise eine mehrdimensionale Ausdrucksform ein und desselben kommunikativen Zwecks ergibt, sprechen wir von einem *konkordanten Verhältnis der kommunikativen Dimensionen zueinander*. Es verdient eine eigene Benennung, weil es keineswegs selbstverständlich ist, daß sich in den verschiedenen Dimensionen Konkordanz ergibt. Von der Möglichkeit, die einzelnen Dimensionen *als solche* einzusetzen, wird nämlich nicht nur im Nacheinander Gebrauch gemacht (selbständige nonverbale Kommunikation); vielmehr können sie auch innerhalb der simultanen Handlungseinheit *auseinandertreten*. Es ergibt sich dann eine separierte Verwendung der verschiedenen kommunikativen Dimensionen, die bis zur Widersprüchlichkeit entwickelt werden kann (vgl. *Ehlich, Martens* 1972). So kommt es zu einem komplexen Übergangsfall innerhalb der Systematik der nonverbalen Kommunikation. Da die eigenlinige nonverbale Kommunikation über ihren Begleitcharakter zur verbalen Kommunikation definiert ist, da andererseits das Auseinandertreten eine Verselbständigung der nonverbalen Dimension (wie auch der anderen Dimensionen) bedeutet, ist dieser Typ der nonverbalen Kommunikation »selbständig unselbständig«. Gleichwohl liegt kein einfacher Teil der selbständigen präsentativen nonverbalen Kommunikation vor. Vielmehr ergibt sich eine Spannung, die, wie sie für das tatsächliche kommunikative Verhalten als solche wichtig ist und spezifische kommunikative Informationen enthält, auch analytisch in ihrer systematisch widersprüchlichen Form festzuhalten ist. Wir nennen diesen Typ des Verhältnisses der kommunikativen Dimensionen zueinander *diskordant*.

Das diskordante Verhältnis kommunikativer Dimensionen ist für die konkrete Kommunikation von großer Bedeutung. Zum Teil wird es unmittelbar und systematisch eingesetzt, z. B., um komplexere Formen der Illokution äußerungsmäßig zu markieren, wenn etwa bei der *Ironie* verbal Ernsthaftigkeit ausgedrückt, die Unernsthaftigkeit dagegen nonverbal indiziert wird (»stilles Lächeln«). Die Gleichzeitigkeit beider Phänomene ergibt einen Widerspruch. Er ist handlungspraktisch relevant. Je nach dem Kommunikationssystem (s. *Ehlich, Rehbein* 1972a, 1979), das zwischen den Interaktanten besteht, kann der Widerspruch für sich selbst sprechen, so daß seine Bearbeitung dem Hörer keine Schwierigkeiten macht. Er kann aber auch als solcher dem Hörer problematisch sein, so daß der Sprecher (etwa durch *Augenzwinkern*) seine zusätzliche kommunikativ verständliche Auflösung angeben kann.

Nicht immer muß die Diskordanz zur Widersprüchlichkeit führen. Sie kann auch eine bloße Parallelität, ein Nebeneinander kommunikativen Ausdrucksgeschehens in den verschiedenen Dimensionen ergeben, das es den Interaktanten erlaubt, gleichzeitig komplex miteinander zu kommunizieren. So kann man, während man verbal mit *einem* Aktanten kommuniziert, simultan einem *anderen* Adressaten nonverbal sich zuwenden, ihn z. B. durch ein *Lächeln* begrüßen.

In dem zuletzt genannten Beispiel liegt Diskordanz vor. Sie hat aber einen anderen Stellenwert als bei der Ironie. Die Komplexität des Ausdrucksgeschehens bei der Ironie ist ein spezieller Fall der eigenlinigen, also der komitativen Kommunikation. Anders das zweite Beispiel: die zu dem Gespräch mit Aktant A simultane nonverbale Begrüßung von Aktant B ist eine zeitliche Synchronisierung von zwei in sich selbständigen Handlungen, wobei die nonverbale präsentativ ist. Die Diskordanz erweist sich in diesem Fall als Oberflächenphänomen.

Ein weiterer Fall sollte besonders hervorgehoben werden: die diskordante widersprüchliche Kommunikation bei Nicht-Aufhebung des Widerspruchs oder gar bei Verbot seiner Verarbeitung. Dies ist eine der wichtigsten Ausprägungen des sogenannten double bind. Die Diskordanz ist Ausdruck der Realisierung von sich widerstreitenden Illokutionen, die im Verhältnis der Negation zueinander stehen. (Dieser Zusammenhang ist in *Ehlich, Martens* 1972 näher beschrieben).

Kommen wir abschließend auf die Konkordanz zurück, um der Frage der *Synchronizität* noch etwas genauer nachzugehen. Die unterschiedlichen morphologischen und sonstigen strukturellen Eigenschaften der verschiedenen Ausdrucksmittel bringen es mit sich, daß die Synchronizität keineswegs absolut ist. Besonders die notwendige Nacheinanderausführung der Verbalisierung (auf der Wort- und der Satzebene), die sich aus der Eigenart der phonologischen sprachlichen Mittel ergibt, konstituiert ein Spannungsverhältnis zwischen den größeren und den kleineren Einheiten, das sich insbesondere als Spannungsverhältnis zwischen propositionalem und Äußerungsakt darstellt. Die nonverbale Kommunikation hingegen kann z. T. direkter auf die Ganzheit der Proposition oder auch der Illokution bezogen werden. So ist es anscheinend charakteristisch, daß Gesten, die bestimmte Äußerungspartien begleiten, *vor* dem Zeitpunkt der Äußerungen desjenigen Äußerungsteils, den sie begleiten, ausgeführt werden (s. u. Beispiele).

Dieser Eigenart in der Konkretisierung der Synchronizität kommt für die Analyse der Sprechhandlungen als Einheiten, deren Linearisierung bestimmten Strukturen der Sprache geschuldet ist, eine ebenso wichtige Rolle zu wie für die konkreten empirischen Untersuchungen, für die genaue Kenntnisse der exakten Chronizitäts-Verhältnisse innerhalb der Synchronie interpretatorisch erforderlich sind. Das Ineinander der verschiedenen Dimensionen kann zudem wesentliche Aufschlüsse über die komplexen Verarbeitungen des kommunikativen Handelns durch die Aktanten geben.

4. HIAT 2

4.1. *Analysezweck und Notationswahl*

Nonverbale Kommunikation kann unter verschiedenen Aspekten von wissenschaftlichem Interesse werden. Die Methoden ihrer Untersuchung beziehen sich auf die jeweilige Fragestellung, doch besteht dabei die Gefahr, daß die Methode im Blick auf das Objekt rein willkürlich gewählt wird, so daß sie dem Objekt eine Struktur aufprägt, die in ihm selbst nicht gegeben ist. Die Methoden sind zum Teil nur für Ausschnitte des Objektbereichs durchlässig und bestimmen so die Analysegrundlage mit. Gleichwohl erfordern unterschiedliche Analysezwecke unterschiedliche Transkriptionsweisen. Dies läßt sich an der Wiedergabe der Lautsprache exemplifizieren. Soll eine phonetisch genaue Wiedergabe der jeweiligen Laute erfolgen, so ist ein ausgearbeiteteres Verfahren erforderlich als für die Wiedergabe der Laute als Elemente der Äußerungsdimension für eine Analyse der Sprechhandlung als ganzer. Im letzten Fall reicht die literarische Umschrift weitgehend aus, im ersten ist auf Alphabete wie das der IPA zurückzugreifen. Es kann sogar sinnvoll sein, die Analyse noch detaillierter zu machen und physikalische Darstellungen zu verwenden (wie Sonagramm und Oszillominkausdruck). Die einzelnen Verfahren können u. E. nicht einfach absolut als gut oder schlecht bewertet werden. Der Gewinn an Genauigkeit etwa, der mit der Physikalisierung der Darstellung einhergeht, bedeutet in verschiedenen Hinsichten einen Verlust an Distinktivität und Nähe zur handlungspraktischen Analyse einerseits, einen Verlust an Übersichtlichkeit andererseits.

Ähnliches gilt auch für die Transkription nonverbaler Kommunikation. Allerdings ist der Verbindlichkeitsgrad von Transkriptionszeichen noch wesentlich geringer, als ihn etwa ein System wie IPA – trotz aller theoretischer Probleme, die damit verbunden sind – bietet.

Oben war bereits darauf hingewiesen worden, daß die visuelle Simulation des Ausdrucksgeschehens in bestimmten Bildsymbolen nur bedingt für die Untersuchung geeignet ist. Dies ist zu spezifizieren: Sollen Untersuchungen von NVK gemacht werden, die den phonetischen entsprechen, so kann eine Kodierung mit solchen Zeichen, bezogen auf Zeiteinheiten, sinnvoll sein. Allerdings ist es dafür erforderlich, die Einheiten auszugrenzen und vorab zu bestimmen, die ein Symbol erhalten sollen. Dabei legt es sich nahe, nicht so sehr an den Ausdrucksrepertoires, als vielmehr am Bewegungspotential der jeweiligen Körperpartie anzuknüpfen.[12] Allerdings wird der Bezug auf Ausdrucksrepertoires immer implizit eine Rolle spielen, da die Bewegungen nur als »Gestalten« im Sinn der Gestaltpsychologie zu einer relativ kleinen Zahl von Symbolen zusammengefaßt werden können, während der Verzicht hierauf die Kodierungsarbeit außerordentlich behindern würde.

Für diskursanalytische Zwecke ist ein solches Verfahren jedoch nur von eingeschränkter Brauchbarkeit. In den meisten Fällen ist es zu aufwendig und vor allem zu weit entfernt von den handlungspraktischen Interpretationen der Interaktanten selbst, um deren Rekonstruktion es bei der Analyse von Diskursen wesentlich geht. Die diskursanalytisch orientierte Transkription von NVK bezieht sich, soweit dies möglich ist, bewußt auf das Ausdrucksrepertoire und versucht zugleich, dessen Analyse zu erweitern.

Die Ausdruckseinheiten sind aber meistens komplexe Zusammensetzungen aus verschiedenen Einzelbewegungen von Körperpartien. Ihre visuell-eikonische Darstellung ist insofern nur bedingt und in Einzelfällen möglich. Deshalb scheint es uns sinnvoll zu sein, nicht primär auf visuell-eikonische Analogisierungsversuche zurückzugreifen, sondern die NVK in eine *Beschreibungssprache,* also eine ihrerseits verbale Sprache, zu *transponieren.* Diese macht Gebrauch von *alltagssprachlichen Bezeichnungen,* die in kritisch reflektierter Form übernommen und weiterentwickelt werden. Die alltagssprachlichen Bezeichnungen beziehen sich auf unterschiedliche Dimensionen des Ausdrucksgeschehens und können daher nicht umstandslos für die Beschreibungssprache übernommen werden. Vielmehr droht die Gefahr, daß gegebene Bezeichnungen geradezu zu theoretisch-analytischen Unklarheiten führen, wenn der Stellenwert nicht genau reflektiert wird und eine zu weitgehende Interpretation durch den Gebrauch der Bezeichnung selbst entsteht. Die alltäglichen Bezeichnungen können vor allem zu wenig charakterisierend sein oder eine Übercharakterisierung enthalten. Ein Beispiel für den ersten Fall wäre ›die Lippen bewegen‹; dabei wären ausdrucksrelevante Aspekte nicht bezeichnet. Ein Beispiel für den zweiten Fall wäre ›leidenschaftlich blicken‹, wobei eine bestimmte Alltagspsychologie »Bedeutungen« eines nonverbalen Geschehens unterstellt, die möglicherweise über die NVK-Spezifik des Ausdrucksgeschehens weit hinausgehen.

Die Alltagsbezeichnungen beziehen sich teilweise nur auf spezifische Elemente des Bewegungspotentials (›Hand heben‹, ›Körper drehen‹, ›hochgucken‹, ›Kopf zur Seite wenden‹, ›blinzeln‹). Teilweise beziehen sie sich aber auch auf die Ausdrucksqualität, meist unter Miteinbeziehung des Bewegungspotentials, wie bei ›Blick senken‹, ›Augenbrauen hochziehen‹, ›Stirn in Falten legen‹, ›Nase rümpfen‹, ›sich abwenden‹, ›zublinzeln‹. Teilweise werden komplexe Tätigkeiten in einer Bezeichnung zusammengefaßt, wie beim ›winken‹ oder bei ›das Gesicht verziehen‹.

Die verschiedenen alltäglichen Bezeichnungen schließen sich zu einem *Wortfeld* zusammen. Es wird nach den üblichen Verfahren zur Gewinnung von Wörtern ausgestaltet, wie Metonymisierungen, Verfestigungen von Metaphern, begriffliche Unschärfen, Veränderungen von Bedeutungsumfängen einerseits, Nominal-, Verbal-, Adjektival-, Adverbialbildungsformen (wie Präfixe, Affixe, Suffixe) sowie Partikelbildungen usw. andererseits. Durch Attributionen bzw. adverbielle Modifikationen (›*laut* schluchzen‹, ›*schallend* lachen‹) gewinnt das Feld eine sehr dichte Bezeichnungsstruktur. Sie ist einerseits hilfreich, unterliegt andererseits aber den bereits beschriebenen Gefahren. Die alltäglichen Bezeichnungen zur Benennung von Aspekten der nonverbalen Kommunikation sind nicht zu verwechseln mit einer systematischen Bezeichnung der Sachverhalte des Ausdrucksgeschehens selbst. Diese kann und muß sich des Wortfeldes zwar bedienen, doch bedarf sie gleichzeitig der sorgfältigen methodologischen Reflexion seiner jeweiligen Verwendung. In diesem Prozeß werden die alltagspraktischen Bezeichnungen sukzessive in wissenschaftliche Kategorien transformiert.

Diese sind Resultate der Analyse. Je mehr Aspekte der nonverbalen Kommunikation im einzelnen bearbeitet und analytisch auf den Begriff gebracht worden sind, desto größer ist das Arsenal von Kategorien, die zu ihrer exakten Beschreibung der nonverbalen Kommunikation verwendet werden können. Dieses Arsenal umfaßt Termini, die den Ausdruckseinheiten (s. § 2.) zugeordnet sind.

Soweit die Ausdruckseinheiten noch nicht bestimmt sind, treten Beschreibungen der Bewegungsabläufe an deren Stelle, wobei die Gestaltqualitäten dieser Abläufe bereits einzubeziehen sind: die charakteristischen Strukturen der Bewegungen (s. § 2.) sind in ihrer Eigenart zu erheben und zu benennen.

4.2. Zur Auswahl des zu Transkribierenden

Nicht alle Aspekte der nonverbalen Kommunikation sind für diskursanalytisch orientierte Transkriptionen gleich wichtig. Entscheidend ist vielmehr, daß das NVK-Phänomen einen Stellenwert in der Gesamtkommunikation einnimmt. Er bestimmt sich, grob gesprochen, nach seiner Relevanz im Blick auf die verbale Kommunikation, und zwar sowohl bei der begleitenden wie – in der überwiegenden Mehrzahl der Fälle – bei der selbständigen nonverbalen Kommunikation. Die Auswahl des zu Transkribierenden orientiert sich also an der Systematik der NVK, die oben (§ 3., Diagramm A) entwickelt wurde. NVK-Phänomene, die eine lediglich *neutrale* Stellung einnehmen, sind im allgemeinen nicht in die Transkription aufzunehmen. (Es wäre eine spezifische Aufgabe, sollte die Struktur der neutralen NVK einer Sprache erhoben werden, etwa in kulturspezifischen Untersuchungen oder bei kontrastiven Analysen unterschiedlicher Sprachen.)

Zu notieren sind hingegen solche NVK-Phänomene, die *eigenlinig, präsentativ* oder *ostentativ* sind. Allen drei Gruppen kommt eine spezifische kommunikative Bedeutung im Gesamtbereich der Kommunikation zu.

In HIAT 2 wird also eine Vorentscheidung über die Transkriptionswürdigkeit einzelner Erscheinungen im Blick auf die verbale Kommunikation getroffen. HIAT-Transkriptionen sind *Arbeitstranskriptionen,* die im Laufe des Analyseprozesses dem neuen Erkenntnisstand angepaßt werden können.[13] Deshalb bedeutet diese Vorentscheidung für die Qualität der Transkription keine prinzipielle Gefährdung. Sie wird bewußt gefällt und ist im Laufe des Bearbeitungsprozesses *revidierbar*. Es ist zudem wichtig, darauf hinzuweisen, daß mit der Vorentscheidung kein Ausschluß von Phänomenklassen verbunden ist. Denn die einzelnen Phänomene können zum großen Teil in den unterschiedlichen Modi der NVK auftreten.

4.3. Die Nutzung der Simultanfläche für NVK-Transkription

Das Verfahren der halbinterpretativen Arbeitstranskription (HIAT) bedient sich der Simultanflächen zur graphischen Repräsentation komplexer, simultan verlaufender Handlungen.[14]

Jedem Aktanten kommt innerhalb des Transkripts tendenziell pro Simultanfläche eine Handlungslinie zu. Sie wird konkret in Anspruch genommen, wenn der Handelnde innerhalb der jeweiligen Zeiteinheit etwas kommunikativ Relevantes tut. Die Handlungslinie findet ihren graphischen Ausdruck in der *Zeile*. Sollen nun mehr Aspekte des kommunikativen Handelns wiedergegeben werden, so ist es notwendig, die Zeile graphisch supralinear und sublinear zu *erweitern*. So entsteht aus der Zeile ein *Band*. Das Band ist in mehrere *Streifen* zerlegbar, die jeweils einzelnen Aspekten des kommunikativen Handelns als Ort ihrer graphischen Repräsentation zugeordnet sind. HIAT 2 oder, anders gesagt, die erweiterte Arbeitstranskription, enthält also *Simultanflächen* mit *Bändern für den einzelnen Handelnden,* die ihrerseits aus *Streifen* für die verschiedenen berücksichtigten Aspekte des kommunikativen Handelns bestehen.

Die nonverbale Kommunikation erhält einen eigenen Streifen im Band. Zur Kennzeichnung der einzelnen Streifen werden Abkürzungen verwendet: für die nonverbale Kommunikation ›NVK‹, für die verbale Kommunikation ›VK‹ (vgl. oben § 1.).

Neben VK und NVK spielen für die Kommunikation häufig auch sonstige Handlungen der Aktanten eine Rolle, besonders, wenn Kommunikation praktische Tätigkeiten nur begleitet. Es handelt sich dabei um objektbezogene nichtsprachliche Handlungen. Wenn sie im Transkript aufgenommen werden, so wird dafür ein eigener Streifen verwendet, der mit ›AK‹ (›Aktion‹) gekennzeichnet wird.

Derartige Handlungen sind z. B. in der Schulklasse das Bleistiftspitzen, unterrichtsspezifische Tätigkeiten in den naturwissenschaftlichen Fächern, Tätigkeiten an Sportgeräten usw.. In betrieblicher Kommunikation geht es z. B. um berufstypische Manipulationen an Objekten, die eine spezifische Einheit mit bestimmten verbalen Handlungen bilden (etwa bei der Einweisung in den Gebrauch von Maschinen).

Zum Teil kann es sich als schwierig erweisen, eine prima-facie-Zuordnung zur Kategorie der Handlungen (AK) bzw. der nonverbalen Kommunikation (NVK) vorzunehmen.

Es ergeben sich also drei Streifen im Band jedes Aktanten:
– die verbale Kommunikation (VK)
– die nonverbale Kommunikation (NVK)
– die Aktion (AK).

Nicht alle werden immer ausgefüllt, sondern nur die im Material pro Simultanfläche tatsächlich realisierten. Die Streifen werden nach Bedarf aufgetragen. Neben den drei genannten Streifen kann als vierter supralinear zur verbalen Kommunikation (VK) die Inotation in besonders interessanten, vom Usus abweichenden usw. Fällen angegeben werden. Nach dem für HIAT 2 vorgeschlagenen Verfahren mit einer Niveau-Einteilung ist die graphische Gestaltung für die Intonationswiedergabe hinreichend markant, so daß eine Abkürzung zu Beginn des Intonationsstreifens überflüssig ist (vgl. *Ehlich, Rehbein* 1979).

4.4. Beteiligte Körperpartien

Die Lautsprache bedient sich der akustischen Ausdrucksmittel. Verschiedene Parameter sind dabei relevant, vor allem die Beeinflussung des Luftstroms durch den artikulatorischen Apparat und dessen dadurch bedingte Formierung zu Lauten. Daneben sind andere Aspekte, wie Intonation im engeren Sinn, Intensität und Modulation von Bedeutung, deren Einsatz einzelsprachlich differenziert ist, wichtig. Die Erforschung der Rolle, die den einzelnen Parametern eignet, ist

z. T. bisher erst rudimentär möglich gewesen, jedoch ist insgesamt charakteristisch, daß die akustisch vermittelte Kommunikation sich eines relativ beschränkten Teilgebiets der Ausdrucksmöglichkeiten bedient, das in sich vielfältig modifiziert wird.

Demgegenüber verwendet nonverbale Kommunikation eine Vielzahl von Körperpartien als Mittel des Ausdrucksgeschehens. Einzelne Teile des Körpers werden dabei in spezifischer Weise zu kommunikativen Zwecken eingesetzt, indem ihre Bewegungspotentiale in der in § 2. beschriebenen Weise in Ausdrucksrepertoires überführt werden. Die Vielfältigkeit des nonverbalen Kommunikationsmittels macht es sinnvoll, die einzelnen Körperpartien als solche im Transkript aufzunehmen. Da eine Bildsymboldarstellung als wenig handhabbar erscheint, da andererseits die volle Nennung des Körperteils das Transkript stark überlasten würde, verwenden wir Abkürzungen, die möglichst einsichtig sind. Neben der Angabe der Körperpartie, deren Ausdrucksrepertoire in Anspruch genommen wird, bezeichnen wir das einzelne Element des Ausdrucksrepertoires.

Die *Kurzbezeichnung der Körperpartien* besteht möglichst aus zwei Großbuchstaben, im allgemeinen die ersten beiden Buchstaben der Wörter, die die Körperteile bezeichnen (also ›AU‹ für »Auge«, ›MU‹ für »Mund« usw.). Die Abkürzungen sind leicht zu merken und zu lesen. Sie werden in einer Tabelle verzeichnet (s. unten Tabelle 1). Entstehen Doppelungen, wie bei Lid vs. Lippe, wird anderweitig sachentsprechend abgekürzt. Die Einzelheiten sind Tabelle 1 zu entnehmen. Bei doppelt vorhandenen Körperteilen wird ›r‹ für »rechts« und ›l‹ für »links« im Subskript angegeben, und zwar aufgrund der face-to-face-Situation und des kommunikativen Ausdrucksbezugs auf den Adressaten aus *dessen* Perspektive.

Gelegentlich bedient sich die nonverbale Kommunikation *gleichzeitig* mehrerer Körperpartien, um damit *Unterschiedliches* zum Ausdruck zu bringen. Ja, es kann sogar der Fall eintreten, daß unterschiedliche Teile des Bewegungspotentials gleichzeitig zur Realisierung unterschiedlicher Ausdruckseinheiten gebraucht werden. In diesen Fällen sind die einzelnen Körperpartien gesondert bzw. mehrmals aufzuführen. Der Streifen der nonverbalen Kommunikation (NVK) hat dann also nochmals mehrere Einzelzeilen.

Abbildung 1 enthält in Simultanfläche 2 ein Beispiel für eine solche komplexe Verwendung nonverbaler Kommunikation im Band des Aktanten L[15]: Aktant L wendet den Kopf (›KO‹) dem Aktanten S 2 zu und signalisiert ihm dadurch die Zuwendung seiner Aufmerksamkeit; er hebt kurz darauf den Kopf, um anschließend damit zu nicken. Der Kopf wird also in zweifacher Weise für nonverbale Kommunikation eingesetzt. Weiter sind die *Hände* von L die ganze Zeit über gefaltet, die *Brauen* werden hochgezogen, die *Lider* zweimal geschlossen; ferner werden nach dem Ende des turns von L seine Lippen kurz geschlossen. Nach der turn-Zuweisung an S 2 (»Bitte!«) werden sie deutlich sichtbar aufeinander gepreßt, ein Fall ostentativen Gebrauchs.

318

```
L   VK    Ich werd es auch nachher anzeichnen. Ich bin nicht so optimistisch, anzunehmen,
    NVK   ----o-------Blickfixierung auf S2---------KO nach links zu allen---
         -HÄ-oo--abwert.Geste mit HÄ--o8--HÄ gefaltet------------------------
              o---lächelt-------o

S2  NVK                                                      o----meldet sich mit AR_r
         o----verschränkt AR trotzig,
              KÖ vorgebeugt------o
⌐1

L   VK    daß wir das hier. voll klären können. Bitte !
    NVK   -----o o----KO zurück zu S2----,
                    o----Hebung des KO ----–HÄ gefaltet
                        ⌐%BR hochziehen        %Nicken----o
                                               %LI schließen (2x)
                                               %LP aufein. o----LP aufeinandergepreßt---

S2  VK    ( ) mich interessierte nur der Name von dem/ Mich interessierte nur der Name
    NVK   --Melden----o  o-----bewegt AR winkend------o/
⌐2
```

Abbildung 1

4.5. Dauer und Momentaneität der Bewegungen bzw. Ausdruckseinheiten

In § 2. war der unterschiedliche zeitliche Verlauf von Bewegungen diskutiert worden. Er gilt auch für die Ausdruckseinheiten. Durch die differenzierten Realisierungen in der nonverbalen Kommunikation kann ein Aktant bei vielen Ausdruckseinheiten zudem kommunikative Wirkungen erzielen.

Die Differenz in der zeitlichen Erstreckung bietet bei der Verschriftlichung spezifische Probleme.

Die Parallelität von Verlauf in der Zeit und Ausfüllung der Fläche von links nach rechts, wie sie für die Wiedergabe der verbalen Äußerungen in der Simultanfläche möglich und grundlegend ist, ist bei den Beschreibungen für nonverbale Tätigkeiten nicht in gleicher Weise gegeben.

Eine Tätigkeit, wie das Herunter- und Wieder-Aufschlagen der Augenlider, die Bruchteile von Sekunden ausfüllt, erfordert in der Beschreibung ›Augenlid wird niedergeschlagen‹ im Transkript einen Platz, der einer wesentlich längeren Handlung (über mehrere Sekunden) entspräche. — Andererseits erstrecken sich nonverbale Tätigkeiten über eine sehr viel längere Zeit, als ihrer Beschreibung in der Simultanfläche entspräche (das monitorende Kreisenlassen der Augen des Lehrers, während eine Klassenarbeit geschrieben wird).

Deshalb ist es wichtig, die Dauer der jeweiligen nonverbalen Tätigkeit in den Simultanflächen eigens zu kennzeichnen. Wir markieren in HIAT 2 ihren Beginn und ihr Ende durch ›o‹, die Strecke, die dem Zeitabschnitt entspricht, durch ›---‹, sofern sie länger ist als die Beschreibung. Für kurze, nahezu punktuelle nonverbale Tätigkeiten verwenden wir dagegen das Zeichen ›%‹ an der Stelle in der Simultanfläche, an der die Tätigkeit stattfindet. Wenn dieses Zeichen gebraucht wird, ist also gleichzeitig zu beachten, daß der dazugehörige Beschreibungstext, obwohl er *in* der Simultanfläche steht, *nicht* nach den üblichen Regeln der Simultanlesung zu behandeln ist.

Die Transkripte enthalten also Eintragungen, wie

»o - - - - - - - KO vorgebeugt - - - - - - - - - o«

oder

»% AU nach unten«

oder

»o - - - - delib. Wegbl. - - - o«

oder

»o - - - - - - - lacht - - - - - - - - - - - o«

4.6. Der Gesamteintrag nonverbaler kommunikativer Handlungen im Transkript

Fassen wir nun die Struktur der einzelnen Eintragungen für die Wiedergabe nonverbaler Kommunikation im NVK-Streifen der jeweiligen Sprecher-Bänder zusammen:

Die Körperpartien werden nach den Kurzbezeichnungen angegeben. Bei komplexen nonverbalen Handlungen erhalten die verschiedenen beteiligten Körperpartien jeweils eine eigene Zeile. Neben der Abkürzung für die Körperpartie wird Dauer bzw. Momentaneität in der eben angegebenen Weise markiert. Wenn die Ausdruckseinheiten charakteristisch für eine (oder mehrere) Körperpartie(n) sind, ihre Bezeichnung also die der Körperpartie(n) impliziert (z. B. ›Nicken‹), kann auf deren explizite Angabe verzichtet werden.

Die Wiedergabe im Transkript ist abhängig vom Stand der Erforschung nonverbalen Handlung gebraucht werden (vgl. § 4.1. mit den dort gemachten Einschränkungen). – Die andere Möglichkeit geht auf die den Ausdruckseinhei- solche Ausdruckseinheit theoretisch bearbeitet, kann der entsprechende Terminus ihrer Verwendung im Transkript gebraucht werden. Ist dies nicht der Fall, so ergeben sich zwei Möglichkeiten: in der Alltagssprache kann eine Bezeichnung für die Ausdruckseinheit vorhanden sein. Sie ist zwar noch nicht analytisch aufgearbeitet, kann gleichwohl in einer Reihe von Fällen zur Wiedergabe der nonverbalen Handlung gebraucht werden (vgl. § 4.1, mit den dort gemachten Einschränkungen). – Die andere Möglichkeit geht auf die der Ausdruckseinheiten zugrundeliegenden Bewegungspotentiale und deren Aktualisierung zurück. Es werden dann die Einzelbewegungen der Körperteile notiert, wobei allerdings nicht Minimalzerlegungen, sondern gestaltbezogene Strukturbeschreibungen von Bewegungsgesamtheiten anzustreben sind.[16]

Die Transkription nonverbaler Kommunikation bezeichnet also entweder

(1) (a) die beteiligten Körperpartien, deren Ausdrucksrepertoire in Anspruch genommen wird;
    (b) das spezifische Element des Bewegungspotentials;
    (c) die Dauer der nonverbalen Tätigkeit;

oder

(2) (a) die Ausdruckseinheit, die ausgeführt wird;
    (b) die Dauer der nonverbalen Tätigkeit;

oder

(2') (a) die beteiligte Körperpartie, deren Ausdrucksrepertoire in Anspruch genommen wird, ohne daß diese Körperpartie notwendig als Realisierungsmittel der Ausdruckseinheit dient;
    (b) die Ausdruckseinheit, die ausgeführt wird;
    (c) die Dauer der nonverbalen Tätigkeit.

Der Fall (2) wird vor allem bei einer Reihe von nonverbalen Handlungen interessant, bei denen standardmäßig mehrere Körperpartien gleichzeitig involviert sind. Hier wäre es nicht im Sinn der Grundsätze halbinterpretativer Arbeitstranskriptionen, die einzelnen Körperpartien mit ihren spezifischen Tätigkeiten aufzuführen. Vielmehr wird der zusammenfassende Ausdruck notiert. Dies gilt z. B. für das Lachen.

Tabelle 1 enthält zusammenfassend die wichtigsten Bestimmungen für die Anfertigung von NVK-Transkriptionen nach dem Verfahren HIAT 2.

Sigel der Streifen

VK : Verbale Kommunikation
NVK : Nonverbale Kommunikation
AK : (Nichtkommunikative) Aktion(en)

Körperpartien

Kopf		*Extremitäten*		*Körper*	
KO	: Kopf	AR	: Arm(e)	KÖ	: Körper (Rumpf)
GE	: Gesicht	HA	: Hand	SC	: Schulter(n)
ST	: Stirn	HÄ	: Hände		
AU	: Auge(n)	FI	: Finger		
LD	: Lid	KF	: Kleiner Finger		
BR	: Braue(n)	RF	: Ringfinger		
NA	: Nase	MF	: Mittelfinger		
MU	: Mund(partie)	ZF	: Zeigefinger		
LP	: Lippe(n)	DF	: Daumen		
ZU	: Zunge	FU	: Fuß		
KI	: Kinn	FÜ	: Füße		
ZÄ	: Zähne	BE	: Bein(e)		

Andere Zeichen

r : rechts
l : links
°/° : punktuelles Ereignis
       im AK-, NVK-Streifen
o - - y - - o : Kennzeichnung der Dauer
       eines AK-, NVK-Ereignisses

Eintragungen im NVK- und AK-Streifen möglichst kursiv. (Weitere Abkürzungen für AK- und NVK-Eintragungen von Fall zu Fall).

Tabelle I

Notation zur Wiedergabe visueller Phänomene in HIAT 2

5. *Beispiele*

Im folgenden geben wir Beispiele für nonverbal kommunikative Handlungen. Sie dienen besonders zum Beleg für einige Teile der in § 3. entwickelten Systematik nonverbaler Kommunikation. Soweit dies analytisch möglich ist, werden die Ausdruckseinheiten als solche identifiziert. Die Beispiele sind Aufnahmen von Schulklassen entnommen, die mit Videokameras hergestellt wurden. Um einen visuellen Eindruck der Abläufe zu vermitteln, dokumentieren wir die Beispiele zugleich photographisch. Die Photographien sind nicht nach quantitativ-extrinsischen und abstrakten Zeitparametern aufgenommen worden, sondern sie sollen dazu dienen, jeweils charakteristische Ausschnitte aus der Gesamtstruktur der Bewegungsabläufe darzustellen.[17]

Wir geben zwei Beispiele für eigenlinige komitative Kommunikation, ein Beispiel für ostentative selbständige und ein Beispiel für präsentative selbständige Kommunikation (vgl. oben Diagramm A in § 3.4). Für neutrale komitative Kommunikation wird kein Beispiel gegeben, da ja neutrale NVK in HIAT 2 im allgemeinen nicht aufgenommen wird (§ 4.2.).

Da es uns hier nur um die Illustration der Verfahrensweise geht, analysieren wir die Phänomene nicht ausführlich. Jedoch handelt es sich in den vier Fällen um Ausdruckseinheiten, so daß ein Rückgang auf die Deskription des Bewegungspotentials im Sinn von Verfahren (1) in § 4.6 nicht nötig ist. Dafür sind in einzelnen Teilen der Abbildung 1 in § 4.4 Beispiele zu finden.

Beispiel 1 (Abbildung 2, 3): eigenlinige NVK

| L | Wo kann man also überall nachschauen, um nicht unbe- |

| L | dingt auf Reiseprospekte angewiesen zu sein? Suit- |

| L | bert (   ) bitte. |
| S | Auf Reiseberichte auch |

| L | Welcher Art? (   ) |
| S | und (/) Jetzt von äh Leuten, die da schon mal |

| L | hm̌   Wo findet |
| S | waren. Da gibt's ja ziemlich viele Bücher (   ) |

| L | man sowas?   Jà. Das |
| S | In der Bücherei. und äh in Lexika. |

| L | VK sind zwei Informationsquellen, auf die wir alle auf |
| NVK | o - - - - - - - BR vis. Emphase - - - - - - - - - - |

| L | VK alle Fälle Wert legen sollten. Jörg. |
| NVK | - |

Abb. 2

Das Beispiel 1 zeigt eine visuelle Emphase. Der Lehrer bezieht sich auf mehrere Schülerbeiträge und gibt eine komplexe *Rephrasierung*. Das Rephrasieren, wie es *Keller* (1978) analysiert hat, zeichnet sich durch besondere Betonungen aus: »In der Mehrzahl der Fälle haben *Rephrasierungen* . . . eine *emphatische Betonung*« (S. 38). Diesem Kennzeichen entspricht die vorliegende spezifische nonverbale Ausdruckseinheit: der Lehrer zieht die Brauen hoch.

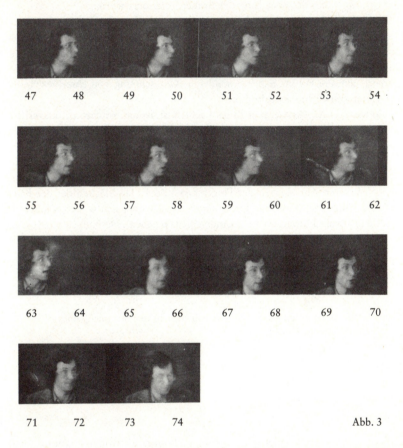

Abb. 3

Im Bild 47[18] ist die Ausgangsstellung des Bewegungsverlaufs festgehalten. Die Bewegung der Brauen ist im Beispiel dadurch gut zu erkennen, daß deren Abstand zum oberen Brillenrand sich merklich verändert. Die Bewegung beginnt mit Bild 51, das sich unmittelbar an Bild 47 und 49 anschließt (ca. 2/25 sec.). Bereits mit Bild 53 (ca. 2/25 sec. später) ist der Extrempunkt der Bewegung der Augenbrauen erreicht. Die Stirn weist eine zusätzliche Falte auf. Sie wird, da auf die Ausdrucks*einheit* zurückgegriffen werden kann, nicht eigens notiert. Der Höhepunkt der Bewegung (Akme) wird im folgenden nicht mehr überschritten, vielmehr bleibt die Extremstellung über die ganze Länge des Redebeitrages von

L erhalten (Bild 55 – Bild 69) bzw. sogar über den Redebeitrag von L hinaus: Bild 71 mit geschlossenem Mund des Lehrers. Die Dauer beläuft sich insgesamt auf über 2 sec. Erst mit Bild 73 wird die Bewegung wieder in die Normalstellung überführt.

Interessant an dem Beispiel ist die zusätzliche Beobachtung, daß zwischen Bild 63 und 65 eine Kopfdrehung stattfindet (die im Transkript nicht verzeichnet ist), ohne daß die Bewegung der Brauen verändert würde.

Das Hochziehen der Augenbrauen ist Ausdruck einer besonderen Emphase, die wir *visuelle Emphase* nennen, um sie von der intonatorischen (im weiteren Sinn) abzugrenzen. Sie harmoniert mit dem propositionalen Gehalt (vgl. »auf alle Fälle«, »wertlegen auf«) und besonders dem illokutiven Gehalt des *Rephrasierens,* dem die Funktion der besonderen Auszeichnung von einzelnen Teilen des Unterrichtsdiskurses zukommt.

Ein weiterer Aspekt, der hier zu beobachten ist, ist das Synchronizitätsverhältnis von verbaler und nonverbaler Kommunikation: Die NVK-Ausdruckseinheit beginnt bereits kurz bevor die entsprechende verbale Einheit einsetzt.

Die visuelle Emphase kann durch ganz unterschiedliche Bewegungen verschiedener Körperpartien hervorgebracht werden (etwa durch Unterstreichen des Verbalen durch Aufschlagen der Fingerspitzen, der Handfläche oder der Faust auf eine Unterlage, durch Fußbewegungen usw., wobei sich wahrscheinlich im einzelnen jeweils kommunikative Unterschiede ergeben). Deshalb ist die Körperpartie hier anzugeben (Verfahren (2') in § 4.6).

Beispiel 2 (Abbildungen 4, 5): eigenlinige NVK

```
         ⑧⑧ ②  ⑥  ⑭         ⑳㉔  ㉞
 L   VK  Worum ging's in dem Gedicht oder in den Strophen. eines
     NVK o - - HA₁vis.Emph. - - - o        oHA₁v.Em.o
                                            % %
                                            ZF₁vis.Emph.

 L   VK  Gedichtes, die wir (                      )
```
Abb. 4

Auch das zweite Beispiel zeigt eigenlinige komitative Kommunikation: diesmal ist allerdings die linke Hand involviert.

Der Lehrer bespricht mit den Schülern ein Gedicht und stellt die Aufgabe mit der im Transkript wiedergegebenen Äußerung. Bei seiner *Frage* benutzt er nicht nur eine spezifische intonatorische (im weiteren Sinn) Hervorhebung (»*Gedicht*«), sondern er setzt eigenlinig-komitativ eine Unterstreichung der Äußerung durch die linke Hand ein.

Bild 88 zeigt die Ausgangsstellung. Sie wird noch eingenommen bei Beginn der Äußerung von »ging's«. Mit Bild 4 ist die Bewegung der Hand im Gang, mit Bild 6 und 8 die Akme erreicht, synchron zu »in« – sachlich jedoch bezogen auf

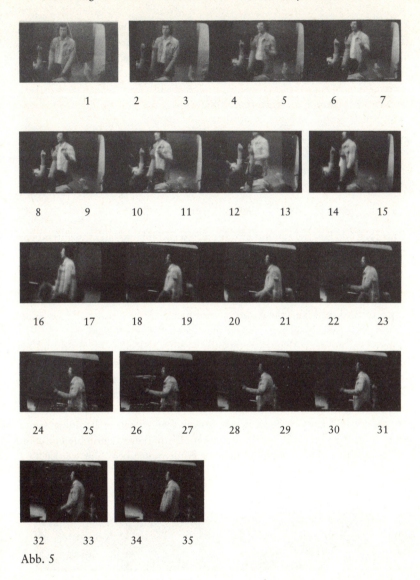

Abb. 5

das Hervorzuhebende, nämlich »*Gedicht*«: die Ausdrucksbewegung geht der verbalen Äußerung voraus. In den folgenden Bildern 10–14 geht die Bewegung wieder in die Ausgangslage zurück: zugleich wird die verbale Hervorhebung erreicht. Mit Bild 16 und 18 beginnt dann die neue Handbewegung, die ihre Akme in Bild 24 hat. Die Hand mit dem Finger, der nun ausgestreckt ist, wird kurzfristig wieder zurückgezogen (Bild 26), um anschließend erneut in die Akme-Position gebracht zu werden (Bild 28). Daraufhin (Bild 30–32) erfolgt die Rückbewegung in die Ausgangsstellung (Bild 34).

Die zweifache Unterstreichung (Bewegung Bild 4–14 und Bild 16–34) entspricht dem Aufbau der verbalen Kommunikation mit seiner doppelten Ausfüllung der Adverbialposition (»in dem Gedicht« und »in den Strophen eines Gedichts«).

Beispiel 3 (Abbildung 6): präsentative NVK

66   67   68   69   70   71   72   73

Das folgende Beispiel stammt aus der Schüler-Kommunikation, während der Unterrichtsdiskurs abgewickelt wird. Ein Schüler will vom anderen etwas haben. Er wendet sich an ihn mit einer Form der selbständigen Kommunikation, nämlich der präsentativen: er benutzt eine Geste, um sein Verlangen kommunikativ auszudrücken. Der Bewegungsablauf ist aus den Bildern 66–72 in Abbildung 6 ersichtlich. Eine Transkription wird hier nicht beigegeben, da sie lediglich innerhalb eines größeren Transkriptes sachlich sinnvoll wäre.

Interessant an dem Ablauf ist, daß der Schüler, nachdem er in 66 und 68 lediglich die Hand ausstreckt, der andere Schüler ihm aber den Gegenstand nicht gibt (Bild 70): Annäherung des Gegenstandes, anschließendes Zurückziehen (nicht dokumentiert), in Bild 72 die nonverbale Ausdruckseinheit in einer anderen Form ausführt, die verstärkend ist: er spreizt die Finger der Hand weit auseinander und bewegt die *einzelnen* Finger sehr schnell in Richtung seiner selbst. Vom Gesamtablauf der Kommunikation erhält diese Form die Funktion eines Insistierens. Beide Gesten können als Fordergesten bestimmt werden.

Beispiel 4 (Abbildung 7): ostentative NVK

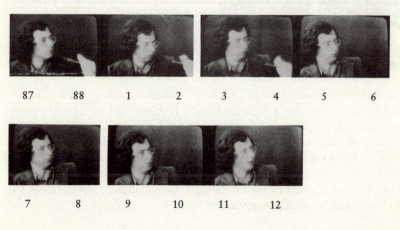

87   88   1   2   3   4   5   6

7   8   9   10   11   12

Auf einen Schülerbeitrag, mit dem der Lehrer nicht einverstanden ist, folgt die in Abbildung 7 wiedergegebene Ausdruckseinheit. (Aus denselben Gründen wie bei Beispiel 3 verzichten wir auf den Abdruck des Transkripts.) Bild 87 zeigt die Ausgangsstellung. Mit Bild 1 folgt ein Andrücken des Kinns an den Hals, ein Senken der Augendeckel (vgl. weiter Bild 3 und 5) sowie ein Ausatmen, das durch gleichzeitiges Schließen des Mundes zu einem Luftstau im Mundinnenraum führt, der außen im Gesichtsausdruck als Vorstülpen der Mund- und Wangenpartie sichtbar ist. Dieser Teil des Bewegungskomplexes wird über Bild 5 bis Bild 7 beibehalten, um erst zu Bild 9 hin in ein tatsächliches Ausatmen überzugehen.

Diese verschiedenen Bewegungsabläufe bilden zusammen eine Ausdruckseinheit (oder eine Kombination zweier, »addierbarer« Ausdruckseinheiten). Sie dient dem Ausdruck der Ungläubigkeit bzw. des Erstaunens. Hier – wie meist – wird sie ostentativ eingesetzt. Sie kann – gerade als hörerspezifische Reaktion – sonst wahrscheinlich auch präsentativ verwendet werden.

Anmerkungen

1 Der vorliegende Artikel stellt den in den Linguistischen Berichten 59 (1979), S. 51, Vorbemerkung, und in *Ehlich, Rehbein* (1981), Vorbemerkung, angekündigten Artikel zur Erweiterung des HIAT-Verfahrens für die Wiedergabe nonverbaler Kommunikation dar.
2 Für andere Zwecke wird eine Partiturschreibung von *Pittenger* et al. (1960) im linguistischen Kontext des amerikanischen Distributionalismus und im Konstanzer Projekt verwendet, s. Zeitschrift für Semiotik 1979.
3 Vgl. zur methodologischen Diskussion *Luckmann* (1979) und darin zur NVK besonders den Artikel von *Switalla* (1979) und *Jorns* (1979).
4 Ursprünglich hatten wir beabsichtigt, diese Zusammenhänge am Beispiel des »deliberativen Wegblickens« zu entwickeln. Diese Untersuchung erwies sich jedoch als zu umfangreich für einen Aufsatz. Sie soll demnächst unter dem Titel »Augenkommunikation. Methodenreflexion und Beispielanalyse« veröffentlicht werden. In ihr gehen wir am Beispiel der Augenkommunikation den methodologischen und kategorialen Problemen und ihrer Behandlung in der Literatur ausführlicher nach, als es in diesem Artikel möglich ist. Die obigen Ausführungen machen zum Teil von den dort ausgearbeiteten Bestimmungen Gebrauch. – (Vgl. auch Anmerkung 17).
5 Vgl. zu den unterschiedlichen Verschriftlichungsverfahren unter dem Gesichtspunkt der angewendeten Problemlösungsstrategien *Ehlich* (demn.).
6 Vgl. etwa *Birdwhistell* (1970).
7 s. *Martinet* (1960) und *Ehlich, Rehbein* (1981), § 4.
8 Vgl. *Ehlich* (1979), S. 98 und *Ehlich* (demn.), § 7.5.2.
9 s. besonders *Ekman, Friesen* (1969), wo die Systematik der Bestimmungen der beiden Autoren entwickelt wird, die die Embleme und Illustratoren umfaßt; s. dazu weiter *Ekman* (1971) über Universalien und kulturelle Unterschiede im Gesichtsausdruck von Emotionen sowie die bereits angeführte Arbeit von *Ekman* (1977) über »gestische Embleme«. *Ekman* hat den Terminus von *Efron* (1941) übernommen, der der Kulturspezifik gleichfalls nachging.
10 s. z. B. die Arbeiten zu soziokulturellen Unterschieden des Blickverhaltens, die von *La France, Mayo* (1976) analysiert wurden.

11 Die Frage des Usus ist besonders in den theoretischen Texten der Junggrammatiker erörtert worden, vgl. exemplarisch *Paul* (1920).
12 Vgl. etwa das von *Ex, Kendon* (1964) entwickelte System und seine Anwendung in *Kendon* (1977).
13 Vgl. *Ehlich, Rehbein* (1976), S. 22 f.
14 Zur Simultanfläche vgl. *Ehlich, Rehbein* (1976), S. 26 ff.
15 Abbildung 1 ist aus einer Physikstunde in der Oberstufe des Gymnasiums entnommen. Eine ausführliche Analyse des Ausschnitts findet sich in Projekt »*Kommunikation in der Schule*« (demn.).
16 Hierin liegt eine prinzipielle Problematik der Verfahrensweise für die Analyse von kommunikativen Einheiten, die wir ausführlicher in *Ehlich, Rehbein* (1972), § 1. behandelt haben. Vgl. zur Diskussion dieser Frage in der Literatur *Rehbein* (1979). Die Arbeit von *Müller* (demn.) untersucht weitere Aspekte der Problematik.
17 Bereits in *Ehlich, Rehbein* (1977), § 3. haben wir an einem Beispiel die kombinierte Dokumentation von Photographien und Transkription in einer ähnlichen Weise wie hier verwendet. In der ausführlicheren Arbeit *Ehlich, Rehbein* (1981), § 6, wird die Ausdruckseinheit des *deliberativen Wegblickens* an verschiedenen Beispielen untersucht.
18 Die Bilder werden nach den Negativnummern der Photographien gezählt.

Literatur

Argyle, M., Cook, M.: Gaze and Mutual Gaze, Cambridge 1976.
Birdwhistell, R. L.: Kinesics and Context: Essays on Body Motion Communication, Philadelphia 1970.
Bühler, K.: Sprachtheorie, Jena 1934.
Darwin, Ch.: Der Ausdruck der Gemüthsbewegungen bei dem Menschen und den Thieren, Stuttgart 1877.
Efron, D.: Gesture and Environment, New York 1941.
Ehlich, K.: Verwendungen der Deixis beim sprachlichen Handeln, Frankfurt a. M. 1979.
Ehlich, K.: Interjektionen (demnächst).
Ehlich, K., Martens, K.: Sprechhandlungstheorie und double-bind, in: *Wunderlich*, D. (Hrsg.): Linguistische Pragmatik, Frankfurt a. M. 1972.
Ehlich, K., Rehbein, J.: Zur Konstitution pragmatischer Einheiten in einer Institution: Das Speiserestaurant, in: *Wunderlich*, D. (Hrsg.): Linguistische Pragmatik, Frankfurt a. M. 1972.
Ehlich, K., Rehbein, J.: Erwarten, in: *Wunderlich*, D. (Hrsg.): Linguistische Pragmatik, Frankfurt a. M. 1972a.
Ehlich, K., Rehbein, J.: Halbinterpretative Arbeitstranskriptionen (HIAT), in: Linguistische Berichte 45, 1976, 21–41.
Ehlich, K., Rehbein, J.: Wissen, kommunikatives Handeln und die Schule, in *Goeppert*, H. (Hrsg.): Sprachverhalten im Unterricht, München 1977.
Ehlich, K., Rehbein, J.: Erweiterte halbinterpretative Arbeitstranskriptionen (HIAT 2): Intonation, in: Linguistische Berichte 59, 1979, 51–75.
Ehlich, K., Rehbein, J.: Sprachliche Handlungsmuster. In: *Soeffner*, H.-G. (Hrsg.): Interpretative Verfahren in den Text- und Sozialwissenschaften, Stuttgart 1979.
Ehlich, K., Rehbein, J.: Die Wiedergabe intonatorischer, nonverbaler und aktionaler Phänomene im Verfahren HIAT, in: *Lange-Seidel* (Hrsg.): Akten des 2. Semiotischen Kolloquiums Regensburg 1978 (demnächst).
Ehlich, K., Rehbein, J.: Augenkommunikation. Methodenreflexion und Beispielanalyse, Amsterdam 1981.
Eibl-Eibesfeldt, I.: Grundriß der vergleichenden Verhaltensforschung, München 1969².

Eibl-Eibesfeldt, I.: Similarities and Differences between Cultures in Expressive Movements, in: *Hinde,* R. A. (Ed.): Nonverbal Communication, Cambridge 1972.
Ekman, P.: Universals and Cultural Differences in Facial Expressions of Emotion, in: *Cole,* J. K. (Ed.): Nebraska Symposium on Motivation, Lincoln 1971, 207–283.
Ekman, P.: Bewegungen mit kodierter Bedeutung: Gestische Embleme, in: *Posner,* R., *Reinecke,* H. (Hrsg.): Zeichenprozesse, Frankfurt a. M. 1977, 180–198.
Ekman, P., *Friesen,* W. V.: The Repertoire of Nonverbal Behavior: Categories, Origins, Usage and Coding, in: Semiotica 1, 1969, 49–98.
Ex, J., *Kendon,* A.: A notation for facial positions and bodily postures, in: *Argyle,* M. (Ed.): Social Interaction, New York 1969.
Hinde, R. A.: Some Recent Trends in Ethology, in: *Koch,* S. (Ed.): Psychology: A Study of Science, Vol. 2, New York 1969, 561–610.
Jorns, U.: Kodierung und Sinnzuschreibung bei der Notation nichtverbaler Phänomene, in: Zeitschrift für Semiotik 1, 1979, 225–249.
Keller, H.-J.: Rephrasieren im Schulunterricht, Magister-Arbeit Düsseldorf 1979.
LaFrance, M., *Mayo,* C.: Racial differences in gaze behavior during conversations: Two systematic observational studies, in: Journal of Personality and Social Psychology 33, 1976, 547–552.
Luckmann, Th. (Hrsg.): Verhaltenspartituren: Notation und Transkription, in: Zeitschrift für Semiotik 1979, 149–249.
Martinet, A.: Grundzüge der Allgemeinen Sprachwissenschaft, Stuttgart 1963.
Morris, D.: Manwatching, Frogmore 1978.
Müller, J.: Alltagswissen über Face-to-Face-Situationen und Notationssysteme, in: *Lange-Seidl* (Hrsg.): Akten des 2. Semiotischen Kolloquiums Regensburg 1978 (demnächst).
Paul, H.: Prinzipien der Sprachgeschichte, Tübingen 1966[7].
Pittenger, R. E., *Hockett,* C. F., *Danehey,* J. J.: The First Five Minutes, Ithaka 1960.
Rehbein, J.: Komplexes Handeln, Stuttgart 1977.
Rehbein, J.: Handlungstheorien, in: Studium Linguistik 7, 1979, 1–28.
Switalla, B.: Die Identifikation kommunikativer »Daten« als sprachtheoretisches Problem, in: Zeitschrift für Semiotik 1, 1979, 161–175.

H. Wagner, J. H. Ellgring, A. Clarke
Max-Planck-Institut München

Analyse des Blickverhaltens in sozialen Situationen*

0. Einleitung

Der vorliegende Beitrag behandelt inhaltliche und methodische Probleme einer Längsschnittstudie, die derzeit am MPI für Psychiatrie in München an depressiven Patienten durchgeführt wird. Diese Untersuchung hat einen diagnostischen und einen kommunikationstheoretischen Aspekt. Von diagnostischem Interesse sind die depressionsspezifischen Veränderungen des kommunikativen Verhaltens. Kommunikationstheoretisch gewendet lautet die Frage, wie sich der interne Zustand einer Person in ihrem Verhalten reflektiert. In diesem Beitrag wird die Fragestellung konzentriert auf tonische Eigenschaften des Blickverhaltens im Interaktionsprozeß und deren Stabilität im Krankheitsverlauf.

Zunächst wird die theoretische Grundlage referiert, die wir für das Blickverhalten entwickelt haben. Im zweiten Abschnitt wird auf Datenerhebung und Reliabilitätskontrolle eingegangen. Die Struktur der Daten bestimmt die Auswertungsmethoden. Einige der Methoden, mit denen wir derzeit arbeiten, werden im Zusammenhang mit umschriebenen Problemstellungen erläutert:
- Deskription und Interpretation des tonischen Blickverhaltens depressiver Patienten im Krankheitsverlauf (Abschnitt 3).
- Zusammenhang der individuellen Blickniveaus von Interaktionspartnern (Abschnitt 4)
- Deskription eines Dialogs (Interviews) als Sequenz von distinkten Zuständen. In den Zuständen werden Sprech- und Blickverhalten beider Interaktionspartner miteinander kombiniert (Abschnitt 5)
- Analyse der intraindividuellen Wechselwirkung zwischen Blick- und Sprechverhalten (Abschnitt 6).

Die Abschnitte 3 mit 6 werden durch vorläufige Ergebnisse illustriert.

1. Theoretische Überlegungen

Von verschiedenen Autoren, die auf dem Gebiet der sozialen Interaktion arbeiten, wurde wiederholt darauf hingewiesen, daß im Blickverhalten Informationsaufnahme (channel) und Informationsübermittlung (signal) zugleich verwirklicht werden (*Argyle, Cook* 1976, *Ellsworth* 1978).

Beide Grundfunktionen werden in der Literatur als gleichwertig behandelt.

---

* Gefördert aus Mitteln der DFG, Antrag Nr. EL 67/61

Ausgehend von der trivialen Tatsache, daß die Informationsaufnahme dem Blickverhalten inhärent ist, während die Signalfunktion des Blicks vom sozialen Kontext abhängt, kann man jedoch versuchen, die Relation der beiden Funktionen hierarchisch zu bestimmen. Die Regulation des optischen Inputs wäre dann als der »harte Kern« des Blickverhaltens aufzufassen, dem per Evolution oder per Konvention verschiedene soziale Bedeutungen beigeordnet sind. Die passive Informationsaufnahme wird im Zusammenhang mit aktivem Verhalten zum Teil eines Feedback-Kreises.

Der Handlungserfolg wird optisch permanent oder intermittierend mit der Handlungsintention verglichen. Abweichungen bilden die Grundlage für Korrekturen des intentionsgeleiteten Verhaltens. Das gilt auch für soziales Verhalten. Jeder Interaktionspartner beobachtet die Wirkung, die sein Verhalten auf den anderen ausübt und modifiziert es dementsprechend. Die Zulässigkeit der Vereinfachung, die Informationsaufnahme als Leitfunktion eines Funktionsbündels aufzufassen, muß überprüft werden, indem ihre explikative Kraft auf das unter verschiedenen Bedingungen beobachtbare Blickverhalten angewendet wird.

Wie *Zipf* (1972) für verschiedene Verhaltensbereiche nachgewiesen hat, ist das Verhalten gemäß dem »Principle of Least Effort« organisiert. Dieses ökonomische Prinzip läßt sich auch am evolutiv herausgebildeten kommunikativen Verhalten darlegen. *Wickler, Seibt* (1977) machen an zahlreichen Beispielen deutlich, daß Signalfunktionen sich bevorzugt solchen Verhaltensweisen anlagern, die aufgrund anderer Bedürfnisse ohnehin bereits determiniert ablaufen. Über den Signalcharakter einer Verhaltensweise entscheidet, weitgehend unabhängig von der Intention des Senders, der Empfänger. *Leyhausen* (1967) verdeutlicht das plausibel am Gähnen, das durch die Atembewegungen von Fischen bei menschlichen Beobachtern ausgelöst wird.

Viele biologisch bedeutsame Signale haben sich im Verlauf der Evolution entwickelt, indem das funktional vorgegebene Verhalten eines Senders von den Empfängern als Ausdrucksverhalten decodiert und adäquat beantwortet wurde. Auf diese Weise werden Verhaltensweisen, die ursprünglich nur vom Inhaltsaspekt bestimmt waren, zugleich zu Trägern des Beziehungsaspekts.

Im Bereich des Blickverhaltens läßt sich das am besonders prägnanten und gründlich untersuchten Display des »Drohstarrens« erläutern (*Andrew* 1963). Vom Sender wird Aggressionsbereitschaft signalisiert, indem er den Empfänger unverwandt fixiert. Der Empfänger decodiert diese Verhaltensweise richtig als konzentrierte Informationsaufnahme des Gegners, was eine wichtige Voraussetzung für erfolgreiche aggressive Handlungen ist. Das Drohstarren ist damit zugleich Signal für einen bevorstehenden Angriff. Verharren beide Interaktionspartner im Zustand wechselseitigen Drohstarrens, folgen fast zwangsläufig aggressive Handlungen. Der subjektiv schwächere Partner kann die Situation auflösen, indem er seinen Blick abwendet (*Hall, Devore* 1965). Die Botschaft dieses appeasement-Signals lautet decodiert etwa: »Ich verzichte darauf, mich weiterhin über Dich zu informieren und begebe mich so in eine unterlegene

Position.« Der Ausgang des Kampfes ist dadurch bereits entschieden. Der Kampf braucht nicht mehr ausgetragen werden.

Außerhalb des feindseligen sozialen Kontexts nimmt die Blickzuwendung auch andere Bedeutung an. *Chance* (1967) interpretiert sie in etablierten Hierarchien als Aufmerksamkeitszuwendung der submissiven Gruppenmitglieder gegenüber den dominanten. Diese »Aufmerksamkeitsstruktur« erzeugt sozialen Zusammenhalt und festigt die Dominanzhierarchie. Anhaltende Blickzuwendung bei Liebespaaren signalisiert nach allgemeiner Erfahrung und nach den Befunden von *Rubin* (1970) Sympathie und Zuneigung.

Die Fokussierung der Aufmerksamkeit, die sich in der Blickzuwendung äußert, wird also vom Empfänger (der Person, auf die sich die Aufmerksamkeit richtet) in Übereinstimmung mit der emotionalen Qualität der Gesamtsituation interpretiert und erhält so ihren spezifischen Signalcharakter. Unabhängig davon kann der Sender sein Verhalten intentional akzentuieren. Die intensive Zuwendung des Therapeuten zum Klienten, mit der die Botschaft »ich höre Dir ganz genau zu, nichts außer Dir interessiert mich im Augenblick« bewußt signalisiert wird, ist dafür ebenso ein Beispiel wie die »demonstrative« Blickabwendung mancher Politiker, wenn ihre Kontrahenten das Wort ergreifen.

Durch die Reihe sämtlicher Beispiele zieht sich als Gemeinsamkeit, daß die (intendierten) Signaleigenschaften einer Verhaltensweise mit ihrer sensorisch-kognitiven Funktion im Einklang sind. Es ist die Funktion, auf deren Boden die Signaleigenschaften etabliert werden und es ist die Übereinstimmung zwischen Funktion und Botschaft, die auf der Senderseite den Encodierungsaufwand minimiert, auf der Empfängerseite die Decodierung erleichtert, kurz: den Kommunikationsprozeß effizient und ökonomisch macht.

2. Datengewinnung

Die hier verwendeten Daten stammen vorwiegend aus einer Längsschnittuntersuchung, die am MPI für Psychiatrie mit endogen depressiven Patienten durchgeführt wird. Die Patienten werden während ihres Klinikaufenthaltes zweimal wöchentlich in standardisierter Form interviewt. Die Interviews werden auf Videoband aufgezeichnet. Auf dem Video-Schirm sind Patient und Interviewer, die sich schräg gegenübersitzen, in Ganzkörperaufnahme zu sehen. Das Gesicht des Patienten wird mit einer zweiten Kamera frontal aufgenommen und durch Split-screen-Technik vergrößert in das Monitorbild eingeblendet.

Das Videomaterial wird von vier Beobachtern simultan und in Echtzeit codiert. Je einer der Beobachter codiert das Sprechverhalten des Interviewers, das Sprechverhalten des Patienten, das Blickverhalten des Interviewers und das Blickverhalten des Patienten. Die Codierung erfolgt binär, d. h. es werden nur on- und off-Zustände unterschieden. Die Codierungsentscheidungen werden kontinuierlich über prellfreie Druckknöpfe abgegeben und parallel auf Digitalband abgespeichert.

Analyse des Blickverhaltens in sozialen Situationen 333

Abb. 1
Monitorbild aus einem Interview. Rechts der Interviewte.

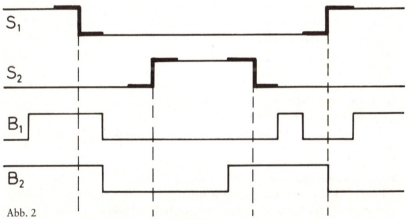

Abb. 2
Graphische Darstellung des Sprech- und Blickverhaltens von zwei Interaktionspartnern in binärer Codierung. Das obere Niveau jeder Aufzeichnungsspur entspricht dem on-Zustand, das untere Niveau dem off-Zustand.

Die Reliabilität der Daten wurde in einer eigenen Untersuchung (*Wagner, Ellgring, Clarke* [in Vorbereitung]) bestimmt.

Die Übereinstimmung zwischen Beobachtern, gemessen als Punkt-zu-Punkt-Übereinstimmung über einen fünfminütigen Ausschnitt eines Interviews, beträgt für das Blickverhalten bei einer zeitlichen Auflösung von 400 msec im Durchschnitt 94 %, mit einer unteren Grenze von 91 %.

Die technischen Details der Aufzeichnungen werden von *Clarke* et al. (im Druck) beschrieben. Als Blick-on wurde die »face reaction« vereinbart, wie sie *v. Cranach* (1971) definiert hat.

3. Individuelles Blickniveau

Durch die Summierung sämtlicher on-Ereignisse aus der on-off-Sequenz des Blickverhaltens, die der Patient in einer Interviewsitzung zeigt, erhält man ein Maß für den Blicktonus oder das Blickniveau. Das Blickniveau wird üblicherweise in Prozent der Gesamtdauer angegeben. Die wenigen Untersuchungen, die unter Verwendung dieses Maßes an depressiven Patienten durchgeführt wurden (*Rutter, Stephenson* 1972, *Hinchcliffe, Lancashire, Roberts* 1973), sind als Gruppendesign angelegt. Soweit sich überhaupt statistisch signifikante Unterschiede feststellen ließen, ergab sich für depressive Patienten ein im Vergleich mit Normalpersonen reduziertes Blickniveau. Dieser Befund paßt gut zur Annahme der allgemein reduzierten beobachtbaren Aktivität depressiver Patienten. Da unsere Untersuchung nicht als Gruppendesign konzipiert ist, sondern als Längsschnittstudie individueller Verläufe, wurde diese Annahme umformuliert: Das Blickniveau jedes einzelnen Patienten sollte mit dem Verlauf der Krankheit bzw. mit subjektiven und diagnostischen Kriterien der Befindlichkeit korrelieren. Mindestens sollte sich vom Beginn (schwer depressiv) zum Ende (geheilt) des Klinikaufenthalts ein positiver Trend im Blickniveau feststellen lassen.

Diese Annahmen konnten bisher nicht hinreichend bestätigt werden. Die zeitliche Folge der Niveauwerte bietet das Bild einer unsystematischen Streuung um einen individuenspezifischen Zentralwert. Das weist darauf hin, daß im individuellen Blickniveau die Einflüsse mehrerer Variablen konvergieren, die den Einfluß der Variablen »Krankheit« verrauschen.

Die Wirkung der Krankheit auf das Blickverhalten kommt im Gruppendesign deshalb zum Vorschein, weil hier die Krankheitsmerkmale herausgefiltert und im Vergleich der extremen Zustände `»gesund« versus »schwer depressiv« gesichert werden. In der Verlaufsstudie eines Einzelfalles entfallen diese beiden Vorteile des Gruppendesigns.

Erstens lassen sich die systematischen Spuren der Krankheit nicht durch Summation verdichten, die individuenspezifischen konkurrierenden Einflüsse nicht durch Mitteilung eliminieren. Zweitens werden zwischen den Polen der Krankheit und der Gesundheit alle Abstufungen der Genesung durchlaufen; die feinen Zwischenstufen der Befindlichkeit aber bilden sich auf dem groben Maß »Blickniveau« nicht eindeutig ab. Zudem scheint das individuelle Blickniveau die elastische Stabilität eines Persönlichkeitsmerkmals aufzuweisen (*Argyle, Little* 1972). Beim Vergleich der Werte, die ein Individuum zu verschiedenen Zeitpunkten liefert, verschwindet daher der Effekt der Krankheitsvariablen in der Tendenz des Individuums, Abweichungen vom persönlichen Niveau zu korrigieren.

4. Anmerkungen zum Zusammenhang der individuellen Blickniveaus

Die naheliegende Vermutung, daß das individuelle Blickverhalten eines Dialogpartners vom Blickverhalten des anderen beeinflußt wird, wurde erstmals von *Strongman, Champness* (1968) experimentell überprüft. Im Rückgriff auf eine Arbeit von *Argyle, Dean* (1965) gingen die beiden Autoren davon aus, daß das aktuelle Blickverhalten von fördernden und von hemmenden Einflüssen (approach and avoidance forces) determiniert ist. Der Partner wird immer dann angeblickt, wenn die approach forces überwiegen. Die Frage, welchen Einfluß der Blick des anderen auf das eigene Blickverhalten ausübt, sollte entschieden werden, indem der Betrag des empirisch festgestellten gegenseitigen Anblickens mit dem nach Zufall zu erwartenden Wert verglichen wurde. Der Erwartungswert ist das Produkt der individuellen Blickniveaus. Das gegenseitige Anblicken wurde als Prüfungsgröße ausgewählt, weil in diesem Zustand die Blick-Blick-Verbindung zweiseitig ist und daher die Möglichkeit der Wechselwirkung am unmittelbarsten gegeben ist.

Strongman, Champness (1968) fanden, daß die empirischen Werte für gegenseitiges Anblicken in ihrer Gruppe von Dialogpaaren konsistent nach oben von den Erwartungswerten abwichen. Sie folgerten daraus, daß die Blicke einen fördernden Einfluß aufeinander ausüben. Zu demselben Befund kam *Rubin* (1970), der mit derselben Methode das Blickverhalten von Liebespaaren untersuchte.

Im Gegensatz dazu berichten *Argyle, Ingham* (1972) eine konstante Abweichung des empirischen Blickkontaktes vom erwarteten nach unten. Demnach dominieren beim Blickkontakt die avoidance forces. In mehreren Untersuchungen, die vor allem von *Rutter* und Mitarbeitern durchgeführt wurden, konnte keine einheitliche Richtung der Abweichungen festgestellt werden. Das gilt auch für die Daten, die im Rahmen unserer Arbeitsgruppe *Rennschmid* (1979) von Therapiepaaren erhoben wurden. Daraus ließe sich folgern, daß je nach den Umständen bzw. je nach den beteiligten Personen von Fall zu Fall die avoidance oder die approach forces überwiegen.

Rutter et al. (1977) gehen jedoch nach einer anderen Logik vor. Sie argumentieren, daß in den älteren Untersuchungen nur die Richtung der Abweichungen vom Zufallswert getestet wurde. Betrachtet man dagegen die Beträge der Abweichungen, stellt sich heraus, daß sie insgesamt sehr gering ausfallen: Die Korrelation zwischen den empirischen und den nach Zufall erwarteten Werten beträgt üblicherweise etwa + 0.97. Dieses Ergebnis konnten wir mit unseren Daten bestätigen. *Rutter* et al. (1977) kommen zu dem Schluß, daß der Betrag gegenseitigen Anblickens ein Zufallsprodukt des individuellen Blickverhaltens ist. Das bedeutet, daß auf der Ebene des Blickverhaltens kein meßbarer systematischer Zusammenhang zwischen den Dialogpartnern besteht. Der Korrelationskoeffizient als Kriterium für den Zufallsanteil muß jedoch kritisch betrachtet werden, wie *Wagner* et al. (in Vorb.) ausführlich darlegen. Die empirischen und die zufälligen Werte des Blickkontaktes stehen in einem starken inneren Zusammenhang, der in Abbildung 3 illustriert wird.

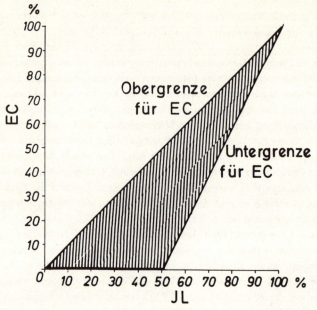

Abb. 3
Abhängigkeit des Blickkontaktes (EC) vom Blickniveau (IL) der Interaktionspartner.

Auf der Abszisse wird das Blickniveau des Partners mit dem niedrigeren Blickanteil abgetragen, auf der Ordinate der Betrag des Blickkontaktes. Der Partner mit dem niedrigeren Blickanteil bestimmt die maximal erreichbare Höhe des Blickkontaktes. Wenn dieser Partner beispielsweise in 40% der Zeit blickt, kann der Blickkontakt den Wert von 40% nicht übersteigen. Wenn andererseits der weniger blickende Partner ein Niveau von 70% (=A) erreicht, muß der Blickkontakt mindestens 40% betragen. Der höhere Blickanteil B liegt dann nämlich zwischen 70 und 100%, die Summe (A+B) erreicht 140% bis 170%, der tatsächliche Blickkontakt beläuft sich daher mindestens auf 40% und höchstens auf 70%. Allgemein gilt:
Höchstbetrag des Blickkontaktes in Prozent = A
Mindestbetrag des Blickkontakts in Prozent = (A+B) − 100.
Diese Beziehungen konstituieren die in Abbildung 3 dargestellte Dreiecksfigur, die sämtliche zufällig und empirisch möglichen Werte des Blickkontaktes enthält. Der geometrisch dargestellte Zusammenhang zwischen individuellen Blickniveaus und dem Niveau des Blickkontaktes erzeugt also bei einer größeren Stichprobe von Dialogen arithmetisch einen hohen positiven Korrelationskoeffizienten zwischen zufälligen und empirischen Werten für Blickkontakt.
Da weder die Konsistenz der Abweichungen noch ihre Korrelation geeignet

ist, den regelhaften Zusammenhang der individuellen Blickniveaus vom Zufall abzugrenzen, schlagen *Wagner* et al. (in Vorb.) eine dritte Lösung vor.

Nach ihren Überlegungen ist die Annahme von der Kulmination der Blick-Blick-Wechselwirkung im Blickkontakt überflüssig. Statt dessen kann man annehmen, daß die ökomischere – und daher wahrscheinlichere – Strategie, die erwünschte Häufigkeit des sozial bedeutsamen Ereignisses »Blickkontakt« herzustellen, für beide Interaktionspartner darin besteht, ihr individuelles Blickniveau zu verändern. Denn die Blickniveaus beider Interaktionspartner determinieren die zufällige Häufigkeit des Blickkontakts, dessen erwünschte Dichte somit ohne zusätzlichen Koordinationsaufwand reguliert werden kann. Da der Bedeutungsgehalt des Blickkontaktes, wie im ersten Teil begründet wurde, vom sozialen Kontext abhängt, wird man erwarten dürfen, daß im positiven Kontext – etwa bei Liebespaaren – beide Interaktionspartner den angenehmen Blickkontakt über ein hohes Blickniveau herstellen. Im aversiven Kontext dagegen werden beide Partner ihr Blickniveau absenken, um das besonders aversiv geladene gegenseitige Anblicken weitgehend auszuschalten. Erste Versuche, mit den uns verfügbaren Daten einen solchen »tonischen« Zusammenhang zwischen den Blickniveaus nachzuweisen, brachten ermutigende Ergebnisse. Die Strenge des Zusammenhangs lag bei + 0.62. Eine ausführliche Diskussion dieses Ansatzes findet man bei *Wagner* et al. (in Vorb.).

5. Darstellung einer Dialogsituation

Die einfachste Art, den Zusammenhang von Sprechen und Blick darzustellen, besteht bei gegebener Datenstruktur darin, die vier aufgezeichneten Datenkanäle miteinander zu kombinieren. Da jeder Datenkanal nur die Werte 0 oder 1 annehmen kann, ergeben sich 16 verschiedene Kombinationen. Auf Kanal 1 ist das Sprechverhalten des Interviewers aufgezeichnet, auf Kanal 2 das Sprechverhalten des Patienten, auf Kanal 3 das Blickverhalten des Interviewers, auf Kanal 4 das Blickverhalten des Patienten. Jede Kombination kann durch eine vierstellige Binärzahl codiert werden. Die folgende Tabelle vermittelt einen Überblick über die Zustände und ihre Codierungen.

Die 16 Zustände beschreiben auf der Basis der registrierten Variablen den Ereignisraum eines Interviews vollständig. Da jede der vier Verhaltensweisen kontinuierlich codiert wurde, ist die Beschreibung auch zeitlich lückenlos. Der Ablauf eines beliebigen Dialogs (Interviews) kann daher vollständig und lückenlos als Folge dieser Zustände beschrieben werden. In jedem Moment ist genau einer der Zustände verwirklicht. Im Verlauf eines Dialogs treten nicht notwendig alle 16 Zustände auf.

Zur komprimierten Darstellung eines Dialogs (Interviews) haben wir das in Abbildung 4 wiedergegebene Schema entwickelt.

Die 16 Zustände sind in Vierergruppen geordnet. Die Zustände 0 bis 3 umfassen die Gesprächspausen. Die Zustände 4 bis 7 treffen dann zu, wenn der

Binär codierte Zustände				Beschreibung	Dezimalcodierung
K. 1	K. 2	K. 3	K. 4		
0	0	0	0	Keiner spricht, keiner blickt den anderen an.	0
0	0	0	1	Keiner spricht, der Patient blickt den Interviewer an.	1
0	1	1	0	Der Patient spricht, ohne zu blicken.	6
⋮	⋮	⋮	⋮		⋮
0	1	1	0	Der Patient spricht, ohne zu blicken. Der Interviewer blickt ihn schweigend an.	6
⋮	⋮	⋮	⋮		⋮
1	0	0	1	Der Interviewer spricht, ohne zu blicken. Der Patient blickt ihn schweigend an.	9
⋮	⋮	⋮	⋮		⋮
1	1	1	1	Beide sprechen gleichzeitig und blicken sich gegenseitig an.	15

Patient allein spricht, die Zustände 8 bis 11 bezeichnen alleiniges Sprechen des Interviewers. Bei gemeinsamem Sprechen wird einer der Zustände 12 bis 15 eingenommen. Jede der Viererguppen beschreibt also einen anderen Sprechzustand und ist in sich nach dem Blickverhalten der Gesprächspartner differenziert. Die Piktogramme unter den Positionen der einzelnen Zustände machen das anschaulich.

Wenn man die relative Dauer, mit der die vorkommenden Zustände im Verlauf eines Gesprächs eingenommen werden, durch Kreise entsprechender Größe, die Aufeinanderfolge der Zustände durch Pfeile zwischen den Zustandspositionen und die Häufigkeit jeder vorkommenden Aufeinanderfolge durch die Pfeildicke darstellt, erhält man Diagramme wie die Abbildung 5 und 6.

Abbildung 5 zeigt ein Interview mit einem Patienten aus der Zeit seiner schwersten Depression, Abbildung 6 ein Interview mit demselben Patienten einige Zeit vor der Entlassung.

Beiden Abbildungen ist das für die Gesprächsform »Interview« typische Grundmuster gemeinsam: Der Hauptanteil der Redezeit entfällt auf den Patienten (Interviewten), während der Interviewer nur durch kurze Fragen (Zustand 10) den Gesprächsfluß in Gang hält. Der Sprecherwechsel erfolgt über Pausen und nicht, wie z. B. in lebhaften Diskussionen, über simultanes Sprechen.

An Unterschieden zwischen den beiden Interviews fällt zunächst auf, daß im ersten Interview der Pausenanteil sehr hoch ist. Das Interview geht schleppend vor sich. Der Patient antwortet mit großer Latenz (Zustand 2) und mit vielen Hesitation-Pausen (Wechsel von 6 auf 2 und zurück). Dabei wird er zwar vom Interviewer fast ständig beobachtet, nimmt aber selbst keinen Blickkontakt auf (Zustand 2, nicht 3; Zustand 6, nicht 7; Zustand 10, nicht 11). Im zweiten

Analyse des Blickverhaltens in sozialen Situationen 339

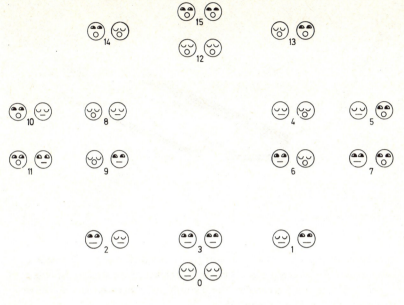

Abb. 4
Piktogramm der sechzehn Dialogzustände.

Fe 1m 03

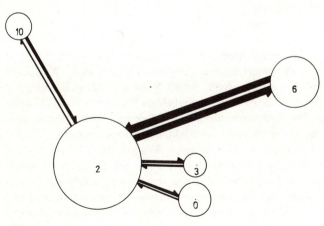

Abb. 5
Interview in einer Phase schwerer Depression.

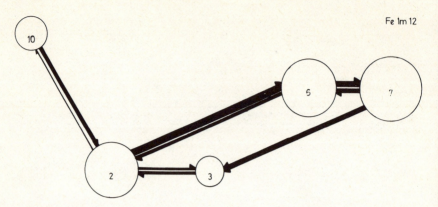

Abb. 6
Interview in gebessertem Zustand.

Interview läuft das Frage- und Antwortspiel wesentlich zügiger. Der Anteil der Pausen ist stark zurückgegangen. Das Niveau des Augenkontaktes ist, wie man aus der Zunahme von 3 gegenüber 2 und von 7 gegenüber 6 ersieht, angestiegen. Der Blicktonus des Patienten ist erhöht.

Diese kurze Beschreibung deutet bereits an, daß man aus der Darstellung die formalen Charakteristika eines Gesprächs rekonstruieren kann. Darüber hinaus erleichtert die Darstellung in ihrer Prägnanz den deskriptiven Vergleich verschiedener Interviews aus einer Serie. Damit hat sie sich als wertvolles Werkzeug für Verlaufsbeschreibungen erwiesen. Nicht zuletzt trägt diese Darstellungsform zur gezielten Generierung zu Hypothesen bei, die anhand der quantitativen Daten überprüft werden können.

6. Hörer- und Sprecherrolle

Einen einfachen Zugang zur Analyse der Wechselwirkungen zwischen Blicken und Sprechen bietet die Unterscheidung des Blickverhaltens nach »Blicken als Zuhörer« und »Blicken als Sprecher«. Bereits *Nielsen* (1962) stellte fest, daß dieselbe Person als Zuhörer ihren Partner erheblich häufiger anblickt als wenn sie selbst spricht. Der Blicktonus, der mit der Hörerrolle verbunden ist, liegt konsistent und signifikant höher als der Blicktonus der Sprecherrolle.

Dieser Sachverhalt wurde vielfach repliziert (*Kendon* 1967, *Argyle, Ingham* 1972) und darf zum gesicherten Bestand sozialpsychologischer Erkenntnisse gerechnet werden. Die Koordinationsleistung von Sprache und Blick, die sich darin ausdrückt, bleibt auch bei depressiven Patienten im gesamten Krankheitsverlauf erhalten und zwar unabhängig von den teils erheblichen Schwankungen des Blickniveaus. Immer entfällt der relativ größere Anteil des partnerorientierten Blickverhaltens auf die Hörerrolle.

Die Stabilität dieser Koordinationsleistung, die von schwer pathologischen Zuständen nicht tangiert wird, weist auf eine funktionale Basis hin, die pathologischen Veränderungen gegenüber weitgehend invariant ist. Die abschließenden Bemerkungen sind als Skizze dieser funktionalen Basis zu verstehen.

Der Kernpunkt der Einleitung, daß das Blickverhalten primär der Informationsaufnahme dient, bedarf der Ergänzung: Jede Informationsaufnahme trägt zur momentanen kognitiven Belastung bei. *Kendon* (1967) und *Ellgring* (1975) interpretieren ihre Befunde in diesem Sinne. Ihre Versuchspersonen zeigten eine deutliche Tendenz zur Blickabwendung gerade dann, wenn die kognitive Belastung anstieg. Die kognitive Belastung wird durch die soziale Belastung noch verstärkt, wenn das Blickverhalten im interaktiven Kontext Signaleigenschaften annimmt.

Das aktuelle Blickverhalten variiert in Abhängigkeit von der Vergleichsbildung Informationsbedürfnis vs. kognitive (soziale) Belastung. Solange das Informationsbedürfnis überwiegt, wird die Blickzuwendung andauern, während Blickabwendung erfolgt, sobald der Druck der Belastungen den Bedürfnisdruck übersteigt.

Wenn man die Informationsbedürfnisse des Hörers und des Sprechers ohne Anspruch auf Vollständigkeit auflistet, ergibt sich folgende Zusammenstellung:
Der Zuhörer blickt den Sprecher an
– um sich die Decodierung der akustischen Sendung zu erleichtern,
– um mögliche Inkongruenzen zwischen verbalem und nonverbalem Verhalten zu entdecken (*Argyle* 1969),
– um Gelegenheiten zur Übernahme des Turns zu erkennen (*Duncan* 1972),
– um dem Sprecher Aufmerksamkeit zu signalisieren (*Krause* 1978).
Der letzte Punkt hat nichts mit der Informationsaufnahme zu tun, sondern signalisiert Einverständnis mit der Hörerrolle.

Der Sprecher blickt seinen Zuhörer vor allem an, um dessen Reaktionen auf das Gesprochene zu erfahren und um sie ggf. durch geändertes Sprechverhalten zu modifizieren, etwa um schwindende Aufmerksamkeit wieder herzustellen, oder um Versuchen zur Übernahme des Turns vorzubeugen.

Aus dieser Gegenüberstellung ergibt sich für den Sprecher ein tendenziell niedrigerer Bedarf an Blickzuwendung, wenngleich der Nachweis eher plausibel als streng genannt werden muß. Andererseits wird die kognitive Belastung des Sprechers durch die Sprachproduktion schwerer wiegen als die des Zuhörers. Die Bilanz aus Bedürfnis und Belastung ergibt also für den Zuhörer im Vergleich mit dem Sprecher relativ höheres Bedürfnis bei geringerer kognitiver Belastung. Das erklärt die stabile Sprecher-Zuhörer-Differenz.

Die naheliegende Frage, ob in der Depression eher das Informationsbedürfnis oder die kognitive Belastbarkeit oder beides zusammen reduziert ist, läßt sich entscheiden, indem die Blickniveaus des Patienten als Zuhörer und als Sprecher mit dem Krankheitsverlauf korreliert werden. Positive Korrelation des Hörerniveaus weist auf verringerten Informationsbedarf in depressiven Phasen hin, die Korrelation des Sprecherniveaus auf reduzierte kognitive Belastbarkeit.

7. Abschließende Bemerkungen

Die hier besprochene Art der Datenerhebung liefert eine geeignete Grundlage zur Bestimmung der Änderungen des kommunikativen Verhaltens im Verlauf einer depressiven Erkrankung. Sie ist auf Fragestellungen übertragbar, in denen der Einfluß der beteiligten Personen oder des situativen Kontexts auf den Interaktionsprozeß (experimentell) untersucht wird. Die Reliabilität der Daten entspricht den üblicherweise geforderten Standards. Einige Auswertungsmethoden, die das Datenmaterial zuläßt, wurden besprochen und anhand vorläufiger Ergebnisse auf die einschlägige Literatur bezogen:
1. Die Messung des tonischen Blickverhaltens ergab keinen stabilen Zusammenhang mit den Veränderungen des internen Zustands. Dieses Maß scheint geeigneter zur Untersuchung von Persönlichkeitsunterschieden im Gruppendesign als zur Verlaufskontrolle im Einzelfall.
2. Ausgehend von einer Kritik der bisherigen Ansätze wurde die Wechselwirkung zwischen den Blickniveaus von Dialogpartnern analysiert. Zwar sind die momentanen Ereignisse allem Anschein nach nicht koordinativ, sondern zufällig miteinander verbunden. Die Zufallsdichte besonderer Ereignisse wie des Blickkontakts wird jedoch über die Blickniveaus von beiden Partnern tonisch reguliert.
3. Die Kombination des Sprech- und Blickverhaltens beider Interaktionspartner führt zu einer komprimierten Darstellung des Dialogs. Das Resultat dieser Darstellung enthält Charakteristika der Gesprächssituation – z. B. Rollenverteilung der Interaktanden und Gesprächstyp – sowie Besonderheiten des Gesprächsstils, die sich aus der depressiven Erkrankung eines Teilnehmers ergeben. Die Kombination der Verhaltensebenen zu distinkten Gesprächszuständen ermöglicht Sequenzanalysen, auf die hier nicht eingegangen wurde.
4. Die Unterscheidung des Blickverhaltens nach Hörer- und Sprecherrolle liefert einige Hinweise auf den intraindividuellen tonischen Zusammenhang von Sprech- und Blickverhalten. Die Qualität des Zusammenhangs ist vom Krankheitsgrad unabhängig. In der Diskussion werden die Ergebnisse auf eine funktionale Basis gestellt und dementsprechend interpretiert.

Literatur

Andrew, R. J.: The Origin and Evolution of the Calls and Facial Expressions of the Primates, in: Behaviour 20, 1963, 1–109.
Argyle, M.: Social Interaction, London 1969.
Argyle, M., *Cook*, M.: Gaze and Mutual Gaze, Cambridge, London, New York, Melbourne 1976.
Argyle, M., *Dean*, J.: Eye-Contact, Distance and Affiliation, in: Sociometry 28, 1965, 289–304.
Argyle, M., *Ingham*, R.: Gaze, Mutual Gaze, and Proximity, in: Semiotica 6, 1972, 32–49.
Argyle, M., *Little*, D.: Do Personality Traits Apply to Social Behaviour?, in: Journal of the Theory of Social Behaviour 2, 1972, 1–35.

Cance, M.: Attention Structure as the Basis of Primate Rank Orders, in: Man 2, 1967, 503–518.
Clarke, A., *Wagner,* H., *Rinck,* P., *Ellgring,* J. H.: A System for Computer Aided Observation and Recording of Social Behaviour, (im Druck).
v. Cranach, M.: The Role of Orienting Behaviour in Human Interaction, in: *Esser,* A. H. (Ed.): Environment and Behaviour. The Use of Space by Animal and Man, New York 1971, 217–237.
Duncan, S. JR.: Some Signals and Rules for Taking Speaking Turns in Conversations, in: Journal of Personality and Social Psychology 23, 1972, 283–292.
Ellgring, J. H.: Blickverhalten und Sprechaktivität, Diss. Marburg 1975.
Ellsworth, P.: The Meaningful Look, in: Semiotica 24, 1978, 341–352.
Hall, K., *DeVore,* J.: Baboon Social Behaviour, in: *DeVore,* J. (Ed.): Primate Behaviour, New York 1965, 53–110.
Hinchcliffe, M. K., *Lancashire,* M., *Roberts,* F. H.: A Study of Eye-Contact Changes in Depressed and Recovered Psychiatric Patients, in: British Journal of Psychiatry 119, 1973, 213–215.
Kendon, A.: Some Functions of Gaze Direction in Social Interaction, in: Acta Psychologica 26, 1967, 1–47.
Krause, R.: Nonverbales Interaktives Verhalten von Stotterern und ihren Gesprächspartnern, in: Schweizerische Zeitschrift für Psychologie und ihre Anwendung 37, 1978, 177–201.
Leyhausen, P.: Biologie von Ausdruck und Eindruck, in: Psychologische Forschung 31, 1967, 113–227.
Nielsen, G.: Studies in Self-Confrontation, Kopenhagen 1962.
Rennschmid, M.: Blickverhalten und Sprechaktivität in gestörten und nicht gestörten Partnerbeziehungen, München 1979 (Mskpt.).
Rubin, A.: Measurement of Romantic Love, in: Journal of Personality Social Psychology 16, 1970, 265–273.
Rutter, D. R., *Stephenson,* G. M.: Visual Interaction in a Group of Schizophrenic and Depressive Patients, in: British Journal of Social and Clinical Psychology 11, 1972, 57–65.
Rutter, D. R., *Stephenson,* G. M., *Lazzerini,* A. J., *Ayling,* K., *White,* P. A.: Eye- Contact: A Chance Product of Individual Looking?, in: British Journal of Social and Clinical Psychology 16, 1977, 191–192.
Strongman, K. T., *Champness,* B. G.: Dominance Hierarchies and Conflict in Eye-Contact, in: Acta Psychologica 28, 1968, 376–386.
Wagner, H., *Clarke,* A., *Ellgring,* J. H., *Rennschmid,* M.: Eye-Contact and Individual Looking: The Role of Chance (in Vorbereitung).
Wagner , H., *Ellgring,* J. H., *Clarke,* A.: Binary Coding of Speech and Gaze: Validity, Reliability, and the Effect of Varying Time Resolution (in Vorb.).
Wickler, W., *Seibt,* U.: Das Prinzip Eigennutz, Hamburg 1977.
Zipf, G. K.: Human Behaviour and the Principle of Least Effort, New York 1972.

Namenregister

Adams 18
Addington 20, 24
Agrawal 22
Akert 19
Akoff 104, 109
Allemann, v. 144
Amatea 18
Anatol 18
Anderson 18
Andrew 331
Applbaum 18
Archer 19
Argyle 100, 181, 205, 269, 307, 330, 334, 335, 340, 341
Aristoteles 195
Asendorp 292
Auerbach 195

Badler 209
Baerends 96
Balász 157
Ball 20
Balzac 162 ff.
Baker 33
Barlow 261
Barker 84
Baskett 21
Beasly 21
Beattle 23
Bekoff 84
Berger 160, 168, 187, 188
Bergmann, 4, 5, 158, 164
Bick 159, 163
Bidermann 159, 163
Bienvienu 19
Bieri-Florin 209, 211, 213, 220
Birdwhistell 110, 288, 327
Bismarck 20
Blanshard 145
Bloomfield 58, 59, 168
Bluhme 18
Blurton Jones 106
Bochner 20
Bolinger 177
Bond 288
Bourbis 19
Brannigan 269, 275
Breitkopf 285

Breuer 146
Brown 17, 19
Bugental 21
Bühler 303, 305
Buser 161, 175, 197
Butterfield 20

Cairns 238
Calavrytinos 34
Catford 25
Ceram 156
Chalaron 23
Champness 335
Chance 332
Chevrie-Muller 20
Chomsky 96
Christie 19
Cicourel 161
Clark 18
Clarke 4, 333, 334
Cliff 19
Condon 259
Conklin 21
Cook 307, 330
Cranach, v. 4, 83, 88, 90, 92, 93, 95, 99, 110, 120, 124, 203, 270, 334

Darnaud-Frey 203, 237
Darwin 304, 307
Davis, M. 204, 209
Davis, S. B. 67, 73
Daw 4, 214, 269, 271, 275, 277, 278, 279
Dawkins 96
Dean 335
Debus 20
Delattre 24
De Mori 33
Denes 260, 261
Derrida 162
Devore 331
Diamond 162
Dilthey 143, 159, 163
Doherty 22
Dooling 21
Drid 110, 111
Duncan 21, 24, 269, 280, 341
Dunkheim 160

Namenregister

Eco 146
Ehlich 4, 302, 303, 305, 308, 311, 312, 316, 327, 328
Efron 288, 327
Eibl-Eibsfeldt 307
Eilers 25
Ekman 11, 204, 207, 210, 269, 270, 285, 286, 288, 289, 304, 307, 309, 327
Ellgring 4, 270, 333, 349
Ellsworth 330
Emery 104, 109
Engel 161
Ex 328

Fant 260
Fassnacht 83, 84
Faust-Adams 18
Fay 33
Feldmann 146
Fenster 18
Février 153
Fisch 214
Fischer 288
Fischer-Jørgensen 37
Fiske 269
Fletscher 20, 21
Florin 4, 203, 224
Fónagy 23
Freedle 21
Freedman 289
Frei 214, 251
Frenz 83, 213, 217, 220, 221, 237, 239, 257
Frey, G. 163
Frey, S. 4, 90, 110, 112, 194, 203, 208, 209, 210, 211, 212, 213, 214, 215, 217, 218, 220, 221, 224, 239, 246, 249, 257, 258, 270, 271, 274, 275, 277, 278, 279, 280, 288
Friesen 204, 207, 269, 270, 285, 286, 288, 289, 304, 309, 327
Frøkjaer-Jensen 71

Gackenholz 68, 69
Gadamer 146, 162
Gair 210, 211
Galanter 99, 100, 124
Galle 288
Gandour 23
Geiger 288
Giesecke 153, 155, 162
Glave 34
Glinz 161
Goffman 183, 197

Goldstein 18
Goscinny 221
Gottschaldt 47
Grathoff 164
Green 19
Gresser 33
Gross 1, 4, 5, 147, 149, 152, 153, 156, 157, 158, 159, 160, 164, 171, 174, 196
Gugler 121
Gülich 146
Gumbrecht 170, 195, 196

Hacker 96
Haggard 37
Hall 180, 197, 331
Hammarberg 24
Harper 204, 269
Harré 95
Harris 3, 144, 160
Harrison 208
Hart 19
Haton 33
Hazen 23
Heike 49
Helfrich 174
Heller 214, 223
Henne 156
Herder 153
Hinchcliffe 334
Hinde 299
Hirsbrunner 4, 203, 209, 211, 213, 220, 224, 263
Hoenkamp 288
Holländer 146
Hollien 22
Hooff, v. 90
Humphries 269, 275
Hutcheson 9
Hutt 83

Imdahl 146
Indermühle 115
Ingarden 175
Ingham 335, 340
Inhetveen 153
Iser 169, 195, 197

Jakobson 54, 60
Jauß 195, 196, 197
Jefferson 140, 142, 171
Jespersen 17
Joos 25
Jorns 4, 5, 158, 164, 214, 217, 223, 240, 253, 256, 271, 275, 277, 278, 279, 327

Kaiser 13
Kalbermatten 4, 90, 95, 107, 115, 124, 203
Kallmeyer 149, 150, 150, 151, 156
Katagosčina 153
Katz 163
Kees 181
Keller, H. J. 323
Keller, K. 214
Kendon 3, 328, 332, 340, 341
Key 3, 204, 269, 268
Kiener 285
Kietz 285
Klages 162, 288
Knapp 174, 181
Kneif 146
Kneubühler 146
König 147
Kramer 19, 26
Krampen 161
Krause 214, 341
Kretschmer 285, 300
Krout 289
Krüger 146
Kuc 22
Kuhn 145
Kühne 106, 107, 115

Labov 17
Ladefoged 24, 25
La France 327
Lambert 20
Lancashire 334
Lancé 34
Langer 143
Lass 17, 18, 21
Lavater 175, 197, 206
Laver 9, 11, 26
Lavrakas 19
Leathers 19, 270
Leyhausen 331
Liebermann 13
Lin 22
Lindner 154
Little 334
Lorenz 90
Lorenzen 153
Löwith 152
Lübbe 197
Luckmann 1, 5, 149, 157, 164, 168, 171, 178, 187, 188, 196, 197, 206, 327
Lüdke 153, 154
Luhmann 162
Lukács 195

Macko 18
MacLuhan 161
Mahl 289
Maier 19
Malmberg 13, 33
Mansell 62
Marey 288
Markel, J. D. 67, 70
Markel, N. 203
Martens 311, 312
Martin 213
Martinet 327
Matarazzo 269
Matthes 144
Mayo 327
McClusky 21
McDowall 21
McGrew 106
Mead 197
Mehrabian 269
Mercier 33
Michaels 13
Miller, G. A. 99, 100, 124
Miller, M. 203
Mittelstrass 147
Morris 308, 309
Moses 211
Motley 17, 23
Müller, H. 106, 107, 115
Müller, J. E. 4, 152, 153, 158, 164, 169, 170, 171, 174, 195, 198, 328
Muret 264

Naraghi 203
Needham 153
Neuburg 260
Nielsen 340

Ollers 25
Ozbekhan 95, 96

Paul 328
Paracelsus 161
Passy 17
Pearce 21
Pederson 156
Pellow 20
Pepping 203
Pétursson 10
Pierce 260
Piirainen 154, 162
Pilch 28, 33
Pittenger 327
Plessner 156

Pohl 78
Pool 4, 90, 112, 203, 209, 212, 213, 215, 217, 270, 288
Popper 143, 147, 148, 160, 161
Porath 285
Potter 260
Pribram 99, 100, 124
Prytz 71
Pullberg 160

Rabiner 65
Raible 146
Reardon 18
Rehbein 4, 302, 303, 308, 311, 316, 327, 328
Rehbock 156
Reinke 163
Rensch 54
Rennschmid 335
Richter 4, 17, 25, 47, 48, 49, 51, 52, 54
Rickmann 145, 160
Ricoeur 145, 160
Riessman 152, 161
Roberts 334
Rosenberg 20
Rosenfeld 28
Rosenthal 21, 25
Ross 21
Rossiter 18, 21
Rousseau 181, 197
Roth 161
Rubin 332, 327
Ruesch 181
Rutter 334, 335

Sacks 129, 133, 142, 171
Sahner 164
Sainsbury 288
Sanders 264
Sartre 197
Savigny 162
Savitsky 19
Schefflen 246, 269
Schegloff 129, 142, 171
Schelsky 145
Scherer 171, 204, 205, 206, 207, 208, 269, 287
Scheuch 159
Schnädelbach 147
Schroeder 34
Schütz 129, 145, 147, 151, 158, 159, 160, 168, 171, 178
Schütze 149, 150, 151, 156
Secord 95

Seibt 331
Seiffert 161
Selltiz 155
Sharrock 163
Sievers 17, 60
Signer 203, 214, 275, 278
Sim 19
Simmel 143, 146, 147
Simon 4, 78
Simons 251, 259
Singh 13
Smith 23
Smolinar 209
Soeffner 153
Solla Price 145
Speaks 20
Stalder 203
Stempel 146
Stephenson 334
Stevens 22
Stewart 19
Stierle 174, 195
Streeter 23
Strehle 285, 288, 299
Strongmann 335
Stumpf 54
Sweet 17
Switilla 327

Tillman 154
Tillmann 4, 62, 157
Tinbergen 96
Trischler 203
Trooien 20
Truby 28, 154

Uderzo 221
Ungeheuer 49, 149

Voiers 26

Wagner 4, 333, 335
Walker 19
Walbott 4, 269, 286, 287, 292
Waver 18
Weber 147, 148, 152, 159, 160
Weidmann 47
Weick 83
Weiss 96
Weitz 204
Welkowitz 22
Wickler 331

Wiens 269
Williams 17, 22
Winkler 4, 5, 158, 164
Wood 288
Wootton 198
Wright, v. 145
Wygotsky 153, 154

Zahn 21, 23
Zapf 163
Zimmermann 145
Zipf 331
Zwirner 47, 50, 52, 53, 54
Zuckerman 18
Zürcher 162

Sachregister

Beobachtung 83 ff.
– Einheiten 101 ff.
Bewegung
– Beurteilung 285 ff.
– Hand 285 ff.
– Kodierung 113 ff., 295 f.
– Kopf 269 ff.
– Potential 305 f.
Blick
– Kontakt 330 ff.
– Niveau, Tonus, Verhalten 334 ff.

Deskription
– phonetische 17, 25 f., 56 ff.
– des Verhaltens 206 ff.
Diskursanalyse 128 ff., 302 f.

Face-to-Face-Situation
– Bestimmungslücke 1 ff.
– literarisch vermittelte 172 ff.
Forschungsprozeß, sozialwissenschaftlicher 146 ff.

Handlung
– Analyse 83 ff.
– Definition 90 f.
– Hierarchie 98 ff.
– Modell 96 ff.
– Theorie, Konzepte 91 ff., 148, 159 ff.
Hörerreaktion 25 f.

Integrierung visuell-auditiver Information 237 ff., 251 ff., 337 ff.
Interaktion 2, 8 f.
– dyadische 28 f., 130 f., 274 f., 310 ff., 330 ff.

Kind-Kind-Beziehung 119 ff.
Kodierung
– Bewegungen 113 ff., 212 ff.
– nichtverbaler Kommunikation 205 ff., 212 ff.
– Positionen 111 ff.
Konversationsanalyse 128 ff.

Lehrer-Schüler-Beziehung 322 ff.
Methoden
– Allgemeines 3, 143 ff.
– phonetische 17 ff., 47 ff., 56 ff., 63 ff.
– nichtvertebraler Analysen 222 ff., 287 ff., 302 ff., 315 ff.
– textwissenschaftliche 168 ff., 194
Mutter-Kind-Beziehung 252 f.

Nichtverbale Kommunikation 83 ff., 230 ff., 237 ff., 268 ff., 294 ff., 315 ff.
– Kategorien zur Notation 222 ff., 287 ff., 302 ff., 315 ff.
Notation
– nichtverbalen Verhaltens 205 ff., 268 ff., 302 ff., 310 ff.

Phonetik 13 ff., 47 ff., 61 ff.

Schallparameter 11 ff., 62 ff., 260 ff.
Segmentation 27 f.
Sequel-Analyse 260 ff.
Stimme 9, 24, 67 ff.

Text 146 ff., 168 ff.
Therapeut-Klient-Beziehung 130 ff., 259 ff., 285 ff., 294 ff., 330 ff.
Transkription 16 f., 24, 47 ff., 56 ff., 151 f., 211 f., 302 ff.
– alphabetische 24, 52, 57, 313
– analphabetische 23, 60
– Arbeitstranskription 307 ff.
– computerunterstützte 27 ff., 36 ff.
– Verhaltenstranskription, nichtverbal 207 ff.

Verhalten
– Beschreibung 208 f., 239 ff.
– Gliederung 84 f.
– Kategorien 107 ff.

Zeitreihen-Notation 210 ff., 220 ff.